HEYNE <

DAS BUCH

»Überirdische Fähigkeiten des Hörens, Fühlens, Sehens, Schmeckens und Riechens«: Was der indische Gelehrte Patanjali in seinen berühmten Yoga-Sutras beschrieb, wird mit diesem Buch dem heutigen Menschen zugänglich. Bahar Yilmaz und Pascal Voggenhuber kennen sich mit diesem faszinierenden Aspekt des Yoga aus, wie wohl niemand sonst in der westlichen Welt. Auf der Grundlage einer reichen persönlichen Erfahrung zeigen die Autoren ihren Leserinnen und Lesern, wie durch den gezielten Einsatz bestimmter Yoga-Übungen der Kontakt mit der Geistigen Welt hergestellt wird. So können die Hellsinne entwickelt und für eine positive Lebensgestaltung genutzt werden.

DIE AUTOREN

Bahar Yilmaz gilt als das jüngste und erfolgreichste Channel-Medium im deutschsprachigen Raum, das in vollständiger Trance Botschaften der geistigen Welt übermittelt. Ein wichtiger Teil ihres spirituellen Wegs ist Yoga, worin sie nach amerikanischem Standard ausgebildet wurde und das sie europaweit unterrichtet. Sie führt eine erfolgreiche Praxis in Ingolstadt, in der sie u. a. die von ihr entwickelten spirituellen Heilmethoden »Aura-Coaching« und »Trance-Healing« anbietet. Als Vortragende und Seminarleiterin ist sie auch in Österreich und der Schweiz aktiv.
www.baharyilmaz.com

Pascal Voggenhuber, geboren 1980 in der Schweiz, ist das wohl bekannteste Medium im deutschsprachigen Raum. Der Bestsellerautor (u. a. *Botschafter der unsichtbaren Welt,* Heyne Verlag) hält Seminare und Vorträge in ganz Europa.
www.pascal-voggenhuber.com

NEUKIRCHENER

Hans Klein

Zur Gesamtbiblischen Theologie

Zehn Themen

Neukirchener

Biblisch-Theologische Studien 93

Herausgegeben von
Jörg Frey, Friedhelm Hartenstein, Bernd Janowski,
Matthias Konradt und Werner H. Schmidt

Neukirchener Verlag
Verlagsgesellschaft des Erziehungsvereins mbH, Neukirchen-Vluyn

Umschlaggestaltung: Hartmut Namislow
Satz und Druckvorlage: Jakob Spaeth
Gesamtherstellung: Hubert & Co., Göttingen
Printed in Germany
ISBN 978-3-7887-2236-4
ISSN 0930-4800

Bibliographische Information der Deutschen Nationalbibliothek

Die Deutsche Nationalbibliothek verzeichnet diese Publikation in der Deutschen Nationalbibliographie; detaillierte bibliographische Daten sind im Internet über http://dnb.d-nb.de abrufbar.

Vorwort

Die Anregung, dieses Buch zu schreiben, geht von Bernd Janowski aus. Ursprünglich hatte ich daran gedacht, bereits ausgearbeitete veröffentlichte und nicht veröffentlichte Arbeiten darin zusammenzufassen. Dann aber faszinierte mich das Thema einer Gesamtbiblischen Theologie immer mehr, so daß ich mich dazu entschloß, zehn Themen dazu auszuarbeiten und erst einmal den Entwurf dazu den Studierenden der Theologie vorzutragen. Dabei stellte sich heraus, daß von diesem Ansatz her neues Licht auf manches biblische Thema fällt, wie ich es zuvor nicht erwartet hatte.
Darum lege ich das Büchlein gerne in die Hand interessierter Leser in der Hoffnung, daß sie beim Lesen einen vergleichbaren Gewinn haben, wie ich ihn bei der Ausarbeitung empfand.
Die Literatur zu diesem Thema ist nicht mehr übersichtlich. Darum wird deren Auswahl, besonders insofern sie in den Anmerkungen notiert ist, manchem Leser willkürlich erscheinen. Da die angegebenen Studien weitere Literatur angeben, dürfte dieser Mangel zu verschmerzen sein.
Zu danken habe ich mannigfach: Dem ehemaligen Mitherausgeber der Biblisch-Theologischen Studien, Prof. D. Dr. Ferdinand Hahn, der mich in meiner Arbeit sehr ermutigt hat, sowie den Herausgebern der Reihe Prof. Dr. Bernd Janowski und Prof. Dr. Jörg Frey, die sich der Mühe der kritischen Lektüre unterzogen haben. Tina Goede und Jakob Spaeth haben am Lehrstuhl von Prof. Frey den Text gründlich korrigiert und editorisch bearbeitet, Jakob Spaeth hat auch die Druckvorlage erstellt. Beiden danke ich für ihre Mühe sehr herzlich. Dem Neukirchener Verlag gilt der Dank für die Betreuung der Drucklegung.

Hermannstadt/Sibiu zu Weihnachten 2006 Hans Klein

Inhalt

Einleitung

Da bislang noch keine Gesamtbiblische Theologie geschrieben wurde und die Abfassung einer solchen auch nicht in Sicht ist, wird hier der Versuch unternommen, die Problematik einer solchen und auch Möglichkeiten der Lösung aufzuzeigen.

1 Warum eine Gesamtbiblische Theologie?

Die Frage, wie die beiden Teile der Bibel zusammen gesehen werden können oder sollen, beschäftigt die Christen zumindest seit der Fertigstellung des christlichen Kanons. Die Forderung nach einer Gesamtbiblischen Theologie ist aber relativ jung. Für eine solche ist die Frage der Zuordnung der beiden Teile der Bibel fundamental.

1.1 Die Abfassung einer Gesamtbiblischen Theologie ist seit einigen Jahrzehnten ein Desiderat. Gemeint ist damit eine Gesamtschau der biblischen Botschaft, die aus den Texten erhoben und so dargestellt wird, daß dabei die Bibel als Ganzes in Erscheinung tritt. Eine solche ist auch für die nächste Zeit nicht zu erwarten,[1] weil die Spezialisierung der Einzelfächer, Altes Testament einerseits und Neues Testament andererseits, immer mehr dazu führt, daß sich die Wissenschaftler auf ein bestimmtes Gebiet konzentrieren und dieses möglichst umfassend darstellen. Die Ent-

---

[1] Vgl. Merk, Theologie II, 445-476, 472, der die Erarbeitung einer solchen Theologie noch in weiter Ferne sieht: „Nach dem gegenwärtigen Stand der neutestamentlichen Forschung zeichnet sich noch kein durchschlagender und zum Ziel führender Weg zu einer Gesamtbiblischen Theologie ab.“

wicklungen der letzten Zeit haben dazu geführt, daß die Theologien des AT, wie jene des NT, einen großen Umfang angenommen haben.[2] Schon aus diesem Grund kann sich ein Einzelner gar nicht getrauen, eine Theologie zu konzipieren, welche die ganze Bibel umfaßt.[3] Das müßte schon, sollte dies gewollt werden, im Rahmen eines großen Forschungsprojektes mit mehreren Spezialisten in den verschiedenen Gebieten geschehen, die sich aufeinander abstimmen und eine gemeinsame Sicht der gesamten Bibel erstellen.[4]

1.2 Aber die Schwierigkeiten eines solchen Unternehmens sind auch inhaltlicher, bzw. sachlicher Natur. Denn die Schreiber des Neuen Testaments blicken auf einen abgeschlossenen Kanon von Schriften des AT zurück, unabhängig davon, welches Ausmaß dieser zu jener Zeit hatte und wie umfangreich ihn die einzelnen neutestamentlichen Schriften voraussetzen. Sie sehen ihn als eine feststehende Größe an, welche die Maßstäbe dessen abgibt, was im Sinne ihrer Glaubensüberzeugung richtig und lebenswichtig ist. Das AT ist die Bibel der ersten Christen. Von daher legt sich eine gesonderte Darstellung der Theologie des Alten Testaments und der des Neuen Testaments nahe. Von den beiden Teilen der Bibel her ist also der Theologe von heute angehalten, diese Teile zunächst gesondert zu betrachten und erst daraufhin die Frage nach ihrer Gemeinsamkeit und Unterschiedlichkeit zu stellen.[5] Das geschieht

---

[2] Vgl. nur: Preuß, Theologie I-II; Kaiser, Theologie 1-3; Hahn, Theologie I- II; Thüsing, Theologien.

[3] Vgl. Stuhlmacher, Theologie?, 13; Hübner, Biblische Theologie des NT, 209ff.

[4] Dankenswerterweise hat Söding, Einheit jüngst die Problematik aufgearbeitet und damit eine neue Perspektive auf dem Wege zu einer Gesamtbiblischen Theologie aufgezeigt.

[5] Vgl. Thüsing, Theologie II, 194: „Damit das Eigene des Alten Testaments innerhalb einer Biblischen Theologie voll zum Tragen kommt, ist das Alte Testament zuerst in Differenzierung zum Neuen Testament zu betrachten. Dann ist aber auch auf eine Zusammenschau der beiden Textkomplexe … hinzuarbeiten, die nur von der Theologie vom Gotteswort aus erreichbar sind“, und S.196: „Eine Biblische Theologie setzt voraus, daß nicht nur der Eigenart des Alten Testaments in seinem ‚Plus', sondern auch die Eigenart des Neu-

denn auch in letzter Zeit. Die Theologien des AT sehen auf das NT und jene des NT greifen auf das AT zurück. Aber der Betrachtungswinkel ist unterschiedlich und das hat seinen Grund darin, daß das Vetus Testamentum per se sich nicht mit dem Vetus Testamentum in novo receptum zur Deckung bringen läßt.[6]

1.3 Indes ist der Unterschied zwischen dem Neuen Testament einerseits und dem Alten Testament andererseits jenem zwischen den einzelnen Büchern des Alten Testaments durchaus vergleichbar. Man muß nicht gleich darauf hinweisen, daß das Hohelied eigentlich nur sprachliche und bildhafte Gemeinsamkeiten mit den übrigen Teilen des AT aufweist. Wenn man die prophetischen Schriften mit dem Pentateuch vergleicht, sind die inhaltlichen Unterschiede ebenfalls abgrundtief,[7] auch wenn man in der Spätzeit Tendenzen zur Annäherung entdecken kann.[8]

1.4 Der entscheidende Unterschied zwischen dem AT und dem NT ist damit freilich etwas verniedlicht. Denn im AT geht es um die Geschichte und die religiöse Literatur des Gottesvolkes Israel, im NT um das neue Gottesvolk, zu dem alle Völker gehören können. Es kommt hinzu, daß im NT relativ viele Elemente des Hellenismus aufgenommen sind, während es im AT sehr wenige sind, besonders, wenn man die alttestamentlichen Apokryphen nicht mitrechnet. Die Kulturwelt, in die das NT hinein spricht, ist in vieler Hinsicht anders als die des AT. Das gilt auch für die Art der Sprache. Gemeint ist damit nicht die Tatsache, daß das AT in hebräischer, das NT in griechischer Sprache abgefaßt ist, sondern daß das AT weitgehend verbal, das NT zu

---

en Testaments und dem ihm spezifischen eigenen ‚Plus' … voll Rechnung getragen wird."

[6] Hübner, Theologie des NT, 65: „Inneralttestamentliche Grundaussagen und christliche Grunddeutung des Alten Testaments sind – so ist unbedingt festzuhalten – nicht deckungsgleich."

[7] Vgl. dazu Gese, Erwägungen, 15: „… welche Brüche innerhalb des alttestamentlichen Traditionsprozesses, dessen Einheit niemand in Frage stellt, vorliegen."

[8] Vgl. etwa Mal 3,22.

erheblichen Teilen nominal geprägt ist. Das stimmt mit der Tatsache überein, daß das AT weit mehr als das NT erzählt, während die Schreiber des NT zumindest teilweise auch in Begriffen denken.

1.5 Auch wenn man diese Unterschiede in Rechnung stellt, lohnt sich ein Versuch, die Bibel als Ganzes zusammen zu sehen und zunächst bei einigen Themen eine Linie vom AT zum NT zu ziehen.[9] Dies scheint aus einem doppelten Grunde bedenkenswert: erstens weil es in beiden Teilen der Bibel um das Verhältnis des Menschen zu Gott[10] und um ein gesegnetes, heilvolles Leben geht, und zweitens weil eine solche Zusammenschau den Bedürfnissen des heutigen christlichen Lebens entspricht. Denn es wird immer deutlicher, daß die Zeit, in der man sich hauptsächlich am Neuen Testament orientierte, wie dies besonders vor und nach dem Zweiten Weltkrieg geschah, zumindest für die nächsten Jahre vorbei ist. Fragen, die uns heute sehr beschäftigen, wie jene von Krieg und Frieden, vom Umgang mit der Schöpfung, der Zugang zu Gottes Handeln in der Geschichte, die politische Dimension des Christentums u.a. können vom Neuen Testament her nur notdürftig oder nicht beantwortet werden. Wohl aber gibt das Alte Testament Ansätze zu einer sachgemäßen Annäherung an diese neuzeitlichen Fragen und zu ihrer Durchdringung im Sinne der biblischen Botschaft. Andererseits darf über solchen Fragestellungen die geistliche Dimension der Bibel, mehr noch, die christliche Botschaft als „Gute Nachricht“, als Evangelium, das ermutigt und erneuert, nicht zu kurz kommen. All dies macht es notwendig, über die Einheit der Bibel neu nachzudenken und damit über eine Theologie, die sich aus der Gesamtsicht der Heiligen Schrift ergibt.

---

[9] Vgl. Kraus, Theologie, 378f.: „Versucht werden sollten … Längsschnitte und perspektivische Studien, die in Themen bestimmter Fragestellung durch das Alte Testament ins Neue Testament durchgezogen werden …“ sowie Oeming, Gegenwart, 167.

[10] In eine ähnliche Richtung weist der Ausspruch von Childs, Theology, 86, wonach beide Testamente denselben Gott bezeugen aber verschiedene Wege der Mitteilung in verschiedenen Zeiten gebrauchen und sich an verschiedene Menschen wenden.

2 Kurze Geschichte der Forschung[11]

Die Geschichte der Erforschung der Biblischen Theologie zeigt ein zunehmendes Interesse an der historischen Einordnung der biblischen Aussagen, wodurch die Forderung nach einer Religionsgeschichte der beiden Teile der Bibel immer stärker wird. Erst in neuester Zeit wird das Bedürfnis nach einer systematischen Darlegung wieder als sachgemäß empfunden.

2.1 Die Grundlagen für eine Biblische Theologie wurden bereits durch die Reformation gelegt, die eine biblisch orientierte Lehre im Unterschied zu der Tradition der Kirche forderte.[12]
Im Gefolge dieser Einstellung wurden in der lutherischen Orthodoxie die Themen der kirchlichen Lehre biblisch begründet. Die biblische Forschung hatte die Aufgabe, die einzelnen Bibelstellen für die Lehrbegriffe der Dogmatik zusammenzustellen. Die Beschäftigung mit der Biblischen Theologie – der Terminus erscheint hier zum ersten Mal[13] – diente der Korrektur der Dogmatik.

2.2 Diese führte dazu, daß die Erforschung der Bibel auch das dogmatische Grundkonzept veränderte. Hatte schon Hugo Grotius[14] in der ersten Hälfte des 17. Jahrhunderts die historische Einordnung der beiden Teile der Bibel in Anschlag gebracht, so ging es in der zweiten Hälfte des 17. Jahrhunderts immer mehr um die Theologie, die aus der Bibel geschöpft wird.[15] Die historische Dimension wurde zunehmend wichtig.[16] Im Pietismus wollte man zu Beginn des 18. Jahrhunderts genauer auf die biblische Botschaft achten, um von dort die entscheidenden Impulse für das fromme Leben zu gewinnen, weil man meinte, daß in das

---

[11] Vgl. dazu Janowski, Formale und materiale Aspekte, 185-295, sowie ders., Biblische Theologie.
[12] Vgl. dazu Kümmel, Testament, 72f.
[13] Der Name „Biblische Theologie“ ist erstmals 1629 bei W.J. Christmann nachweisbar, vgl. Ebeling, Biblische Theologie, 75.
[14] Vgl. Merk, Bibelwissenschaft, 381.
[15] Wrede, Aufgabe, 153.
[16] Gunneweg, Theologie, 12.

Leben der Christen viel Fremdes eingedrungen sei, das mehr der Weisheit dieser Welt als dem Wort Gottes entspricht. Schlüssel zur Auslegung war dabei die Begegnung des Einzelnen mit dem Text aufgrund seiner Erfahrungen mit Gott in der jeweiligen Zeit.

2.3 Ein nächster Schritt erfolgte durch die in Auseinandersetzung mit der lutherischen Orthodoxie und dem Pietismus erhobene Forderung nach einer historischen Auslegung der Bibel.[17] Vorbereitet durch den Pietismus, der zwischen kirchlicher Lehre und Botschaft der Bibel unterschieden hatte, wurde postuliert, daß zwischen der Heiligen Schrift und dem Wort Gottes differenziert werden muß. Das Wort Gottes sei vor allem dort zu finden, wo es moralisch bessert.[18] Prägender noch für die Forschung war das Plädoyer zur Unterscheidung von didaktischer und historischer Theologie in der Antrittsvorlesung von Johann Philipp Gabler 1787.[19] Er wies der didaktischen Theologie, die er durch Scharfsinn gekennzeichnet sah, die thematische Aufarbeitung der von der Bibel her zu verantwortenden theologisch-systematischen Lehre zu, der historischen Theologie, der er Einfachheit zusprach,[20] die Erforschung der in der Bibel enthaltenen und somit zu erhebenden Lehre. Damit wurde methodisch zwischen der Bibel als Dokument vergangener Zeiten[21] und der Bibel als Anrede für heute unterschieden. Eine Trennung der beiden Gesichtspunkte war noch nicht in Sicht. Im Gefolge von Gabler wurde aber die historische Betrachtung der Bibel immer präziser. Es kam rasch zu einer Aufspaltung zwischen einer biblischen Theologie des AT und des NT.[22] Dieser neue

---

[17] Vgl. Kümmel, Testament, 73-81.

[18] Vgl. Gunneweg, Theologie, 13 mit Bezug auf Salomo Semler.

[19] Gabler, Unterscheidung, 32-45.

[20] Gabler, Unterscheidung, 32-35.

[21] Dementsprechend fordert Baur, Vorlesungen, 8 rein „geschichtliche Betrachtung" der Texte, Theologie des NT sei eine „rein geschichtliche Wissenschaft," geht aber innerhalb der Periodisierungen den „Lehrbegriffen" nach.

[22] Erstmals bei Bauer, Theologie des Alten Testaments; ders., Biblische Theologie, I,6: „Biblische Theologie soll sein eine reine und von allen fremdartigen Vorstellungen gesäuberte Entwicklung der

Zugang zur Bibel führte dazu, daß in der ersten Hälfte des 19. Jahrhunderts zunehmend von der Religion Israels und des Urchristentums gesprochen wurde.[23] Am Ende des 19. Jahrhunderts wird anstelle einer Biblischen Theologie des AT und des NT eine religionsgeschichtliche Darstellung der in den beiden Teilen der Bibel enthaltenen theologischen, jetzt religiös genannten Aussagen als das einzig Sachgemäße empfunden.[24] Dadurch wurde die lehrhafte Darstellung der Bibel, die seinerzeit im Dienst der Dogmatik stand,[25] zugunsten einer historischen Betrachtung immer mehr in den Vordergrund gestellt, ging es doch darum, die Texte in großen Zusammenhängen auch innerhalb der immer bekannter werdenden Umwelt auf ihren religiösen Gehalt hin zu analysieren. Der Kanon der Bibel wurde als eine Engführung angesehen. Man widmete sich mehr der Darstellung in historischen Epochen. Damit geriet die Fra-

---

Religionstheorie vor Christo und Jesu und seiner Apostel nach den verschiedenen Zeitaltern."

[23] Für das AT ist es besonders Vatke, Die biblische Theologie, der Theologie als Religion sieht. S.2 hebt er hervor: „Die biblische Theologie stellt die Idee der Religion dar, in der Form in der sie das Grundbewußtsein des hebräischen Volkes und der urchristlichen Zeit war, was dasselbe sagt, sie stellt die religiösen und ethischen Vorstellungen der Heiligen Schrift dar, in ihrer historischen Entwicklung und in ihren Zusammenhängen." Drei Jahre später erscheint Bauer, Geschichte. Darin vermerkt der Verfasser (S.XVI): „Unsere Disziplin ist ein Teil der Religionsgeschichte und stellt den Religionsbegriff dar, wie er im Volksbewußtsein der Hebräer im Selbstbewußtsein Christi und in der Vorstellung der urchristlichen Gemeinde erschienen ist."

[24] Der erste, der seine Theologie als Religionsgeschichte konzipiert, ist dann Smend in seinem Lehrbuch. Wrede, Aufgabe, 81-154 hat diese Darstellungsart für das NT gefordert. Er schreibt (153f.): „Der für die Sache passende Name heißt: urchristliche Religionsgeschichte bzw. Geschichte der urchristlichen Religion und Theologie ... Der Name richtet sich selbstverständlich nach der Sache nicht umgekehrt". Durchgeführt wird dieses Programm von Weinel, Theologie. Rund 100 Jahre später wird diese Darstellungsweise wieder aktuell vgl. Albertz, Religionsgeschichte; Räisänen, Theologie?; Theißen, Religion.

[25] So versteht seine „Biblische Theologie" noch Weiß, Lehrbuch, 13, insofern er innerhalb der Periodisierungen betont Lehrbegriffen nachgeht.

ge nach der Einheit der biblischen Botschaft ganz in den Hintergrund.

2.4 Die Dialektische Theologie hat neu nach dem Eigentlichen der Theologie gefragt und auch das Bewußtsein geschärft, daß dem Offenbarungscharakter der Bibel mehr Rechnung getragen werden muß. Die Botschaft der Bibel, unabhängig von ihrem religiösen Umfeld, wurde wieder wesentlich. Dieser neuen Entwicklung trugen die Theologien des AT und des NT wieder Rechnung, die religionsgeschichtliche Fragestellung wurde etwas zurückgedrängt.[26] Neben die historische Erforschung der Bibel, die auf Rekonstruktion aus ist, trat das Interesse an den Aussagen der Texte selber, die Interpretation.[27]

2.5 Ende der Sechziger Jahre des 20. Jahrhunderts kam das Thema einer Biblischen Theologie wieder auf, gefördert durch zwei Systematiker.[28] Auch wenn beide zwischen der in der Bibel enthaltenen und der vor der Bibel zu verantwortenden Theologie unterschieden haben, wollten sie die Verbindung von systematischer und exegetischer Wissenschaft wieder herstellen und zwar so, daß systematische Themen von der Bibel her beleuchtet und begründet werden müssen und umgekehrt, daß die systematische Fragestellung auch die historische und damit die exegetische Forschung bestimmt.

2.5.1 Das „Jahrbuch für Biblische Theologie"[29] hat diese neue Problemstellung aufgenommen und ist thematisch vorgegangen. Es hat dazu beigetragen, daß Theologen aller Fächer von den Exegeten über die Kirchengeschichtler und

---

26 Vgl. die Theologien des AT von Eichroth, Theologie, sowie Köhler, Theologie und jene des NT von Bultmann, Theologie des NT.

27 Vgl. dazu Merk, Theologie des Neuen Testaments, 98-129, 100.113.114.

28 Ebeling, Biblische Theologie, 69-89 und Kraus, Biblische Theologie. Während es Ebeling eher um die von der Bibel her zu verantwortende Theologie als „theologische Explikation der Botschaft" ging (vgl. S.86), verlangte H.J. Kraus ein Konzept der in der Bibel enthaltenen Theologie.

29 Baldermann, Einheit und Vielfalt.

Systematiker bis zu den Praktischen Theologen an einem Thema arbeiteten. Es wurden und werden aktuelle Themen der Theologie, der Kirche sowie der mehr oder weniger christlich geprägten Gesellschaft behandelt, von den Aussagen und Konzepten der Bibel her beleuchtet und damit christlich bearbeitet. Ausgegangen wird von Begriffen, die im Leben der Kirche eine gewisse Bedeutung haben, es wird gefragt, wie die Bibel als Ganze die angepeilten Sachverhalte beschreibt oder versteht. Auch diese Art des Umgangs mit der Bibel ist sehr alt und in der Geschichte der Kirche fest verwurzelt. Dadurch wird die Bibel als Ganze ernst genommen. Allerdings ist die Fragestellung, die an sie herangetragen wird, der Bibel selbst nicht eigen, sie entspringt dem jeweiligen Bedürfnis nach Klärung aktueller Fragen. In einem solchem Rahmen ist Biblische Theologie eine von der Bibel her zu verantwortende Theologie.

2.5.2 Ähnlich gehen die Bücher der Reihe „Biblische Konfrontationen“[30] von Begriffen aus, bemühen sich aber stärker darum, den biblischen Aussagen gerecht zu werden. Die Zuordnung der beiden Testamente ist dabei für die Autoren das entscheidende Thema. Jeweils ein Alttestamentler und ein Neutestamentler bemühen sich um die sachgemäße Darstellung des entsprechenden Themas und sprechen sich untereinander ab. Aber durch die Tatsache, daß der jeweilige Bearbeiter einem Teil der Bibel das Hauptaugenmerk schenkt, entstehen zwischen den beiden Darlegungen Brüche, die die Andersartigkeit der beiden Teile der Bibel herausstreichen, auch wo es nicht nötig ist.

2.5.3 Die „Themen“ der biblischen Theologie der NEB[31] sind viel stärker auf die biblische Botschaft ausgerichtet. Aber auch hier macht sich bemerkbar, daß jeweils zwei sehr verschiedene Autoren für je einen Teil der Bibel verantwortlich sind. Neu ist allerdings, daß am Ende ein Gespräch der beiden festgehalten ist.

---

[30] Biblische Konfrontationen.
[31] Dohmen, Bibel.

3 Die Einheit der Bibel[32]

Die neuen Ansätze zeigen, daß die Erarbeitung einer Gesamtbiblischen Theologie noch ein weites Feld ist. Vor allem ist die Frage danach, was die beiden Teile der Bibel zusammenhält, noch lange nicht geklärt. Dieser Sache ist kurz nachzugehen, wobei Ansatzpunkte aufgezeigt werden, von denen her die Einheit der Bibel gedacht werden kann. Denn die Bibel versteht sich selbst nicht als Einheit, insofern in dem zweiten Teil derselben auf den ersten als etwas Abgeschlossenes zurückgeblickt wird. Es kommt hinzu, daß der erste Teil der Bibel auch als Kanon des Judentums ernst genommen werden muß. Die im Folgenden zu skizzierenden Modelle wählen einen spezifischen Ausgangspunkt und integrieren teilweise auch Ansätze anderer Modelle in ihr eigenes Konzept.

3.1 Das kanonische Modell

Die einfachste Lösung bietet B. Childs an, indem er den Kanon wieder zur Norm einer Biblischen Theologie erhebt, die das gehorsame Leben der Christen fördern soll.[33] Damit kann der Kontinuität und der Diskontinuität der beiden Teile der Bibel gleicherweise Rechnung getragen werden. Wichtig ist für Childs, daß vom vorhandenen Text in seinem kanonischen Rahmen ausgegangen und darauf geachtet wird, was jene aussagen wollten, die die Texte in dieser Weise zusammenstellten. Er ordnet die Aussagen der Bibel nach Themen des Glaubens und differenziert kaum zwischen unterschiedlichen Sichten, zeichnet auch keine Entwicklung nach. Damit geht Childs in mancher Hinsicht hinter die Entwicklung der letzten 200 Jahre zurück.[34] Es

---

[32] Vgl. dazu Söding, Einheit.

[33] Childs, Theology, 15.

[34] In seinem epochemachenden Werk Abhandlung von freier Untersuchung des Canon I-IV, 1771-1775 hatte Johann Salomo Semler aus der Tatsache, daß nicht alle Schriften gleicherweise im Gottesdienst verlesen werden, geschlossen, daß auch für die Kirche nicht sämtliche Schriften der Bibel gleichbedeutend sind, die Gleichsetzung von Bibel und Wort Gottes bestritten und damit den Kanon praktisch aufgelöst, vgl. Kaiser, Theologie 1, 60f.

geht ihm darum, herauszufinden, welche Botschaft die Bibel in ihrem kanonischen Zusammenhang hat. Er gibt dabei dem hebräischen Kanon des AT den Vorzug vor der Septuaginta.[35] Die beiden Teile der so gesehenen Bibel sieht er dialektisch[36] unter der Voraussetzung zusammen, daß sie denselben Herrn bezeugen, wiewohl sie es auf verschiedenen Wegen der Mitteilung, zu verschiedenen Zeiten und für unterschiedliche Menschengruppen tun.[37] Mit dem NT aber meint er feststellen zu können, daß das AT vom Versagen der Juden zeugt, dem Gesetz mehr zu gehorchen als dem Evangelium.[38]

3.2 Das heilsgeschichtliche Modell

Sowohl der Kontinuität der Bibel bei eingeräumter Diskontinuität ihrer Botschaften als auch der Entwicklung im Laufe der langen Geschichte Israels und der kürzeren der Urgemeinde kann das heilsgeschichtliche Modell Rechnung tragen. G. von Rad hat im letzten Teil seiner Theologie des AT unternommen, die Offenheit des Alten Testaments auf das Neue hin zu betonen. Er stellte fest, daß die Erfahrung mit Gott im AT immer neu artikuliert, zuweilen auch sprunghaft verändert wurde, wodurch sich die letzte Erfahrung, die im NT niedergelegt ist, durchaus als Abschluß eingliedert. Er plädiert darum für eine heilsgeschichtliche Zusammenschau der Bibel, wobei das NT den krönenden Abschluß bildet.[39] Hier ist die Einsicht wichtig, daß sich in der Bibel die Geschichte Gottes mit den Menschen von der Schöpfung bis zum Weltende widerspiegelt,

---

[35] Childs, Biblische Theologie, 25f.
[36] Childs, Introduction, 670f.
[37] Childs, Theology, 97-103.
[38] Childs, Theology, 76. Weiteres zur Sicht Childs bei Söding, Einheit, 111-114.
[39] Vgl. Rad, Theologie II, 353: „Das Gefälle der Geschichte Israels drängt, wie wir sahen, ungestüm nach vorne, und dieses Phänomen einer immer gewaltiger aufgestauten Erwartung tritt nun doch im Neuen Testament in ein neues Licht; denn in ihm kommt es nach den vielen vorausgegangenen heilsgeschichtlichen Aufbrüchen zu einem letzten hermeneutischen Umschlag und zu einer endgültigen Deutung."

als eine Geschichte der gnädigen Führung durch Gott durch alle Niederungen und mißlichen Erfahrungen hindurch, als eine Geschichte Gottes mit seiner Welt.[40]

3.3 Das traditionsgeschichtliche Modell

Die hauptsächlich von H. Gese und P. Stuhlmacher vertretene Sicht erkennt nicht in der Geschichte Gottes mit seinem Volk, sondern in der Tradition, die darüber berichtet, das Verbindende zwischen dem Alten und dem Neuen Testament.[41] Konkret wird das an der Tradition über das Heilsereignis des Bundesschlusses am Sinai festgemacht, einer Tradition, die sich in den Überlieferungen zum sühnenden Handeln Gottes fortsetzt und in dem Evangelium vom versöhnenden Handeln in Christus seine Vollendung findet. Es wird also nicht mit einem kontinuierlichen oder immer neuen Handeln Gottes gerechnet, sondern mit einer Kontinuität in der Tradition über Gottes Heilshandeln,[42] die sich immer mehr vergeistigt und verinnerlicht.[43]

---

[40] Wilckens, Theologie I/1, 13 weist auf die Identität des Gottes Israels mit Jesus Christus hin und kommentiert: „Es fiel den griechisch Denkenden im 2. Jh. schwer, die Identität des Gottes Jesus Christus im Neuen Testament mit dem Gott Israels im Hinweis auf das Alte Testament zu erweisen … es fiel ihnen leichter … in den Texten des Alten Testaments die Identität des Gottes Jesus Christus wiederzufinden …“

[41] Vgl. Gese, Erwägungen, 30: „Das neutestamentliche Geschehen hat die alttestamentliche Traditionsbildung notwendigerweise abgechlossen, d.h. jetzt war erst ein Ganzes entstanden.“ Vorausgesetzt ist hier freilich das AT in der Gestalt der LXX; Stuhlmacher, Theologie, 18f.: „Die neutestamentlichen Bücher sind also nicht einem längst feststehenden Alten Testament gegenübergestellt worden, sondern beziehen sich auf die kanonisch noch unabgeschlossene Sammlung der ‚Heiligen Schriften‘ in hebräischer und griechischer Sprache und bezeugen mit ihnen zusammen das heilsgeschichtliche Kontinuum des Wirkens Gottes in und durch Christus vom Uranfang der Schöpfung bis zur Enderlösung … es ist vollends geboten, von *nur einem vielschichtigen* heilsgeschichtlichen Prozeß zu sprechen.“ (Hervorhebung P. St.)

[42] Vgl. Stuhlmacher, Theologie, 38: Die Biblische Theologie hat „den vielfältigen traditionsgeschichtlichen Verbindungslinien nachzuspüren, die vom Alten Testament ins Neue Testament und vom Neuen Testament ins Alte Testament weisen.“ Vgl. auch S.25: „Die

3.4 Das Modell der Offenbarungsgeschichte und Glaubensgeschichte

Ausgegangen wird bei dieser Darstellungsweise von dem Grundsatz, daß die Bibel von dem einen Gott spricht, der sich in seinem erwählenden Handeln als der Gott Israels und der Vater Jesu Christi gezeigt hat. Sowohl der sich offenbarende Gott als auch die Erfahrung mit ihm wird thematisiert. Das Wissen ist dabei tragend, daß man von Gott nur reden kann, wie er sich den Menschen zeigt, und daß jede Rede von Gott den glaubenden Menschen voraussetzt.[44] Dieses Konzept wird im AT einerseits und im NT andererseits parallel, aber doch mit signifikanten Differenzen entwickelt. Das AT bedenkt dabei eher die Beziehung Jahwes zu seinem Volk, das NT die Beziehung Gottes zu seinen Erwählten.

3.5 Das typologische Modell

Schon im NT begegnen mehrere Texte, die alttestamentliche Ereignisse als Typus für das neue Gottesvolk oder für die einzelnen Christen ansehen. Vorausgesetzt ist dabei, daß sich Gott, Welt und Mensch grundsätzlich nicht geändert haben und sich gewisse Dinge wiederholen können, wenn auch in sachgemäßer Variation. Innerhalb einer Gesamtbiblischen Theologie kann die Typologie ein Mittel sein, „Strukturanalogien herauszufinden, welche die Unmittelbarkeit des Glaubensbezuges auf das alttestamentli-

---

neutestamentliche Botschaft (kommt) durchgängig vom Alten Testament her und ... die alttestamentlichen Zeugen (weisen) auf das Neue Testament voraus."

43 Gese, Erwägungen, 18 spricht von einem „Offenbarungskontinuum und seinem Abschluß und Ziel"; Stuhlmacher, Theologie, 15 formuliert es so: „... daß die neutestamentliche Glaubensbotschaft durchgängig vom Alten Testament herkommt und daß das alttestamentliche Zeugnis auf das neutestamentliche Erfüllungsgeschehen voraus wies." Weiteres zu dieser Sicht bei Söding, Einheit, 118-121.

44 Schlier, Theologie, 426: „Es (das NT) weist aus, daß das Offenbarungsgeschehen nie anders vor- und das heißt: zu Wort und Sprache kam, als so, daß es mit dem Glauben das Glaubensdenken mit entzündete und die Glaubensreflexion provozierte."

che Geschehen überbrücken und im Rahmen einer Gesamtschau das Offenbarungszeugnis der Bibel ... für den Glauben erschließen."[45]

3.6 Das Modell von Verheißung und Erfüllung

Dieses Modell hat ebenso eine geschichtliche Voraussetzung. Es wird bereits vom NT selbst vertreten,[46] und von einem solchen Verständnis her ist das AT bis tief ins 20. Jahrhundert gelesen worden. Die Gerichtsbotschaft der Propheten trat damit zurück. Das führte dazu, daß das AT nicht in seiner Gesamtheit bedacht wurde. Seine eigentliche Intention kam nicht zur Geltung.[47]
Nimmt man diese Sicht ernst, dann kann das AT nur Vorbereitung auf das NT sein, insofern das NT die Erfüllung bringt, auf die das AT nur hinweisen kann. Die Botschaft, die neues Leben zum Ziel hat, läßt alles Gewesene zurück, auch das Leben vor Gott.[48] Wenn die Erfüllung der Verheißung krass herausgestrichen wird, ergibt sich eine starke Diskrepanz zwischen den beiden Teilen der Bibel. Diese Sicht, die schon im 2. Jahrhundert der Erzketzer Markion entwickelt hat, ist in der letzten Zeit weitgehend aufgegeben worden.[49] Ihr gegenüber ist zu betonen, daß das AT in

---

[45] Reventlow, Hauptprobleme, 25. Für das NT hat Goppelt, Typos dieser Sicht wieder zur Bedeutung verholfen, sie stand als Konzept zu Beginn des Biblischen Kommentars und wird von sehr vielen Exegeten des Alten und Neuen Testaments als Methode gebraucht.

[46] Vgl. besonders die Erfüllungszitate im Matthäusevangelium sowie die Texte des NT, welche die Erfüllung alttestamentlicher Verheißungen beinhalten.

[47] Vgl. Bultmann, Bedeutung, 335f.: Der Glaube ergreift das AT und wagt es „die Worte des Alten Testaments, die einst nicht für uns gesprochen worden sind, an uns zu richten, damit wir das Verständnis für unsere Situation gewinnen und für das Wort Christi, das in diese Situation hinein gesprochen ist. In diesem Sinne kann man das Alte Testament *Weissagung*, das Neue Testament *Erfüllung* nennen."

[48] Dies ist das Grundkonzept in Bultmann, Theologie des NT.

[49] Ihr kommt Hübner, Gott, 53f. sehr nahe: „2 Kön 9 und 10 sind zwei Kapitel eines alttestamentlichen Geschichtswerkes, das die geschichtlichen Urteile einer ganz bestimmten Ära innerhalb der Geschichte Israels zum Ausdruck bringt. Es sind Urteile, die mit anderen biblischen Urteilen unvereinbar sind. Hat die Heilige Schrift

seiner Eigenheit ernst zu nehmen und gleichzeitig auf das Neue Testament hin zu lesen ist, wodurch sich neue Aspekte ergeben.
Aber man kann die Sache auch in positiver Weise variieren: Die Theologie des AT stellt den Gottesglauben Israels und seine Verheißungstraditionen heraus, während die Theologie des NT die Botschaft des in Jesus Christus angebrochenen Heils in ihren vielfältigen Variationen beschreibt.[50]

3.7 Das Modell der Korrespondenz

Man kann die Einheit der Bibel dialektisch als zwei einander korrespondierende Teile eines Ganzen sehen. Hier legt sich das Wortpaar: Leben – neues Leben nahe. Voraussetzung dieser Betrachtung ist der Gedanke,[51] daß das AT mehr das Leben einer Gemeinschaft vor und unter Gott beschreibt, also das Leben wie es ist, während das Neue Tes-

---

des Alten Testaments solch unheiliges Verhalten als gottgewollt berichtet, so wird uns in aller Deutlichkeit vor Augen gestellt, wie im Verlauf der biblischen Geschichte auch gerade in religiösen Fragen Menschen zu schlimmster Perversität fähig sind, wie selbst von Gott grausamste Zerrbilder geschaffen werden konnten, Zerrbilder, die wir heute nur noch mit Ablehnung und Abscheu zur Kenntnis nehmen können. ... Das Urteil ‚Gottes' über Jehu im deuteronomistischen Geschichtswerk ist solch pervertierte Theologie, diese Kapitel sind das *Dokument eines pervertierten Redens von Gott.*" (Hervorhebung H.H.). Eine solche Beurteilung ergibt sich, wenn man das AT flächig und nicht in seiner historischen Entwicklung sieht, vor allem aber, wenn man den neutestamentlichen Gottesbegriff voraussetzt und als Raster über den des AT legt. Schon der Prophet Hosea hat die Blutschuld des Jehu verurteilt (Hos 1,4), Hes 20,35 weiß von der Abgründigkeit Gottes, wenn er festhält, daß Jahwe „schlechte Gebote" gegeben hat. Bei seiner Betrachtung von Jes 11 übersieht Hübner, Gott, 99, daß nach Jes 11,4 der Gesalbte die Frevler „mit dem Hauch seines Mundes" tötet, was nur meinen kann, daß er dazu den Befehl gibt, der sofort ausgeführt wird. Ausrottung der Frevler, gemeint sind die Gegenspieler und ausländischen Feinde, gehörte zur Regel bei Amtsantritten von Königen (vgl. Ps 110,1 und das schöne Bild vom Thron Thutenchamuns in BHH III, 1977f.).

[50] So etwa Hahn, Theologie II, 805.

[51] Er steht der typologischen Sicht nahe, insofern er diese Beispiele zeichnet, die über sich hinausweisen.

tament darstellt, wie es in der Kraft des Geistes sein kann, als „neues Leben“.[52]

Wie immer man sich zwischen diesen Modellen entscheidet oder sie abwandelt, man kommt um eine historische Zuordnung der beiden Teile der Bibel nicht herum, will man nicht die Forschung der letzten 200 Jahre ausblenden. Aber das ist nicht genug. Denn die historische Zuordnung verlangt nach einer Darstellung der vielfältigen Weisen, an den Gott Israels, der auch der Vater Jesu Christi ist, zu glauben, und sein Leben vor ihm sachgemäß zu gestalten. Eine solche Einheit kann nicht beschrieben, sie kann nur gedacht werden in einem Denkakt, der auch das zusammen sieht, was sehr widersprüchlich erscheint, in dem aber weder das Neue Testament vom Alten vereinnahmt, noch das Alte Testament vom Neuen uminterpretiert wird.
Bevor wir aber auf die Frage der Zuordnung etwas sorgfältiger eingehen, muß noch kurz das Problem des Kanons angesprochen werden.

4 Das Problem des Kanons

Die Reformatoren haben den Kanon des Alten Testaments auf die Hebräische Bibel zu Ungunsten der Septuaginta beschränkt, die bis dahin als Kanon galt und heute noch in der Römisch-katholischen und Orthodoxen Kirche in Geltung ist. Wirkt sich diese Entscheidung auf eine Gesamtbiblische Theologie aus?

4.1 Auf diese Frage kann mit einem begrenzten „Nein!“ geantwortet werden, weil jede Biblische Theologie auch der historischen Situation Rechnung tragen muß, in der die jeweiligen Texte geschrieben wurden. Darum ist die Frage, welcher Kanon denn herangezogen wird, weitgehend eine Frage des Umfanges der Darstellung.

4.2 Denn zum Verständnis der Bibel kann auch auf Texte der Umwelt und auf die Ergebnisse archäologischer Gra-

---

52 So Klein, neu entdecken; vorher bereits Klein, neues Leben.

bungen nicht verzichtet werden. Sie werden zwar in den folgenden Ausführungen wenig zur Darstellung kommen, weil der gesetzte Rahmen viel zu eng ist, aber manchmal sind Seitenblicke auf zeitgenössische Texte und Vorstellungen notwendig.

4.3 Der Kanon schränkt das gesamte Blickfeld somit nicht ein, er bietet nur einen Rahmen, der sich bei der Konzentration auf nur einige Themen der Bibel als hilfreich erweist.[53]

5 Gemeinsamkeiten und Unterschiede der beiden Teile der Bibel

Die Frage der Zuordnung der beiden Teile der Bibel kann nur geklärt werden, wenn Gemeinsamkeiten und Unterschiede derselben reflektiert werden. Damit werden die Fragen der unter 1.3 bis 1.5 entwickelten Unterschiede in anderer Weise wieder aufgenommen.

5.1 Zu einer Zusammenschau der gesamten biblischen Botschaft ermutigt die Tatsache, daß es der eine und selbe Gott ist, der in der Bibel spricht bzw. über den geredet wird, auch wenn das Gottesbild in den verschiedenen Epochen und von unterschiedlichen Kreisen der jeweiligen Gläubigen in ungleicher Weise dargestellt wird. Die biblischen Schreiber waren davon überzeugt, daß es sich um denselben Gott handelt, wiewohl nicht zu verkennen ist, daß das AT die Einzigkeit Gottes in einer Weise vertritt, wie sie im NT nicht mehr anzutreffen ist. Auch das Gottesbild insgesamt ist im NT anders strukturiert als im AT. Ein Beispiel soll das erläutern: Rettung erfährt das Gottesvolk Israel am Schilfmeer für ein Leben vor Gott im gelobten Land, im NT erfolgt die Rettung durch den Gott, der Jesus von den Toten auferweckt hat, zu einem neuen Leben vor und bei ihm in Ewigkeit.

---

[53] Zur Problematik des Kanons vgl. Käsemann, Kanon sowie Barton, Einheit.

5.2 Auch in der Sicht des Menschen gibt es Ähnlichkeiten und Verschiedenheiten. In beiden Teilen der Bibel wird der Mensch als Geschöpf Gottes gesehen, das gerufen ist in Verantwortung vor seinem Schöpfer und in rechter Beziehung zu seinem Nächsten sinnvoll zu leben. Aber im NT ist der Mensch weit mehr als im AT zu einem neuen Leben gerufen, das er durch die Annahme der Botschaft von seiner Rettung erlangen kann.

5.3 Als Gemeinsamkeit zwischen den beiden Teilen der Bibel kann die in weiten Teilen der Bibel anzutreffende typisch altorientalische Weltbetrachtung hervorgehoben werden, die eher Ereignisse darstellt und weniger in Begriffen denkt, wie das später in der christlichen Theologie aufgrund des griechischen Denkens üblich wurde. Erzählungen prägen die Mosebücher und jene von Josua bis zu den Königs- und Chronikbüchern, Berichte durchweben die Prophetenbücher, die Psalmen erzählen von der jeweiligen Not der betroffenen Beter, es gibt erzählende Teile sogar in den Sprüchen (Spr 8,22-31), die Bücher Ruth, Esther und Hiob berichten von Einzelschicksalen. Man könnte sagen, daß das AT weitgehend aus erzählenden Texten besteht; was für das Leben des israelitischen Gottesvolkes von Belang ist, wird erzählend mitgeteilt oder ist zumindest erzählend gerahmt oder von Erzählungen durchwoben. Im NT sind die narrativen Texte dann die Evangelien und die Apostelgeschichte, es gibt erzählende Partien, wenn auch nicht sehr umfangreich in den Paulusbriefen, die in gewisser Weise denen der Prophetenbücher vergleichbar sind.

5.4 Aber die Differenz zwischen den beiden Teilen unserer Bibel ist hier leicht deutlich zu machen. In den erzählenden Texten des AT wird die Geschichte des Gottesvolkes dargestellt, auch dort, wo es um Einzelschicksale geht, im NT sind die erzählenden Bücher, d.h. zunächst die Evangelien, auf die Person Jesu konzentriert, und nur die Apostelgeschichte berichtet von dem Gottesvolk in seiner Geschichte. Es kommt hinzu, daß mit der Person Jesus von Nazareth und seiner Predigt der Einbruch der Ewigkeit wahrgenommen wurde, die alle Geschichte beendet. Auch lassen sich die Paulusbriefe nur schwer mit den Prophetenbüchern vergleichen, auch wenn in beiden die jeweiligen Menschen direkt angesprochen werden. In den alttestamentlichen Prophetenbüchern dominiert die Gerichtsbotschaft, in den Briefen des NT die frohe Kunde von der Rettung in Jesus Christus. Natürlich gibt es auch in den Prophetenbüchern Heilszusagen, besonders konzentriert in Jes 40-55, und es gibt in den Briefen des NT Gerichtsaussagen, der ausführlichste Text dieser Art findet sich in Röm 1,18-3,20, die in ihrer Wirkungsgeschichte bedeutsamste Stelle ist Mt 25,31-46. Dennoch ist die Botschaft dieser beiden Schriftkomplexe nur begrenzt vergleichbar.

5.5 Diese Unterschiedlichkeit der beiden Teile der Bibel wird noch deutlicher, wenn wir einen nächsten Themenkomplex betrachten: den des Rechtes. Die alttestamentlichen Texte gehen davon aus, daß Leben gewonnen und verlängert werden kann, wenn man sittlich lebt und sich an die Vorschriften hält, die nach der Botschaft des AT von Gott selbst stammen. Auch das NT kennt den Gedanken, daß man sein Leben verfehlen kann, wenn man die Gebote Gottes übertritt, aber das NT ist vom Gedanken geprägt, daß Gott in Jesus Christus gerade den Menschen nahe gekommen ist, die sich an die Gesetze und Gebote nicht halten konnten, und daß es die vornehmste Aufgabe des Menschen ist, das in Jesus Christus erschienene Heil zu erkennen. Das Wort „Glaube“ erhält im NT eine gegenüber dem AT viel stärker nuancierte Bedeutung. Es ist darum wichtig, daß der Eigenart der beiden Testamente Rechnung getragen wird.

5.6 Damit verbindet sich ein weiterer Unterschied: Das NT ist viel mehr auf Belehrung aus als das AT. Die erzählenden Darstellungen der Person Jesu und auch des Lebens der ersten Christen wollen Glauben wecken und damit Leben neu sinnvoll machen. Man könnte somit etwas zugespitzt formulieren: Das NT tendiert zur kirchlichen Lehre hin, wie sich am Beispiel der Anhäufung von Substantiven eindrücklich zeigen läßt; das AT ist stärker am Tun und der Sittlichkeit interessiert und dementsprechend dominieren die Verben.

5.7 Dies hängt mit einer Beobachtung zusammen, die nicht genug bedacht werden kann: Das AT denkt sich gut und böse bei einem Menschen immer hintereinander. Der Mensch kann in der Sicht des AT wie des gesamten Alten Orients nicht zu gleicher Zeit gut und böse sein. Er ist gut, wenn er tut, was das Leben fördert, und er ist böse, wenn er dem Leben Schaden zufügt, es mindert oder eigenmächtig beendet. In der Welt der Griechen sind gut und böse nebeneinander möglich. Der entscheidende Gegensatz ist nicht Leben und Tod, sondern Licht und Finsternis. Während im AT Finsternis immer Todesschatten, Licht immer Lebenslicht ist, wird in der Welt der Griechen das Gute mit dem Licht, das Böse mit der Finsternis kombiniert. Und wie es Licht und Finsternis nebeneinander gibt, Licht in die Finsternis scheinen kann, so gibt es auch das Gute mitten im Bösen. Wahrheit ist darum im AT Treue, Zuverlässigkeit, im NT ist sie im Gegensatz zur Lüge völlige Aufrichtigkeit und nur als solche das, auf was man sich verlassen kann. Besonders das Johannesevangelium ist von diesem Dualismus geprägt, der für einen Menschen, der vom AT herkommt, schwer zu begreifen ist.

5.8 Damit kommen wir zu einem weiteren wichtigen Unterschied: Mitglied des Gottesvolkes wird man im AT durch Geburt und daraufhin durch das Zeichen des Bundes mit Gott, die Beschneidung. Mitglied des eschatologischen Gottesvolkes, welches das NT vor Augen hat, wird man durch Glauben und Taufe, also durch Wiedergeburt. So erhält das NT einen ganz neuen Akzent. Man kann zwar anführen, daß es im AT auch Texte gibt, die von der Aufnahme Fremder sprechen, wie sie dann im Urchristentum massiv durchgeführt wird, und man wird auch im AT Parallelen zur Praxis der Taufe im NT finden, nämlich Waschungen, aber die Akzente und Dimensionen sind völlig verschieden. Im AT gibt es das Gottesvolk, zu dem Menschen hinzukommen, im NT entsteht das Gottesvolk durch Wiedergeburt im Heiligen Geist.

5.9 Aber es gibt noch weitere Unterschiede. Das AT ist im Laufe mehrerer Jahrhunderte entstanden und beschreibt eine Geschichte von rund tausend Jahren. Das NT ist in einem Zeitraum von höchstens hundert Jahren entstanden und konzentriert sich auf ein Zentralereignis von wenigen Jahren und seine Auswirkungen. Es kommt hinzu, daß das NT auf das AT direkt Bezug nimmt und dieses ausdrücklich zitiert, was es so im gesamten AT nur ganz selten gibt. Wir vergleichen dazu die Chronikbücher. Sie sind von den Samuel- und Königsbüchern abhängig, zeigen das aber nirgends an. Auch sonst gibt es im AT die Aufnahme von Texten anderer Bücher, aber das geschieht nicht als ausdrückliches Zitat (Ps 18 in 1Sam 22; Ps 14 in Ps 53 u.a.). Man hat sich innerhalb des AT auch vorgeprägter bzw. früher geschriebener Texte bedient, hat dies aber nicht als Zitat gekennzeichnet. Noch die Passionsgeschichte in ihren älteren Teilen und vor allem die Offenbarung des Johannes gehen in dieser Weise mit den Texten des AT um. Das sonstige NT bezieht sich auf Texte des AT und zitiert sie ausdrücklich.

5.10 Dies hängt teilweise damit zusammen, daß der Kanon des AT fast völlig abgeschlossen war, als das NT entstand. Das zeigt sich daran, daß viele Texte von Mose und den Propheten sprechen, an einer Stelle wird sogar von Mose, den Propheten und den Psalmen gesprochen (Lk 24,44). Die Schreiber des NT sehen also die Heiligen Schriften Israels als eine kompakte Größe an. Gewiß, sie ist an ihrem Ende nicht abgeschlossen, an keiner Stelle wird der spätere Kanon mit „Mose, Propheten und Schriften" angeführt. Andererseits wird im Judasbrief eine Aussage aus dem Henochbuch verwendet,[54] das nicht in den alttestamentlichen Kanon hineinkam. Das zeigt, daß der Kanon des AT zur Zeit der Entstehung der neutestamentlichen Schriften nicht abgeschlossen war. Aber darauf kommt es nur begrenzt an, wesentlich erscheint, daß die Texte des NT auf einen bereits festgelegten Kanon zurücksehen und sich auf ihn berufen. Das Urchristentum will seine Botschaft vom bereits vorhandenen biblischen Kanon her legitimieren.

5.11 Die Texte, die das NT aus dem AT zitiert, sind in hohem Maße Texte der Verheißung, die ehemals dem Gottes-

---

[54] Hen 1,9 in Jud 14.

volk Israel zugesprochen waren und nun als erfüllt angesehen werden. Daneben weiß sich das NT in der Kontinuität des Willens des einen Gottes. Hier hat auch die Todesstrafe ihren Platz, wenn das Leben des Einzelnen das Dasein des Gottesvolkes bedroht. Das NT faßt die Gebote im Doppelgebot der Liebe zusammen und kennt darum keine Todesstrafe. Weniger das irdische Dasein der Gemeinschaft der Christen ist wichtig, als deren Berufung zum ewigen Heil. Eine gesetzliche Auslegung der Gebote Gottes wird abgelehnt. Entweder geht man dem Sinn der Gebote nach und verschärft sie, wie dies Matthäus in den Antithesen tut,[55] oder man ruft zu einer neuen Lebensweise aus dem Evangelium auf, woraus sich eine neue Sittlichkeit ergibt.[56]

5.12 Das AT rechnet mit großen geschichtlichen Ereignissen, in denen Gott Segen und Strafe kundtut, das NT rechnet mit dem Ende der Zeit und hat an geschichtlichen und politischen Entwicklungen eigentlich kein Interesse. Sie stehen alle unter dem Vorbehalt der letzten Ereignisse in der Welt.

6 Folgerungen für die Darstellung

Ein Versuch, diesen Ansätzen der Zuordnung gerecht zu werden, wird den oben angeführten Überlegungen Rechnung tragen und folgende Möglichkeiten bedenken:

6.1 Geht man von der Theologie bzw. der Botschaft des AT aus, so wird man der Geschichte, dem Traditionsprozeß oder auch der zunehmenden Vergeistlichung des AT erhöhtes Gewicht bei einer Biblischen Theologie beimessen. Denn ein christlicher Theologe liest das AT auf das Neue Testament hin, wenn er es als Buch ernst nimmt, das im Laufe mehrerer Jahrhunderte entstanden ist und darum auch Gesichtspunkte verschiedener Zeiten bietet. Das NT läßt sich auf diese Weise leicht integrieren, es kann als

---

55 Mt 5,21-48.

56 So etwa Paulus in Röm 12,1f.

Endpunkt alttestamentlicher Entwicklung oder als Bestandteil eines großen Traditionsprozesses wahrgenommen werden. Die Differenz zwischen einzelnen Teilen des AT einerseits und zwischen dem gesamten AT und dem NT andererseits ist insgesamt vergleichbar, auch wenn jene zwischen den beiden Testamenten größer ist als jene zwischen den Büchern des AT.

6.2 Geht man vom NT aus und liest das AT mit den Augen eines Neutestamentlers, so erscheinen viele Texte des AT weniger wichtig, eine Vielzahl von Texten wie große Umwege, die vom Ziel abzuführen drohen. Das AT deckt sich nicht mit dem AT, das im NT rezipiert ist. Vor allem aber bringt das NT zum Ausdruck, daß auch der in der Tradition des AT Verwurzelte eines Sinneswandels bedarf, um die Heilstat Gottes in Christus zu begreifen, und daß er darin dem Ungläubigen (Heiden) gegenüber nur insofern einen Vorzug hat, als er um die Verheißungen weiß (Röm 9,4).

6.3 Von daher könnte man formulieren: Eine Gesamtbiblische Theologie, die vom AT ausgeht, steht in der Gefahr, das NT zu vereinnahmen und in seiner speziellen Zielrichtung nicht genügend ernst zu nehmen. Umgekehrt ist eine Biblische Theologie, die vom NT ausgeht, in der Gefahr, das AT in seiner Eigenheit nicht gelten zu lassen. Man kann es auch anders formulieren: Eine Theologie des AT kann man viel eher beschreiben, weil sie dem Geschichtshandeln Gottes Rechnung trägt, eine Theologie des NT ist vom Kerygma, von der Anrede, dem Zuspruch bestimmt und beides kann man nur in Ähnlichkeit und Verschiedenheit, d.h. komplementär zusammen sehen.

6.4 Im Folgenden soll darum versucht werden, an einigen biblischen Hauptthemen die Ähnlichkeit und Andersartigkeit der beiden Teile der Bibel aufzuzeigen und damit einen Ansatz zu einer Gesamtbiblischen Theologie zu liefern. Manchmal wird dabei der Gedanke der Entwicklung zum Tragen kommen, manchmal werden Traditionsbrüche erkennbar und manchmal wird gezeigt, wie uralte Themen neues Licht erhalten. Es werden aber nur „charak-

teristische Leitgedanken"[57] herausgestrichen, die beide Teile unserer Bibel miteinander verbinden, wobei auch Differenzen aufgezeigt werden müssen.
Eine solche Darstellung macht dann auch deutlich, daß die Bibel ein offenes Buch ist, das für die jeweilige Gegenwart immer neu ausgelegt werden muß. Gerade weil die Linien nicht eindeutig sind, Brüche haben und sich Variationen bemerkbar machen, bleibt die Möglichkeit der Adaptierung auf neue Situationen. Da eine Theologie nicht nur darstellen, sondern auch zusammen denken soll, muß jede Generation diese Gedankenarbeit neu wagen.

[57] Hahn, Theologie I, 14.

I
Der eine Gott der Bibel

Die Umwelt der Bibel ist polytheistisch. Dies entspricht der Vielfalt der Lebenserfahrungen der Menschen, die in den verschiedensten Kräften der Natur und der Lebensgestaltung jeweils eine numinose Wirklichkeit, einen Gott zu erkennen meinen. Zu einer einheitlichen Sicht der Welt und der Gegebenheiten des Lebens ist es relativ spät gekommen.[58] *Ohne Brüche ließ sich auch eine solche einheitliche Schau nicht durchhalten. Sie ist bis zum heutigen Tag ein Problem. Eine gesamtbiblische Theologie aber geht davon aus, daß der in Israel angebetete und bezeugte Gott der Gott ist, der im Urchristentum als Vater Jesu Christi verkündigt wird und der die an Christus Glaubenden begleitet.*

1 Jahwe als der Gott Israels im Alten Testament

Das Bild Jahwes als des Gottes Israels hat sich im Laufe der langen Geschichte aufgrund der Erfahrungen gewandelt. Wir greifen einige Aspekte dieser Entwicklung heraus.

1.1 Jahwe, der Gott einer Gruppe

Ein wichtiges Kennzeichen Jahwes zu allen Zeiten ist, daß er in erster Linie Gott von Menschen und nicht Herr der Natur oder der Geschichte ist.
Als Israel in die Geschichte eintrat, war Jahwe sein Gott, unabhängig davon, ob er vorher ein Berggott (vgl. 1Kön

[58] Söding, Einheit, 156-187 geht in seinen Reflexionen von diesen späten Texten aus, wenn er die Einheit Gottes in der gesamten Heiligen Schrift skizziert.

20,23.28), der Gott einer Gruppe oder beides war.[59] Er war in jener Zeit der Gott, der Israel aus der Sklaverei in Ägypten herausgeführt hatte (Ex 3,10; 6,6 u.ö.) und das kennzeichnete ihn als Gott einer bestimmten Gruppe von Menschen, als Retter- und als Führungsgott. Die festen Formulierungen einer etwas späteren Zeit sprechen davon, daß Jahwe der Gott Israels und Israel das Volk Gottes ist (Dtn 26,17f.) oder davon, daß Jahwe Israel auf ewig zu seinem Volk bestimmt hat und er, Jahwe, sein Gott geworden ist (2Sam 7,24). Aber er war zu Beginn nicht der einzige Gott. Noch wissen alte Erzählungen, daß in der Familie Jakobs als Schutzgott ein Teraphim (Gen 31,30-35) anerkannt wurde, daß Jakob mit einem göttlichen Wesen am Jabbokfluß gekämpft hatte (Gen 32,23-32) und daß er beim Betreten des Landes seine Familie in Sichem aufforderte, alle Götter zu vergraben und sich auf den Wallfahrtsweg nach Bethel aufzumachen (Gen 35,1-7) zu dem Gott, der ihn begleitet und behütet hat. Das ist im Verständnis der Erzählung eindeutig Jahwe.
Man weiß somit, daß in grauer Vorzeit die Väter nicht nur Jahwe angebetet haben. Aber Jahwe war zum Gott Israels geworden, von Ägypten her, wie Hosea (Hos 12,10; 13,4) sagt.

1.2 Jahwe stellt sich vor

Die Deutung des Namens „Jahwe" gibt eine wichtige Charakteristik seines Wesens wieder.
Die Offenbarung seines Namens in Ex 3,14 zeigt das Entscheidende an. In einem Wortspiel mit dem Namen Jahwe[60] wird festgehalten: „Ich werde sein, als der ich sein werde", wodurch Jahwe als „der in Zukunft Wirksame"

---

[59] Für die These eines Berggottes spricht die alte Wendung „der vom Sinai kommt" (Dtn 33,2) sowie die Bekämpfung dieser Anschauung als falsche Sicht der Syrer (1Kön 20,23.28). Daß er von einer Gruppe von Nomaden (schasu Jahu) verehrt wurde, läßt sich aus einer Inschrift erschließen, vgl. dazu Herrmann, Geschichte Israels, 106f., daß sein Kultort am Sinai war, betonen Stolz, Monotheismus, 88f. und Hübner, Gott, 35. Beides wird besprochen bei Dietrich/Link, Dunkle Seiten, 85.
[60] Vgl. von Rad, Theologie I, 182f.

beschrieben wird.[61] Damit ist zunächst das Ereignis der Errettung aus Ägypten im Blick, das kurz zuvor als Absicht Gottes für ein Ereignis bekanntgegeben wurde (Ex 3,7-10) und das in naher Zukunft liegt. Darüber hinaus ist aber das Wirken dieses Jahwe für alle kommenden Zeiten, d.h. für jede Generation des Gottesvolkes angesprochen, die sich in jener wiederfindet, die den Auszug erlebte. Es ist ein rettendes, Heil stiftendes Wirken. Das zeigt die negative Aufnahme in Hos 1,9: „Ich werde nicht mehr für euch sein" sowie die einzige Variation dieser Namensumschreibung in Ex 33,19: „Ich werde gnädig sein, dem ich gnädig sein werde, und mich erbarmen, des ich mich erbarme."[62] Die Zuwendung Jahwes als „Gnade" und „Erbarmen" ist dabei als aktives Geschehen verstanden. Dasselbe gilt für die Aussage in Ex 34,6, wo ausgesagt ist: „Jahwe, Jahwe, ein gnädiger und barmherziger Gott, langmütig und reich an Gnade und Treue …" In anderem Zusammenhang werden dann Texte von dem „lebendigen" Gott sprechen, als dem, der sich seinem Volke gegenüber als wirksam, hilfreich und damit auch geschichtsmächtig erweist (Jos 3,10; 1Sam 17,26; Hos 2,1 u.ö.).

1.3 Jahwe, der mitgehende Beschützer

Wird Jahwe als Beschützer bezeichnet, dann als der Gott, der mit den Seinen geht, für sie kämpft und sie mit Nahrung versorgt.

1.3.1 Als der Gott, der sich den Seinen zuwendet, geleitet Jahwe sein Volk durch die Geschichte. Das zeigen die Er-

---

[61] Schreiner, Theologie, 37 betont: „Er (sc. Gott) ist (wirkend) da" und S.38: „Ex 3,14 greift die Verheißung auf: ‚ich bin mit dir'. V.14b bestätigt: Ich bin (da) hat mich zu euch gesandt." Kaiser, Theologie 2, 100 versteht die Umschreibung des Gottesnamens etwas anders, auch weil er den folgenden Vers 15 mit bedenkt: „Ich bin zu allen Zeiten derselbe", der Gott, der „wie er mit den Vätern war, jetzt und in alle Zukunft mit seinem Volk sein wird." Zu den verschiedenen Möglichkeiten des Verständnisses dieser Aussage vgl. Bernhardt, Art. היה, 405-407.

[62] Als Redefigur wäre noch Ez 12,25 zu vergleichen: „Ich rede, was ich rede."

zählungen von der Wüstenwanderung besonders eindrücklich. Hier liegt der Grund dafür, daß Gott mit seinem Volke geht (Ex 33,14f.), in der Mitte seines Volkes (Num 14,14; Dtn 7,21) oder mit den Seinen ist (Dtn 31,23; Jos 1,9) und daß er unter seinem Volk „wohnt" (Jes 49,20; Jer 7,3; Joel 4,21; Sach 2,14).

1.3.2 Als Führer seines Volkes durch die Wüste ist Jahwe zugleich der Gott, der die Seinen am Leben erhält. Die alten Texte sehen ihn darum als Kriegsgott, der den Seinen im Kampf zum Sieg verhilft und damit das Überleben sichert. Besonders gegen die Amalekiter tritt er helfend ein (Ex 17,16). Wenn Jahwe in der Mitte des Volkes ist, kann Israel gegen die Feinde siegen, sonst nicht (Num 14,42). Er gebietet die Vollstreckung des Bannes, wodurch Land in seinen Besitz kommt (Jos 6,17). Kein Mensch entkommt (Jos 10,40.42).[63] Er streitet mit Gideon gegen die Midianiter, und die Israeliten siegen mit dem Schlachtruf: „Für Jahwe und für Gideon" (Ri 7,18), ohne daß Waffen gebraucht werden. Darum wird vor einem Kampf Jahwe befragt (1Sam 14,37; 23,2.4.10-12). Der Kampf geschieht auf Weisung eines Gottesmannes (1Sam 15,2f.), oder das Volk legt vor dem Kampf ein Gelübde vor Jahwe ab (Num 21,2f.; Ri 11,30f.). Jahwe ist somit der eigentliche Kämpfer, denn er gibt die Feinde in Israels Hand (Ri 11,32), er kann sogar ankündigen: „Ich werde für euch streiten, ihr aber werdet euch ruhig verhalten" (Ex 14,14). Diese Sicht macht auf die Dauer jeden Krieg Israels verdächtig: „Im Stillesein und Hoffen wäret ihr stark. Aber ihr habt nicht gewollt." (Jes 30,15). Nicht mehr die Waffenrüstung und Kriegsvorbereitung, sondern allein das Vertrauen, der Glaube an Jahwe zählt (Jes 7,7-9). In der Spätzeit Israels wird festgehalten: „Es soll nicht durch Heer oder Kraft, sondern durch meinen Geist geschehen" (Sach 4,6). Die Verehrung Jahwes als Zufluchtsstätte (Ps 61,4) oder „feste

---

[63] Die Mescha-Stele beschreibt den Gott Kemosch der Moabiter ähnlich: Kein Mensch der israelitischen Stadt Atarot bleibt am Leben (AOT 441, 11f.). Zum Verständnis vgl. Dietrich/Link, Dunkle Seiten, 197. Zur Frage des Bannes vgl. dort 195-203, zu Jahwe als Kriegsgott, 187-195.

Burg" (Ps 46,2) macht alle kriegerische Initiative verdächtig. Jahwe ist es, der „Bogen zerbricht, Speere zerschlägt und Wagen mit Feuer verbrennt" (Ps 46,10).

1.3.3 Ebenso ist er der Gott, der Israel mit Wasser und mit Speise versorgt. Darüber berichten die Erzählungen vom Wasser aus dem Felsen und von der Gabe von Manna (Ex 16,14f.; Num 11,6-9; Dtn 8,3.16) und Wachteln (Ex 16,12-13; Num 11,31). Von einer wunderbaren Speisung des Gottesmannes berichten die Eliageschichten (1Kön 17,2-16). Daß Gott bei Bedarf Speise gibt, spricht Ps 145,15f. aus:

„Aller Augen warten auf dich,
daß du ihnen Speise zur rechten Zeit gibst.
Du tust deine milde Hand auf
und sättigst alles Lebendige mit Wohlgefallen."

Ähnlich formuliert Ps 136,25:

„Der Nahrung gibt allem Fleisch".

1.4 Jahwe und die anderen Götter

Im Lande Kanaan bekommt Jahwe neue Attribute. Sein Verhältnis zu den dort bereits angebeteten Göttern muß neu geregelt werden.

Mit dem Betreten des Landes weitet sich die Erkenntnis vom Wirken Jahwes aus. Er bleibt zwar in jeder Hinsicht der Gott Israels und damit Gott einer bestimmten Menschengruppe, aber er wird jetzt im Zusammenhang der Götter des Landes gesehen. Diese sind weniger an bestimmte Gruppen, vielmehr an das Land gebunden, als Gottheiten, die das Wohlergehen im Lande garantieren. Es sind die aus Ugarit bekannten Fruchtbarkeitsgötter, die die Kanaanäer verehren, Götter, die die Jahreszeiten und damit den Segen des Landes und in den Familien garantieren. In Jerusalem wird er mit dem Götterkönig, dem "höchsten Gott" (el eljon) identifiziert (Gen 14,18).[64] Damit erfolgt eine entscheidende Wandlung im Gottesbild Israels. Jahwe

[64] Lohfink, Monotheismus, 17.

übernimmt neben den Funktionen der Rettung und Führung einer Menschengruppe jene der Fürsorge für die Bewohner des Landes durch Garantie des Segens desselben.[65] Wahrscheinlich erfolgte diese Wandlung langsam, das ist z.B. daran erkennbar, daß Saul seinen einen Sohn Jonathan (Jahwe hat gegeben) nennt (1Sam 14,1; 1Chr 8,33), Eschbaal (Gefolgsmann des Baal)[66] den anderen (1Chr 8,33). Sie erreichte einen Höhepunkt zur Zeit Elias, der klarmachen konnte, daß zumindest *auch* Jahwe Herr des Regens und der Fruchtbarkeit ist.[67] Der Eindruck, den sein Handeln hinterließ, muß gewaltig gewesen sein und eine große Dynamik ausgelöst haben.[68] Der entsprechende Bericht 1Kön 17-19 verarbeitet auch die Wirkungsgeschichte dieses Ereignisses und macht in der letzten, relativ späten Fassung, die die Ereignisse zur Zeit Elias und die Botschaft des Hosea verarbeitet, klar, daß Israel davon überzeugt wurde, daß Jahwe allein[69] der Gott des Blitzes und des Re-

[65] Kaiser, Theologie 1, 116 denkt sich die Sache anders: Jahwe habe sich „seit jeher an seinem Berg im Gewitter manifestiert", wodurch sich eine Gleichsetzung „mit dem kanaanäischen Wettergott" nahelegte.

[66] Vgl. Stoebe, BHH I, 438. Ist er mit dem 1Sam 14,49 Genannten Ischjo (Gefolgsmann Jahwes) identisch? Es ist wohl der in 2Sam 2,8.14f. u.ö. Ischboschet (Mensch der Schande) genannte.

[67] Das Mindeste, was historische Kritik an der Erscheinung Elias als zuverlässig betrachten kann, ist, daß Elia so etwas wie ein „Regenmacher" war, vgl. Köckert, Elia, 142. Eine andere Rekonstruktion bietet Hentschel, Elia und der Kult. Daß die „Eliaüberlieferung einem tiefgreifenden Interpretationsprozeß unterzogen" wurde, betont mit Recht Stolz, Monotheismus, 143. Inwieweit man aber diesen rekonstruieren kann, bleibt offen. Bei Erzählungen kann man nicht durch immer weitere Reduktionen zur historischen Wirklichkeit durchdringen, denn wir wissen nicht, was Redaktoren ausgelassen oder umformuliert haben. Darum ist bei solchen Rekonstruktionen äußerste Sorgfalt geboten.

[68] Jeremias, „Baal", 89-96 bringt Argumente dafür, daß die Typisierung Jahwes gegen Baal im Hosea-Buch „eine längere Auseinandersetzung um das Wesen der rechten Gottesverehrung zwingend voraus(setzt)." Sie hat doch wohl mit Elia ihren Ausgangspunkt genommen.

[69] Zur Jahwe-allein-Bewegung vgl. Lang, Jahwe-allein-Bewegung, 47-83 und bes. 63: „Unsere Kenntnisse über diese Gruppe beruhen im Kern auf dem Hoseabuch".

gens (1Kön 18,38-45) und damit der Fruchtbarkeit des Landes, sogar der Auferwecker aus den Toten (1Kön 17,17.24) ist. Das war in Israel bis dahin zumindest nicht restlos klar. Noch der Prophet Hosea klagt Israel an, es bedenke nicht, daß „Getreide, Most und Öl“ von Jahwe und nicht von Baal kommt (Hos 2,10). Dtn 7,13 spricht es dann eindeutig aus.

1.5 Jahwe, der Gott des Landes Israel

Der eine Gott einer Menschengruppe wird zum Gott des gesamten Landes, in dem diese Menschengruppe wohnt.

1.5.1 Daraus ergibt sich die Alleinverehrung dieses Gottes im erwählten Lande. Die Rede Josuas in Jos 24 zeichnet diesen hier dargestellten Prozeß nach und stellt ihn in die Zeit, als Israel den Jordan überschreitet und ins Kulturland eindringt.[70] Tatsächlich hat der Prophet Hosea die Zeit der Wüstenwanderung als Zeit der reinen Liebe zwischen Jahwe und seinem Volk angesehen (Hos 2,16-22). Das Deuteronomium trägt diesem Sachverhalt Rechnung. Programmatisch proklamiert Mose im Auftrage Jahwes kurz vor dem Übergang in das Westjordanland: „Jahwe ist unser Gott, Jahwe ist einer“ (Dtn 6,4).[71] Und er ist eifersüchtig. Wie er sein Volk liebt und ihm gegenüber barmherzig ist, erwartet er, daß ihn das Volk liebt und zwar ausschließlich.[72] Für Israel kann es hinfort nur einen Gott geben, den es voll und ganz verehren muß. Zur Erinnerung daran soll es Merkzettel an Stirn und Arm anbringen (Dtn 6,5). Den Kindern ist dieser Sachverhalt mit dem Hinweis auf die Rettung in Ägypten ins Gedächtnis zu rufen (Dtn 6,20-25). Auf dieser Grundlage werden drastische Maßnahmen zur Durchsetzung der Alleinverehrung Jahwes verlangt: Alle

---

[70] Der Text ist heute zumindest deuteronomistisch überarbeitet, wenn nicht erstmalig deuteronomistisch konzipiert. Vgl. Fritz, Josua, 235-237.

[71] Zu diesem Text und seinem Verständnis vgl. Nielsen, Deuteronomium, 84 und Veijola, Deuteronomium, 174.

[72] Zur Eifersucht Jahwes vgl. Dietrich/Link, Dunkle Seiten, 84-99.

Götterbilder müssen beseitigt werden (Dtn 7,25f.).[73] Jeder, der zur Verehrung eines anderen Gottes in Israel verführt, muß getötet werden (Dtn 13,7-11).[74] Im Lande Israel kann nur ein einziger Gott verehrt werden. Die Devise: „Jahwe ist Gott und keiner sonst" (Dtn 4,35.39; 1Kön 8,60; vgl. 2Kön 19,19; Jes 43,11; 45,21f.) wird zum Gebot. Diese Forderung geht einher mit der Erwartung der Verehrung dieses Gottes an einem einzigen Ort, wodurch der Jahwekult auch einen einheitlichen Ritus erhält. Hinfort gilt die Devise: Ein Gott, ein Volk, ein Tempel. *Die Einzigkeit Jahwes ist eine geforderte, geglaubte, durchgehaltene und gelebte.* Daß es tatsächlich noch andere Götter gibt, ist jedoch selbstverständlich. Andere Völker haben eben andere Götter. Salomo baut seinen Frauen aus den Nachbarvölkern Tempel (1Kön 11,1-8), was in späterer Zeit negativ bewer-

---

[73] Daß diese Forderung realistisch war, zeigen die kürzlich gefundenen Inschriften aus dem 8. Jh. bei Chirbet el-Qom und Kuntilet Adschrud, die Jahwe neben der Aschera erwähnen, vgl. Hübner, Gott, 29.

[74] Dementsprechend berichtet 1Kön 19,40, daß die Baalspropheten auf das Geheiß des Elia getötet werden. Nach 2Kön 10,30 hat Jehu, weil er die Tötung des Hauses Ahab bewirkt hat, die Zusicherung erhalten, daß auf dem Throne Israels vier Generationen seiner Familie regieren dürfen. Diesen Text findet Hübner, Gott, 53 problematisch, weil hier „in aller Deutlichkeit vor Augen gestellt wird, wie im Verlauf der biblischen Geschichte auch und gerade in religiösen Fragen Menschen zur schlimmsten Perversität fähig sind, wie selbst von Gott grausamste Zerrbilder geschaffen werden konnten, Zerrbilder, die wir heute nur noch mit Ablehnung und Abscheu zur Kenntnis nehmen können." So leicht sollte man es sich nicht machen. Die Texte stehen in der Bibel, die selbst eine Geschichte hat. Bereits Hos 1,4 hat der Prophet dem Hause Jehu wegen dieser Tat Gottes Gericht angekündigt. Der lange Weg von Jahwe als Kriegs- und Vergeltungsgott bis zum Vater Jesu Christi wird auch in der Kirche immer wieder mühsam gegangen und muß auch von dem Einzelnen immer neu, meistens öfters im Leben gegangen werden. Mit einer Disqualifizierung wie „abscheulich" löst man das Problem nicht, wohl aber mit dem immer neuen Hinweis auf das Ziel im NT, das Liebesgebot. Die „dunklen Seiten Gottes" (Dietrich/Link) bleiben bestehen. Luther sprach vom deus absconditus (verborgener Gott) neben dem deus revelatus (offenbarer Gott). Wer dies verdrängt, gerät notgedrungen in das Fahrwasser der Gnosis der ersten christlichen Jahrhunderte, die das alttestamentliche Gottesbild ablehnte.

tet wird (1Kön 11,9-13): In Israel darf kein solcher Gott angebetet werden, und kein Israelit darf solches tun. Nicht mehr nur die Menschengruppe, sondern nun auch das ganze von Israel bewohnte Land gilt als Jahwes Domäne, in der er regiert.

1.5.2 Für eine relativ begrenzte Zeit wird Jahwe sogar Staatsgott. Wahrscheinlich hat schon David dieses Konzept gehabt, durch den Bau des Tempels unter Salomo wird es in die Praxis umgesetzt. Die täglichen Opfer zum Wohlergehen des Staates werden Jahwe dargebracht, es wird mit Saddok ein Staatspriester eingesetzt (1Kön 2,35), und der König wird in solchem Zusammenhang als Sohn Jahwes bezeichnet (2Sam 7,14; Ps 2,7), was bedeuten soll, daß er in ganz besonderer Gnade Jahwes steht (2Sam 7,15f.). Der letzte König, der sich so sehen kann, ist wohl Josia, der seine Kultreform und damit auch seine Staatsreform nach dem „Buch des Bundes“[75] durchführt (2Kön 23,2-14). Mit dem Verlust der Eigenstaatlichkeit und damit des Königtums wird Jahwe wieder zum Gott der Gemeinschaft Israels und das heißt, all derer, die Jahwe im Tempel zu Jerusalem anbeten.

1.5.3 Durch die Ausdehnung der Wirksamkeit Jahwes von der Menschengruppe auf das Land, ergibt sich, daß Jahwe auch als Herr der Völker gilt, die einmal zum davidischen Reich gehört haben. Amos erklärt, daß Jahwe auch die Philister aus Kaphtor und die Aramäer aus Kir in das Land geführt habe, das sie jetzt bewohnen (Am 9,7).[76] Noch weiter geht Jesaja, wenn er davon spricht, daß Jahwe sich des Königs von Assur bedienen wolle, um Israel zu demütigen, wörtlich, „ihm den Bart abzunehmen“ (Jes 7,20). Aber in beiden Fällen ist noch deutlich erkennbar, daß Jahwe der Herr einer Menschengruppe ist, nur ist seine Wirksamkeit jetzt auf mehrere Menschengruppen ausgedehnt.

---

[75] Um was für eine Schrift es sich hier handelt, läßt sich nicht mehr erschließen, vielleicht war es eine Urform des Deuteronomiums, die in Dtn 12-26 noch vorhanden ist.

[76] Daß die Ammoniter den Kamoš verehrten, weiß Ri 11,34.

1.5.4 Mit diesem Verständnis Jahwes als des Herrn des ganzen Landes kommt auch eine neue Vorstellung von diesem Gott zum Tragen: Jahwe als König. Gemeint ist damit, daß Jahwe als König in der Götterwelt herrscht, wie Ps 82 schön darlegt:

„Jahwe[77] steht auf im Rat der Götter,
inmitten der Götter hält er Gericht …"
(Ps 82,1)[78]

Er regiert über das ganze Land, umgeben von einer Reihe göttlicher Wesen, die den Bestand des Landes und das Funktionieren all dessen garantieren, was für das Leben seiner Bewohner wichtig ist: Er herrscht über die Kräfte der Natur (Ps 93,2-4; 95,3-5). Aber es tritt ein neuer Zug hinzu: Als König läßt Jahwe Recht und Gerechtigkeit walten (Ps 96,9) und ist insofern einem irdischen König vergleichbar, Garant der Hilfe für die Witwen und Waisen, Betreuer der Armen. Die soziale Not beschäftigt die israelitische Frömmigkeit intensiv. Das wird in dem bereits erwähnten Ps 82 deutlich, wo die Götter aufgefordert werden:

„Schafft Recht dem Geringen und der Waise,
den Niedrigen und Bedrängten sprecht frei."
(Ps 82,3)[79]

1.5.5 Die Propheten der vorexilischen Zeit haben dieses Gottesverständnis. Sie klagen das Gottesvolk bzw. seine Oberen, die Repräsentanten wegen der sozialen Ungerechtigkeit (Jes 1,16.23; 3,15; Am 2,6-8; 5,11; Mi 2,1f.; 3,3.9-11) oder wegen ihrer Verehrung anderer Götter (Hos 2,4.7f.) an und kündigen dem Volk Gottes Geleit auf (Hos 1,9).

---

[77] So vermutlich die alte Lesung, vgl. Janowski, Konfliktgespräche, 137.

[78] Zur Gottesvorstellung als Richter vgl. Krawczak, Richter, bes. 414-418.

[79] Von einem König wird analog Schutz für Witwen und Waise erwartet, vgl. Ps 72; Jes 1,21-28.

1.6 Jahwe, der Gott der Völker, der Einzige und Schöpfer der Welt

Das Exil erweitert nochmals das Verständnis Jahwes als des Gottes Israels. Jahwe wird zum Gott aller Völker, als Schöpfer der gesamten Welt proklamiert und als der einzige Retter.

1.6.1 In einer gewaltigen Vision sieht der Prophet Hesekiel den Thronwagen Gottes nach Babylon kommen (Hes 1). Gemeint ist: Jahwe als Gott Israels macht sich zu den Seinen in deren Verbannung auf. Nachdem durch die Verschleppung auch im Umkreis Babylons Israeliten wohnen, muß Gott als Herr eines sehr viel größeren Gebietes proklamiert werden. Zur gleichen Zeit etwa verkündet Jeremia (27,5f.), daß Jahwe Herr der ganzen Erde ist und er als solcher den babylonischen König Nebukadnezar zu seinem Statthalter gemacht hat, indem er ihm die gesamte Erde übergab. Solche Gedanken waren zwar tendenziell in den Jahwe-Königspsalmen ausgesprochen (Ps 93; 95; 96; 98), aber dann doch nur auf das von Israeliten bewohnte Land bezogen worden. Inwieweit es vergleichbare Gedanken schon vorher gegeben hat, läßt sich nicht mit Sicherheit sagen, in der Exilszeit werden sie ausgesprochen.

1.6.2 Der Prophet, der diesen Gedanken am nachhaltigsten gebraucht und damit die neue Frömmigkeit geprägt hat, ist Deuterojesaja. Für ihn ist ganz klar, daß Jahwe Herr seiner gesamten Schöpfung, auch des gestirnten Himmels ist, weil er Himmel und Erde geschaffen hat (Jes 40,26) und es außer ihm keinen anderen Gott gibt, er also der einzige und universale Gott ist, der Geschichte macht. Aber das Wissen darum, daß es viele Götter gab, klingt noch nach:

„Ich bin der Erste und der Letzte,
und außer mir ist kein Gott …
Ist ein Gott außer mir? Ist ein Fels?
Ich weiß keinen.“
(Jes 44,6.8)

Der Beweis für die Einzigkeit Jahwes als Gott ist die Tatsache, daß er die Befreiung aus der Gefangenschaft ankündigt, was die anderen Götter nicht zu tun vermögen (Jes 41,12; 44,7). Die anderen Götter machen keine Geschichte, und Ereignisse vorher anzukündigen, vermögen sie überhaupt nicht. Jahwe aber ist Herr der Geschichte, der ganzen Welt, er bringt sogar die Völker in Bewegung, um sein Volk heimzuführen (Jes 43,3f.). Bei diesem Propheten bündelt sich gewissermaßen das Verständnis Jahwes als Rettergott, Geschichtsgott und Schöpfergott. Natur und Geschichte wirken zur Rettung des Volkes zusammen (vgl. auch Jes 63,10-64,11). Damit wird Jahwe zum Universalgott, die Götter werden zu Nichtsen, die zwar noch da sind, aber völlig kraftlos. Das wird in einem Spottlied auf die Götterbilder in Jes 44,9-20 festgehalten. Jahwe wird als der einzige Gott der gesamten Erde proklamiert.

1.6.3 Damit hat das Gottesbild seine weiteste Entfaltung erlangt. Alles, was in der Bibel später gesagt wird, ist Explikation, Vertiefung oder Variation dieser im Exil propagierten Einsicht: Jahwe als Schöpfer und Erhalter der ganzen Welt, der Geschichte macht und sich seinem Volk gnädig zuwendet.

1.6.4 Zu solcher Entfaltung des Gottesbildes gehört die Erwartung einer Völkerwallfahrt zum Zion, der dabei zum Weltenberg wird (Mi 4,1-8; Jes 2,1-4). An dem einen Ort, wo Jahwe angebetet wird, erhalten alle Völker von ihm Weisung. Hier ist Jahwe nicht mehr Gott allein seines Volkes und für sein Volk, sondern der Gott aller Völker. Gewiß, Israel bleibt in der Mitte der Welt dieser Völker und der Zion als Ort der Offenbarung bleibt erhalten. Aber er bekommt andere Dimensionen, und die Völker bekommen Anteil am Segen Israels. Die Tora, die vom Zion ausgeht, wird zur Weltordnung. Die Partikularität der Gottesbeziehung zwischen Israel und den Völkern ist damit entschränkt. Gottes Wille als Heilswille gilt der gesamten Schöpfung. In ähnlicher Weise zeigt das Buch Jona auf, daß Gott auch mit der Weltstadt Ninive Gedanken des Friedens haben kann, die er trotz ihres bösen Treibens verschont (Jon 4,11).

1.6.5 *Jahwe, der Schöpfer der ganzen Welt*

Eine Variation dieser Sicht finden wir in der Priesterschrift. Sie kann wie bereits Deuterojesaja Jahwe als Schöpfer des Himmels und der Erde beschreiben, und mit dem Bericht darüber auch die damalige Heilige Schrift eröffnen (Gen 1,1-2,3). Doch weil der Priester weiß, daß diese seine Sicht nicht zu allen Zeiten gegeben war, läßt er Gott mit drei verschiedenen Bezeichnungen in die Geschichte eintreten, als Elohim (Gottheit) bei der Weltschöpfung, als Schaddai (Allmächtiger)[80] bei den Vätern (Gen 17,1; Ex 6,3) und dann ab der Rettung aus Ägypten als Jahwe (Ex 6,2). Aber es ist derselbe Gott, bloß sind die Bezeichnungen und damit die Aspekte verschieden. Er ist Schöpfer der Menschen und Begründer des Sabbats (Gen 2,1-3), er ist auch Gott der Väter, der sich an diese bindet und ihnen dafür das Zeichen der Erwählung in der Beschneidung anbietet (Gen 17,10f.), er ist der Retter- und Führungsgott seines Volkes.

1.6.6 *Jahwe, der Retter und Helfer*

Die Psalmen preisen den Schöpfer, den Retter und den Helfer. So geht Ps 104 die gesamte Umwelt des Menschen durch, um die gute Ordnung in Gottes Natur zu preisen. Die Rettung am Schilfmeer und in anderen Nöten besingen verschiedene Lieder (Ex 15; Ps 105,26-44; 135; 136), wieder andere berichten von erfahrener Hilfe in Krankheiten und anderen Nöten (Jes 38,9-20; Ps 116; 118). In vielen Gebeten kommt eine innige Gottesbeziehung zum Ausdruck, die sich in der Formulierung „mein Gott" Ausdruck verschafft. Als „mein Gott" wird Jahwe in Not angerufen (Ps 3,8; 5,3; 22,2 u.ö.), es wird das Vertrauen ausgesprochen, daß er sich als Helfer erweist (Ps 42,6.12; 43,5), der Gebete erhört (Ps 38,16.22), das Unmögliche möglich macht (Ps 18,30). Ihm wird nach erfolgter Hilfe gedankt (Ps 71,22), ihm gilt sogar der Lobpreis der Seele bei der Betrachtung der Schöpfung (Ps 104,1). Diese sehr persönliche Bindung der Beter an Jahwe als „meinen Gott" ist

---

[80] Das Verständnis dieser Gottesbezeichnung ist in der Forschung höchst umstritten. Zu den verchiedenen Möglichkeiten eines Verständnisses vgl. Steins, שַׁדַּי, 1083-1104 sowie Kaiser, Theologie 2, 70f.

sogar so kennzeichnend für Israel, daß sich Beter gegen den Vorwurf von außen schützen müssen, der sich in der Frage artikuliert: „Wo ist nun *dein* Gott?“ (Ps 42,4; 79,10). Hier ist die Gottesverehrung Israels als des Gottesvolkes, das Jahwe als „unser Gott“ anbetet (Ps 113,5; 115,3), ganz ins Persönliche übergegangen. Der Gott Israels ist auch der Gott jedes einzelnen Israeliten, der Retter- und Helfergott seines Volkes ist Retter und Helfer jedes Gliedes desselben.

1.7 Menschliche Züge bei Jahwe

Überall im AT trägt der Gott Israels menschliche Züge.[81] *Er ist nicht nur voller Güte, Gnade und Erbarmen, er kann auch zürnen und Reue empfinden, eifersüchtig sein und strafen.*[82]

1.7.1 Von seiner Güte und seinem Erbarmen sprechen Texte an ganz verschiedenen Stellen des AT,[83] so daß man sogar meinte, darin ein Bekenntnis entdecken zu können.[84] Hier nur ein sehr bekanntes Zitat:

---

[81] Die Aussage Hos 11,9: „Gott bin ich – und kein Mann“ spricht nicht dagegen. Sie zeigt nur an, daß bei aller Menschlichkeit Gott nicht ganz vergleichbar ist mit dem Menschen.

[82] Vgl. die schöne Zusammenfassung bei Dietrich/Link, Dunkle Seiten, 86: „Dieser Gott steht nicht hoch und unbewegt über den Dingen dieser Erde, nein, er begibt sich mitten hinein, fast möchte man sagen: mit Haut und Haaren; er liebt leidenschaftlich, er bemüht sich zärtlich um die ihm liebgewordenen Menschen, er hütet sie wie seinen Augapfel, er fällt denen in den Arm, die gegen sie vorgehen wollen, er begleitet sie durch alle Tiefen und Untiefen ihrer Geschichte, er vertraut ihnen seine Weisungen an und gibt ihnen seine Verheißungen, er verfolgt unbeirrt das gute Ziel, das er ihnen bestimmt hat – aber er ist auch verletzlich, wenn ihm seine Fürsorglichkeit nicht gedankt, wenn sie gar mißachtet wird, er kämpft um die Einsicht der Seinen, daß er es gut mit ihnen meint, er kann sich sogar dazu hinreißen lassen, daß für eine Zeit Zorn seine Liebe überdeckt.“

[83] Num 14,18f.; Ps 86,15; 111,4; 145,8; Joel 2,13; Jon 4,2; Nah 1,3; Neh 9,17.31; 2Chr 30,9.

[84] Schabert, Formgeschichte; Jeremias, Reue, 94-97. Eine ausführliche Untersuchung der Formel bietet Scoralick, Gottes Güte.

„Barmherzig und gnädig ist Jahwe,
geduldig und reich an Erbarmen."
(Ps 103,8)[85]

Dieses Erbarmen zeigt sich in besonderer Weise in seiner Vergebungsbereitschaft:

„Er handelt mit uns nicht nach unseren Sünden
und vergilt uns nicht nach unserer Missetat.
So hoch der Himmel über den Wolken ist,
läßt er seine Gnade walten über denen, die ihn fürchten."
(Ps 103,10f.)

Darum kann sich solches Erbarmen auch über die sündigen Heiden erstrecken (Jon 4,11).

1.7.2. Sein Zorn[86] hat die tödliche Bedrohung zur Folge.[87] Er richtet sich auch gegen das schuldbeladene Israel (Dtn 7,4; Ez 7,19 u.ö.). In milderer Form wird von einem Gerichtshandeln gesprochen, in dem Jahwe sich auch gegen das Gottesvolk wendet, wenn es sich nicht an Jahwes Weisungen hält und danach lebt. Davon sprechen die vielen Gerichtsworte der Propheten. Im Richterbuch ist ein Schema des Gerichtshandelns Gottes festgehalten (Ri 2,11-15): Es setzt beim Abfall des Gottesvolkes von Jahwe ein, worauf Jahwe mit Zorn reagiert und Feinde schickt, die die Israeliten bedrängen. Daraufhin tut Israel Buße und Jahwe erbarmt sich wieder seines Volkes. Er erweckt einen Richter und rettet sein Volk aus der Hand der Feinde. Verwandt dieser Aussage, die als ein Programm zur Gestaltung des Richterbuches angesehen werden kann, ist die Botschaft Deuterojesajas, die erklärt, daß das Gericht allenfalls Jahwes vorletztes Wort sein kann:

„Ich habe dich eine kleine Weile verlassen,
aber mit ewiger Geduld, will ich dich sammeln."
(Jes 54,7)

---

[85] Nach Jeremias, Reue, 95 ist in Joel 2,13 die Vollform enthalten, sie ist Ps 103,8 sehr ähnlich.
[86] Nach Sauer, Art. אַף, 224 handelt es sich um „eine im Letzten rational nicht erklärbare Reaktion".
[87] Vgl. Ex 22,23; 32,10 u.ö.

1.7.3 Dieser Gott ist nicht unwandelbar, aber er verändert sich, wie Mal 3,6 betont, dann doch nicht. Er kann Reue empfinden und seine Entschlüsse ändern. Zwar wird immer wieder betont, daß ihn sein Beschluß nicht gereuen wird (Ps 110,4; Ez 24,14), aber es wird auch von seiner tatsächlichen Reue berichtet. Sie kann doppelter Art sein. Beide Formen stehen im Zusammenhang seines Heilshandelns:
Die Reue über sein Handeln bei der Schöpfung (Gen 6,6) führt zwar dazu, daß die Sintflut über die Welt hereinbricht, aber am Ende steht die Versicherung, daß Gott die Menschen nicht mehr verderben will, obwohl sie nicht besser geworden sind (8,21f.),[88] und seine Reue bezüglich der Erwählung Sauls (1Sam 15,11) läuft auf die Sicherung der Dynastie Davids hinaus (1Sam 15,28f.). Beides sind „einmalige, unwiederholbare Erfahrungen".[89]
Die Reue, in der Gott seine Absicht zu strafen zurücknimmt (Am 7,3.6; Ps 106,45), ist korrekter als Selbstbeherrschung oder als Selbstüberwindung Jahwes zu verstehen.[90] Hosea beschreibt den inneren Kampf Jahwes mit sich selbst und wie er sich überwindet:

„Gegen mich selbst kehrt sich mein Herz,
mit Macht entbrennt mein Erbarmen;
meinen glühenden Zorn kann ich nicht vollstrecken,
kann Israel nicht wiederum verderben."
(Hos 11,8f.)[91]

Diese Möglichkeit der Selbstüberwindung Jahwes macht die Anrufung Gottes und das Sündenbekenntnis möglich. Er ändert sich „vielleicht" (Am 5,15; Joel 2,14). Auch die

---

[88] Jes 54,9 vertieft diese Sicht noch, wenn davon gesprochen wird, daß Jahwe bei der Sintflut geschworen hat, nicht mehr zu zürnen.

[89] Jeremias, Reue, 135. Man kann diese Erkenntnis Israels, daß Jahwe nicht mehr in das Gefüge der Welt und der Geschichte vernichtend eingreift mit der Sicht des Aischylos vergleichen, der in seiner Trilogie „Prometheus" in seinem dritten, nur noch bruchstückhaft erhaltenen Teil Zeus als Gott beschreibt, der im Ablauf der Zeit dazugelernt hat und damit den Bestand der gegenwärtigen Welt sichern kann. Vgl. dazu Meyer-Benfey, Aischylos, 69: „... hat sich auch Zeus gewandelt."

[90] Jeremias, Reue, 46f. u.ö.

[91] Übersetzung von Jeremias, Reue, 52.

Bitte um neue Zuwendung (Ex 32,12) oder „Jahwes Mitleid“ (Ps 90,13), ja jedes Bittgebet hat darum Sinn.[92]

1.7.4 Für einen Christen ist es verwunderlich, daß die persönliche Bindung an Gott im AT nur ganz selten mit dem Wort „Vater“ verbunden wird. Einige Namen der Vorzeit wie Abram, Joab, Abiel oder Abimelech deuten darauf hin, daß Gott damals als Vater angesehen wurde, aber die Bezeichnung als „Vater“ begegnet nur vereinzelt (Dtn 32,6; Jes 63,16; vgl. 64,7; Jer 3,4.19; 31,9).[93] Offenbar hatte man eine große Reserve gegenüber dieser Bezeichnung, weil sie das Verständnis einer Zeugung durch Gott einschloß, die für Israel seinem Wesen nach nicht denkbar war (vgl. Gen 6,1-4).

1.8 Jahwe, der einzige aber nicht einsame Gott[94]

Israel hat Jahwe als König über einem Hofstaat angesehen, nicht als eine einsame Größe.

1.8.1 Schon die alte Erzählung vom Traum Jakobs in Bethel, wo er eine Himmelsleiter sieht, zeigt an, daß Jahwe nicht einsam gedacht ist. Dort steigen Engel zu ihm auf und von ihm herab zur Erde (Gen 28,10-19). Nach Ps 82,1 tritt er in Els Ratsversammlung auf und klagt die „Söhne Els“ an, die in der Spätzeit Israels als Engel verstanden werden. Solche Engel sind göttliche Wesen, die ihm zur Seite stehen und seien es nur Winde (Ps 104,4). Auch die Aufforderung „lasst uns Menschen machen“ in Gen 1,28 setzt diese Sicht Jahwes voraus, vor allem aber der Prolog des Hiobbuches (Hi 1,6-12): Jahwe/Elohim ist umgeben von Gottessöhnen, von Engeln, und ein himmlischer Staatsanwalt, der Satan, sorgt dafür, daß in der Welt der Menschen nicht nur die Güte, die Rettung der Frommen

---

[92] Zu Recht betont von Schrage, Vorsehung Gottes, 47. Vgl. auch Schmitt, Reue Gottes.

[93] Zur Sache vgl. Vanoni, Vater.

[94] Vgl. Scharbert, Mensch, 243: „Wie man sich einen König nie einsam vorstellen konnte, sondern immer nur umringt von Thronassistenten, Ratgebern und Höflingen, so konnte man sich in Israel Gott auch nicht vorstellen ohne Thronassistenten, Engel und dergl. (...)“

erlebt wird, sondern daß auch Erprobung erfolgt. In dieser Erprobung zerbricht für Hiob das Gottesbild, er ruft Gott gegen Gott an (Hi 16,20f.) und kann Gott vorwerfen,[95] daß er die Welt einem Frevler überlassen hat (9,24). Der reine Monotheismus kann die Wirklichkeit in der Welt nicht mehr erklären. So bedient sich Sacharja der Gestalt des Satans als Ankläger (Sach 3,2), als Widersacher ist er in 1Chr 21,1 gesehen.

1.8.2 Aber auch das Umgekehrte geschieht: Die Weisheit wird Jahwe immer näher gerückt. Im alten Ägypten wurde die Weisheitsgöttin Maat verehrt. Motive aus dieser Vorstellung werden übernommen und gleichzeitig verändert. Die Weisheit Gottes wird als Schöpfungsmittlerin neu gesehen (Spr 8,22-31), gemeint ist, daß in der Weisheit, wie sie in den Sprüchen ausgedrückt ist, die Prinzipien der Welt erkennbar sind. Wer sich in die Weisheit vertieft und danach lebt, bleibt im Umkreis des Segens des Herrn, des Schöpfergottes, weil er sich innerhalb der Prinzipien der Welt bewegt.

1.8.3 Etwas später wird diese Weisheit nicht mehr in den Sprüchen erkannt, sondern in der Tora, den Mosebüchern. Diesen Schritt begeht Jesus Sirach (Sir 24 und bes. V.23). Damit wird die Tora zum Grundprinzip der Welt und wer sich daran hält, lebt gesegnet (V.24).[96] Die Erwartung der Völkerwallfahrt zum Zion wird verändert. Man muß nicht mehr auf das göttliche Wunder der Erhöhung des Zions zum Weltenberg warten, die Tora ist vorhanden und kann gelesen werden. Jahwe als der einzige Gott seiner Schöpfung hat für alle Völker seine Weisung erteilt, die freilich besonders Israel bekannt ist. Aber jeder, der will, kann sie sich aneignen.

---

[95] Der Text lautet: „Die Erde ist in Frevlerhand gegeben“, ist also passivisch formuliert; die Gottesbezeichnung fehlt.

[96] Vgl. dazu Sauer, Jesus Sirach, 184: „Das am Sinai geoffenbarte Gesetz vermittelt die Weisheit. Wer nach dem Gesetz lebt, wird gerettet.“

1.9 Die Stabilität Jahwes

In der Spätzeit Israels wird immer weniger Gottes Eingreifen in der Geschichte erwartet, Gott gilt zunehmend als einer, der die Menschen nach ihren Taten beurteilt.

Hier ist der Gedanke, daß Jahwe in die Geschichte eingreift, verloren gegangen. Israel erwartet von seinem Gott, daß er den segnet, der sich an seine Weisungen hält, in Übereinstimmung mit der Tora lebt (vgl. Ps 1; 119). Auch der Gedanke des Königtums Gottes wird in diesem Sinne abgewandelt: Jahwe segnet und rettet seine Gerechten. Seine Königsherrschaft dient dazu, denen nahe zu bleiben, die seine Gebote halten. Die Königsherrschaft Jahwes wird als Erhaltung der Schöpfung gedacht, die dem jeweiligen Gerechten dienlich ist. In Dan 7 wird die Errettung „des Volkes der Heiligen des Höchsten", gemeint ist das wahre Israel, so erwartet, daß Gott es aus der Welt der Völker herausnimmt, und die Völker Israel dienen (Dan 7,27). So kommt Israel zu neuem Glanz.[97] Je länger aber Israel darauf warten muß, desto entschiedener sieht es den Eingriff Gottes in die Geschichte als letztgültiges Handeln, als die völlige Durchsetzung der Gottesherrschaft, den Heiden bzw. den Ungläubigen zum Gericht.

Dies spiegelt auch die politische Situation Israels wider, das längst keinen eigenen Staat mehr hat, sich aber eine gewisse Eigenständigkeit bewahrt und bewahren will.

1.10 Fazit

Das Gottesbild des AT hängt in hohem Maße von den jeweiligen Bedürfnissen und Freuden, von ruhigen oder unruhigen Zeiten ab. Die Gotteserfahrungen in der Geschichte können nachwirken, es kann von Gott ein rettendes Ereignis in der Zukunft erwartet werden. Insofern entspricht das Gottesbild nicht genau den Ereignissen der jeweiligen Zeit. Aber es ist geprägt von den Ereignissen in

---

[97] Von einem solchen Ereignis berichtet auch Lk 1,68-75.

der Geschichte und kann von diesen nicht abgelöst werden.[98]

Nicht ganz reflektiert ist im AT, was es bedeutet, daß es einen einzigen Gott als Schöpfer und Erhalter der Welt und als Gott der Geschichte verkündet. Die Problematik kommt im AT zwar vor, beispielsweise im Hiobbuch, insofern Hiob, ein Mann aus der Welt der Nomaden, als Beispiel dafür genommen wird, wie Jahwe das persönliche Leben eines Menschen lenkt, oder im Jonabuch, das zeigt, wie Jahwe seine Barmherzigkeit auch gegenüber dem sündigen Ninive kundtut, oder auch im Estherbuch, das die Gerechtigkeit der persischen Heiden beschreibt. Es bleibt aber im AT grundsätzlich dabei, daß Jahwe der Gott Israels in besonderer Weise und nur abgeleitet auch der Gott der Völker ist. Erst Paulus formuliert dann in Röm 3,29 scharf:

„Oder ist Gott allein der Juden? Nicht auch der Völker? Doch, auch der Völker.“

2 Das Gottesbild des Neuen Testaments

Das Gottesbild des Neuen Testaments ist dem des Alten Testaments in vieler Hinsicht vergleichbar, vor allem jenem aus der Spätzeit. Es treten aber auch neue Züge hinzu.

2.1 Das alttestamentliche Gottesbild

Das alttestamentliche Gottesbild, das Gott als Richter der Menschen zeichnet, hat sich an einigen Stellen im NT unverändert erhalten.

---

98 Das kann man z.B. auch bei den Griechen in der Periode der Tragiker feststellen. Aischylos, der nach den Perserkriegen schreibt, zeichnet ein sich wandelndes Bild von Zeus als dem obersten Gott, besonders in seiner Promethie: Zeus ist ursprünglich willkürlich und wird erst dadurch weise, daß Prometheus ihn nicht schalten und walten läßt, wie er will (s. auch Anm. 89). Aischylos ist überzeugt, daß er in der Zeit lebt, in der Zeus weise geworden ist. Das ist dann bei Euripides, der die peloponesischen Bruderkriege erlebt, wieder ganz anders. Hier ist der Streit in der Götterwelt wieder ausgebrochen und die Menschen sind ihren Leidenschaften ausgeliefert.

2.1.1 Die Erwartung eines letztgültigen Handelns Gottes in naher Zukunft prägt die Botschaft des Täufers, der Gottes endgültiges Kommen als bevorstehend verkündet, und zwar als Feuergericht (Lk 3,9.17 vgl. bereits Jes 66,15), dem man allenfalls mit Früchten der Umkehr (3,8) und mit der Wassertaufe als Bekräftigung jener Umkehr begegnen kann (Lk 3,16).

2.1.2 Die Offenbarung des Johannes erwartet ein großes und letztes Eingreifen Gottes in seine gesamte Welt, allerdings so, daß Gott damit allem Bösen ein Ende setzt und sich als Schöpfer eine neue Welt und ein neues Jerusalem schafft, das aus dem Himmel auf die Erde kommt. Von ihm, durch dessen Willen alle Dinge geschaffen wurden (vgl. Offb 4,11), erwartet der Seher das einbrechende Weltende. Im Unterschied zu den übrigen Texten des NT wird hier aber kein gegenwärtiges positives Handeln Gottes thematisiert. Die gegenwärtige Welt wird als dem Bösen verfallen und darum Gottes Gericht preisgegeben angesehen. Nur die Hoffnung auf das große Wirken Gottes in der Zukunft und damit die Erwartung eines neuen, dem Schöpfungswerk vergleichbaren Handelns, bestimmt diese Schrift.

2.1.3 Durch das gesamte NT zieht sich wie ein roter Faden die Vorstellung Gottes als des endzeitlichen Richters in ganz verschiedenen Nuancierungen. Sie tritt aber gegenüber dem Angebot des Heils stark zurück und dominiert nur im letzten Buch der Bibel.

2.2 Der heilbringende Gott in der Botschaft Jesu

Jesus verkündet ein neues Kommen Gottes zu den Seinen und bringt das Heil ansatzweise in Wort und Wundertaten. Wahrscheinlich hat Jesus in der Anfangszeit seiner Verkündigung die Erwartung des Täufers, daß Gott zum Gericht erscheine, geteilt. Das zeigen die beiden Worte über die Notwendigkeit der Buße in Lk 13,2-5, wahrscheinlich auch das Gleichnis vom Unkraut unter dem Weizen in seiner nicht mehr eindeutig rekonstruierbaren Urfassung (Mt 13,24-30*). Aber schon die Worte zur Buße deuten eine andere Nuancierung an: Jesus sieht im schändlichen Tun des Pilatus und im Fall des Turmes von Siloah Anzeichen des Gerichtes, Hinweise auf Gottes Handeln in der erlebbaren Geschichte, und sei es nur so, daß er diese Dinge zuläßt. Das Endgericht hat also nach Jesus bereits begonnen, es steht nicht nur als drohende Zukunft vor der Tür.

2.2.1 Für Jesus ist Gott nicht mehr so ferne wie für Teile des Judentums seiner Zeit, aber auch nicht so drohend nahe wie beim Täufer, er hat sich angeschickt neu in dieser Welt zu handeln, und zwar durchaus auch rettend. Das wird in dem Wort: „Wenn ich mit dem Finger Gottes die Dämonen austreibe, ist Gottes Reich zu euch gekommen" (Lk 11,20) sehr deutlich. In seinem heilenden Wirken sieht Jesus Gott verändernd in diese Welt eingreifen und damit seine Herrschaft neu kundtun. Gott bringt seine Schöpfung in Ordnung, die Dämonen fliehen.

2.2.2 Damit bekommt das Gottesverständnis eine neue Note. Das Gottesbild Jesu geht nicht von der universalen, sehr reflektierten und durchdachten Sicht Gottes im Judentum seiner Zeit aus, nach der Gott seine Welt zusammenhält und für die Gerechten segensvoll wirkt. Jesus sieht Gott viel umfassender als Herrn der ganzen Schöpfung. Er verkündigt, daß er zum Segen derselben handelt, konkret in Heilungen, und zwar von Menschen, die durchaus nicht zu den Gerechten zählen müssen. Er heilt Kranke, ohne danach zu fragen, ob sie es wert sind, vergibt Sünden (Mk 2,5) und nimmt Sünder in seine Gemeinschaft auf (Mk 2,15-17; Lk 7,34). Nach Jesus hat also Gott wieder die Initiative ergriffen, er schafft Heil und zwar in dieser Welt. Hatte Deuterojesaja die Ankündigung des Eingriffs Gottes als Beweis der Einzigkeit Jahwes angegeben, so sind für Jesus seine Wundertaten, die Dämonenaustreibungen Beweis für den Herrschaftsantritt Gottes. Aber im Unterschied zu Deuterojesaja erwartet Jesus keine Veränderung der Natur zugunsten Israels bzw. der Gläubigen, die Natur, die Schöpfung ist ihm Bild für die Zuwendung Gottes: So wie Gott für die nimmersatten Raben sorgt und die Feldanemonen herrlich kleidet, wird er auch für die angesprochenen Jünger Jesu sorgen (Lk 12,22-31), und wie kein

Sperling in die Falle kommt ohne Gottes Willen, wird kein Haar der Angesprochenen gekrümmt, ohne daß Gott es zuläßt (Lk 12,6). Am Tun des Sämanns kann man die Gesetzmäßigkeiten des Handelns Gottes erkennen: Wie man beim Säen zuerst die Mißerfolge erkennt – Vögel fressen einen Teil des Samens, ein weiterer Teil wird von der Sonne verbrannt oder von Dornen erstickt – so geschieht es auch bei Gottes Tun[99]: Man sieht zuerst den Mißerfolg. Aber die Ernte wird am Ende sichtbar und vielfältig (Mk 4,3-9 par.). Die Schöpfung ist für Jesus das „Bilderbuch Gottes", weil er in ihr erkennbar handelt für jeden, der mit Jesu Augen diese Schöpfung betrachtet.

2.2.3 Grundsätzlich gilt das auch für die Welt der Menschen. In verschiedenen Gleichnissen beschreibt Jesus Ereignisse der Menschenwelt, um an diesen Vorfällen Gottes Wirken verständlich zu machen. Nur ist die Sicht hier differenziert. Nicht alle Personen werden positiv gezeichnet. Das allgemeine Verständnis von Recht und Unrecht ist Maßstab seiner Vergleiche: Haben die Menschen richtig gehandelt, wird ihr Tun zum Bild für Gottes Erbarmen,[100] handeln sie falsch, können die Hörerinnen und Hörer aus ihren Schlüssen bedenken, was Gott tut.[101]

2.2.4 Beachtenswert ist allerdings, daß für Jesus Gott wieder der Handelnde ist, nun freilich nicht wie in der Frühzeit Israels als einer, der Kriege führt oder sich für sein Volk insgesamt einsetzt, wohl aber so, daß er die nicht im Stich läßt, die ihn brauchen[102], oder jene, die neu hören, ihr Leben auf den von Jesus verkündigten nahen Gott einstellen.

---

[99] Ursprünglich wohl nicht nur speziell mit dem Wort, wie die später angefügte Auslegung nahelegt. Doch vgl. zuletzt Luz, Matthäus II, 310: „Die Deutung trifft den ursprünglichen Charakter des Vierfachgleichnisses genau".

[100] Vgl. etwa das Verhalten des Vaters im Gleichnis vom verlorenen Sohn (Lk 15,11-32) und das des „ungerechten Richters" in Lk 18,2-5.

[101] Vgl. das Handeln des sogenannten „Schalksknechts" (Mt 18,23-33) und der 10 Jungfrauen (Mt 24,1-10).

[102] Dafür ist Jesu Sünderannahme (vgl. bes. Mk 2,16 und Lk 7,34) beispielhaft, seine Seligpreisung der Armen (Lk 6,20) und vor allem

2.2.5 Diesen Gott ruft Jesus als Vater ἀββᾶ an und verleiht damit der Gottesbeziehung eine Innigkeit, die es so im AT kaum gibt. Fest machen läßt sich dieser Anruf nur beim Vaterunser (Lk 11,2), die Erinnerung an diese Anrede findet sich im Gethsemane-Gebet (Mk 14,36) wieder. Um das Vertrauen seiner Hörerinnen und Hörer zu wecken, spricht er von „eurem Vater" und kennzeichnet ihn als den „barmherzigen" näher (Lk 6,36). Er schildert Gott als den liebenden Vater, besonders deutlich im Gleichnis vom verlorenen Sohn (Lk 15,11-32), dann aber auch in dem Vergleich Gottes mit einem Vater (Lk 11,11-13), wo es um die Ermunterung zum Gebet geht. Seine Barmherzigkeit zeigt sich darin, daß er seine Schöpfung gnädig erhält (Lk 12,22-31) und sich den Seinen zuwendet.
2.2.6 Die Universalität Gottes wird zwar vorausgesetzt und zeigt sich vor allem darin, daß Jesus bei seinen Heilungswundern die Grenzen Israels überschreiten kann (Lk 7,1-10; Mk 7,24-30), aber die augenblickliche Wirksamkeit Jesu wird auf Israel bzw. dessen Land konzentriert (vgl. Mt 10,5f.; 15,24), die Welt der Völker interessiert im Augenblick nicht, allenfalls in Zukunft (Mt 8,11-13). Das Wirken Gottes konzentriert sich hier auf einen beschreibbaren Umkreis, aber es ist neues Wirken, Handeln zum Segen der Seinen.

2.2.7 Gegner dieses Wirkens sind die Dämonen, der Satan, und der Mammon (Lk 16,13). Während aber von den Dämonen gesagt wird, daß sie weichen müssen, weil Jesus sie vertreibt (Mk 1,25; 5,8), wird vom Satan berichtet, daß er grundsätzlich entmachtet wird (Lk 10,18; Mt 4,1-11) und dennoch weiterhin gefährlich ist (Mk 3,25f.). Vom Mammon aber müssen sich die Menschen selber befreien, indem sie sich für Gott bzw. für Jesus entscheiden (Lk 16,13). Angesichts dieser neuen Initiative Gottes zum Segen der Seinen tritt der allzu große Ernst gegenüber den Weisungen der Tora in den Hintergrund, der Mensch in seinem Menschsein wird in den Vordergrund gestellt:

---

seine Zuwendung zu den Kranken und Behinderten (vgl. bes. Mk 2,1-12), die er heilt.

„Der Mensch ist nicht um des Sabbats willen, sondern der Sabbat ist um des Menschen willen."
(Mk 2,27)

2.2.8 Fazit. Das Motiv der Königsherrschaft Gottes über seine Welt ist Zentrum der Botschaft Jesu (Mk 1,15; Mt 10,7). Diese in naher Zukunft erwartete endgültige Herrschaft wirft im Verständnis Jesu ihre Schatten voraus. Gott handelt wieder und zwar segensvoll an einer Menschengruppe in Jesu Tun. Er hat sich erneut ganz seiner Welt und konkret den Menschen in ihrer Not zugewandt. Demnächst wird Gott allein herrschen. Das Böse flieht bereits jetzt. Die Welt ist zwar nicht gut, aber sie wird gut. Denn Gott ist nicht nur mächtig, er wirkt mächtig und zwar so, daß seine Macht erlebt werden kann.

2.3 Der Gott, der Tote auferweckt

Die Auferweckung Jesu eröffnet eine ganz neue Sicht Gottes und seines Wirkens.

2.3.1 Die ersten Christen haben die Macht Gottes in besonderer Weise im Zusammenhang der Auferweckung Jesu am Werk gesehen. Der Ruf: „Gott hat Jesus von den Toten auferweckt" (Röm 10,9)[103] gehört zum Urgestein christlicher Botschaft. In Jesu Auferweckung ist das endzeitliche Ereignis der Totenauferweckung Realität geworden. Gott hat tatsächlich in diese Welt eingegriffen. In der Gabe des Geistes wird die Leben erneuernde Kraft der Totenauferweckung Jesu präsent. Christen partizipieren an Gottes Tun. Sie können im Glauben „Berge versetzen" (Mt 17,20), sie dürfen hören und weitersagen, daß „alle Dinge dem Glaubenden möglich sind" (Mk 9,23), eine Zusage der Partizipation an Gottes Macht, dem „alle Dinge möglich (sind)" (Mk 10,27; 14,36). Die von Jesus geprägte Anrede Gottes als Vater und Botschaft von „eurem Vater" führt sie dazu, von Gott als dem „Vater Jesu Christi" zu sprechen.

---

[103] Es handelt sich wohl um eine uralte Formel, die abgewandelt davon spricht, daß Gott der ist, „der Jesus von den Toten auferweckt hat" (Röm 8,11; 2Kor 4,14; Gal 1,1). Vgl. dazu Vielhauer, Geschichte, 15.

2.3.2 Diese neue Sicht prägt auch den Apostel Paulus. Das Bekenntnis zu dem Gott, der Tote auferweckt, weitet er aus auf das Schöpferhandeln Gottes, der das Nicht-Seiende zum Sein ruft (Röm 4,18), d.h. das Unmögliche möglich macht. Aber das ist nicht abstrakt gemeint, sondern an den Glauben gebunden: Wer wie Abraham glaubt, daß Gott möglich macht, was unmöglich erscheint, erlebt den auf solche Weise Tote erweckenden Gott (Röm 4,17). Paulus meint konkret: im Glauben. Und darum ist solcher Glaube rechtes Verhalten vor Gott in Entsprechung zu seinem Evangelium. Gott ist für Paulus jener, der bei der Schöpfung sprach: „Es werde Licht" und der jedermann mit diesem Licht erleuchtet, der zum Glauben findet (2Kor 4,6). Nirgendwo in der Bibel ist Gott so sehr wie bei Paulus ein geglaubter, im Glauben angenommener Gott. Ansätze dazu gibt es im AT genug. Auch für Jesus war klar, daß der verkündete, in den Wundern erlebte Gott, der Gott Israels ist, richtiger, daß in Wundern und Verkündigung der Gott Israels wirkt und begegnet. Aber Paulus geht in dieser Richtung noch weiter. Die anderen Götter sind für die Christen nur λεγόμενοι θεοί, sogenannte Götter, sie mögen an sich existieren (1Kor 8,5). Man kann die Macht „des Gottes dieses Äons" sogar ahnen, wenn man feststellt, daß er „die Sinne der Ungläubigen verstockt" (2Kor 4,4), aber das gilt nur, insofern jene sich nicht doch vom Evangelium aufschließen lassen und zum wahren, lebendigen Gott finden (1Thess 1,9f.). Aber es gibt nicht nur diese „Mächte", die von Gott und seinem Tun ablenken und abführen, das können auch „Engel[104] und Herrschaften, Gegenwärtiges und Zukünftiges, Gewalten und Mächte" sein (Röm 8,38).

2.3.3 Paulus weiß wie sein philosophisches Umfeld, daß man Gottes Gottheit aus der Schöpfung erschließen kann (Röm 1,18-21), aber er kann nur feststellen, daß dieses nicht zum erwarteten Ergebnis führt. Gott wird von Natur aus nicht gedient, er wird nicht gelobt, man möchte sagen: Das Herz wird nicht für Gott aufgeschlossen. Richtig begegnet man Gott in der Botschaft des Evangeliums, das ein neues Heilshandeln Gottes für die Welt verkündet, ein

---

[104] Zu den Engeln vgl. auch Gal 3,19.

Heilshandeln, das allen gilt, aber nur für jene wirksam wird, die es als solches erkennen und annehmen. Darum sieht er sich als Gottes Bote und Prediger des Evangeliums als einer, „der aus Gott, vor Gott und in Christus“ wirkt (2Kor 2,17). In seinem Reden kommt Gott selbst zu Wort (aus Gott), dem er gleichzeitig verantwortlich ist (vor Gott). Es ist der Gott „von dem, durch den und zu dem alle Dinge sind“ (Röm 11,36), auch wenn er diese Aussage in 1Kor 8,6 so abwandeln kann:

„Wir haben einen Gott,
von dem alle Dinge sind
und wir zu ihm,
und einen Herrn,
durch den alle Dinge sind
und wir durch ihn.“[105]

Neben Gott tritt der Herr, der zu seiner Rechten sitzt, gewissermaßen als sein Exekutivchef.[106]

2.3.4 Weil an der Mission Gottes Handeln nach Paulus erkennbar wird, führt er das Mißlingen derselben in Israel auch auf sein Tun zurück. Gott erscheint als der, der Israel zumindest teilweise verstockt (Röm 9,18). Aber das ist nur zeitweilig, damit die Völker hinzukommen, in der Endzeit wird Gott ein ähnliches Wunder bewirken wie die Auferstehung Jesu von den Toten und Israel zu sich finden lassen (Röm 11,25f.).[107]

2.3.5 Sosehr Paulus Gottes Handeln auf die Botschaft des Evangeliums konzentriert, weiß er, daß Gott auch im Einzelschicksal rettend wirken kann (Röm 15,31; 2Kor 1,8-10; 12,1-9). Eine Veränderung der Welt erwartet Paulus nicht,

---

[105] Zu dieser Formel vgl. Becker, ΕΙΣ ΘΕΟΣ, 88. Sie geht aber auf die Variation von Röm 11,36 nicht ein.

[106] Etwas anders Gräßer, Röm 3,30, 201: „Seine Christozentrik steht im Dienst der Theozentrik. Der Apostel lehrt nicht zwei Götter, sondern er vertritt konsequent die Selbstauslegung Gottes in Christus, wobei er der Theozentrik seines theologischen Denkens ein Quentchen wegnimmt: ‚Christus ist Gottes‘ (1Kor 3,23), seine Herrschaft ohnehin ein Interim.“

[107] Vgl. dazu den sehr gründlichen Beitrag von Hahn, Röm 11,26a.

wohl aber das Gottesreich, in dem „Gerechtigkeit, Frieden und Freude im heiligen Geist" herrschen (Röm 14,17). Darin partizipiert Paulus an einem spiritualistischen Verständnis Gottes, wie es die hellenistische Welt geprägt hat.

2.4 Das vergeistigte Gottesbild

Diese spiritualistische Sicht wird im Johannesevangelium noch verstärkt. Johannes verbindet wie Paulus Gott und Evangelium, aber so, daß er Gott mit dem Wort zusammenstellt und das Wort mit dem fleischgewordenen Jesus identifiziert (Joh 1,1f.). So erscheint Jesus als Personifikation des Evangeliums, als derjenige, der Gottes Wirken vor allem im Wort, aber auch in den begleitenden Zeichen in die Welt bringt, so daß der johanneische Jesus sagen kann: „Mein Vater wirkt und ich wirke auch" (Joh 5,17), gemeint ist, weil der Vater wirkt, darum wirkt er auch, denn er tut nur, was er den Vater tun sieht (Joh 5,19). Darum kann er Jesus auch aussprechen lassen: „Ich und der Vater sind eins" (Joh 10,30) oder: „Wer mich sieht, sieht den Vater" (Joh 14,9). Die höchste Aussage über Jesus geschieht im Prolog, wo der Logos „Gott" genannt wird, freilich ohne Artikel und dadurch von „dem" (einen) Gott" unterschieden, „bei dem" dieser „Gott" genannte im Anfang war (Joh 1,1f.).[108] Und am Ende nennt Thomas den Auferstandenen „mein Herr und mein Gott" (Joh 20,28) und spricht damit aus, daß Jesus verehrungswürdig ist.
Andererseits kann es in den johanneischen Schriften auch zu Identifikationen Gottes mit Begriffen kommen, wenn etwa gesagt wird: „Gott ist Geist" (Joh 4,24) oder: „Gott ist Liebe" (1Joh 4,16). Aber es geht hier nicht wirklich um Identifizierungen, sondern um zugespitzte Äußerungen. Gemeint ist: Im Geist und nicht im Tempel begegnet der Fromme Gott, und in der Liebe, konkret im Bleiben in der Gemeinde, bleibt der Christ bei Gott, der seine Liebe im Evangelium immer neu verkündet.

---

[108] Zum Verständnis vgl. Schnackenburg, Johannesevangelium, 211: „Das voranstehende θεός ist Prädikat, setzt aber nicht den Logos mit dem vorher genannten ὁ θεός in eins."

2.5 Fazit

An dieser Stelle merkt man besonders, daß sich das Gottesbild des NT sehr von dem des AT entfernt hat. Ist im AT Gott immer der Herr einer Menschengruppe, die er in geschichtlich faßbaren Ereignissen rettend begleitet, zuweilen auch durch irdisches Gericht hindurch, so ist im NT das Geschichtshandeln – vom Kreuz Christi abgesehen – nicht mehr so wesentlich. Im Zentrum steht das persönliche Heil, das im griechischen Umfeld immer stärker als eine geistliche Angelegenheit verstanden wird. Daß Gott durch historisch faßbare Ereignisse den Menschen hilfreich entgegen kommt, wird im NT nicht mehr thematisiert. Das Handeln Gottes in Jesus Christus wird an die Verkündigung gebunden. Sogar das Handeln Gottes an Kranken, das Jesu Auftreten gekennzeichnet hat, tritt gegenüber der Botschaft zurück. Gott erscheint immer mehr als der, der in der Botschaft und mit der Botschaft zum Heil dessen wirkt, der es annimmt.

3 Zusammenfassung

In allen Schriften der Bibel wird davon ausgegangen, daß es einen einzigen Gott gibt, der zum Heil seines Volkes, der Völker oder der Gläubigen handelt. Dieser Gott wird aber nicht als ein einsamer Gott dargestellt, sondern als von vielen Engelwesen, Mächten und Kräften umgeben. Auch das Böse hat neben Gott an vielen Stellen seinen Platz. Gottes Einzigkeit in vollem Ausmaß wird für die Vollendung erwartet, wo Gott alles in allem ist (1Kor 15,28).

Im AT steht das geschichtliche Handeln Gottes völlig im Mittelpunkt. Dadurch erscheint Gott als der, der durch nachvollziehbare Ereignisse den Seinen nahe kommt, sei es, daß er helfend oder strafend in die Welt zugunsten seines Volkes eingreift, sei es, daß er durch Segen oder Krankheit für den Einzelnen wirkt.

Das ist im NT anders. Dort wird Gott als der Mächtige gesehen, der in den Wundern und der Verkündigung Jesu und der Apostel rettend den Menschen nahe kommt und sie dem Heil zuführt, wenn sie glauben. Gott ist zwar auch im

NT der Herr seiner Welt, aber das wird nur bedeutsam für jene, die sich geistlich aufschließen lassen. Sogar in der Offenbarung des Johannes, die ein eschatologisch-apokalyptisches Ereignis schildert, ist Gott nicht der Herr der Geschichte, sondern nur der Endgeschichte.

II
Der Gottessohn[109]

Im Alten Testament ist sehr selten von einem Gottessohn die Rede, im Neuen Testament relativ häufig. Hier ist ein deutlicher Unterschied zwischen den beiden Teilen unserer Bibel festzustellen. Es lohnt sich um so mehr, bibelübergreifend diesem Thema nachzugehen, zumal es in den Theologien des AT kaum thematisiert wird.

1 Die Gottessohnschaft im Alten Testament

Im AT hat es drei verschiedene Möglichkeiten gegeben, von der Gottessohnschaft zu sprechen.[110] *Eine vierte kommt in der LXX hinzu.*

1.1 Der König als Gottessohn

Der Gedanke, daß der König Israels zugleich Gottessohn ist, begegnet mehrfach im AT.[111] Eine Datierung der entsprechenden Texte ist schwer möglich. Die Vorstellung kommt aus Ägypten, wo sich die Pharaonen seit der vierten

[109] Die Literatur zum Thema ist Legion. Darum nenne ich nur einige die Forschung vorantreibende Darstellungen. Dort finden sich weitere Literaturangaben: Schweizer, υἱός; Hahn, υἱός, 912-924; Hengel, Sohn; Schnackenburg, Johannesevangelium, 150-168; Schnackenburg, Person. Eine Auseinandersetzung mit den unterschiedlichen Positionen der Forschung kann an dieser Stelle nicht erfolgen.

[110] Diese drei Wurzeln nennt auch Karrer, Jesus Christus, 191-193.

[111] 2Sam 7,14 und Ps 2,7 sowie 1Chr 17,13; 22,10; 28,6, vgl. Ps 89,27f.

Dynastie für den Sohn des Re, des Sonnengottes halten.[112] Etwas später spricht der Mythos davon, daß sich Gott im Pharao inkarniert, der Königin nähert und den Thronfolger zeugt.[113] Israel hat sich dieser Sicht sehr zaghaft bedient.[114] Aus der Spätzeit Israels gibt es nur zwei sichere Belege aus Qumran 1QS[a] 2,11f. und 4Qflor 174, III,11-13.[115] Gedacht war in Israel die Sache wahrscheinlich so, daß Jahwe den König bei seiner Inthronisation zum Gottessohn kraft eines Rechtsaktes einsetzt. Das ergibt sich aus dem „Heute" der „Zeugung" in Ps 2,7, gemeint ist wohl die Einsetzung in die Sohnschaft. Daß solch eine Vorstellung nicht überall auf Gefallen stieß, hängt auch damit zusammen, daß es in Israel keine Adoption gab.[116] Wahrscheinlich hat man mit dieser Vorstellung die Bindung des Königs an Gott kennzeichnen wollen. Indes muß für Israel gelten: Der König und auch der Messias sind in Israel nicht Gott-unmittelbar. Diese Qualität haben die Propheten, als deren größter Mose gilt, weswegen der König angehalten wird, das Gesetz allezeit zu studieren und auf seine Bestimmungen zu achten (Dtn 17;18).[117] Die älteste Kombination des Titels „Gottessohn" mit dem Messiasbegriff

---

112 Gundlach, Pharao, 20: Der Titel (Sohn des Ra) „wird mit dem Geburtsnamen verbunden und kennzeichnet ihn als irdischen Sohn des himmlischen Sonnengottes."

113 Vgl. Niederwimmer, Theologie, 85.

114 Wie sehr dieser Gedanke für die AT-Schreiber fremd war, zeigt sich z.B. daran, daß Ps 89,4f., wo 2Sam 7,12-16 aufgenommen ist, den Sohnes-Gedanken nicht bringt. Ps 132,11 zitiert 2Sam 7,12 aber eben nicht 7,14. Dasselbe gilt für PsSal 17,21.27. Vgl. dazu Karrer, Jesus Christus, 193.

115 4Q 246, Kol II,1-3 gibt wahrscheinlich in ironischer Weise die Selbstbezeichnung eines seleukidischen Fürsten, wahrscheinlich des Antiochus IV. Epiphanes, wieder, der meint, er sei in den Himmel erhöht und Gottessohn. Zu solcher Redeweise vgl. Ez 28, wonach der König von Tyrus sich allerdings als Gott sieht. Zur Sache vgl. Stegemann, Essener, 241; Fabry, Apokalyptik; Karrer, Jesus Christus, 192; Unschlüssig: Söding, Davidssohn, 348; Theissen/Merz, Jesus, 528 halten die messianische Deutung für wahrscheinlicher.

116 Das gilt, auch wenn nach Hengel, Sohn die Begriffe „Adoption" und „Legitimation" zur Beschreibung des genannten Sachverhaltes „unzureichend" sind.

117 Vgl. dazu Otto, Ethik, 196.

findet sich 4Esra 7,28f. (vgl. 13,32.37.52; 14,9) am Ende des ersten Jahrhunderts nach Christus, in Texten, die im Verdacht stehen, christlich interpoliert zu sein.[118]

1.2 Das Gottesvolk

Spätestens der Prophet Hosea hat das Gottesvolk als Gottessohn bezeichnet (Hos 11,1). Ex 4,22, wo eine vergleichbare Aussage gemacht wird, läßt sich schwer datieren. Diese Aussage hängt gedanklich mit der des Hosea zusammen: Israel ist der Gottessohn als das Gottesvolk, das Jahwe aus Ägypten heraus führt. Ähnlich wie Hos 11,1, wo Jahwe Israel seinen Sohn nennen läßt, spricht Jer 31,9.20 davon, daß Ephraim Jahwes erstgeborener Sohn ist. Damit wird die besondere Stellung Israels zu Jahwe hervorgehoben, seine Erwählung ausgesprochen. Derselbe Gedanken liegt vor, wenn die Israeliten als Söhne Jahwes bzw. Gottes bezeichnet werden (Dtn 14,1; Hos 2,1), bzw. als seine Söhne und Töchter (Dtn 32,19; Jes 43,6),[119] wobei sogar gesagt werden kann, daß Gott „sie erschaffen hat“ (Mal 2,10). Wie Israel als Verkörperung des Gottesvolkes Sohn Gottes ist, sind es auch die „Kinder Israel“, die Israeliten. Sie können im Gotteslob Gott „Vater“ nennen (1Chr 29,10) und ihn als „Vater“ anrufen (Jes 63,16).

1.3 Engel als Gottessöhne

An einigen Stellen der Bibel werden die Engel im Hofstaat Gottes als Gottessöhne (בְּנֵי־אֱלֹהִים, bene älohim) bezeichnet.[120] Gemeint ist damit, daß sie *göttliche Wesen* sind.

---

[118] Vgl. Schreiner, Gesalbter, 508f.

[119] Es kommt noch Jes 1,2f. hinzu. Müller, Gottes Kinder, 151 rechnet Jes 43,6 zu den Texten, wo die Gotteskindschaft eschatologisches Gut ist. Das wäre für das AT singulär. Vgl. auch Baltzer, Deutero-Jesaja, 214, der mit Recht hervorhebt, daß „das Gottesverhältnis in familiären Kategorien beschrieben“ wird.

[120] Gen 6,2.4; Hi 1,6; 2,1; 38,7; Ps 29,1; 82,6; 89,7. In Dtn 32,8 werden sie בְּנֵי־אֵל, in 1QS 11,8 Himmelssöhne genannt. Der Gottesname wird durch „Himmel“ ersetzt.

Diese Bezeichnung gibt es nur im Plural.[121] Lk 20,36 zeigt, daß sie im Urchristentum geläufig war.

1.4 Der Gerechte als Gottessohn

Ist bereits in Sir 4,10 der Mensch, der die Gebote erfüllt, als Gottessohn gesehen, so erscheint dies eindeutiger in der hellenistisch geprägten Weisheit Salomos, wo der Gerechte diese Qualität zugesprochen erhält (SapSal 2,16.18A; 5,5). Damit soll das Erwählt-Sein dessen ausgesprochen sein, der sich an Gott und seine Gebote hält und darum im Gericht bestehen wird. Bewahrung (SapSal 12,7; 16,10.26) und Züchtigung zur Umkehr (SapSal 12,19-21) durch Gott wird damit verbunden. Diese Redeweise hat zwei Wurzeln: a) den Gedanken, daß die Israeliten als Glieder des Gottesvolkes „Söhne und Töchter" Gottes sind (s. 1.2) und b) das aus der Weisheit stammende Vater-Sohn-Verhältnis des Lehrers zu seinem Schüler (Spr 1,8; 3,12; 7,24; 10,1 u.ö.). Der Schüler, der seinen Lehrer als „Vater" bezeichnet und sich somit als „Sohn" versteht, sieht sich, da er Teil des Gottesvolkes ist, auch in der Schule des eigentlichen Lehrers, Gottes, der die Gebote und damit die Lebensordnungen gibt. Ein Gebet zu Gott als „Vater" begegnet nur in Sir 51,10.

2 Die Bedeutung der Bezeichnung „Gottessohn" im Hellenismus

In der Welt des Hellenismus ist die Bezeichnung der Heroen als Gottessohn möglich. So wird Asklepios „Gottessohn" genannt (Epiktet, Diss II 16,44) und von Herakles wird gesagt, daß er sich selbst dafür gehalten habe (Epiktet, Diss III 24,14-16). Seit Alexander dem Großen werden auch die Könige des Ostens als Göttersöhne gesehen; die römischen Kaiser, spätestens seit Augustus, ließen sich so nennen.[122] Auch Wundertäter wie Apollonius von Tyana oder Alexander von Abotuneichos ließen sich als solche feiern. Von Plato berichtet Diogenes Laertios, er sei von

[121] Sie wirkt weiter in 4Q 45 Fragm 35 zu Dtn 32,8.
[122] Vgl. Karrer, Jesus Christus, 191f.

Apollo gezeugt worden (Diog. Laertios III, 1.2). Als „Gottessohn“ wird im Hellenismus ein Mensch bezeichnet, der besondere Gaben hat oder eine königliche Stellung einnimmt. Die Stoiker meinten, daß alle Menschen von Natur aus Kinder des Zeus seien, weil sie durch ihre Vernunft seinen Samen in sich tragen.[123]

3 Die Sicht der Gottessohnschaft im Neuen Testament

Für das Neue Testament ist die Gottessohnschaft Jesu selbstverständlich. Von der Gotteskindschaft der erwählten Menschen spricht das NT seltener.

3.1 Die Gotteskindschaft der Menschen

Gotteskindschaft markiert im NT die Erwählung durch und die Nähe zu Gott. Die Aspekte derselben sind verschieden und hängen mit unterschiedlichen Traditionen zusammen.

3.1.1 In den Evangelien wird die Gotteskindschaft der Menschen zunächst eschatologisch gesehen. Die Wurzeln dieser Redeweise in der Seligpreisung für die „Friedensstifter“, die „Gottes Kinder heißen“ werden (Mt 5,9), oder in der Zusage an die Jünger Jesu, daß sie „Söhne Gottes“ sein werden, wenn sie Liebe üben (Mt 5,45; Lk 6,35), ist nicht sicher aufzudecken.[124] Geht man von dem hier erwähnten Tun der Menschen aus, wird man meinen, daß die beiden Texte in den weisheitlichen Rahmen gehören und das Vater-Sohn-Verhältnis voraussetzen, also in die Reihe der Texte, die Sir 4,10 im Blick hat.[125] Dafür spricht, daß die Forderung nach Feindesliebe der weisheitlichen Tradition angehört.[126] Dazu gehört auch Offb 21,7. Indes zeigt Lk 20,36, daß die Aussage von der Bezeichnung der Engel

---

[123] Vgl. Hengel, Sohn, 39f. Weitere Texte aus der Welt des Hellenismus: Hengel, Sohn, 41-67.
[124] Schweizer, υἱός, 392, 30ff.
[125] Vgl. auch TestJuda 24,3; PsSal 17,27; SapSal 5,5. In diese Richtung denkt auch Luz, Matthäus I, 287.
[126] Vgl. dazu Radl, Evangelium nach Lukas, 400-406.

als בְּנֵי־אֱלֹהִים (bene älohim) ausgehen kann.[127] Danach werden die Jünger durch ihre positive Tat in der Vollendung bei der Auferstehung Gottessöhne heißen und somit Engelwesen, engelgleich sein. Mt hat das Verständnis der Gotteskindschaft der Gläubigen im Sinne einer irdischen Vaterschaft derer, die den Willen Gottes tun, ausgebaut. Er nimmt damit die Bezeichnung der Israeliten als Kinder Gottes auf. Neben den bereits zitierten Texten ist die Rede von „eurem himmlischen Vater" (5,16.45.48; 6,14 u.ö.). Nähe und Ferne zu Gott wird damit deutlich. Die Gegenwärtigkeit der Gotteskindschaft ist bei den Synoptikern nur Mt 17,26 und Lk 20,36 ausgesagt.

3.1.2 In den paulinischen Briefen wird die Gotteskindschaft an einer Stelle dem atl. Gottesvolk zugesprochen (Röm 9,4). Der Begriff υἱός θεοῦ für Christen wird im NT hauptsächlich von Paulus verwendet. Er entstammt vermutlich dem hellenistisch geprägten Judentum. Gotteskinder sind die Glaubenden (Gal 3,26), die bei der Taufe den Geist erhielten (Röm 8,14f.) und im Geist „Abba"-Vater rufen. Die Gotteskindschaft ist Garantie der Erbschaft (Gal 4,6). Gegenwärtige Gotteskindschaft im Geist drängt aber auf deren Fülle in der Vollendung hin, wo mit dem Offenbar-Werden der Gotteskinder auch die Schöpfung erlöst wird (Röm 8,21). Das bedeutet: Die Gotteskindschaft hat eine eschatologische Ausrichtung, ist aber durch den Geist als Angeld der Vollendung (Röm 8,23) bereits Gegenwart. Zwischen dem einen Gottessohn und den Christen als Gotteskindern unterscheidet Paulus zwar terminologisch, ein wirklicher Unterschied läßt sich aber nicht erkennen.[128]

3.1.3 Johannes bezeichnet alle Glaubenden als Gottes Kinder (Joh 1,12; 11,51). Wie bei Paulus ist die Gotteskindschaft aber noch nicht in aller Fülle vorhanden (1Joh 3,2). Sie wird

---

127 Schweizer, υἱός, 393, 8-12.

128 Er nennt die Christen einerseits τέκνα (Röm 8,16f.; 9,8; Phil 2,15) andererseits υἱοί (Röm 8,14.19; 9,26; Gal 3,26; 4,6f.) und spricht davon, daß sie die υἱοθεσία erlangen (Röm 8,15.23; 9,4; Gal 4,5). Der Wechsel zwischen τέκνα und υἱοί in Röm 8,14-19 zeigt an, daß Paulus keinen Unterschied zwischen beiden Bezeichnungen macht.

im rechten Bekenntnis zu Jesus und in der Liebe zum Bruder (5,1f.) durchgehalten.

3.1.4 Im Hebr sind die Christen Gottes Söhne aufgrund des Erlösungswerkes Jesu (2,10). Der aus der Erziehung übernommene Gedanke, daß der Vater seinen „Sohn" züchtigt (Spr 3,11f.) wird auf Gottes Züchtigungshandeln übertragen (12,5-7). Die Gottessohnschaft bekommt eine neue Nuance.

3.1.5 Fazit: Das Motiv der Gotteskindschaft der Menschen ist im NT Zusage an die Erwählten und gebunden an die Aufforderung zum rechten Leben. Sie dient der Ermunterung in der gegenwärtigen Zeit und hat die Vollendung als Perspektive.

3.2 Das Selbstverständnis Jesu als Kind Gottes und seine Auswirkung

Jesus geht davon aus, daß Gott sein Vater ist und der Vater im Himmel aller derer, die auf seine Botschaft hören.

3.2.1 Jesus hat mit größter Wahrscheinlichkeit Gott mit „Abba"-Vater angerufen. Das hält die Anrede beim Vaterunser (Lk 11,2 par.) und beim Gethsemane-Gebet (Mk 14,36) noch fest. Er hat auch seine Jünger so beten gelehrt (Lk 11,2 par.). Seine Gotteskindschaft hat er somit nicht exklusiv gesehen. In Gleichnissen hat er das Verhalten Gottes mit dem eines irdischen Vaters verglichen (Lk 11,11-13; 15,11-32) und den Hörern versichert, daß „euer Vater im Himmel" ihre Bitten erhören (Lk 11,13) und dafür sorgen wird, daß sie das für das Leben Notwendige haben (Lk 12,30 par.). Auch hat er zur Barmherzigkeit gegenüber den Mitmenschen aufgerufen, weil „euer Vater im Himmel" barmherzig ist (Lk 6,36).

3.2.2 Die ersten Christen haben die besondere Beziehung Jesu zu seinem himmlischen Vater ausgebaut. Paulus spricht darum mehrfach vom „Vater Jesu Christi" (Röm 15,6; 2Kor 1,3; 11,31) und greift damit Jesu Selbstverständnis als Gotteskind auf.

3.3 Die vor- und nebenpaulinische Tradition

Die Tradition, die Paulus bereits übernimmt, redet in verschiedener Weise von Jesus als dem Gottessohn. Sie trifft sich an gewissen Stellen mit traditionellen Auffassungen der Evangelien.

3.3.1 Die Rede von Jesu Gottessohnschaft wurde wahrscheinlich sehr früh mit der Proklamation seiner Messianität verbunden. Im Prozeß Jesu befragt der Hohepriester Jesus mit den Worten: „Bist du der Christus, der Sohn des lebendigen Gottes?“ (Mk 14,62)[129]. Diese Verbindung schlägt sich auch in der alten formelhaften Wendung Röm 1,3f. nieder:

„… welcher geboren wurde aus dem Samen Davids nach dem Fleisch, eingesetzt zum Gottessohn in Kraft nach dem Geist der Heiligung bei der Auferstehung von den Toten.“[130]

Hier liegt ein im Parallelismus membrorum gefaßter Doppelzeiler vor, der von zwei Seiten die Hoheit Jesu beleuchtet: a) seine Abstammung aus dem Geschlechte Davids, die ihn zum Königsprätendenten und damit zum Messias macht und b) seine Erhöhung bei der Totenauferstehung, die ihn zum Gottessohn im Himmel werden läßt, d.h. im Verständnis des AT zum Mitglied des Thronrates Gottes.

3.3.2 Etwas mehr sagt die formelhaft geprägte Wendung[131] in 1Thess 1,10 aus, wonach „der Gottessohn vom Himmel

---

[129] Dieselbe Kombination von Gottessohnschaft und Messianität begegnet im Traditionsstück Lk 1,32f. Dazu s.u.

[130] Zum formelhaften Charakter vgl. Stuhlmacher, Brief an die Römer, 21 sowie Schmithals, Theologiegeschichte, 95, der die Formel in Antiochia ansiedelt. Die Frage, wie die Formel vor ihrer Bearbeitung durch Paulus ausgesehen hat, ist in diesem Zusammenhang unwesentlich. Ich rechne damit, daß Paulus nur „in Kraft“ hinzu gesetzt hat. Das war nötig, weil Jesus für ihn auch vor der Auferstehung Gottessohn ist, wie sich aus Röm 1,2 ergibt.

[131] Haufe, Paulus, 24: „geprägte Wendungen“. Lange Zeit hat man in 1Thess 1,9f. insgesamt eine vorpaulinische Formel gesehen. Nachdem Seeberg, Katechismus, 82f. 1Thess 1,10 als einen Text bezeichnet hatte, der auf die von ihm erarbeitete Glaubensformel Bezug

erwartet[132] wird", der vom „zukünftigen Zorn retten", also eschatologisches Heil vermitteln wird. In den Himmel ist er durch die Auferweckung von den Toten gekommen, eine merkwürdig nachklappende Feststellung. Jesus wird hier als himmlischer Retter gefeiert. Ob er damit als der himmlische Messias oder der Menschensohn[133] gesehen wird, läßt sich nicht mehr klären.

3.3.3 Von der Betonung der Auferweckung des Gottessohnes ist es nur noch ein kleiner Schritt bis zur Betonung seiner Hingabe durch Gott in seinen Tod. Die Heilsbedeutung des Todes Jesu kann ohne die erfolgte Auferweckung nicht gedacht werden. Andererseits hat offensichtlich der Gedanke des Kommens Jesu am Ende der Tage, wie er 1Thess 1,10 ausgesprochen wird, die Vorstellung geweckt, daß Jesus in Ewigkeit Gottessohn sein wird. Ob eine alte Identifizierung des erhöhten Jesus mit der präexistenten Weisheit hier weitergeführt wird, ist unsicher. Die Präexistenz Jesu als Gottessohn ist aber bereits für Paulus eine feststehende Tatsache. Die im Parallelismus membrorum gehaltene Aussage Röm 4,25 zeigt ein frühes Stadium an:

„Welcher um unserer Sünden willen dahingegeben wurde
und um unserer Gerechtmachung willen auferweckt wurde."[134]

3.3.4 Nahe verwandt ist die Redeweise von der Sendung des Sohnes. Der älteste in einer vorpaulinischen Formel erhaltene Text ist Gal 4,4:

„Als die Zeit erfüllt war, sandte Gott seinen Sohn (...)
damit wir die Sohnschaft empfingen."[135]

---

nimmt, hat Friedrich, Tauflied, 502-516 (auch ders., Thessalonicher, 215) für die Annahme eines urchristlichen Taufliedes plädiert.

[132] Αναμένειν ist sonst bei Paulus nicht belegt und erscheint nur hier im NT.

[133] In diesem Falle wäre der „Gottessohn" ein den Griechen entgegenkommender Titel für „Menschensohn". Das liegt insofern nahe, als nach Apg 17,31 das eschatologische Gericht von einem „Menschen" erwartet wird. In Apg 17,31 ist aus dem „Menschensohn" ein „Mensch" geworden, in 1Thess 1,10 ein „Gottessohn".

[134] Zur Dahingabe vgl. noch Röm 8,32.

Der Text ist ähnlich gebaut wie 2Kor 8,9 und enthält den berühmten „Wechsel“:

„Welcher arm wurde um unseretwillen,
damit wir durch seine Armut reich würden.“[136]

Hier wird ein Handeln Gottes zum Segen der Erwählten beschrieben. Von der Sendung des Sohnes spricht Paulus dann in Anlehnung an solche Redeweise noch Röm 8,3; es ist von der Sendung des Sohnes in Mk 12,6 und Joh 3,17 die Rede. In Röm 8,3 und Joh 3,17 ist die Sendung mit dem Ziel der Rettung in einem ἵνα-Satz verbunden. Diese Streuung zeigt an, daß der Gedanke der Gottessohnschaft im Urchristentum schon sehr früh Allgemeingut des Glaubens geworden ist. Die Sendung des Sohnes setzt seine Präexistenz bei Gott voraus. Denn nur in diesem Falle kann das Ziel, die Sohnschaft zu erlangen (Gal 4,5), angesprochen werden.[137] Die Entstehung dieser Vorstellung ist wiederum schwerlich denkbar ohne die Voraussetzung der

---

[135] Die vorpaulinische Formel hat Paulus mit 4,4d.5a: „geboren unter dem Gesetz, damit er die unter dem Gesetz loskaufe“ ergänzt, vgl. Hahn, υἱός, 921. Möglicherweise gilt das auch für 4,4c. Aber damit wäre die Formulierung „geboren unter dem Gesetz“ als Doppelung zu „geboren von einer Frau“ schwer verständlich zu machen. Wahrscheinlicher ist mir, daß er dort verkürzt hat, die Formel also etwa lautete: „Gott sandte seinen Sohn/ geboren von einer Frau,/ damit die von einer Frau Geborenen/ die Sohnschaft empfingen.“

[136] Ähnlich formelhaft ist der „Wechsel“ 2Kor 5,21 festgehalten.

[137] Karrer, Jesus Christus, 185 wehrt sich gegen diesen Schluß der – wie er sagt – „ältere(n) Forschung“, als sei mit einer solchen Charakterisierung die Sache abgetan. Natürlich kennt das AT das Motiv der Sendung des Propheten (Ex 3,10; Jes 6,8; Jer 1,7 u.ö.), und Jesus dürfte an dieses Motiv anknüpfen (Mk 9,37f.; Mt 10,40; Joh 13,20), vgl. Karrer, Jesus Christus, 203. Das AT kennt auch die Sendung von „Licht und Treue“ (Ps 43,3) als Heilungskräfte, und der Weise erbittet die Sendung der Weisheit vom Himmel (SapSal 9,10), aber damit ist die Sendung des „Sohnes“ zur Erlangung der Sohnschaft noch nicht erklärt. Nur unter der Voraussetzung, daß der „präexistente“ Sohn Mensch wird, ist diese Aussage sinnvoll, nur wenn das Ziel die Sohnschaft ist, die nicht nur die „Einsetzung zum mündigen Sohn“ ausdrücken will, wie Becker, Briefe, 63 formuliert, sondern auch die Erbschaft (vgl. 4,7) und damit das Endheil einschließt, wo die Söhne mit dem Sohn zusammen Erben sind (Röm 8,17).

Einsetzung Jesu in den Sohnesstand bei seiner Auferweckung und die daraus gezogene Folgerung, daß er den Engeln gleich am Ende der Tage zu den Seinen kommt.
Die Gottesstimme bei der Taufe Jesu (Mk 1,11), die Jesus zum Sohn Gottes erklärt, ist möglicherweise eine nicht ganz wortgetreue Wiedergabe des hebräischen עֶבֶד (ebed), das ursprünglich mit παῖς übersetzt, dann als υἱός gedeutet wurde. Diese Vermutung stützt sich auf die Tatsache, daß die Wendung: „an dem ich Wohlgefallen habe" an Jes 42,1 erinnert, wo auch der Titel *ebed* bzw. παῖς begegnet.[138]

3.3.5 Aus der Dahingabe des Gottessohnes durch Gott wird bei weiterer Reflexion die Aussage über seine Selbsthingabe. Auch sie mag Paulus vorgegeben gewesen sein. In Gal 1,4 und Gal 2,20 ist sie in geprägten Wendungen vorausgesetzt. Sie wird von seinen Schülern übernommen und ausgebaut.[139]

3.3.6 Die Logienquelle hat die besondere Beziehung zwischen Vater und Sohn als eine Offenbarungseinheit beschrieben. Der Vierzeiler Lk 10,22[140] dürfte gelautet haben:

„Alle Dinge sind dem Sohn vom Vater übergeben,
und niemand kennt den Sohn, als nur der Vater,
und niemand kennt den Vater, als nur der Sohn,
und wem es der Sohn enthüllen will."

Die beiden mittleren Zeilen drücken das Verhältnis Vater-Sohn in einem synthetischen Parallelismus aus, der die engste Gemeinschaft beschreibt.[141] „Erkennen" hat hier, wie oft im AT, die Bedeutung eines Wissens um den Wil-

---

[138] Daß παῖς (Knecht) und υἱός (Sohn) sehr nahe lagen, kann ein Vergleich zwischen Lk 7,1-10 und Joh 4,36-54 zeigen.
[139] Vgl. Eph 5,2.25; 1Tim 2,6; Tit 2,14. Von der Dahingabe seines Lebens sprechen dann in Anlehnung an Jes 53,10 Mk 10,45 und Mt 20,28.
[140] Jeremias, Theologie, 65.
[141] Vgl. Jeremias, Theologie, 64 mit Hinweis auf Tob 5,2 LXX א. Die Parataxe des Parallelismus versteht er (S.65f.) nach Joh 10,15 hypotaktisch und bildlich: „Wie nur ein Vater seinen Sohn wirklich kennt, so kennt nur ein Sohn seinen Vater."

len und die Absicht des Handelns.[142] Der Vierzeiler zielt auf die letzte Zeile, wo es um die Enthüllung des Vaters durch den Sohn geht. Inhaltlich stimmt die Strophe mit Joh 1,18 überein, einem Vierzeiler, der auch die enge Gemeinschaft zwischen Vater und Sohn aussagt, um kundzutun, daß im Sohn Gott enthüllt wird.[143] Dieser Text lautet:

„Gott hat niemand gesehen;
der einzigartige Sohn,[144]
der an des Vaters Brust ist,
hat ihn uns ausgelegt.“

Lk 10,22 ist auch von der Weisheits-Spekulation geprägt, die davon zu berichten weiß, daß die Weisheit mit Gott in engster Gemeinschaft kommuniziert und sich den Menschen kundtut.[145] Die Adaption ist christlich.[146] Sie geht davon aus, daß Jesus bei seiner Auferweckung zum Sohn eingesetzt wurde (Röm 1,3f.). Die Modifikation der apokalyptischen Tradition geschieht vom Sendungsgedanken her, der Lk 10,16 ausgesprochen ist. Man wird darum theologisch 10,16 mit 10,22 zusammen sehen.[147]
Anklänge an diese Anschauung finden sich bei Paulus (1Kor 15,27f.), der vom „Sohn“ reden kann, dem „alles untergeordnet wurde“. Aber die Vollmachtsübertragung auf den Sohn läuft dort nicht auf die Offenbarung im Wort, sondern auf die Enthüllung am Ende hinaus. Sie ist apokalyptisch.

3.3.7 Der Gedanke der Präexistenz des Gottessohnes entspringt weisheitlicher Tradition. Daß die Weisheit vor der Schöpfung der Welt bei Gott war, sagt bereits Spr 8,21-31 und dann Sir 1,4; 24,9. Es kommt hinzu, daß auch das Va-

---

142 Vgl. Schottroff, ידע, 695-697; Hoffmann, Studien, 129f.
143 Diese Parallele läßt die These Hoffmanns, Studien, 220 als unwahrscheinlich erscheinen, wonach die Menschensohnvorstellung hinter dem Gedanken der Vollmachtsübertragung stand.
144 So mit; $\mathfrak{P}^{66}$; א*; B u.a. gegen $\mathfrak{P}^{75}$; א^{1} u.a.
145 Vgl. Spr 8,12; SapSal 8,3f.; 9,1-4.9 und Christ, Jesus Sophia, 89.
146 Aber ursprünglich kaum ein Wort des Auferstandenen, wie Theissen/Merz, Jesus, 481 mit Hinweis auf Mt 28,18 postulieren.
147 Nähe zu Joh 3,35; 6,46; 8,19; 10,15.30; 14,9; 16,15; 17,6.10.

ter-Sohn-Verhältnis in der Weisheitstradition beheimatet ist (s. 1.4). Im frühen jüdisch-hellenistischen Christentum wird dieser Gedanke ausgebaut und mit dem Gedanken des von Gott gesandten Sohnes in diese Welt (Gal 4,4; Joh 3,16) verbunden.

3.4 Paulus und seine Schule

3.4.1 Paulus baut die von ihm übernommenen Formulierungen in seine Christologie ein und gebraucht den Titel „Gottessohn" bei verschiedenen Aussagen seiner Botschaft. So spricht er Röm 1,2.9 vom „Evangelium seines Sohnes" und meint damit das Evangelium, das vom Gottessohn spricht, der durch die Auferstehung „Gottessohn in Kraft", unser „Herr" (Röm 1,4) wurde. Auch Röm 8,29 hat er den Erhöhten im Blick, wenn er davon spricht, daß die Christen dem „Ebenbild des Gottessohnes" gleichgestaltet werden sollen. Da er den Glauben als Annahme des Evangeliums versteht, kann er Gal 2,20 vom „Glauben des Gottessohnes" sprechen, wie er Gal 2,16 vom „Glauben des Christus" spricht. Hier steht die Bezeichnung Gottessohn für die Selbsthingabe Jesu. Von der Hingabe durch Gott als Zeichen seiner Liebe spricht er in Röm 8,32, von der Erlösung durch den Tod des Gottessohnes in Röm 5,10. Die Sendung als Menschwerdung des Gottessohnes ist dann in Gal 4,4-6 und in Röm 8,3 thematisiert. Sie wird mit dem Heilstod in 2Kor 1,19 zusammen gesehen. In 1Thess 1,10 endlich spricht er von der Wiederkunft Jesu als des Gottessohnes. Es wird also deutlich, daß Paulus mit dem Titel „Gottessohn" das große Spektrum seiner Theologie mit abdeckt.

3.4.2 Die Schüler des Paulus übernehmen seine Redeweise vom Gottessohn. Sie sehen Gott als Vater Jesu Christi (Eph 1,3; Kol 1,3) und sind wie der Meister selber sparsam mit dem Titel. Wenn Kol 1,13 davon redet, daß Christen in das „Reich des geliebten Gottessohnes" eingesetzt wurden, dann geschieht das im Hinblick auf einen vorformulierten Hymnus (1,15-18) hin, der den Gottessohn a) als Ebenbild des unsichtbaren Gottes und Erstling der ganzen Schöpfung feiert (V.15), b) durch den und in dem das All geschaffen wurde (V.16), c) in dem das All Bestand hat (V.17), d) dessen Haupt er ist (V.18).[148] Ausgesagt ist somit die Präexistenz des Gottebenbildlichen, die Schöpfungsmittlerschaft, die Erhaltung der Schöpfung und deren Leitung durch ihn als Haupt. Alles, was für den Christen in seinem Leben in der Welt wesentlich ist, wird hier auf den Gottessohn zurückgeführt, auch die Aussage, daß in ihm der unsichtbare Gott sichtbar wird und Gestalt gewinnt (V.15).

3.4.3 Eph 4,13 spricht von der „Erkenntnis des Gottessohnes“, eine Abwandlung des „Glaubens des Gottessohnes“ von Gal 2,20. Die Dominanz des Christustitels vor dem Titel „Gottessohn“ wird aber z.B. daran deutlich, daß nach Eph 5,2.25 nicht der Gottessohn, sondern Christus die Gemeinde bzw. die Gemeindeglieder geliebt hat und sich selbst für sie gab.

3.5 Die Evangelien

Die Evangelisten haben je ein eigenes Verständnis der Gottessohnschaft:

3.5.1 *Markus*

Im Markusevangelium spielt der Titel Gottessohn eine herausragende Rolle. Das gilt nicht nur, weil dieser Titel schon in der Überschrift (1,1) belegt ist.[149] Jesus ist für Mk der den Menschen verborgene, den Dämonen bekannte, dem Hohenpriester fragliche, von den Christen geglaubte Gottessohn. Das ist kurz zu erläutern.

Nach Mk wird Jesus anläßlich seiner Taufe durch eine Himmelsstimme zum Gottessohn erklärt, während der Heilige Geist in Gestalt einer Taube auf ihn zukommt (1,10f.). Aber die Himmelsstimme ist nicht für das Volk, sondern nur für Jesus selber bestimmt. Sie erklärt: „Du bist mein lieber Sohn, an dem ich Wohlgefallen habe.“ Die Audition hat nur Jesus. Dementsprechend fragen die Jünger bei dem

---

[148] „Der Gemeinde“ in V.18 ist ein Zusatz des Verfassers des Kol.

[149] „Gottessohn“ ist freilich textkritisch nicht ganz sicher. Immerhin wird er von א, B und anderen Handschriften bezeugt.

Erlebnis der Sturmstillung: „Wer ist dieser ...?“ (4,40). Sie können Jesus nicht einordnen. Das können die Dämonen, die ihm den Titel entgegen schreien: „Du bist der Sohn Gottes“ (5,6). Aber sie dürfen es nicht sagen, sosehr es die Wahrheit ist. Die Dämonen können nicht Zeugen für Jesus sein, zumal sie die Gottessohnschaft nur von den Wundern Jesu her begreifen. Die Jünger kommen nicht auf die Idee, wer Jesus wirklich ist. 8,21 schilt sie Jesus mit den Worten: „Versteht ihr immer noch nicht?“ Und nach der symbolisch verstandenen Blindenheilung (8,22-26) glaubt Petrus zu wissen, wer Jesus ist, nämlich der Christus (8,27). Aber er mißversteht diesen Titel im Sinne einer irdischen Machtstellung und muß darum zurechtgewiesen werden (8,31-33). Die Himmelsstimme sagt es dann den drei Jüngern auf dem Berge der Verklärung eindeutig: „Er ist der Sohn Gottes“ (9,7). Aber die Stimme fügt hinzu: „Den sollt ihr hören“ und meint, ihr sollt lernen, was das heißt. Weil aber Jesus weiß, daß sie es noch nicht lernen und verstehen können, gebietet er ihnen beim Abstieg, von dem Erlebnis nicht zu reden, bis er von den Toten auferstanden ist (9,9-13). Im Gleichnis von den bösen Weingärtnern (12,1-9) setzt er seine Gottessohnschaft voraus und weist auf seinen Tod hin. Darum spielt der Titel „Gottessohn“ in der Passionsgeschichte mehrfach eine Rolle. Der Hohepriester fragt danach (14,62) und wird auf den kommenden Menschensohn hingewiesen. Die Antwort Jesu auf die Frage des Hohenpriesters bewirkt, daß er Jesus für schuldig erklärt. Daß er Gottessohn ist, wird nicht verstanden, wie es schon den Hörern des Gleichnisses von den Weingärtnern (Mk 12,1-9) Anlaß zu Ärgernis gab (12,12). Die Aussage Jesu ist darum Ursache der Verurteilung (Mk 14,64). Erst nach Jesu Tod begreift der Hauptmann und bekennt: „Dieser *war* Gottes Sohn.“ Der heidnische Hauptmann wird damit Urbild aller, die an Jesus als Gottessohn glauben. Nach der Auferstehung kann dies von den Jüngern begriffen werden (9,9), weil klar ist: Jesus ist nicht als der Wundertäter Gottessohn, sondern als der, der zum Kreuz geht. Gottessohn ist nach Mk Jesus in seinem Leidens- und Gehorsamsweg. Als Gottessohn wird er geglaubt, gerade wenn das Paradox erkannt wird, daß er ans Kreuz kommt. Das Kreuz wird zum Grund des Heils.

3.5.2 *Lukas*

Für Lk ist Jesus von Anbeginn an der Gottessohn, obwohl dieser Titel bei ihm nicht die zentrale Rolle spielt wie bei Mk. In den ersten drei Kapiteln seines Evangeliums fließen verschiedene Anschauungen von der Gottessohnschaft zusammen: Jesus ist Gottessohn kraft des Geistes, seiner Erkenntnis, seiner Ernennung, und die Apostelgeschichte fügt hinzu: kraft seiner Auferstehung. Das ist jetzt näher aufzuzeigen.

Lukas entfaltet kein eindeutiges Konzept einer Gottessohnschaft Jesu, wie es Mk tut. Er hat die verschiedenen Erzählstränge nebeneinander gestellt und nicht völlig aufeinander abgestimmt. Dennoch hat er nicht unüberlegt geschrieben, sondern die verschiedenen Gesichtspunkte auszugleichen versucht. Das wird besonders am Ende seines Evangeliums deutlich: Der Hauptmann bekennt nicht wie bei Mk: „Dieser war Gottes Sohn", sondern bescheinigt, daß er ein gerechter Mensch war (23,47). Für Lk ist nicht das Kreuz der Ort der Offenbarung des Gottessohnes für den Glaubenden, Jesus ist Gottessohn in einem physischen Verständnis, durch die Geburt aus der Jungfrau kraft des Heiligen Geistes (1,32-35). Auf solche Weise konnte die aramäisch sprechende Gemeinde nicht reden. Der ursprüngliche Text, der die Geburt Jesu durch den Engel ankündigte, umfaßte vermutlich nur Lk 1,30-33[150] und verhieß Maria einen Sohn, der Gottessohn genannt werden und den Thron Davids erben sollte. Davidsohn und Gottessohn sind wie in 2Sam 7,12 und Jes 9,5f. zusammen gesehen, die Verheißung des Engels kommt Jes 7,14 nahe. Der angekündigte Gottessohn ist als Davidsohn himmlischer König Israels. Hier wäre dann etwas Ähnliches ausgesagt gewesen wie in Röm 1,3f., Gottessohnschaft war mit dem Königtum Davids verbunden. Die Worte des Engels auf Marias Einwurf (Lk 1,35), die in einer anderen Sprachform gehalten sind, wurden erst in hellenistisch geprägten Kreisen als Erläuterung hinzugesetzt. So entstand ein Bericht, wie man sich das Werden des Gottessohnes vorstellen kann: Gottes Geist kommt als ölige Flüssigkeit über Maria

---

[150] Zur Rekonstruktion dieses Traditionsstückes und seinem Verständnis vgl. Klein, Lukasevangelium, 94.

und dringt in ihren Körper (gewissermaßen durch die Poren ein) und läßt sie schwanger werden, was zur Folge hat, daß sie den Gottessohn zur Welt bringen wird. Danach ist Jesus seinem Wesen nach göttlich, Maria gibt ihm nur die Form. Jesus ist nach dieser Sicht nicht wie alle anderen Menschen; in seinem Kern ist er göttlich und geht mit seinem Tod ins Paradies ein (23,43). Das ist nicht *Christologie von unten*, Jesus ist göttlichen Wesens von Anfang an. In 2,41-52 kommt eine andere Tradition zu Wort: Jesus muß dort sein, wo seines Vaters Sache betrieben wird (2,49). Man kann diese Aussage von Kap 1 her verstehen, aber ursprünglich war sie so gedacht, daß der Gerechte, der um den Willen des Vaters weiß, Gottes Sohn, Gottes Kind ist, wie es die jüdisch-hellenistische Weisheit formulierte. Lk denkt darüber an dieser Stelle freilich kaum nach. Denn für ihn ist Jesus bereits durch seine Geburt der Gottessohn. Dementsprechend bestätigt die Himmelsstimme bei der Taufe diese Gottessohnschaft mit den Worten, die schon Mk brachte: „Du bist mein lieber Sohn“. Was die Leser längst wußten (1,35) und Jesus ahnte, als er von seinem Vater sprach (2,49), wird ihm bei der Taufe gewissermaßen amtlich mitgeteilt. Wenn dann nach Apg 13,33 gesagt wird, Jesus sei bei der Auferstehung zum Gottessohn geworden, eine Aussage, die so auch Paulus Röm 1,4 macht, dann meint Lk damit nur, daß die Gottessohnschaft Jesu in der Zeit der Kirche allen kundgetan werden muß. Hier wirkt die Missionspredigt nach: Jeder soll erfahren, wer Jesus ist.

3.5.3 *Matthäus*

Bei Mt wird Jesus nicht durch die jungfräuliche Geburt als Gottessohn geboren, sondern erlangt diesen Titel durch den Ruf, die Ernennung (2,13) und die Taufe (3,17). Mt bindet die Gottessohnschaft Jesu an seine Messianität. Das ist kurz zu erläutern.

Wer von Lukas her die Geburtsgeschichte Jesu liest, denkt selbstverständlich, daß Jesus durch seine Geburt aus der Jungfrau zum Gottessohn wird. Aber in Mt 1,18-25 wird gerade nicht von einer Gottessohnschaft gesprochen. Nach Mt wird Jesus durch die Jungfrauengeburt zu dem von Jes 7,14 verkündigten Messias, zum Immanuel (2,23), aber nicht zum Gottessohn.[151] Mt kann sich nicht vorstellen, daß ein Mensch physisch zum Gottessohn wird. Dieser Gedanke ist für ihn durch Gen 6,1-4 ausgeschlossen. Er wird zum Gottessohn kraft des Rufes Gottes, der mit dem Zitat aus Hos 11,1 bekräftigt wird: „Aus Ägypten habe ich meinen Sohn gerufen" (2,15). Dieselbe Bedeutung hat die Tauferzählung, wo Jesus öffentlich zum Gottessohn proklamiert wird. Dies schließt nicht nur die engste Beziehung des Sohnes zum Vater ein, sondern impliziert die Offenbarung Gottes durch den Sohn (11,27). Sie geschieht einerseits durch Worte, dann aber auch durch Wunder. Darum können die Jünger angesichts des Erlebnisses beim sinkenden Petrus auf die Knie fallen und bekennen: „Du bist wahrhaftig Gottes Sohn" (14,33), so, als sei dies Bekenntnis im Gottesdienst geschehen, denn Mt vergleicht die Kirche mit einem Schiff, wie sich aus Mt 8,23 ergibt: Jesus steigt ins Schiff und seine Jünger *folgen ihm nach.* Dementsprechend kann dann Petrus im Namen aller und vor den Jüngern Jesus als den Christus, den Sohn des lebendigen Gottes bekennen (16,16), wiederum, als sei es in der Gemeinde geschehen. Jesus ist nach Mt nicht der Gottessohn inkognito wie bei Mk, sondern der von Gott gesandte Messias, den Petrus richtig als solchen bekennt. So wird er, Petrus, denn auch von Jesus mit in die Reihe der Söhne Gottes übernommen (17,26). Für Mt ist Jesus der Gottessohn als der Messias und alle, die an ihn glauben und entsprechend leben, sind Gottessöhne. Analog dazu wird den Friedensstiftern (5,9) und den Liebenden (5,45) verheißen, daß sie Gottes Söhne sein werden. Wer ihn nicht so sieht,

[151] Nähere Begründung bei Klein, Christologie, 164.170. Das ist bisher nicht gesehen worden, weil man selbstverständlich den Text von Lk 1 her liest und dann mit Mt 2,15 zusammensieht, vgl. etwa Luz, Thesen, 231; ders., Matthäus I, 149. Der dort enthaltene Satz: „In beiden Zitaten (sc. 1,23 und 2,15) ist vom Sohn die Rede, die Leser/innen werden darauf vorbereitet, daß der Jungfrauensohn der Sohn Gottes ist", trägt den Einzeltexten nicht genügend Rechnung. Selbstverständlich ist der in 1,23 und 2,15 Genannte derselbe. Aber Jesus wird nach Matthäus durch die Jungfrauengeburt zum Immanuel (1,23f.) und gerade nicht zum Gottessohn; das wird er erst durch den Ruf (2,15). Da hat Mt sorgfältiger unterschieden, als eine synchrone Lektüre ahnen läßt.

gehört zu denen, die Jesus als den Gekreuzigten verspotten (27,40).
Freilich gibt es auch einen klaren Unterschied zwischen Jesus und den Jüngern. Nur Jesus hat die direkte Beziehung zum Vater, die 11,27 beschreibt, und darum kann er und nur er den Vater offenbaren. Was die Jünger tun, ist von Jesus abgeleitet. Dementsprechend berichtet Matthäus davon, daß die Jünger vom Auferstandenen bevollmächtigt und ausgesandt (26,18f.) werden, und insofern mit den Jüngern Jesus selbst aufgenommen wird und mit Jesus der Vater (10,40). Die Jünger haben durch den Auftrag des Auferstandenen (28,19f.) an seiner Vollmacht und damit auch an seiner Gottessohnschaft teil.

3.5.4 *Johannes*
Für Johannes ist Jesus ein Gottessohn, der über seine Gottessohnschaft spricht, mit ihr argumentiert und sie gegenüber Angriffen von außen verteidigt. Das soll nun ausgeführt werden.
Der Titel Gottessohn erklingt bereits im Prolog 1,18 und wird ganz am Ende des Evangeliums, in 20,31, wieder betont. Der Prolog enthält eine für Joh wichtige, bisher nicht angetroffene Bezeichnung: „der Sohn,[152] der an der Brust des Vaters ist“, Gott also ganz nahe am Herzen, in engster Beziehung zu ihm.[153] Darum kann er zum Offenbarer werden.[154] Am Ende aber sagt der Evangelist, was er beabsichtigt, nämlich zum Glauben an Jesus als den Gottessohn zu verhelfen (20,31). Das Evangelium sieht somit Jesus als den Gottessohn in seiner Göttlichkeit gekennzeichnet, einer Göttlichkeit, die durchaus auch den Menschen möglich ist, denn jene, die Jesus aufnehmen, an seinen Namen glauben, werden „Kinder Gottes“ genannt (1,12). Die enge Verbin-

[152] Die Lesart ist umstritten. Schnackenburg, Johannesevangelium, 255 liest υἱός, hält aber θεός für möglich; Schnelle, Johannes, 13f. entscheidet sich für θεός.
[153] Es ist zu beachten, daß der Evangelist, was den „Schoß des Vaters“ betrifft, sehr vorsichtig formuliert. Er schreibt nicht „in“ dem Schoß, sondern „bei“ dem Schoß, εἰς nicht ἐν. Darum wird „an der Brust“ übersetzt.
[154] Ähnliche Gedanken, wenn auch etwas anders ausgedrückt, sind bereits Mt 11,27/Lk 10,22 begegnet.

dung Jesu zu Gott wird darum immer neu hervorgehoben und seine Göttlichkeit mit der Schrift begründet (10,34f.). Das zugrunde liegende Denken des Johannes hat zumindest eine doppelte Wurzel, einmal das Verständnis der Gottessohnschaft vom Lehrer-Schüler-Verhältnis her in dem Sinne, daß der Lehrer als Vater, der Schüler als Sohn erscheint, und dann vom Gedanken der Sendung des Boten. Sowohl der Schüler als auch der Bote konnten nach dem Verständnis Alt-Israels nichts anderes sagen als das, was sie gelernt hatten, wozu sie beauftragt waren. Den Gedanken der Sendung spricht Jesus sehr klar in dem bekannten Wort aus: „Sosehr hat Gott die Welt geliebt, daß er seinen einzigartigen Sohn gab …" (Joh 3,16), das im folgenden mit der Aussage kommentiert wird: „Gott hat seinen Sohn in die Welt gesandt" (3,17). Die Sendung des Sohnes ist seine Autorisierung. Darum würde man erwarten, daß im Evangelium öfter von der Sendung des Sohnes in dieser Formulierung gesprochen wird, was aber nicht in dieser Weise geschieht. Relativ häufig jedoch wird davon gesprochen, daß der Vater Jesus, konkret „*mich* gesandt hat" (5,24.30.37 u.ö.). Es ist aber keine grundsätzlich andere Sendung, als sie auch der Täufer für sich in Anspruch nimmt (1,33), nur inhaltlich ist die Sendung verschieden. Der Täufer ist gesandt zu taufen, Jesus ist beauftragt, das Werk Gottes zu vollbringen. Dementsprechend tut er die Werke des Vaters (9,4), vollbringt seinen Willen (4,34), er sagt und tut nichts anderes, als er den Vater sagen und tun sieht (5,17-19), bzw. was der Vater ihn zu sagen gelehrt hat (8,16). Seine Lehre ist die des Vaters (7,16), er tut dessen Willen (8,38) und weiß sich darum in seinem gesamten Wirken mit dem Vater verbunden, der auch für ihn Zeugnis ablegt (5,37; 8,18). Er sieht sich dem Vater so nah, daß er sagen kann, er sei im Vater und der Vater in ihm (17,21), ja sogar (10,30), daß er mit dem Vater eins (ἕν) sei, aber nicht einer (εἷς). Jesus ist nach Johannes der Gottessohn in seinem Wunderwirken. Darum bekennt ihn Nathanael als solchen aufgrund seines ungewöhnlichen Wissens (1,49), und Marta spricht zu ihm das Bekenntnis aus, daß er der Christus, der Gottessohn ist (11,27), ein Bekenntnis, das auf das Wunder der Totenauferweckung hinzielt. In seinem Wirken in Wort und Tat rückt Jesus als der Sohn ganz in die

Nähe des Vaters, aber es ist eine Nähe, die mit dem Auftrag, nicht mit dem Wesen zusammenhängt. Auch wenn für Johannes selbstverständlich ist, daß Jesus vom Vater kam (16,27) und wieder in den Himmel zurückkehrt (16,10), ist er Gott nicht näher als den Menschen, die an ihn glauben, denn diese sendet er aus, wie er selbst gesandt wurde (20,21).

3.6 Der Hebräerbrief

Für den Hebr gilt bereits wie für Mt und Joh das Bekenntnis: Jesus ist der Gottessohn.[155] Von diesem Gottessohn sagt er:

„Er ist Abglanz seiner Herrlichkeit
und Abdruck seines Wesens,
der das All durch sein mächtiges Wort trägt,
Reinigung für die Sünden bewirkt hat
und sich zur Rechten der Majestät[156] setzte.“
(1,3f.)

Der Sohn ist hiermit als der eigentliche Mensch dargestellt, der Gottes Wesen hat, der die Welt im Innersten zusammenhält, als Mensch Vergebung der Sünden bewirkte und bei der Auferstehung die Vollmacht erhielt, als Gottes Exekutivkraft zu wirken. Ganz verschiedene Elemente urchristlichen Glaubens sind hier, wahrscheinlich bereits in einer vorgeprägten Formulierung eines Hymnus,[157] zusammen getragen:

---

155 Das geht aus Hebr 4,14 und 10,23 deutlich hervor, vgl. Bornkamm, Bekenntnis, 190.

156 Umschreibung Gottes.

157 Hahn, Theologie II, 222 stellt fest, daß dort „christologische Motive in ungewohnter Folge zusammen gestellt“ sind, Hegermann, Hebräer, 23 spricht von „freier hymnischer Stilgebung“. Dafür spricht vor allem die Nähe zu Kol 1,15-18. Mit diesem Hymnus hat Hebr 1,3 gemein, daß der Gottessohn Abglanz bzw. Abbild Gottes ist, daß er Schöpfungsmittler und Welterhalter ist. Zusätzlich spricht Hebr 1,3 von der „Reinigung von den Sünden“, dem Sühnetod Jesu. Karrer, Hebräer I, 111 möchte freilich Hebr 1,3 als Komposition des Verf. des Hebr verstehen. Daß die Motive von 1,3 mit theologischen Aussagen des Hebr übereinstimmen (Karrer, Hebräer, 111) ist nicht

a) Die Teilhabe an der Herrlichkeit Gottes. Sie wird als Abglanz der Herrlichkeit beschrieben. Der Gedanke ist der einer Emmanation, einer Lichtausstrahlung, wie sie von der Weisheit (SapSal 7,26) ausgesagt wird.
b) Die Teilhabe am Wesen Gottes, das sich auf Jesus wie ein Stempel abgedrückt hat. Damit ist das ausgesagt, was anderswo die „Ebenbildlichkeit" ausdrückt.[158]
c) Die Teilhabe an Gottes Schöpfermacht: Er trägt das All durch sein mächtiges (Befehls-) Wort. Hebr 1,2 hatte er bereits gesagt, daß durch ihn die Äonen geschaffen wurden, 1,10 wird dann ausgesprochen, daß wegen ihm und durch ihn das All existiert.
d) Die Teilhabe an dem Werk der Sündenvergebung,[159] die hier als Reinigung verstanden ist. Zugrunde liegt sowohl die Hingabe durch Gott als auch die Selbsthingabe des Gottessohnes als Sühne. Abfall vom Christentum ist darum Wiederholung der Kreuzigung (6,6) – den Gottessohn mit Füßen treten (10,29).
e) Die Teilhabe an Gottes Weltregiment. Er sitzt zu seiner Rechten. Dieser hymnische Text spricht von der Präexistenz und Wesensgleichheit des Sohnes mit Gott, von der Erhaltung der Schöpfung durch ihn, dem Zurechtbringen derselben in der vom Kultus her geprägten Sühne und seiner gegenwärtigen Herrschaft zur Rechten Gottes, also als Chef der Exekutive. Weltschöpfung, Welterhaltung, Welterlösung und Weltregiment sind dem Gottessohn übertragen. Der Welterhaltung durch das mächtige Wort entspricht die Evangeliumspredigt, die den Erlöser und Weltregenten in den Mittelpunkt des Glaubens stellt.
Nach dieser geballten Aussage über den Sohn stellt der Hebr betont fest, daß dieser Sohn mehr ist als die Engel. Ob der Verfasser des Hebr weiß, daß im AT die Engel „Gottessöhne" genannt werden, geht aus diesem Brief nicht hervor. Gen 6,1.3 LXX spricht von Gottessöhnen, Hi 1 von

---

bestreitbar. Aber hymnische Sprache und die Parallele zu Kol 1,15-18 sprechen für vorgeprägte Formulierungen.

[158] SapSal 7,26 stehen ἀπαύγασμα, ἔσοπτρον (Spiegel) und εἰκών nebeneinander.

[159] Ποιησάμενος ist Medium. Nach Bauer/Aland, Wörterbuch, 1369 „herbeigeführt". Dieses Medium zeigt an, daß die Tat Jesu nicht nur seine eigene, sondern auch Gottes war.

„Engeln“. Er zitiert jene Texte des AT, die vom messianischen Gottessohn sprechen.[160] Die Präexistenz dieses Gottessohnes ist aber für Hebr nicht etwas schwer Vorstellbares oder ganz Ungewöhnliches. Denn er rechnet auch mit der Präexistenz des Melchisedek (Hebr 7,3). Neu ist der Gedanke, daß der Gottessohn durchs Leiden „vollendet“ wurde. Dieser Erziehungsgedanke zeigt, daß das Verständnis des Gottessohnes aus der Vater-Sohn-Beziehung im Schulsystem ausgelegt wurde. Diesem Denkmodell entspricht auch der Gedanke, daß der Sohn viele „Söhne zur Rettung führt“ (2,10). Ein grundsätzlicher Unterschied zwischen Jesus als dem Gottessohn und den Christen als Gottessöhnen besteht also nicht. So kann der Gottessohn auch als „Anführer des Heils“ proklamiert werden (12,2). Es ergibt sich auch wie selbstverständlich das Eintreten für die Seinen, wie es für das Gottesvolk der Hohepriester tut. Als „Sohn“ ist Jesus nach Hebr 3,6; 5,5f.; 7,17.20 der wahre Hohepriester, gesetzt über das Haus Gottes.

4 Zusammenfassung

Die Rede von der Gottessohnschaft begegnet im AT nur sporadisch, Engel sind Gottessöhne, der Messias kann es sein, ebenso Israel oder die Israeliten, in der Spätzeit auch einfach „Gerechte“. Das NT übernimmt die Redeweise des AT und baut sie aus. Gottessöhne bzw. Gotteskinder sind die Christen, die Gottes Geist empfangen haben und zum Glauben gekommen sind. Der eine Gottessohn aber, Jesus, bekommt ganz neue Bedeutung. Besonders über die Auferstehung und dann auch über das Leiden des Gottessohnes wird nachgedacht. Von der Auferstehung her fließen die Vorstellungen von der Präexistenz und der Schöpfungsmittlerschaft aus der alttestamentlichen Weisheitstradition in die Vorstellung vom Gottessohn ein.
Die neutestamentlichen Autoren haben die alttestamentliche Redeweise von dem Gottessohn übernommen und

---

[160] Ps 2,7 und 2Sam 7,14 in Hebr 1,5; 5,5 und Ps 44,7f. LXX in Hebr 1,8.

zwar in doppelter Hinsicht: Einmal haben sie die Gläubigen als Gotteskinder gesehen, so wie einst die Israeliten als Gotteskinder angesehen wurden. Dann haben sie in Jesus den Gottessohn proklamiert, so wie einst in der Figur des Messias der Gottessohn proklamiert wurde. Die einzelnen Evangelisten gewinnen der Rede von der Gottessohnschaft je eine andere Nuance ab. Markus konzentriert die Einsicht, daß Jesus der Gottessohn ist, auf das Kreuz. Nicht in den Wundertaten oder seiner Vollmacht, sondern in seinem Tod am Kreuz zugunsten der Vielen (Mk 10,45) wird die Gottessohnschaft Jesu deutlich. Lukas sieht die Gottessohnschaft physisch als ein Wirken Gottes durch den Geist bei der Geburt begründet, eine Gottessohnschaft, die nach der Auferstehung Jesu proklamiert werden muß. Für Matthäus ist die Gottessohnschaft an die Messianität gebunden. Bei Johannes ist mit dem Titel Gottessohn die enge Beziehung Jesu mit dem Vater ausgesagt. Der Hebr nimmt die Tradition der Weisheit Israels auf und spricht von der Gottessohnschaft auch im Zusammenhang einer Erziehung durch Leiden.

III
Volk – Gottesvolk – Gemeinde

Israel kann sich selbst, wenn es die gesamte Schöpfung ins Blickfeld nimmt, als Volk wie die anderen Völker verstehen, ohne seine Beziehung zu Jahwe zu bedenken, die für seine Existenz vital ist. In der Spätzeit wird zwischen Israel als Volk und Israel als Gottesvolk unterschieden. Diese Sicht übernimmt das NT, fügt ihr aber den Gedanken eines „noch nicht wieder" bestehenden Gottesvolkes hinzu.[161]

1 Volk und Völker

Die Sicht Israels als Volk innerhalb der Völkerwelt geht aus von dem Nachdenken über die Schöpfung bzw. von dem Gedanken von den Göttern zugeteilten Herrschaftsgebieten. In dem einen Fall wird die Entstehung der Völkerwelt als Vermehrung gesehen, im anderen Fall wird dem Gedanken Rechnung getragen, daß jedes Volk seinen Gott hat.

1.1 Gen 10 berichtet von der Entstehung der Völker der Erde. Ihr Werden wird im Rahmen eines Stammbaumes beschrieben, ist also wie das Wachsen einer Familie zur Sippe gedacht, wo sich dann die kleineren Familien im Laufe der Zeit teilen und auseinandergehen. Gen 11 läßt diese Völker-Familien, die nach der Meinung der Berichtenden zunächst die gleiche Sprache sprachen, durch Gottes Strafe auch zu Völkern verschiedener Zunge wer-

[161] Eine ganz andere Sicht des alttestamentlichen und neutestamentlichen Gottesvolkes vertritt Söding, Einheit, 187-224, insofern er ganz von der Einheit ausgeht und die Beziehung Gott-Volk dominierend sein läßt.

den. Aber daran liegt dem Bericht Gen 10 zunächst noch nichts. Er sieht das Entstehen der Völker als einen natürlichen Vorgang an, vergleichbar der Erfahrung, daß Geschwister irgendwann eigene Familien gründen. Das Besondere an diesem Bericht besteht allerdings darin, daß Israel hier nicht als das älteste Volk dargestellt wird, sondern als ein Volk unter vielen Völkern.[162]

1.2 Schon sehr viel differenzierter spricht Dtn 32,8f. von dem Werden der Völker.

„Als der Höchste (עֶלְיוֹן, eljon) die Völker (גּוֹיִם, gojim) verteilte, als er die Menschenkinder aussonderte, da legte er die Grenzen der Völker (עַמִּים, amim) fest nach der Zahl der göttlichen Wesen.[163] Denn Jahwes Losanteil ist sein Volk und Jakob ist sein Erbanteil."

Die Entstehung der Völker ist als Akt des Höchsten, des Schöpfergottes gedacht. Diese Völker werden hier גּוֹיִם (gojim) genannt, womit ihre Vielzahl und ihre Verschiedenheit ausgesprochen ist. Wo aber von der Festlegung der Grenzen derselben die Rede ist und damit jede Entität für sich in den Blick kommt, da steht für „Völker" das andere Wort, nämlich עַמִּים (amim). Diese Völker werden den „göttlichen Wesen", den בְּנֵי אֵל (benej el), zugewiesen. Und in dieser Zuteilung, so wird hervorgehoben, wird Jahwe als Erbteil Israel zugesprochen. So kommt es zur Verbindung zwischen Jahwe und dem Gottesvolk, das hier „sein Volk" (עַמּוֹ, amo) genannt wird. Sehen wir den Text in seiner Gesamtheit, dann ist zunächst im Rahmen der Schöpfungsordnung des Höchsten, des Weltenherrn, von vielen Völkern und vielen Göttern die Rede. Dann wird Jahwe mit Israel, seinem Volk zusammengesehen, es wird von einer Zuweisung, von einem Besitzanteil gesprochen.[164] Israel entsteht als Israel und als Volk Jahwes somit aufgrund einer Zuweisung des höchsten Gottes, der Jahwe an Israel und Israel an Jahwe bindet. Es ist aber keine natürliche, selbstverständliche Ordnung, das Geschehen ist ein Wil-

162 Schmidt, Werk Gottes, 15.

163 MT liest hier בְּנֵי יִשְׂרָאֵל (benej jisrael). Richtig wahrscheinlich mit LXX בְּנֵי אֵל (benej el).

164 Daß jedes Volk seinen Gott hat, spricht auch 2Chr 32,13-17 aus.

lensakt, eine Zuweisung. Hier ist deutlich ausgesprochen, daß die Existenz der Völker der Schöpfung eigen ist, das Eigentliche des Gottesvolkes sich aber einem besonderen Geschehen verdankt. Zwischen „Volk“, wie es die vielen Völker sind, und dem Gottesvolk wird sehr deutlich unterschieden.

1.3 Diese Einsicht wird durch eine Betrachtung der beiden Worte für „Volk“ im AT, עַם (am) und גּוֹי (goj) verstärkt. Beide gehen von der Verwandtschaft, der Familienbeziehung aus und können sogar synonym gebraucht werden (Dtn 4,6), עַם hat aber eher die engere innere Beziehung der so „Verwandten“ im Blick,[165] גּוֹי denkt mehr an die Abgrenzung nach außen.[166] Dementsprechend ist der עַם יְהוָה (am Jahwe), Gottes Volk im Sinne einer Verwandtschaft mit gemeinsamer Herkunft, Sprache, Kultur und Geschichte,[167] so daß dieser auch Gottes Sohn genannt werden kann (Hos 11,1), die Menschen daraus Söhne und Töchter Jahwes (Jes 43,6). Hingegen wird גּוֹי (goj) nicht mit Jahwe direkt verbunden. Wohl aber ist vom „großen“ גּוֹי (goj) die Rede (Gen 12,2; Dtn 4,6), im Unterschied zu anderen Völkern, oder vom גּוֹי (goj) als Königtum von Priestern (Ex 19,6), womit gemeint ist, daß sich Jahwe dieses Volk ausersehen hat, damit es vor ihn trete und direkte Beziehung mit ihm aufnehme, was die „Völker“ so nicht vermögen.

1.4 Wie bereits Dtn 32,8f. sichtbar wurde, hat Israel nur zwischen sich als dem Volk Jahwes und den anderen Völkern (גּוֹיִם, gojim) unterschieden. Das ist antike Sichtweise. Auch die Griechen haben zwischen sich und den Barbaren differenziert, die Römer zwischen Römern und Nichtrömern. Das Dankgebet von Thales (Diog Laert I 7,33), daß er als Mensch, nicht als Tier, als Mann nicht als Frau, als

---

[165] Lipinski, עַם , 185 sieht darin den „Clan“ bis zur religiösen Versammlung näher gekennzeichnet. Lohfink, Unsere großen Wörter, 117-123 möchte עַם in Joel 2,17; Ps 60,5; Ex 32,11f.; 1Sam 9,16; Jes 3,12-15 mit „Familie“ übersetzen.

[166] Botterweck, גּוֹי, 971 erkennt bei גּוֹי (goj) eher eine Tendenz in „politischer und territorieller Hinsicht“. Es kommt auf die Perspektive an.

[167] Vgl. Schreiner, Theologie, 18f.

Grieche, nicht als Barbar geboren worden sei, ist ganz ähnlich dem Denkspruch von R. Jehuda b. Elaj (2. Jh),[168] wonach er dafür dankbar ist, nicht als Heide, Frau oder Ungebildeter, d.h. die Tora nicht kennend, leben zu müssen. Alle Völker der Antike haben das gleiche Denkmuster, wonach zwischen dem eigenen Volk und den anderen ein Unterschied besteht, der grundsätzlicher Natur ist. Zwischen den einzelnen Völkern wird, wo einmal dieser Unterschied gemacht wird, nicht differenziert. Das bedeutet nicht, daß damit das eigene Volk immer positiv gesehen werden muß, die fremden Völker negativ. Besonders in der Spätzeit Israels, wo sich das Gottesvolk in der großen Völkerwelt sah, wird sorgfältig differenziert. Der ausländische Hiob hat zum Beispiel eine fromme Haltung Jahwe gegenüber, und Jona muß lernen, daß Gott auch mit den Heiden Erbarmen hat; die moabitische Ruth wird als Stammutter Davids hochstilisiert. Grundsätzlich aber bleibt es bei dieser Einteilung: unser Volk mit seinem Kulturkreis, seiner Bildung, seinem Glauben und die anderen Völker, wir und die Anderen.

2 Israel als Gottesvolk

Israel wird zum Gottesvolk durch Jahwes Erwählung. Dies verpflichtet zum Halten der Anweisungen Jahwes. Als Volk unter Völkern wird Israel als Zentrum der Völkerwelt gesehen, berufen, Priester für die Welt und Vermittler von Jahwes Willenskundgebung zu werden.

2.1 Israel hat sich durch die Geschichte hindurch als Volk Jahwes verstanden.[169] In der sogenannten Bundesformel,[170] die in den Worten „Israel ist das Volk Jahwes und Jahwe ist der Gott Israels“ (vgl. Dtn 26,17f.) zusammengefaßt werden kann, ist die enge Verbindung zwischen bei-

[168] Vgl. Oepke, γυνή, 776f. mit Anm. 4.

[169] Daß dieses Verständnis inhaltlich nicht immer gleich war, versucht Lohfink, עַם יְהוָה, aufzuzeigen.

[170] Vgl. dazu und zu der damit verbundenen Problematik: Rendtorff, Bundesformel.

den ausgesprochen.[171] Dieses Volk versteht sich als von Jahwe erwählt und zwar von Ägypten her (Ex 3,7-10; Hes 20,5f.),[172] nicht aufgrund irgendwelcher Vorzüge, sondern – und das wird ausdrücklich betont – aus „freier Entscheidung und grundloser Zuwendung",[173] denn: „Ihr seid das kleinste Volk" (Dtn 7,7).[174] Es wird als Volk des „Eigentums Jahwes" bezeichnet (Ex 19,5; Dtn 7,6; 14,2; 26,18; Ps 135,4).[175] Israel ist also der Meinung, daß es als Volk diesem Gott gehört, aber keineswegs wie ein Sklave dem Herrn, sondern wie ein wertvolles, geliebtes Stück, ein „Schatz",[176] am ehesten vergleichbar der Ehefrau, die der Mann zum Besitz genommen hat. So kann Hosea die Beziehung Jahwes zu Israel mit einer Ehe vergleichen (Hos 2,4ff.). Der entscheidende Gesichtspunkt der Erwählung[177] ist darum die Liebe Jahwes zu seinem Volk (Dtn 7,8). Erwählung und Zuwendung in Form von Liebe sind verknüpft und nicht zu trennen.[178] Aus diesem Verhältnis Jahwes zu seinem Volk ergibt sich die Forderung, Jahwe zu lieben (Dtn 6,5; 7,9) und seine Gebote einzuhalten (Dtn 7,9-11). Jahwes Eigentumsvolk zu sein bedeutet, an seine Gebote gebunden zu sein. Entsprechend sieht Dtn 30,15-19 in dem Einhalten der Gebote Segen, in der Nichteinhaltung Fluch und Straftod. Von solchen Voraussetzungen her kann Hosea dem Volk die Zugehörigkeit zu Jahwe aufkündigen

---

[171] Vgl. auch Lev 26,12; Dtn 4,7; 2 Sam 7,24 u.ö. Zu den verschiedenen Bundeskonzepten im Alten Testament vgl. Groß, Zukunft.

[172] Nach Westermann, Theologie, 34f. entstammt der Begriff der Erwählung einer „zurückblickende(n) *Deutung,* dessen, was geschehen ist" (sc. bei der Rettungstat in Ägypten).

[173] Seebaß, Erwählung, 1479.

[174] Zum Verständnis des Textes und seiner hypothetisch historischen Einordnung als Gegenstimme zu „eingebildeten Prärogativen", vgl. Veijola, Deuteronomium, 206.

[175] Das Wort für „Eigentum" (סְגֻלָּה, segullah) ist ein seltenes Wort. Es begegnet noch Mal 3,17; Koh 2,8; 1 Chr 29,3.

[176] Lipinski, סְגֻלָּה, 752: „impliziert eine Initiative und persönlichen Einsatz".

[177] Vgl. Hausmann, Mein Volk, 117: „Die Rede vom ‚Volk Gottes' zeigt aber ebenso, daß das Volk in die Verpflichtung und damit auch in die Verantwortung genommen wird."

[178] Vgl. Jer 31,1-3: „Sie werden mein Volk sein (…). Mit ewiger Liebe habe ich dich geliebt."

und seinen Sohn zeichenhaft לֹא־עַמִּי (lo ami): „Nicht mein Volk“ nennen. Und im Zusammenhang der Elia-Erzählungen wird aufgrund derselben Erwägungen ein Unterschied zwischen Israel und dem rechten Gottesvolk gemacht, das Jahwe treu bleibt und ihn als einzigen Gott anerkennt. Denn Elia wird angewiesen, den König von Syrien zu salben, der wiederum alle jene Israeliten bestrafen wird, die Baal das Knie gebeugt haben. Nur ein Rest von 7000 wird übrigbleiben, jene die Jahwe die Treue hielten (1Kön 19,18).

2.2 Amos hat seinerseits die Nichteinhaltung der Gebote Jahwes als Grund für sein Einschreiten angesehen: „Aus allen Geschlechtern der Erde habe ich allein dich erkannt, darum will ich auch an euch heimsuchen alle eure Sünden“ (Am 3,2). Die Strafe erfolgt aber nicht wie bei Hosea und Elia aufgrund der Übertretung des ersten Gebotes, es sind die sittlichen Gebote der zweiten Tafel, deren Nichteinhaltung bestraft wird (vgl. Am 2,6-8). Die großen Gerichtspropheten Israels haben allesamt Israel seine Schuld vorgeworfen und Jahwes Einschreiten angekündigt. Aus dieser Sicht der Dinge gibt sich eine bedenkenswerte Hierarchie für das Gottesvolk: Weil Jahwe der Gott Israels ist und von seinem Volk das Einhalten seiner Gebote erwartet, sind die Propheten, die sein Wort sagen, die obersten Repräsentanten dieses Volkes als Gottesvolk. Der König als Herrscher ist Jahwes Gesetz unterworfen (Dtn 17,14-20). Er bekommt den Auftrag, die Kopie des Gesetzes griffbereit zu haben, er soll es Tag und Nacht studieren. Der König ist, ganz anders als in den übrigen Staaten des Alten Orients nicht Gesetzgeber, sondern selbst dem Gesetz untergeordnet. Er ist also nicht gottunmittelbar, kann nie in eigener Machtvollkommenheit entscheiden, er bleibt von Jahwe und das bedeutet von seinem Propheten in seinen Entscheidungen abhängig. Dieses Phänomen, das schon bei David im Zusammenhang mit Nathan (2Sam 12,1-15) begegnet, markiert einen sehr deutlichen Unterschied zwischen Volk und Gottesvolk, aber nicht so, daß das Volk der äußere Rahmen ist innerhalb dessen sich das Gottesvolk befindet, das Gottesvolk also das Zentrum des Volkes ist, sondern eher umgekehrt: Das Gottesvolk insgesamt ist den

Ordnungen Jahwes verpflichtet, und daraus ergibt sich, daß sich das Volk und seine Führung mit dem König an der Spitze an diese Ordnungen halten muß. Der eigentliche Leiter des Gottesvolkes ist Mose oder der Prophet wie Mose (Dtn 17,15.18). Volkstum, Königtum ist eine Spezialform des Gottesvolkes und zwar, wie aus 1Sam 8 hervorgeht, eine umstrittene. Das Gottesvolk kann ohne König sehr wohl leben, ohne die Einhaltung der Gebote und ohne ständige Weisung Jahwes durch einen Propheten aber nicht. Daß eine Weissagung wie Jes 11,1-5 einen König ankündigt, der gottunmittelbar ist, hebt diese Gesamtsicht nicht auf. Die Sehnsucht Israels besteht darin, daß sich auf diese Weise Volk und Gottesvolk, weltliche und geistliche Führung zur Deckung bringen lassen. Aber es bleibt dabei: Vorrang für das Gottesvolk hat das Wort, das Gebot Jahwes, nie die Repräsentation oder Administration.

2.3 Diese Sicht ändert sich mit dem Verlust der Eigenstaatlichkeit. Jetzt wird die Herrschaft Jahwes über die Welt neu als Aussage für die Gegenwart entdeckt, notwendig geworden, weil ein Teil des Gottesvolkes sich auf fremdem Boden, unter der Herrschaft anderer Mächte befindet. Es ist besonders Deuterojesaja, der die Herrschaft Jahwes über die ganze Schöpfung artikuliert (Jes 40,12-26), der sogar in Kyros, dem fremden Herrscher, den Beauftragten Jahwes zum Heil seines Volkes sehen kann (Jes 45,1-6). Sowohl Kyros im Osten als auch die Inseln im Westen (Jes 41,1-5; 49,1) sind in der Botschaft dieses Propheten angesprochen. Das Wort Jahwes bekommt somit universalen Charakter. Und die Rückführung Israels aus der Deportation in die Heimat wird zum Heilsereignis für die Welt. Alle Welt soll erkennen, daß Jahwe der Herr seiner Schöpfung ist, der jetzt sein Volk hinbringt, wo es hingehört (Jes 40,5). Damit sind alle Menschen aufgerufen, an diesem Glauben, daß Jahwe der Herr ist, zu partizipieren. Die Welt wird zum Raum der Herrschaft des Schöpfers (Jes 40,12-26) und das Gottesvolk zu deren Zentrum. Es ist nur konsequent, wenn sich aufgrund solchen Denkens die Hoffnung artikuliert, daß sich einmal alle Völker Jahwe beugen (Jes 45,23f.) oder noch konkreter, daß sie zum Zion strömen werden,[179] um von dort Weisung zu erhalten,[180] wodurch die Welt zum Frieden, zur Befriedung findet (Jes 2,2-4; Mi 4,1-3), oder daß sich die Völker an Jahwe anschließen und ihm ein Volk sein werden (Sach 2,15). Das Verständnis des Gottesvolkes wird so mit dem Schöpfergott zusammen gesehen, der alle Völker geschaffen hat, wie bereits im Zusammenhang von Gen 10 ausgeführt wurde. Israel wird dann „Volk des Eigentums" (wie Dtn 7,6; 14,2) in dieser Dreierbeziehung von Gott, Völkerwelt und Gottesvolk.[181] Vom Verständnis Jahwes als des einen Gottes und des Schöpfers der gesamten Welt her weitet sich der Gedanke des Gottesvolkes auch auf die Nachbarvölker Israels aus. Diesem neuen Gesamtkonzept entspricht in Weiterführung der Bezeichnung Israels als „Volk des Eigentums" (Dtn 7,6; 14,2) jene als „Eigentum aus allen Völkern" (Ex 19,5) und dann als „heiliges Volk" und als „königliches Priestertum" (Ex 19,6). Das ganze Volk gilt damit als von Jahwe für einen kultischen Dienst erwählt, es kann für die Völker vor Gott treten und als Stellvertreter Jahwes auf Erden für die Völker wirksam werden. So wie ein Priester das Volk vor Jahwe vertritt, so vertritt Israel die Völker vor Jahwe, und wie ein Priester dem Volk den Segen Jahwes bringt, so Israel der Welt. Die Charakterisierung als „königlich" ist erst möglich geworden, als es in Israel keinen König mehr gab, und der Hohepriester königliche Funktionen übernommen hat, wobei zunächst daran gedacht ist, daß er neben dem kommenden „Sproß" regiert (Sach 6,12). Aber da der weltliche Herrscher ausbleibt, übernimmt der Hohepriester auch die weltliche Regierung. Dadurch wird das Gottesvolk ganz neu definiert. Israel wird zur Theokratie,

---

[179] Nach Jes 66,16.23 ist der Ort der Versammlung nicht angegeben.

[180] Vgl. dazu Fischer, Tora, 122: „Für Israel ist der Zion jener Berg, an dem die am Gottesberg Sinai für Israel gegebene Tora aktualisiert wird." Und S.123: „Israel wird dadurch zu Mose für die Völker und der Zion wird so zum Zion für die Völker."

[181] Die Behauptung von Kraus, Jerusalem, 73, das Konzept „Ein Gott – ein Volk" sei damit aufgebrochen, stimmt nur partiell. Gerade weil es einen Weltengott gibt, sind auch die Nachbarvölker Israels Gottes Volk. Israel wird durch die Bezeichnung „Eigentum" aus der Völkerwelt herausgehoben.

zu einem vom Hohenpriester geleiteten Volk, von einem Priester, der gleichzeitig königliche Rechte hat. Dem entspricht die Forderung nach einer Reinheit des Gottesvolkes, die dazu führt, daß die Samaritaner ausgegrenzt und die Ehen der Israeliten mit Fremden aufgelöst werden (Esr 9,1-10,44).

2.4 Die alten Bindungen bleiben freilich: Israel bleibt dem Gebot Gottes verpflichtet. Aber dieses Gebot liegt jetzt schriftlich vor. Propheten treten kaum noch auf. Einer von ihnen, der das Jona-Buch geschrieben hat, arbeitet die prophetische Tradition neu auf, indem er die Welt in das Denken Israels mit einbezieht. Die Völker, so meint er, sind tatsächlich auch im Blickfeld Jahwes, auch wenn sie kein Gesetz Gottes haben. Sie sind in der Lage, Buße zu tun und können darum verschont werden. Jahwes Blick richtet sich nicht mehr nur auf Israel, sondern auf die ganze Menschenwelt, die er mit Gnade bzw. mit Erbarmen bedenkt (Jon 4,11). Nicht nur Israel wird gerettet, wenn es Buße tut, sondern die ganze Welt.[182]

Interessant ist, daß dieses Buch wohl prophetische Tradition aufnimmt und überarbeitet aber bereits weisheitlich geprägt ist. Die Weisheit ist es denn auch, die in der Spätzeit überhand nimmt. Das ist kein Wunder, war sie es doch, die immer schon von der Schöpfung her dachte. Der Weg des Judentums in die Welt der Völker führte über die Weisheit, weil sie international war. Sirach ist, so will mir scheinen, der erste große Repräsentant dieser missionarischen Konzeption. Sie ist geleitet von dem Grundgedanken: Wenn Jahwe der Gott der Welt ist, dann ist das allen Menschen kundzutun. Israel hat somit seinen Glauben allen Menschen zu sagen, weil alle Menschen – hier nicht Israel – gerufen sind, Gott zu dienen (vgl. Sir 15,17 mit Dtn 30,15-20). Die Welt wird als das Missionsfeld des Gottesvolkes verstanden und dieses nicht als königliches Priestertum, sondern als Mund Gottes für die Welt.

[182] Vgl. auch Jes 66,18f.

3 Israel als Volk und Gottesvolk

In der Zeit zwischen den Testamenten tritt eine Spaltung zwischen Volk und Gottesvolk in Israel ein. Zu dem wahren Gottesvolk gehören nach diesem Verständnis nur noch jene, die mit Ernst auf Gottes Willen achten wollen.

3.1 In der Spätzeit Israels kommt es zur Bildung verschiedener Richtungen in Israel. Voraussetzung dafür ist die Tatsache, daß die staatlichen Verordnungen sich nicht mehr mit den Anweisungen Jahwes decken. So erwartet man das Einschreiten Jahwes gegen jene, die sich nicht an Jahwes Gebote halten. Aber man macht eine Entdeckung: Auch solche, die Jahwes Gebot nicht einhalten, „überleben" und zwar auf Generationen hin, eine Feststellung, die Kohelet zu denken gibt (Koh 7,15). In dieser, also der hellenistischen Zeit, leben Gottlose und Fromme nebeneinander. Dies führt dazu, daß sich die Frommen absondern und eine eigene Gruppe bilden (1Makk 2,42-47).[183] Der Anlaß zu dieser Abgrenzung ist die Tatsache, daß die Hohenpriester weltlich werden und Dinge tun, die einem Priester nicht anstehen. Diese Fraktionierung steht in direkter Verbindung mit der alten Tradition, wonach nur der im Gottesvolk bestehen bleibt, der nach Jahwes Wort lebt. So bilden sich drei Gruppierungen heraus: die Pharisäer, die Sadduzäer und die Essener. Keine dieser Gruppen – vielleicht von den Sadduzäern abgesehen – sieht das „Volk" als die übergreifende Größe, in der man mit verschiedenen Meinungen leben kann, sondern jede Gruppe für sich sieht sich als Repräsentant des gesamten Israel, die anderen Gruppen betrachtet sie als in dieses Israelverständnis nicht wieder integriert. Auf diese Weise leben sie nebeneinander. Auch durch die Herrschaft des Herodes ändert sich an dieser Gesamtsicht nicht viel. Israel bleibt im Verständnis aller Gruppen das Gottesvolk, aber es gibt in Israel Gruppen, die nicht mehr oder noch nicht wieder zum Gottesvolk gehören. Das wird sich aber – so der Glaube dieser Gruppen

---

[183] Vgl. Schmithals, Theologiegeschichte, 156: „Das wahre Gottesvolk ist nicht mehr mit dem israelitischen Rechts- und Volksverband identisch, sondern besteht aus der Gemeinschaft frommer Israeliten."

– ändern, ganz gleich, ob man diese Änderung beim Eintreffen eines Messias (PsSal 17,21-46; 18,6-8) erwartet, oder verkündet, daß dann das wahre Israel in den Himmel entrückt werde (Ass Mos 10,8-10), bzw. das Böse in einem schrecklichen Krieg zwischen den Söhnen des Lichtes und jenen der Finsternis untergeht, das Gottesvolk also gereinigt wird (1QM).

3.2 Johannes der Täufer hat ganz in diesen Bahnen gedacht. Mit seinem Ruf zur Umkehr fordert er alle Israeliten auf, zu ihm zu kommen und sich taufen zu lassen, d.h. dem neuen, gereinigten Gottesvolk beizutreten, weil Gott alle, die nicht Buße tun, im Feuergericht strafen wird (Lk 3,7-9). Gott hat sich aufgemacht, die Herrschaft über sein Volk anzutreten. Dieses Volk kann nur ein Volk sein, das seinen Willen tut. Gottesvolk ist also die Schar jener, die sich wieder dazu entschließen, nach dem in der Tora festgelegten Willen Gottes zu leben, die Übrigen sind nicht mehr oder noch nicht wieder Gottesvolk.

3.3 Ähnliche Denkvoraussetzungen begegnen bei Jesus. Dieser sieht sich gekommen, „die verlorenen Schafe des Hauses Israel“ zu suchen und zu retten (Mt 10,6; 15,24).[184] Er will also jene, die nicht mehr zum Gottesvolk gehören, wieder in dieses integrieren. Wie der Täufer verkündigt er: Gott tritt demnächst seine Herrschaft über sein Volk an, und auf diese Herrschaft hin ist alles ausgerichtet (vgl. Mk 1,14f.). Das „Volk“ als Gemeinschaft ist für ihn die Schar jener, die wieder zum Gottesvolk werden sollen, wobei es um jeden Einzelnen geht.
Neu ist allerdings bei Jesus, daß er zur Sammlung Israels zwölf Jünger beruft, die auf diese Weise zu den Repräsentanten des neuen Gottesvolkes werden (Mt 19,28/Lk 22,28-30).[185] Sie werden die Einlaßbedingungen für das eschatologische Gottesvolk und damit für die Heilsgemeinde festlegen und somit binden oder lösen (Mt 18,18; Joh 2,23),

---

184 Diese Aussage gilt auch wenn die Formulierung aus der Zeit nach der Auferstehung stammen sollte.

185 Wie das genau gedacht ist, bleibt offen. Die Zwölf neben Jesus? So Roloff, Kirche, 36. Oder erst nach seinem Tode?

Petrus als deren Repräsentant hat den entsprechenden „Schlüssel“ (Mt 16,16). Gleichzeitig sammelt Jesus Frauen um sich, die ihn (und wohl auch die Jünger) versorgen (Lk 8,1-3) und hält Gemeinschaftsmahle mit Zöllnern und Sündern (Mk 2,15-17) oder speist Tausende. In diesen Mahlzeiten sieht er eine Vorwegnahme endzeitlicher Erfüllung. Damit entsteht ein Modell, das später die christliche Gemeinde aufgreifen wird. Die Schilderung des Versagens der Jünger ist bei den Evangelisten auch ein Bild für mögliches Versagen in der Gemeinde. Die christliche Gemeinde und damit das neue Gottesvolk setzt sich nicht aus perfekten, wohl aber aus perfektiblen Menschen zusammen.

3.4 Bei den Evangelisten ist die Unterscheidung zwischen Volk und Gottesvolk deutlicher. Wahrscheinlich ist dies schon darin begründet, daß die „Obersten des Volkes“ Jesus gekreuzigt haben (Lk 23,35; 24,20; Apg 4,8). Damit bricht für die Jünger Jesu und das werdende Christentum die Einheit Israels als Volk und als Gottesvolk in derselben Weise auseinander, wie rund zweihundert Jahre vorher, als sich die Frommen von den Mächtigen in Israel absonderten. Aber die Konsequenzen sind gewaltiger. Das Gottesvolk ist nun die Gemeinschaft derer, die an Jesus glauben, d.h. die damit ernst machen, daß in Jesu Wort, seinem Leiden, Sterben und Auferweckt-Werden Gott neu zu den Seinen gekommen ist und an ihnen gehandelt hat. Die sich nun formierende Kirche kann sich als „Tempel Gottes“ (1Kor 3,16), als Schar der „Auserwählten“ (Lk 18,7), als „Israel Gottes“ (Gal 6,18) neu definieren.

3.5 Die entscheidende Konsequenz ist, daß sich rasch daraufhin die Überzeugung durchgesetzt hat, daß sich dieses Gottesvolk nicht mehr nur aus Israeliten zusammensetzen muß, sondern all jene umschließen wird, welche die Botschaft, das Wort Gottes, annehmen.[186] Das geschieht zunächst im Stephanuskreis, bei den Hellenisten (Apg 11,19-

---

[186] Lk 2,10 hält fest, daß die Botschaft von der Geburt des Retters „allem Volk“ zuteil wird.

21).[187] Das neue Gottesvolk versteht sich in erster Linie durch das Wort, das Evangelium, bestimmt, es weiß sich getragen von dem Bewußtsein, daß die Annahme und Befolgung des Wortes Gottes das Volk im Segen Gottes erhält. Das ist beste prophetische Tradition, auf die gesamte Menschenwelt ausgedehnt, wie sie sich bereits im Alten Testament ansatzweise und für die Endzeit verheißen findet (Jes 2,2-4; Mi 4,1-3). Nicht mehr nur Israel ist der Kreis der latent zum Gottesvolk Gehörenden, sondern die ganze Welt.

3.6 Paulus hat in besonderer Weise das Verhältnis von Israel und dem neuen Gottesvolk reflektiert. Bereits 1Thess 2,14-16 spricht er von ungläubigen Israeliten, die die christliche Gemeinde verfolgen. Er unterscheidet zwischen Christen, die er als Kinder der Sara, der Verheißung, ansieht von den Israeliten, den Kindern der Hagar, die sklavisch am Gesetz festhalten (Gal 4,22-31). Noch weiter geht er Röm 9,6. Wenn er sagt: „Nicht alle aus Israel sind Israel“, macht er einen Unterschied zwischen Israel und dem Gottesvolk, wie ihn die Propheten auch machten. Aber er säkularisiert Israel damit nicht. Israel ist in jedem Falle als Gottesvolk gesehen, bloß räumt er ein, daß es in diesem Gottesvolk auch Menschen gibt, die sich zu Unrecht dazu zählen. „Israel“ ist eben für den Apostel nicht eine durch Abstammung, sondern durch Gottes Erwählung definierte Größe.[188] Aber Israel als Volk ist nicht eine dem Gottesvolk übergeordnete Größe, auch wenn in Israel als Volk mehr Leute enthalten sind als in Israel als Gottesvolk. Indem er die Botschaft des Propheten Jesaja (Jes 10,22) variierend aufnimmt, spricht er davon, daß nur ein Rest gerettet werden kann, als das wahre Israel (Röm 9,27). So ähnlich sieht auch Mt die Dinge.
Wesentlich an der Sicht das Paulus im Römerbrief ist, daß er von der Verheißung und nicht von den gegenwärtigen, sichtbaren Feststellungen ausgeht. Darum kann er die Hoffnung artikulieren, daß am Ende ganz Israel gerettet werde (Röm 11,25f.). Das gegenwärtige Israel, das zum Großteil

---

[187] Vgl. dazu Koch, Hellenists, 289-312.
[188] Roloff, Kirche, 127.

Nicht-mehr-Gottesvolk ist, wird in dieser Sicht zum Noch-nicht-wieder-Gottesvolk.

3.7 Der Evangelist Matthäus hat den Graben zwischen dem irdischen Gottesvolk, repräsentiert durch seine geistigen Leiter, die Schriftgelehrten und Pharisäer, und dem eschatologischen Gottesvolk, der Gemeinde, sehr vertieft. Das zeigt besonders die Wehe-Rede (Mt 23), in der er den Vertretern des irdischen Gottesvolkes Gottes Gericht ankündigt. Der Gedanke eines einheitlichen Gottesvolkes ist noch nicht aufgegeben, der Name Jesus wird in dem Sinne gedeutet, daß Jesus „sein Volk retten wird von allen Sünden" (Mt 1,21). Aber die Gemeinschaft zwischen dem einen Teil des Gottesvolkes, das sich ganz nach Gottes Willen orientieren will, jetzt freilich in der Auslegung durch Jesus, und denen, die Israel bei der Tora im herkömmlichen Verständnis bewahren wollen, ist kaum mehr möglich. Mt 21,43 spricht Jesus die Drohung für ein Ereignis in der Zukunft aus, daß der „Herr des Weinbergs" den Weinberg einem anderen „Volk" geben wird, „das seine Früchte bringt". Dabei differenziert Mt sprachlich: Das „andere Volk" nennt er ἔθνος, nicht λαός. Damit macht er deutlich, daß es bei dem neuen Gottesvolk um eine andere Größe geht, der aber die Verheißung der Herrschaft Gottes gilt, die bisher die Führer Israels verwalteten.[189] Das Gottesvolk ist und bleibt Israel. Aber es verliert dadurch, daß es sich für Jesu Kreuzigung ausspricht (27,25), die dem Gottesvolk geltende Verheißung und hört damit tatsächlich auf, Gottes Volk zu sein. Offensichtlich kämpfen im Umfeld des Matthäus zwei Gruppen um die vielen Unentschlossenen, die einen mit einem rechtlichen Anspruch (Pharisäer und Schriftgelehrte), die anderen mit einem geistlichen. Und da die christliche Gemeinde, das „andere Volk", sich offensichtlich als den schwächeren Teil ansieht,[190] ist der Ton der Auseinandersetzung hart.

3.8 Diese Auseinandersetzung ist im Johannesevangelium noch härter. Die Sprache ist anders als die des Matthäus-

---

189 Vgl. dazu Luz, Matthäus III, 226.

190 Vgl. dazu ausführlich Luz, Matthäus III, 388-306, bes. 394.

evangeliums. Die eine Gruppe setzt sich aus Jesusjüngern zusammen, die sich als solche bekennen, die andere aus Menschen, die als „Judäer" näher gekennzeichnet werden. Der johanneische Jesus leitet seine Legitimität von der Schrift ab (Joh 5,39) und wirbt um die „gläubig gewordenen Judäer" (8,30), die sich aber der Botschaft versperren, mit dem Hinweis darauf, daß sie als Abrahamskinder nicht erst von der Sünde befreit werden müssen (Joh 8,33), und die darum am Ende als die dastehen, die Jesus töten werden und darum als „Teufelskinder" bezeichnet werden (Joh 8,44). Die Israeliten oder Judäer, die sich nicht Jesus anschließen, können somit nicht mehr Gottes Kinder sein und auch nicht mehr zum eschatologischen Gottesvolk gehören.[191] Zwischen dem irdischen Gottesvolk und dem neuen, dem eschatologischen, durch Jesus ins Leben gerufenen, ist die Verbindung ganz oder fast ganz abgerissen. Die Sicht des Johannesevangeliums ist insofern zu verstehen, als die „Judäer" in der Umgebung desselben sich offensichtlich selbst aufgrund der Abstammung von Abraham als Gottesvolk gesehen haben und massiv gegen die zu Christen gewordenen ehemaligen Juden und die ganze christliche Gemeinde, die sie aufnahm, vorgegangen sind.[192]

3.9 Eine neue Nuance bringt die Apostelgeschichte. Nach dem Bericht des Lk kann Paulus auf dem Areopag aussprechen: „Er (scil. Gott) hat aus einem Menschen das ganze Menschengeschlecht gemacht, damit sie auf dem ganzen Erdboden wohnen und er hat festgelegt, wie lange sie bestehen und in welchen Grenzen sie wohnen sollen." Wie in Gen 10 liegt eine Schöpfungstheologie vor, die gar nicht von Völkern, sondern nur von Menschen in ganz bestimmten Gebieten innerhalb klarer Grenzen spricht. Auf diese Weise werden die Völker voneinander „abgegrenzt". Apg

---

[191] Vgl. Wilckens, Johannes, 149f.

[192] Vgl. Wengst, Bedrängte Gemeinde; Becker, Johannes, 353 spricht von „kämpferischer Aufarbeitung des Judenproblems". Nach Schnelle, Johannes, 9 liegt die Auseinandersetzung mit dem Judentum weit zurück. Dann läßt sich die Härte der Auseinandersetzung aber nur mit Mühe verstehen.

2,1-14 zeigt aber, daß durch das Pfingstereignis Parther, Meder, Elamiter und viele andere Völkerschaften durch das Wirken des Geistes zu einer Gemeinschaft wieder zusammenfinden. Sie bilden das neue Gottesvolk.
Damit stellt sich auch hier die Frage, wie sich das alte Gottesvolk zum neuen verhält. Apg 13,45 hält fest, daß die Integration Israels in das neue Gottesvolk nicht gelingt, weil die „Judäer" eifersüchtig werden, als sie bemerken, daß auch viele „Heiden" hinzukommen wollen. Und der Schluß der Apg zeichnet die Führungsschicht Israels in Rom als der Botschaft ablehnend gegenüber stehend (Apg 28,23-28). Damit ist für den Berichterstatter die Mission an Israel zunächst beendet. Das „Heil Gottes geht zu den Völkern" (Apg 28,28). Aber das ist nach Lk nicht Gottes endgültiges Wort. Denn einige „Judäer" haben zum Glauben gefunden (Apg 28,24), wie in Athen einige Griechen (Apg 17,34). Hier wie dort kann die Zukunft etwas ändern. Und es ändert sich, wenn „Judäer" aus Israel oder Griechen aus Athen zum Glauben finden.

3.10 Wir fassen zusammen: Beide Teile der Bibel, das AT und das NT, rechnen mit dem Tatbestand, daß nicht alle Glieder des Gottesvolkes wirklich zum Volk Gottes gehören. Das Gottesvolk kann sich auf einen Rest Israels beschränken. Das NT vertieft den im AT ansatzweise enthaltenen Graben zwischen Israel und Gottesvolk. Es sieht in der Gemeinde die Nachfolgerin Israels, in den Christen die Erwählten. Damit versinkt Israel aber nicht in die Reihe der anderen Völker, es ist nicht mehr und noch nicht wieder Gottesvolk. Die einzelnen Schreiber des NT setzen hier verschiedene Akzente. Die Welt wird als Ort der Mission gesehen, alle Völker bestehen aus Menschen, die missioniert werden können. Die Anderen, d.h. jene, die noch nicht zum neuen Gottesvolk gefunden haben, sind jene, die hinzu gerufen werden sollen.

4 Gemeinde in der Welt unter den Völkern

Die christliche Gemeinde sieht sich als das eschatologische Gottesvolk aus allen Völkern.

4.1 Die Gemeinde setzt sich aus Menschen aller Völker zusammen und bildet zumindest zunächst kein eigenes Volk oder Gottesvolk. Sie bezeichnet sich daher nur sehr selten und erst relativ spät als „Volk" oder „Gottesvolk" (2Kor 6,16, Tit 2,14; 1Petr 2,9f.; 5,3; Hebr 13,12; Offb 18,4; 21,3). Völker bilden in ihrer Sicht die „Anderen", die Nicht-Glaubenden. Christliche Völker gibt es in der Geschichte der Kirche erst sehr viel später. Dennoch versteht sich die christliche Gemeinde neu und grenzt sich damit vom israelitischen Gottesvolk ab. Sie entwirft dazu neue Selbstbezeichnungen und Bilder für ihr Selbstverständnis.

4.1.1 Die älteste bekannte Selbstbezeichnung ist die als ἐκκλησία τοῦ θεοῦ (Gemeinde Gottes). Paulus verwendet sie (Gal 1,13; 1Kor 11,22; 15,9) als Bezeichnung der Gemeinden in Judäa, gemeint ist in Jerusalem und seiner Umgebung, die er verfolgt hat (Gal 1,13; 1Kor 15,9), die also schon vor seiner Tätigkeit als Missionar bestanden. Wahrscheinlich ist die Bezeichnung ein Äquivalent des alttestamentlichen קְהַל יְהוָה (qehal Jahwe) – Aufgebot Jahwes (Num 16,3; 20,4), eine Bezeichnung, die in nachexilischer Zeit besonders in Gebeten (Ps 22,23; 35,18) und im chronistischen Geschichtswerk (1Chr 28,8; 2Chr 20,5; vgl. 29,1.10.20 u.ö.: die ganze Gemeinde) für die israelitische Kultgemeinde gebraucht wurde.[193] Von da aus wird קָהָל (qahal) zur Bezeichnung der wirklich Frommen (קְהַל חֲסִידִים, qehal chassidim, Ps 149,1), eine Tradition, die in Qumran übernommen wird, wenn eine Beschriftung der Feldzeichen im Kampf der Söhne des Lichtes gegen die Söhne der Finsternis קְהַל אֵל (qehal el) lautet (1QM 4,10).[194] Mit die-

---

[193] Die Priesterschrift gebraucht dafür eher das Wort עֵדָה *(edah)*, über 100 Belege.

[194] Die Ableitung allein von 1QM 4,10 scheint mir entgegen Roloff, ἐκκλησία, 1000f. nicht möglich, auch wenn er mit Recht darauf hinweist, daß die LXX קְהַל יְהוָה *(q^e hal Jahwe)* immer mit ἐκκλησία τοῦ κυριοῦ übersetzt. Dazu ist die Basis einfach zu schmal, zumal dort die Bezeichnung eine von vielen ist. Der noch angeführte Beleg 1QS^a 1,25 ergibt sich nur durch eine Emendation, ist also unsicher. Man wird annehmen müssen, daß es die Bezeichnung קְהַל אֵל *(q^e hal el)* nicht nur in Qumran gab, daß vielmehr die Bezeichnung in Qumran

sem Terminus bezeichnet sich die christliche Gemeinde somit als das eschatologische Gottesvolk,[195] und grenzt sich damit von den „vielen anderen Israeliten“ ab,[196] weiß sich aber noch durchaus dem Gottesvolk Israel zugehörig. Schon stärker abgrenzend sind die paulinischen Bezeichnungen Ἰσραὴλ τοῦ θεοῦ (Gal 6,16) im Gegensatz zum Ἰσραὴλ κατὰ σάρκα (1Kor 10,18). Damit artikuliert die christliche Gemeinde ihre Kontinuität und Diskontinuität mit dem alttestamentlichen Gottesvolk bzw. der Kultgemeinde Israels. Wie sehr sich Paulus noch in der Kontinuität mit Israel weiß, zeigen die Ausdrücke „unsere Väter“ (1Kor 10,1) und „die Väter“ (Röm 9,5).[197]
Schon etwas stärker in Richtung Abgrenzung spricht der Epheserbrief von der Gemeinde als Bau „auf dem Grund der Apostel und Propheten, wo Jesus Christus der Eckstein (Schlußstein?) ist“ (Eph 2,20). Vorausgesetzt ist ein ganz neuer Bau, auf einem neuen Fundament. Gemeinsam mit dem israelitischen Gottesvolk von einst ist nur noch das Selbstverständnis in dem Sinne, daß die Träger des Wortes, Apostel und Propheten, gottunmittelbar sind.

4.1.2 Die so Zusammengeschlossenen wissen sich als von Gott auserwählt (Röm 8,33; vgl. Lk 18,7) als Berufene und Heilige (1Kor 1,1 und Röm 1,7: κλητοὶ ἁγίοι und 2Kor 1,1 ἁγίοι), und somit Gott ganz nahe, seinem Wort und den Geschwistern im Glauben verpflichtet (vgl. Apg 2,42), Menschen, die sich in Jesu Namen zum Gottesdienst versammeln (1Kor 5,4; vgl. 11,18) und die darum zusammen

---

möglich wurde, weil sie auch sonst noch gebraucht wurde, ohne daß sich dafür Belege erhalten haben.

[195] Die existierende Gemeinde von Qumran bezeichnet sich als: יַחַד (jachad, zusammen-Sein), etwa 100 Belege; עֵדָה (edah), etwa 70 Belege; בְּרִית (berit), etwa 100 Belege; קָהָל (qahal) ohne אֵל (el) als die Zusammenkunft, Versammlung (1QH 2,30; 1QSa 1,25; 2,4; u.ö.), auch der Feinde (1QM 11,16; 14,5 u.ö.).

[196] Diese Einsicht hat Schrage veranlaßt, den Ursprung des Begiffs ἐκκλησία bei den Hellenisten zu suchen (vgl. Schrage, Ekklesia), eine Sicht, die Thrall, Second Epistle to the Corinthians, 89-93 übernimmt. Mittlerweile räumt Schrage, Korinther I, 102 ein, daß ἐκκλησία τοῦ θεοῦ eine Selbstbezeichnung der Jerusalemer Gemeinde gewesen sein könnte.

[197] Vgl. dazu Roloff, Kirche, 120.

gesehen auch ἐκκλησία ἐν Ἰησοῦ Χριστῷ genannt werden können (Gal 1,22; 1Thess 2,14). In der zweiten Generation ist sie dann „Gemeinde Gottes, die er sich durch das Blut seines Eigenen bereitet hat“ (Apg 20,28) und dann auch die Gemeinde Jesu, „meine Gemeinde“ (Mt 16,18). Dieser gilt der Zuspruch, daß die „Pforten der Hölle sie nicht überwältigen“ werden (Mt 16,18), eine Aussage, die Jesu Auferstehung voraussetzt und nicht die ewige Kontinuität der Kirche auf dieser Erde begründen, sondern die Botschaft weitergeben will, daß die Gemeinde in Gottes Werk eingebunden ist und bleibt und zwar ewiglich, so daß ihr die Macht des Todes nichts anhaben kann. Sie hat heute schon „ewigen Bestand“.

4.1.3 Mehrere Metaphern, die das NT für die Gemeinde verwendet, zeigen ihr Selbstverständnis an. So wird die Gemeinde als Bau gedacht (1Kor 3,9; vgl. 10,23), dessen Grundstein Christus ist (1Kor 3,11), der wächst (Eph 2,21), als Tempel (1Kor 3,16), der nicht mit Händen gemacht ist (Mk 14,58), weil Gott nicht in Tempeln wohnt, die mit Händen gemacht sind (Apg 7,48), sondern „im Geist und in der Wahrheit“ (Joh 4,24) verehrt werden will, also als geistliche Wohnung oder Haus Gottes (1Petr 2,5; 4,17), als Ort seiner Gegenwart und damit des Segens, den er spendet, als „Braut Christi“ (Offb 21,2-9; 22,17) oder als reine Frau (2Kor 11,2f.; 2Joh 1: κύρια), und das bedeutet, als Gemeinde, die zu ihm hält und nicht bei anderen religiösen Angeboten „Hilfe“ sucht. Als eschatologisches Gottesvolk ist es nach 1Petr 2,9f. berufen, die „Tugenden dessen zu verkündigen, der es berufen hat zu seinem wunderbaren Licht“, d.h. gegenüber der Umwelt, in den vielen Völkern, Gottes Gegenwart durch die Verkündigung zu manifestieren. Im Johannesevangelium ist die Gemeinde als Herde (Joh 10) oder als Reben um den Weinstock (Joh 15,1-5) verstanden, in beiden Fällen ist das Bild Darstellung der messianischen Gemeinde, des messianischen Gottesvolkes.[198]

---

198 Zum Bild der Herde für das alttestamentliche Gottesvolk vgl. Hunziker-Rodewald, Hirt und Herde.

Der Gedanke der Familie Gottes steht überall dort im Hintergrund, wo von Gottes Kindern gesprochen wird. Gottes Kinder sind zunächst die Erlösten (Mt 5,9.45; Lk 20,36). Da aber Gott als Vater angerufen wird (Lk 11,2) ergibt sich aus dem Vaterbild Gottes ein Vater-Kind-Verhältnis, indem der Vater zunächst in seiner Barmherzigkeit und Güte für Jesu Jünger vorbildlich ist (Lk 6,36; 11,9-11), dann aber werden auch die Christen, vermutlich aufgrund jüdisch-hellenistischer Einflüsse (SapSal 2,16), als Kinder Gottes bezeichnet (Gal 4,6; Röm 8,15; und dann besonders Joh 1,13; 1Joh 3).

4.1.4 Eine besondere Bezeichnung ist die des Leibes Christi in den paulinischen Briefen. Für Paulus ist dieses Bild noch eine Grenzaussage. Denn für Paulus ist Leib Christi eigentlich der am Kreuz gestorbene Leib (1Kor 10,16), an dem die Christen im Abendmahl teilhaben (1Kor 10,17). Die Gemeinde ist nur einem Leibe ähnlich in dem die Glieder sich aufeinander abstimmen. Aber alle Glieder sind „in Christus“, dem Auferstandenen, der sie gewissermaßen umschließt, weil sie in den einen Leib hinein getauft wurden (1Kor 12,14) und dabei „Christus angezogen“ haben (Gal 3,27). Zunächst ist es ein Vergleich, wenn Paulus die Gemeinde und ihre Glieder mit dem Bild eines Leibes in Beziehung setzt. Er spricht davon in parakletischen Texten (1Kor 12,12; Röm 12,4) und verwendet dabei ein in der hellenistischen Welt oft verwendetes Bild vom Organismus und seinen Gliedern, das bereits bei Plato in ähnlichem Zusammenhang anzutreffen ist.[199] Diesen Leib nennt er Leib Christi (1Kor 12,27) und setzt ihn, wie die Fortsetzung zeigt, mit der ἐκκλησία gleich. Doch Röm 12,5 spricht er vorsichtiger vom „Leib in Christus“ und zeigt damit an, daß Christus die übergeordnete Größe ist.

4.1.5 Der Kol und Eph bauen das Bild von anderen Voraussetzungen aus und sehen in der Gemeinde den Leib des Christus, dessen Haupt im Himmel ist. Das macht der Hymnus Kol 1,15-18 deutlich, der Christus als das Haupt des Leibes der Gemeinde feiert, in dem und aus dem sie

---

[199] Plato, Staat, 462.

ihre Existenz hat. Wahrscheinlich hat dieser Hymnus ursprünglich Christus als Haupt des Kosmos gefeiert und den Kosmos als Christusleib gesehen und damit eine stoische Vorstellung vom Kosmos als Leib abgewandelt.[200] So verstanden stellt der Leib Christi die Einheit der Welt wieder her. Der Kol aber gebraucht den Hymnus um die Bedeutung Christi für die Gemeinde herauszustreichen. Dadurch verändert sich das Bild vom Leib, auch wenn bewußt bleibt, daß sich die Erlösung mit allen ihren Folgen der Dahingabe des Leibes Jesu verdankt, wie Kol 1,22 ausführt. Die kosmische Bedeutung der Erlösungstat Christi ist damit in das Blickfeld getreten und ist darum auch für das Gemeindeverständnis von Belang.
Der Eph entfaltet den Gedanken der Versöhnung des Kosmos durch Christus weiter und bezieht ihn auf die Einheit der Gemeinde aus Juden und Heiden (Eph 2,16). Somit kann in Eph 4,4 die Einheit des Leibes als Tatsache bekannt gegeben werden: „Ein Leib und ein Geist, wie ihr berufen seid zu einer Hoffnung eurer Berufung (…)". Die Gemeinde als Leib Christi wächst durch die Wirksamkeit der Apostel, Propheten, Evangelisten, Hirten und Lehrer (Eph 4,11f.),[201] weil sie auf dem Fundament der Apostel und Propheten errichtet wurde (Eph 2,20). Sie ist verstanden als „Behausung Gottes im Geist", ihre Glieder als „Heilige und Gottes Hausgenossen".[202] Damit kommt mit anderer Sprache der Gedanke wieder, daß Gott bei seinem Volke wohnt (Lev 26,11; Sach 2,14).

4.1.6 Die Offenbarung des Johannes identifiziert das in Christus vollendete Gottesvolk letztlich mit Israel (Offb 7,1-8,21f.). Die Nichtjuden können an seinem Heil partizipieren (Offb 7,9), wie Jes 2,1-4 angekündigt hatte[203], und

---

[200] Lohse, Kolosser und Philemon, 84; Kooten, Cosmic Christology, 118f. hält es allerdings für unmöglich, hinter den vorliegenden Text zurückzufragen.
[201] Zur Sicht des Leibes Christi im Epheserbrief vgl. Luz, Galater, Epheser und Kolosser, 126-129.
[202] Zur Sicht der Gemeinde an dieser Stelle vgl. die schönen Ausführungen von Schnackenburg, Epheser, 120-126.
[203] Vgl. Hirschberg, Das eschatologische Israel, 291 und Roloff, Kirche, 89.

bilden zusammen Gottes Volk (Offb 18,4). Das Wohnen Gottes bei den Seinen wird für die Endzeit vorbehalten (Offb 21,3f.).

4.2 In diesem neuen Gottesvolk, der Gemeinde, gibt es wohl noch „Verfehlungen (παραπτώματα) gegenüber den Brüdern und Schwestern“ (Gal 6,1; Mt 6,13-15), oder auch Fehlverhalten (1Kor 3,13-15), aber keine Sünde mehr im Sinne von Übertretungen des Willens Gottes. Die Gemeinde orientiert sich in ihrem Verhalten an den Jesusworten (Evangelisten), oder läßt sich wandeln zur Erkenntnis, was der Wille Gottes ist (Röm 12,2). Wo große Schuld aufgeladen wird, muß es Ausschluß aus der Gemeinde geben (1Kor 5,1-8; Mt 18,15-17), bei Abfall gibt es keine Wiederaufnahme in die Gemeinde mehr (Hebr 6,4). Dies eschatologische Gottesvolk ist tatsächlich die für Christus geschmückte „Braut“ (vgl. Offb 21,2-9; 22,17).

4.3 Erst Mt und nur er, sieht die Gemeinde als corpus permixtum an[204] (Mt 13,24-30.36-43; 22,11-13), das im Endgericht dann gesäubert wird. Damit kehrt Mt zur Sicht der Frommen im Judentum, freilich unter neuen Voraussetzungen, zurück, wonach das wahre Gottesvolk sich im irdischen Gottesvolk befindet, ohne daß die Trennung zwischen beiden irdisch erfolgen kann.

5 Ergebnis

Das alttestamentliche Gottesvolk orientiert sich an den Geboten Gottes, die immer neu eingeschärft werden, die neutestamentliche Gemeinde an Jesu Wort und an der jeweiligen Situation, die vor Gott erkannt wird. Beide, das Gottesvolk des AT und jenes des NT verstehen sich von der Erwählung Gottes her, und in beiden ist der Gedanke

---

204 Damit ist freilich nicht dasselbe gemeint wie mit derselben Bezeichnung der Kirche durch die Reformatoren. Vgl. dazu Luz, Matthäus II, 344f.

möglich, daß nicht alle wirklich zum Gottesvolk gehören, die ihm zugehörig erscheinen.[205]

[205] Etwas anders, weil von anderen Voraussetzungen ausgehend Hübner, Warum Biblische Theologie?, 38: „Sehen wir … die Heilige Schrift Israels als Dokument der Offenbarungsgeschichte Jahwähs mit seinem Volk Israel, und sehen wir das Neue Testament als Dokument der in Jesus Christus Geschichte und geschichtliche Person gewordenen Offenbarung an die ganze Menschheit, so ist das Verhältnis vom AT zum NT in erster Linie das Verhältnis des alten zum neuen Gottesvolk und des neuen zum alten."

IV
Das Bild des Menschen

Die Bibel spricht in ihren beiden Teilen davon, daß der Mensch sein Dasein nicht einem Zufall, sondern Gottes Schöpferhandeln verdankt. Er ist, was er ist, auch nicht aus sich selbst, sondern aus Gottes Wirken. Und er bleibt auf Gott angewiesen.

1 Der Mensch im Alten Testament

Im AT wird vom „Menschen" allgemein nur in begrenzten Zusammenhängen priesterlicher und weisheitlicher Texte gesprochen. Sonst ist vorausgesetzt, daß er Teil des Gottesvolkes ist.[206] *Als Mensch ist er Gottes Geschöpf und darin mit Hoheit ausgestattet, aber auch gefährdet.*

1.1 Der Bericht von der Schöpfung des Menschen aus Staub der Erde (Gen 2,7) sieht in Jahwe den Urheber des Menschengeschlechts und zeigt gleichzeitig seine Vergänglichkeit an: der Mensch als Staub (Gen 3,19), als Ton (Jes 64,7; Hi 33,6), als Bewohner eines Lehmhauses (Hi 4,19), wie Gras (Ps 103,15) oder eine vergängliche Blume (Hi 14,2). Die Aussage ist vom Tod her konzipiert: Der Mensch wird zu Erde, wenn er gestorben ist und begraben wurde; die Schöpfung muß umgekehrt verlaufen sein.

---

[206] Das hat Rad, Theologie II, 369f. klar gesehen: „Der Mensch, von dem das Alte Testament redet, ist allermeist gar nicht ‚der Mensch', er gehört vielmehr Israel an (oder seinen Feinden), und was ihm widerfährt, ist keineswegs nur allgemein Menschliches. Aber das bedeutet nicht, daß Israel dem Phänomen des Menschen gar nicht ansichtig geworden wäre."

1.2 Aber auch im natürlichen Prozeß einer Empfängnis und Geburt des Menschen sieht das AT Gott am Werk. Wie das vorzustellen ist, wird unterschiedlich ausgesagt:

1.2.1 Der Mann spricht davon, daß Gott ihn im Mutterleibe „gewoben" habe (Ps 139,13; vgl. Hi 10,11)[207] oder „wie Milch ausgegossen und wie Käse fest gerinnen" haben lassen und daraufhin mit Haut und Fleisch, Knochen und Sehnen durchwoben habe (Hi 10,10). Er sieht seinen eigenen „Samen" als Urkeim des werdenden Lebens. Das war nicht immer so: Gen 6,1-4 läßt noch eine Tradition der Heiligen Hochzeit und damit das Motiv der göttlichen Abstammung des Menschen erkennen.[208]

1.2.2 Die Frau ist zurückhaltender:[209]

„Ich weiß nicht, wie ihr in meinem Leib erschienen seid,[210] auch habe nicht ich euch Atem und Leben geschenkt; noch habe ich jeden von euch aus den Grundstoffen zusammengefügt. Demnach war es der Schöpfer der Welt …" (2Makk 7,22)

Gemeinsam ist beiden, daß die Entstehung des Lebens auf Gott zurückgeht. Das ist die Grundlage eines Vertrauensverhältnisses zwischen dem Menschen und seinem Schöpfer (Ps 71,6; Jes 44,2.24; Jer 1,5).[211]

---

[207] Dementsprechend spricht man heute noch von „Körpergewebe".

[208] Vgl. Zimmermann, Heilige Hochzeit, und Lipinski, קָנָה, 67: „Der Autor … denkt tatsächlich an die (sexuelle) Vereinigung (…). Tradition aus dem hieros gamos…" In diese Richtung weist auch der Ausspruch der Eva bei der Geburt des Kain: „Ich habe Jahwe zum Mann gewonnen" (Gen 4,1). Vgl. dazu Oeming, Verstehen und Glauben, 59, wonach Jahwe der Vater des Kain ist und kenitische Stammesideologie vorliegt.

[209] Wahrscheinlich ist der Text allerdings der Frau von einem Mann in den Mund gelegt, denn das Buch ist aller Wahrscheinlichkeit nach von einem Mann geschrieben. Dennoch ist das Lokalkolorit wohl echt.

[210] Habicht, Erzählungen, 236 konjiziert ἐφάνητε (ihr seid erschienen) zu ὑφάνητε (ihr wurdet gewoben) und biegt den Text damit zur Vorstellung von Ps 139,13 zurecht, was eines der vielen Zeichen dafür ist, daß auf den durchaus verständlichen Text nicht geachtet wurde.

[211] Vgl. Frevel, Menschsein, 18.

1.3 Sehr abstrakt spricht dann Gen 1,26 von der Bildung des Menschen, die auf Gottes Entschluß hin geschieht.[212] Hier ist zunächst wesentlich, daß der Mensch als Mann und Frau oder korrekter, weil es sich um Adjektive handelt, „männlich und weiblich“[213] gesehen ist (1,27). Das Verständnis des Wortes אָדָם (adam) ist an dieser Stelle nicht eindeutig, weil der Nachsatz lautet: „schuf er sie“ (pl). Entweder ist אָדָם (adam) kollektiv gemeint als „die Menschheit“[214] oder es ist an eine ursprüngliche Einheit des Menschen gedacht, also ein Menschenpaar.[215] Sie werden im Anschluß kollektiv beauftragt, die Welt zu beherrschen (Gen 1,28), woraus man schließen kann, daß sie nur zusammen die Gottebenbildlichkeit haben.[216]
Auch in Gen 2 ist die Sache so gedacht, daß Mann und Frau grundsätzlich zusammengehören. Die Frau ist aus der Rippe des Mannes genommen und nur mit ihr zusammen „ein Fleisch“, in unserer Sprache, ein Körper (Gen 2,24). Damit ist auch die Sexualität der Menschen angesprochen, die zu ihnen konstitutiv gehört. Von ihr singt das Hohelied.[217]

1.4 Der Bericht von der Schaffung des Menschen in Gen 1 kennzeichnet ihn als Abbild, Repräsentationsbild (Gestalt, Statue) und Ausprägung/Entsprechung Gottes, Art wie Gott (Gen 1,26).[218] Beides gibt er an seinen Sohn Set wei-

---

[212] Die Aufforderung „Laßt uns Menschen machen“ richtet sich an den himmlischen Thronrat, geht aber möglicherweise auf ein polytheistisches Verständnis zurück, vgl. Schmidt, Schöpfungsgeschichte, 130.
[213] Vgl. Barr, Anthropologie, 75.
[214] So Weippert, Tier, 42, Anm. 11.
[215] So Barr, Anthropologie, 90.
[216] Vgl. Schüngel-Straumann, Gottebenbildlichkeit der Frauen.
[217] Tob 8,6, wo Gen 2,18 zitiert wird, legt nahe, daß die Erzählung von der Erschaffung der ersten Menschen zumindest in der Spätzeit Israels im Hochzeitsbrauchtum einen „Sitz im Leben“ hatte. Zur Sache vgl. Klein, Natur und Recht, 3-18.
[218] Auf die fast endlose Diskussion, wie die beiden Substantive genau zu verstehen sind, die hier mit „Abbild“ und „Ausprägung“ wiedergegeben werden, kann hier nicht eingegangen werden. Sicher ist allerdings, daß es für beide im Hebräischen keine entsprechenden Verben gibt, die Ableitung also immer etwas problematisch bleibt.

ter (Gen 5,3), wodurch die Kontinuität in der Menschheitsgeschichte gesichert ist.[219] Damit erscheint der Mensch – und zwar sowohl als Gattung als auch als jeweilige Person – als Mandatar Gottes in der Welt.[220] Als solcher ist er zumindest in der Jugend „schön“,[221] gemeint ist wohl „attraktiv“ (mächtig, stark, imponierend). Das kann ihm freilich zum Verhängnis werden, wenn er sich darauf verläßt (Jes 14,12; Hes 16,15) oder ohne Zucht lebt (Spr 11,22). Gottesmänner müssen darum nicht „schön“ sein (Jes 53,2). Durch diesen Menschen übt Gott seine Herrschaft in der Welt aus, wie sich besonders an der Tierwelt zeigt: Er soll sie sich unterordnen und wie ein König verwalten, d.h. hegen wie ein guter Hirte und mit Verantwortung für sie sorgen.[222] In diesem Sinne soll er also tatsächlich Gott

---

צֶלֶם (säläm) bezieht sich eher auf die Gestalt, דְמוּת (demut) auf die Art („wie“), vgl. Schabert, Ebenbild Gottes, 244-246. Dafür spricht auch Gen 9,6, wo der Mord an Menschen verboten wird mit dem Hinweis darauf, daß der Mensch das Abbild sei. Darauf weist Preuß, Theologie II, 121 hin. Fast noch schwieriger ist es, die Unterschiede der Präpositionen ב und כ festzustellen, zumal sie Gen 5,3 umgekehrt gebraucht werden. Man wird doch nicht schließen dürfen, daß Adam in Gestalt Gott ähnlicher war als seinem Sohn und näher in seiner Entsprechung. Oder?

219 Der seit Plato sehr beliebte Gedanke, daß die Kopie weniger gut ist als das Urbild, ist hier nicht in Anschlag zu bringen. Set ist nach dem Verständnis von Gen 5,3 ebenso Gottes Ebenbild wie Adam.

220 So mit Janowski, Statue, 183-214; Frevel, Menschsein, 14. Anders Hahn, Theologie II, 314, der annimmt, die Gottebenbildlichkeit meine die Kommunikationsfähigkeit mit Gott. Ähnlich Albertz, Mensch, 465, der meint, sie weise auf die Gottesbeziehung, während die Herrscherstellung Folge sei.

221 Männer, die als „schön“ bezeichnet werden, sind: Joseph (Gen 39,6), die Könige Saul (1Sam 9,2), David (1Sam 16,14; 17,42), die Königssöhne Absalom (2Sam 14,25), Adonia (1Kön 1,6), gläubige Jungen (Dan 1,4), der König allgemein (Ps 45,3.6). Frauen die schön sind: die Töchter der Völker (Gen 6,2), Sara (Gen 12,11), Rebekka (Gen 24,16), Rahel (Gen 29,17), Abigail (1Sam 25,5), Bath-Scheba (2Sam 11,2), Tamar (2Sam 13,1; 14,25), Vashti (Est 1,11), Esther (Est 2,7), Hiobs Töchter (Hi 42,15), Jerusalem (Hes 16,7). Im Hohenlied ist die Braut die „Schönste“ (Hld 1,8.15; 4,1.7; 5,9; 6,1). Zum Ganzen vgl. Augustin, Der schöne Mensch, bes. 179f.: „Schön“ ist eine Prädikation am Königshof.

222 Vgl. Groß, Statue oder Ebenbild, 32; Preuß, Theologie II, 122. Weippert, Tier, 54 sieht im Herrschaftsauftrag auch die Tötung von

vertreten, in Gottes Auftrag an der Verwaltung und damit Gestaltung der Schöpfung mitwirken. Das sagen die beiden Verben: „untertan machen“ und „herrschen“ aus.[223] Vergleichbares war bereits in Gen 2,20 damit ausgesagt, daß der Mensch den Tieren Namen gibt. Als Herrscher über die Tierwelt soll er für sie sorgen, wie er den Garten Eden bewahren soll (Gen 2,15). Er wirkt somit Kultur gestaltend. Hier erfolgt die Demokratisierung eines Königsbildes[224] oder die Erhöhung der jeweiligen Menschen in die Position des Königs.

1.5 Die Erzählung vom sogenannten „Sündenfall“ (Gen 3) will erklären, wie es dazu kommt, daß das Leben des Menschen mühselig und notvoll ist. Sie sagt nichts aus über den „Ursprung der Sünde – der bleibt hier im Dunkeln“[225] oder über die Schuldverfallenheit der Menschheit.[226] Verführbar sind Adam und Eva von Anfang an[227] und auch fähig zum Übertritt, sonst wäre auch das Verbot nicht nötig, vom Baum der Erkenntnis des Guten und Bösen zu essen (Gen 2,17). Auch die Verheißung der Schlange, daß sie wie Gott sein werden,[228] ist nur verlockend, denn das Wissen, „was gut und böse ist“, ist Eigenschaft höchster Weisheit, die göttlichen Wesen eignet (vgl. 2Sam 14,17.20 sowie Hes 28,3-5). Was nach ihrer falschen Tat für sie und damit für alle Menschen anders wird, ist, daß sie aus dem Paradies vertrieben werden, wo sie alles ohne Mühe hatten, daß ihnen schwere Arbeit und schmerzhafte Stunden auf den

---

Landtieren, Fischen und Vögeln zur Abwehr von Gefahren und zur Ernährung eingeschloßen. Was die Aufgabe der Könige zur Abwehr von Gefahren war, zeigt instruktiv Keel, Bildsymbolik, 49f. Von der Tötung ungefährlicher Tiere kann keine Rede sein.

223 רדה (Radah) im Sinne von „herrschen“ als „in Anspruch-Nehmen“, vgl. Janowski, Statue, 204, und כבש (kabasch) als „beherrschen“, ähnlich Weippert, Tier, 48-55.

224 So mit Preuß, Theologie II, 123 und vielen anderen.

225 Schrage, Vorsehung Gottes, 39.

226 Vgl. Albertz, Mensch II, 466: „Damit soll der Mensch keineswegs generell als Sünder disqualifiziert werden.“

227 Vgl. Schreiner, Theologie, 143.

228 Wir sind geneigt, diesem Text zu entnehmen, daß Adam und Eva „wie Gott sein *wollten*.“ So noch Preuß, Theologie II, 126. Das paßt zu Prometheus, nicht zu Adam.

Weg gegeben werden[229], und daß sie mit Sicherheit und endgültig dem Tod verfallen sind. Das gilt hinfort für alle Menschen.[230] Daß sie sterblich waren, zeigte schon 2,7 mit dem Vermerk an, daß sie aus „Staub der Ackererde" gebildet wurden.[231] Damit ist der Übergang des Menschen vom Natur- zum Kulturwesen markiert, der nicht schicksalhaft, sondern als Folge einer Übertretung geschieht.[232]

1.6 Ps 8,5-7 übernimmt die Aussagen über die Hoheit des Menschen von Gen 1,26, stellt sie aber vor den Hintergrund der Erkenntnis seines Klein-Seins angesichts des gestirnten Himmels. Man möchte meinen, hier sind die Aussagen von Gen 1,26 mit jenen von Jes 40,26 kombiniert, wo der Aufruf erklingt, die Himmelskörper als Werke des Schöpfers zu bewundern. Der angesichts des Universums unendlich klein erscheinende Mensch wird von Gott mit Hoheit ausgestattet. Damit wird eine paradoxe Einheit von Niedrigkeit und gleichzeitiger Hoheit des Menschen erzielt. Dieses Wesen, das angesichts des Firmaments ein unscheinbares Ding ist, wird nur „wenig niedriger als Gott"[233] geschaffen, ihm wird „alles unter die Füße gelegt", d.h. zur Herrschaft übergeben. Das Motiv der Herrschaftsübertragung samt der Verleihung von „Würde und Hoheit" stammt aus dem Königsritual und wird hier wie Gen 1,28 dem Menschen allgemein zugesprochen.[234]

---

229 Schreiner, Theologie, 143 spricht in diesem Zusammenhang von „Lebensminderungen, in denen sich bereits die Macht des Todes auswirkt."

230 Eine Ausnahme scheint der König von Tyrus zu sein, dem nach Hes 28 vollkommene Weisheit und sogar Göttlichkeit zugesprochen wird. Er verliert alles, weil er überheblich ist und sich für göttlich hält (Hes 28,6-10.17f.). Sünde als Verhängnis wird erst in der Apokalyptik entdeckt. Paulus ist in diesem Verständnis seiner jüdischen Theologie verpflichtet.

231 Schmid, Weisheit, 21-39 versteht die Erzählung als eine ‚Gegenwelt' „von der einen Ambivalenz in die andere". Er übersieht dabei die Strafankündigungen, durch die die „Welt" verändert wird.

232 Dazu und zur Vorgeschichte von Gen 2f. vgl. Pfeiffer, Baum, 2-16.

233 Wörtlich אֱלֹהִים = Gottheit (Abstraktplural) oder göttliches Wesen. Die LXX übersetzt mit „Engel", deutet also im letzteren Sinne.

234 Vgl. Naumann-Gorsolke, Hoheit, 53.59.

So hoch wird der Mensch von Gott belehnt.[235] Seine Herrschaft erstreckt sich über die gesamte Schöpfung, beginnend mit der Tierwelt, den Vögeln und Fischen. Aber es geht dem Beter vor allem um die Beschreibung eines kaum verständlichen Phänomens, daß der angesichts der Schöpfung und damit auch des Schöpfers winzige Mensch mit der Herrschaft über die Schöpfung betraut wurde. Das Mittel des Lobliedes ermöglicht es dem Denker, Kleinsein und Vollmacht zusammen zu sehen als Werk des Schöpfers, der weiß, was er getan hat, eine Sache, die aber rational nicht faßbar ist, sondern nur als Wunder staunend besungen werden kann.

1.6.1 In Hi 7,17f. wird gerade diese paradoxe Kombination von Niedrigkeit und Hoheit des Menschen als eine für den Betroffenen negative Sache gesehen:

„Was ist der Mensch, daß du ihn groß machst,
daß du deinen Blick auf ihn legst,
daß du ihn heimsuchst jeden Morgen
und jeden Augenblick ihn prüfst?"

Hiob meint, daß Gott den Menschen als zu hoch und damit als Rivalen ansehen könnte. Anders kann er seine Not nicht erklären. Und darum betont er seine Armseligkeit, um auf diese Weise von Gott nicht mehr gestraft zu werden. Ähnliche Gedanken finden wir dann auch in Ps 39,14, wo der Beter den Wunsch ausspricht, daß Gott von ihm wegsieht, damit er noch einmal Atem schöpfen kann, bevor er stirbt.

1.6.2 Noch expressiver ist Hi 25,6, wo ebenfalls im Anschluß an Ps 8 die Erbärmlichkeit des Menschen zur Sprache kommt. Aber Gott wird so hoch in den Himmel erhöht, daß sogar die Himmelskörper als unvollkommen bezeichnet werden (Hi 25,5). Das Menschenbild wird pessimistischer.

---

[235] Prägnant Seybold, Psalmen, 51: „... dem Menschen werden die Insignien und Privilegien eines Königs zugewiesen: Krönung mit Würde und Hoheit."

1.6.3 Diese Sicht wurde möglich, als der Gedanke der Niedrigkeit mit dem der Vergänglichkeit oder Hinfälligkeit des Menschen kombiniert wurde. Sie lag bereits in Ps 8 nahe, da dort die Hoheitsaussage mit Jes 40,26 verbunden wurde. In demselben Kapitel (Jes 40,6) ist die Vergänglichkeit aller Menschen ausgesprochen, in diesem Falle der Glieder des Gottesvolkes, das mit einer Blume verglichen wird, die verwelkt, wenn Gottes Wind (Geist) darüber geht.[236] Auf den Menschen übertragen wird der Gedanke der Hinfälligkeit in Hi 14,1-2 ausgesprochen:

„Der Mensch, vom Weibe geboren,
an Tagen arm, an Sorgen nur gesättigt.
Wie eine Blume blüht er und verwelkt,
entflieht dem Schatten gleich,
bleibt nicht bestehen."

In anderer Weise formuliert Ps 39,6:

„Meine Lebenszeit ist wie nichts vor dir.
Ja, nur ein Haus ist jeder Mensch.
Nur als ein Schatten geht jedermann dahin."

In Ps 144,3f. wird diese Sicht mit einem Gedanken von Ps 8,5-7 verbunden:

„Was ist der Mensch, daß du ihn bemerkst,
und das Menschenkind, daß du ihn berücksichtigst?"

Der Psalm fährt dann fort (V.4):

„Der Mensch gleicht einem Hauch,
seine Tage sind wie ein vergehender Schatten."[237]

Hier ist von der Größe des Menschen (auch des Königs David) nichts mehr zu spüren. Wohl aber wird der allgewaltige Schöpfergott um Hilfe angerufen (V.5-7). In Sir 18,8-15 wird dann von der Vergänglichkeit des Menschen

---

[236] Die Rede von der Vergänglichkeit des Menschen soll der Beständigkeit des Gotteswortes dienen.
[237] Auch sonst wird die Kürze der Tage bedauert, vgl. Ps 90,10.12; Sir 18,9.

her Gottes Erbarmen an denen verkündet, die zu seiner Herde gehören.
Koh 2,22f. formuliert einen ähnlichen Gedanken:

„Was bleibt dem Menschen von all seiner Mühe und seinem Streben,
womit er sich abmühte unter der Sonne?
Fürwahr, alle seine Tage sind nichts als Schmerzen
und seine Beschäftigung ist bloß Ärger.
Selbst des Nachts kommt sein Geist nicht zur Ruhe ...“

1.6.4 Als Zusammenfassung des bisher besprochenen alttestamentlichen Bildes von der Hoheit und Niedrigkeit des Menschen kann Sir 17,1-4 angesehen werden:

„Der Herr erschuf aus Erde den Menschen
und er läßt ihn wiederum zur Erde zurückkehren.
Eine bestimmte Zahl von Tagen und eine bestimmte Frist
gab er ihnen
und gab ihnen Macht über das, was auf ihr ist.
So wie sich selbst umgab er sie mit Macht,
und nach seinem Bilde schuf er sie.
Die Furcht vor ihm legte er auf alles Fleisch,
daß er herrschte über Tiere und Vögel ...“

Dieser Mensch weiß sich auch im alltäglichen Leben auf Jahwe angewiesen:

„Das Herz eines Menschen plant sich seinen Weg,
aber Jahwe lenkt seinen Schritt.“
(Spr 16,9, vgl. 16,1; 19,21)
„Des Mannes Schritte sind von Jahwe her (gelenkt).
Wie könnte der Mensch seinen Weg unterscheiden.“
(Spr 20,24)

Daraus ergibt sich der Ratschlag:

„Befiehl dem Herrn deine Wege,
hoffe auf ihn, er wird es recht fügen“
(Ps 37,5)

oder das Gebet:

„Du weißt es, Jahwe,
daß des Menschen Weg nicht in seiner Gewalt steht,

und daß es dem Menschen nicht gegeben ist, seinen Gang
zu bestimmen und seine Schritte zu lenken.
Züchtige uns nicht in deinem Zorn…"
(Jer 10,23f.)

Wenn der Mensch sich nicht mehr auf Jahwe angewiesen weiß und selbstherrlich handelt, ist er dem Untergang geweiht, wie der König von Tyrus (Hes 28,6-8). Das macht die Spruchweisheit deutlich:

„Wer zugrunde gehen soll, wird vorerst stolz;
und Hochmut kommt vor dem Fall"
(Spr 16,18).[238]
„Kommt Vermessenheit, kommt auch Schande,
aber Weisheit ist bei den Bescheidenen."
(Spr 11,2)

1.7 Einen neuen Gesichtspunkt, die Aufgaben des Menschen betreffend, führt Sirach ein:

„Er bildete Zunge und Augen,
Ohren und Einsicht gab er ihnen zur Erkenntnis,
Mit Verstand und Erkenntnis erfüllte er sie,
er zeigte ihnen Gutes und Böses …
damit sie erforschen die großen Werke seiner Hände
und seinen heiligen Namen preisen sollten."
(Sir 17,6f.9f.)

Das Lob Gottes, das eigentlich dem Gottesvolk oder seinen Mitgliedern gebührt, weil sie eine innere Beziehung zu ihrem Gott haben, wird hier als Forderung auf alle Menschen übertragen, weil sie alle als Geschöpfe Gottes angesehen werden, die entsprechende Einsicht haben können.[239] Vor-

---

[238] Zum Widerstand Gottes gegen den Hochmut vgl. noch Ps 31,24; Jes 10,12; 13,11.

[239] Dies wird von Wolff, Anthropologie, 328 übersehen, wenn er meint, der „Mensch" des AT sei dazu bestimmt, „Gott zu loben". Das ist im AT nicht der *Mensch* als solcher, sondern das Glied des Gottesvolkes. Das zeigt sich u.a. auch daran, daß Wolff als Beleg für seine Aussage das Mirjamlied (Ex 15,21) anführt. Auch Schrage, Vorsehung Gottes, 49 macht keinen Unterschied zwischen einem Israeliten und einem „Menschen". Das stimmt für die Spätzeit, vgl. Ps 148,11-13: „alle Völker". Vgl. auch Sauer, Jesus Sirach, 142: „Als

bereitet ist diese Sicht durch die Proklamation Jahwes als des Gottes der ganzen Welt. Als Folge davon ergeht die Aufforderung, Gott zu loben, an die Völker (Ps 117; vgl. Ps 148,11-13) und an alles, was Odem hat (Ps 150,5).[240] Diese Gedanken werden dann im NT aufgenommen (Röm 1,21).

1.8 In Fortsetzung dieser Darlegung ist kurz auf einige Organe des Menschen einzugehen, die für die alttestamentliche Denkweise wichtig sind. Sie meinen allesamt immer den ganzen Menschen, von bestimmten Funktionen oder Empfindungszentren her gesehen.[241]

1.8.1 Mit „Fleisch“ (בָּשָׂר, basar) ist die Körperlichkeit des Menschen angesprochen. Gemeint ist die Gestalt, nicht das Aussehen des Menschen.[242] Nahe liegt dabei die Verbindung zur Verwandtschaft: Fleisch von meinem Fleisch (Gen 2,23; 29,14 u.ö.). „Alles Fleisch“ meint die Menschen in ihrer Gesamtheit, also die Menschheit (Dtn 5,26; Jes 40,6). Aber „Fleisch“ kann auch das Menschliche bezeichnen, wenn vom „fleischernen Herzen“ gesprochen wird (Ez 11,19; 36,26). Gegensatz dazu wäre das verstockte Herz.

1.8.2 Der Gegensatz zum „Fleisch“ als dem Irdischen ist „Geist“ (רוּחַ, ruach) als dem Göttlichen zugehörig (Gen 6,3.10 u.ö.). Ursprünglich ist es die bewegte Luft, die selbst in Bewegung hält oder bringt. Von hier bezeichnet רוּחַ (ruach) den Atem und damit die Lebendigkeit des Menschen (Gen 45,27; Ri 15,19). רוּחַ (ruach) bringt die Toten Gebeine nach Ez 37 zu neuem Leben, רוּחַ (ruach) steigert die Kräfte des Menschen zu Wut (Ri 8,3), Mut (Num 14,24) und Hochmut (Spr 16,18) sowie zu außerordentlichen Fähigkeiten wie Traumdeutung (Gen 41,38). Es ist die Kraft der Selbstüberschreitung und darum auch des

Ziel des Auftrages für den Menschen wird der Lobpreis Gottes gesehen“.

240 Vgl. Janowski, Verstehst du, 175.

241 Vgl. Janowski, Mensch, 143-175, 157.

242 Ein Teil dieser Anschauung geht in der griechischen Sprache in den Begriff „Leib“ ein.

Unheimlichen. Es kann ein guter und ein böser Geist sein, wie man am König Saul beobachten kann (1Sam 16,13f.). Der Beter von Ps 51,12 bittet um einen beständigen Geist. Der Heilige Geist ist offenbar Kraft Gottes, die unberechenbar ist.

1.8.3 Das „Herz" (לֵב, leb) ist das Zentrum des menschlichen Lebens. Ausgegangen wird vom Herzschlag (1Sam 25,37). Weil es als Mittelpunkt gesehen wird, kann man auch vom „Herzen des Meeres" (Ex 15,8; Ps 46,3) sprechen. Es ist auch das Zentrum der Begierde (Hos 4,11; Spr 6,25 u.ö.), der Angst (Klgl 1,20) und des Mutes (Ps 40,13), der Einsicht (Dtn 8,5) und der Weisheit (Spr 2,10; 16,23), der Sitz des Willens und Planens (Jes 10,7; Ps 20,5). Alle menschlichen Regungen werden somit im Herzen lokalisiert.

1.8.4 Die Seele (נֶפֶשׁ, næpæš) ist die Lebenskraft des Menschen. Insofern hat er nicht eine „Seele", er ist Seele (Gen 2,7).[243] Gemeint ist mit dem Wort, wenn es sich auf den Menschen bezieht, immer der ganze Mensch[244] in seiner Sehnsucht und Lebendigkeit, in der Verkörperung seiner Vitalität. Wenn der Mensch sie verliert, stirbt er. Sie kann auch im Blut lokalisiert werden (Lev 17,14; Dtn 12,23), insofern mit dem Verlust des Blutes auch das Leben verloren geht, dasselbe gilt für den Atem (1Kön 17,21f.). Darum ist die „Seele" auch Sitz des Verlangens (Dtn 24,15; Ps 84,3) und kann darum mit „Kehle" wiedergegeben werden (Ps 69,2). Jon 2,6 spricht es aus: „Das Wasser kommt mir bis an die Kehle".[245] Diese Seele kann darum Durst (Ps 42,2f.; 63,2 u.ö.) und Hunger haben (Mi 7,1; Ps 107,9), dann aber auch Sättigung erfahren (Spr 13,25), womit die Zufriedenheit ausgesagt ist. Als Zentrum aller Gefühle und Regungen erscheint sie in Dtn 6,5 neben dem Herzen.

---

243 Diese Eigenschaft hat er mit den Tieren gemeinsam, vgl. Gen 7,22. Darum: Lebewesen.

244 Vgl. Seebaß, נֶפֶשׁ, 538.

245 Noch deutlicher in Jes 5,14, dort aber nicht anthropologisch: „Die Scheol öffnet ihren Schlund (*næfæš*), sie tut maßlos weit ihren Rachen auf."

1.9 Ein Spezialfall im AT ist das Verhältnis des „Menschen“ als Mitglied des Gottesvolkes zum Gesetz in der nachexilischen Zeit, in der das Halten der Gebote immer mehr als Voraussetzung für das Wohlergehen des Volkes und des Einzelnen gesehen wird. Nimmt man hinzu, daß Gott als Schöpfer aller Menschen immer stärker ins Bewußtsein tritt, ergibt sich aus der Erfahrung der Not die verstärkte Hervorhebung der Sündigkeit des Menschen als Geschöpf Gottes und nicht als Teil des Gottesvolkes.[246] Das lag insofern nahe, als die Heiden sowieso als sündig galten. Wenn die allgemeine Sündigkeit der Glieder des Gottesvolkes ausgesprochen wurde, konnte sie auch als Sündigkeit des Menschen allgemein erscheinen.[247] So kann ein Beter davon sprechen, daß er sich als in Sünden geboren verstehen muß, weil er von einer besonderen Übertretung im Laufe seines Lebens nichts weiß (Ps 51,7). Noch allgemeiner kann Koh 7,20 feststellen:

„Kein Mensch ist so gerecht, daß er nur Gutes täte und nicht sündigte.“

Und ähnlich formluiert Hi 4,17 in Frageform:

„Ist wohl ein Mensch vor Gott gerecht,
ist rein ein Mensch vor seinem Schöpfer?“ (vgl. 25,4)

Hi 14,4 bringt diesen Gedanken sogar mit der allgemeinen Sündigkeit zusammen und spricht damit, einmalig in der Bibel, so etwas wie die Allgemeinheit der Sünde aus:

„Kann auch ein Reiner kommen vom Unreinen?
Auch nicht ein einziger.“[248]

---

[246] Schon Hos 12,4 hatte das gesamte Gottesvolk als sündig angesehen und dies auf das Vergehen Jakobs im Mutterleib (vgl. Gen 25,26; 27,36) zurückgeführt.

[247] Diese Erkenntnis erklärt, warum Gen 3 erst in der Spätzeit Israels (SapSal 2,23f.; 4Esra 3,7.21; 7,118; syrBar 54,15.19) eine Rolle spielt. Gen 3 handelt vom Menschen allgemein und nicht vom Mitglied des Gottesvolkes.

[248] Noch weiter ausholend Hi 15,15: auch Engel sind nicht rein, vgl. 4,18.

Diese Erkenntnis ist nicht ein Ergebnis des Nachdenkens über die Schöpfung, sondern ergibt sich aus den Fragen, ob der Einzelne überhaupt in der Lage ist, die Gebote in ihrer spiritualisierten Form zu halten angesichts der Erfahrung von anhaltender Not, in einer Zeit großer Bemühungen, diesen Verordnungen Gottes gerecht zu werden. Die Frage wird brennend, weil die Gebote für das Gottesvolk zu Geboten für den einzelnen Menschen innerhalb des Gottesvolkes geworden sind. Damit das Leiden des Gottesvolkes von Gott gewendet werde, werden diese Gebote immer mehr verinnerlicht und verschärft und dringen bis zum letzten Rätsel des Lebens vor, das Gott zurückgegeben wird: Wenn schon kein Mensch „rein“ ist, wie soll man die Welt verstehen? Wo gibt es Kriterien zu einem Gott wohlgefälligen Leben, das im Segen geführt und beendet wird?

2 Der Mensch im NT

Das NT hat keine einheitliche Sicht des Menschen. Jesus denkt noch ganz in den Bahnen alttestamentlicher Frömmigkeit. Er spricht die Menschen als Teil des Gottesvolkes an. Paulus erkennt sie als Abgefallene aus der Gottesbeziehung, als solche, die neu ins Gottesvolk integriert werden sollen. In der Sicht des Apostels Paulus ist der „Mensch“ noch nicht Mitglied des neuen Gottesvolkes und darum grundsätzlich „Sünder“ und böse. Durch den Glauben wird er gerecht und Gottes Kind. Die anderen Schriften des NT teilen das positivere Menschenbild, das auch das AT hat.

2.1 Johannes der Täufer hat seine Hörer als Schlangenbrut und Otterngezücht (Lk 3,7) bezeichnet und sie zur Bekehrung aufgerufen. Bekehrung ist als Rückkehr zur Gottesbeziehung, als Rückkehr in das Gottesvolk verstanden. Rechtschaffene Früchte der Buße sollen seine Hörer tun und sich nicht auf ihre Erwählung in Abraham verlassen (Lk 3,8). Vorausgesetzt ist, daß die Grundlagen vorhanden und bekannt sind, und daß die Angesprochenen dem Appell Folge leisten. Der Wille der Predigthörer soll neu aktiviert werden, sie können richtig leben, wenn sie es nur wollen. Und verstehen werden sie in jedem Fall, sonst wäre die Predigt sinnlos. Der Täufer geht somit von einer verkehrten Willensausrichtung seiner Hörer aus.

2.2 Jesus ruft zwar wie der Täufer angesichts der nahen βασιλεία zur Umkehr auf, geht aber einen anderen Weg als dieser. Er nimmt sich in Liebe der Ausgestoßenen an und ruft Menschen, Glieder des Gottesvolkes, in seine Nachfolge (Mk 1,14-20). In seinen Predigten aber thematisiert er die Umkehr nur begrenzt (Lk 13,2-5). Er geht von der Einsicht und dem gesunden Menschenverstand seiner Hörer aus. Darum beginnt er einige Gleichnisworte mit der Wendung „Wer unter euch?" (Lk 11,5-13; 14,5.28-33; 15,4-10; 17,7-10) und läßt seine Hörer den Fall beurteilen, von dem er dann eine Schlußfolgerung zieht, die freilich nicht überall erhalten geblieben ist. Das Tun der Menschen im Allgemeinen kann ihm Bild für das Handeln Gottes sein, wenn er etwa einen Sämann (Mk 4,3-9.26-34), einen Weinbergbesitzer (Mt 20,1-15; 21,28-31) oder einen Vater (Lk 11,11-13; 15,11-32) in ihrem Handeln mit Gott vergleicht. Sogar das Tun eines „ungerechten Verwalters" kann er positiv sehen (Lk 16,1-8). Eine grundsätzliche Verderbnis der Angesprochenen kennt er trotz Lk 11,13 und Mk 10,18 nicht. Darum kann er die Randsiedler, Zöllner und Sünder (Mk 2,13-17; Lk 7,34; Mt 21,31) um sich sammeln und die Kranken heilen, von denen man glaubt, daß sie aufgrund von Sünden leiden (Mk 2,1-12). Kritisch ist er gegenüber Pharisäern (Lk 11,39-52), Priestern und Leviten (Lk 10,31f.) und teilt damit die Sicht der Propheten, welche die Oberschicht für verderbt gehalten hatten. Ein Bild des „Menschen an sich" hat Jesus nicht. Die von ihm Angesprochenen sind Menschen, die wieder in das Gottesvolk integriert werden sollen.

Natürlich weiß Jesus um menschliche Schwächen. Er weist seine Jünger an, nicht zu richten und nicht den Splitter im Auge des anderen zu sehen (Mt 7,1-5); er erkennt die mangelnde Bereitschaft zur Vergebung (Mt 18,21-35); er weiß, was ein „ungerechter Verwalter" fertig bringen kann (Lk 16,1-8), aber auch, wozu ein Auge verführen kann oder eine Hand im Stande ist (Mt 5,29f.). Darum ruft er dazu auf, barmherzig zu sein, wie der himmlische Vater barm-

herzig ist (Lk 6,36), oder den Feind zu lieben (Lk 6,27). Nur die Kranken sieht er den bösen Mächten ausgeliefert und darum unfähig, sich selbst zu helfen. Einen status corruptionis des Menschen allgemein kennt Jesus nicht oder spricht nicht darüber.
Er spricht von der Schöpfung des Menschen im Zusammenhang mit der Ehescheidung, die mit Hinweis auf Gen 2,23 abgelehnt wird. Weder die Hoheit noch seine Niedrigkeit ist erwähnt, aber seine Bedrohung durch den Tod (Lk 12,20) und die Hölle (Lk 12,5; 16,23). Die Seele ist die Lebenskraft oder gar das Leben selbst (Mt 6,25; Mk 8,35), das Herz, wie im AT Zentrum des Wollens und Denkens.

2.3 Eine eigentümliche Anthropologie hat Paulus besonders insofern entwickelt, als er den Menschen vor dem Glauben ins Blickfeld nimmt. Seine Sicht ist eine Verallgemeinerung der Botschaft des Täufers, nun nicht nur für die Glieder des Gottesvolkes, sondern für jedermann. Die Voraussetzung zu solcher Sicht war durch Jesus Sirach geschaffen, insofern er in den Bahnen der Weisheit Menschsein und Gliedsein des Gottesvolkes nicht mehr unterscheidet. So billigt Paulus dem Menschen zu, daß er Gottes Gesetz kennt, insofern es ihm ins Herz geschrieben ist (Röm 2,14), daß er Einsicht in die Schöpfung hat und dennoch Gott nicht lobt – eine Aussage, die an Sir 17,10 erinnert. Im übrigen AT war Gotteslob Aufgabe des Gottesvolkes, nicht des Menschen an sich. Dieser Mensch ist aber, wie Röm 3,9-18 zeigt, als Jude oder Grieche völlig der Sünde verfallen, so daß nichts Gutes mehr an ihm ist. Damit verbindet Paulus die These des alttestamentlich geprägten Judäers, daß alle Heiden Sünder sind, mit dem Bußruf an die Mitglieder des Gottesvolkes. Da er alle Menschen von Adam abstammend sieht, kann er sie gleich stellen und ihnen zusprechen, daß sie mit Adams Fall die „Herrlichkeit" der Paradiesmenschen verloren haben (Röm 3,23). Nur die Einsicht ist ihnen, zumindest theoretisch, intakt geblieben (Röm 1,19), aber sie wirkt sich nicht in der Praxis aus. Um diese Sündhaftigkeit aller Menschen aus dem AT zu belegen, verwendet er allerdings Texte, die vom Gottlosen (Röm 3,11f.; Ps 14,1-3; vgl. Ps 53,2-4) oder

von den Feinden des Beters sprechen (Röm 3,13-17; Ps 5,10LXX; 35,2LXX; 139,4LXX).
In Röm 5,12-21 stellt er Adam und Christus einander gegenüber und hebt damit die Sündhaftigkeit aller Menschen hervor, die im Gefolge Adams sündigten. Mit der Heilstat des Christus ist aber die neue Möglichkeit eines rechten Lebens vor Gott gegeben worden. Das Gesetz, das die Sünde hätte eindämmen sollen, habe das Gegenteil bewirkt, es habe die Sünde vergrößert, den Menschen zum Sündigen gedrängt (Röm 5,20).
Davon spricht ausführlicher dann Röm 7,7-24. Hier wird der unerlöste Mensch beschrieben,[249] der nicht erreichen kann, was er will, also im Zwiespalt mit sich selber zwischen Wollen und Vollbringen ist.[250] Es ist der Mensch, der bereits mit Gottes Gebot konfrontiert ist, sich aber nicht in der Lage sieht, es zu halten, und darum zum Schluß kommt, daß er ein „elender, erlösungsbedürftiger Mensch" ist (Röm 7,24). Die hier formulierte Einsicht ist, wie Röm 8 zeigt, eine des Glaubens. Paulus sieht den vorchristlichen Menschen im Konflikt mit sich und darin „fleischlich" bestimmt, wobei „Fleisch" die Macht der Vergänglichkeit,[251] die Gier nach Leben meint. Dieses Verständnis von „Fleisch" ist eine Kombination der beiden alttestamentlichen Begriffe בָּשָׂר (basar) und נֶפֶשׁ (næpæš),[252] und bezeichnet darüber hinaus eine Macht. Σάρξ ist für Paulus die hinter der Begierde stehende Macht,[253] die Macht, die Le-

---

249 Auch hier steht Gen 2-3 im Hintergrund, vgl. Stuhlmacher, Klage, 61, aber Paulus geht darüber hinaus.

250 Demgegenüber sind den Christen Wollen und Vollbringen durch Gott bereits gegeben (Phil 2,12).

251 Diese Bedeutung von Fleisch im Sinne der Vergänglichkeit, Anfälligkeit ist kein Begriff für den Menschen in der griechischen Welt, vgl. Hahn, Theologie II, 311.

252 Was im AT der næpæš zugesprochen wurde, die sexuelle Begierde, wird in der griechischen Welt der σάρξ attributiert. Vgl. Schweizer, σάρξ, 37f.: Bei den Epikureern „wird σάρξ immer ausgesprochener als die Quelle der ἡδονή zu der ungebändigten Sexualität u der maßlosen Schlemmerei gesehen".

253 Vgl. Lohse, Brief an die Römer, 125: „Fleisch ist der Mensch in seiner Hinfälligkeit und zugleich in seiner Eigenmächtigkeit."

ben erhalten will und gerade darum Tod bewirkt.[254] Dieses „Fleisch“ ist der Antipode des „Geistes“, der Macht der Himmelswelt Gottes (vgl. bes. Gal 5,19.22; Röm 8,5-8).
Diese Macht des Fleisches ist für Paulus universal. Man kann sich von ihr abwenden, indem man sich dem Geiste Gottes zuwendet und dann nicht mehr „im Fleisch“, sondern „im Geist“ ist (Röm 8,9). Dennoch wird auch der Christ Paulus nie die Bedrohung durch sein Fleisch los, auch wenn er sagen kann, sein Ich sei mit Christus gestorben. Was er im Fleisch lebe, gemeint ist hier in seiner irdischen Existenzweise, das lebe er im Glauben des Gottessohnes (Gal 2,20). Demgemäß fordert Paulus dazu auf, im Geiste zu wandeln, damit die Taten des Fleisches nicht möglich werden (Gal 5,16). Der neue Stand des Christen bietet eine neue Möglichkeit, die täglich in der „Neuheit des Geistes“ (Röm 7,6) durchzuhalten ist.
Neu gegenüber dem AT ist im NT die anthropologische Bezeichnung der Person als „Leib“, als „Körper“. Eine solche gibt es im AT nicht, wohl aber im rabbinischen Judentum.[255] Sie ist der Welt der Griechen entlehnt. Es ist die Erscheinungsweise des Menschen, der Kleidung bedarf (Lk 12,23), im Unterschied zur Seele (Psyche), welche die Lebenskraft anzeigt und darum Speise braucht (Lk 12,23).[256] Diese Sicht vom Leib als Sichtbarem, Faßbarem des Menschen hat dann auch Paulus, wenn er vom Leib bei der Auferstehung (1Kor 15,35) oder auch vom Leib Christi (1Kor 12,27) spricht. Aber der Mensch „hat“ einen Leib, den er im Zaum halten (1Kor 10,27), aber auch als Opfer für Gott dahingeben kann (Röm 12,1), er ist dem Tode verfallen (Röm 7,24) und ist darum erlösungsbedürftig (Röm 8,23), er kann „Werke“ tun (Röm 8,13), bzw. sie werden in

---

[254] Fleisch ist der vergängliche Teil des Menschen, vgl. Schweizer, σάρξ, 102, 10f., der physische Körper, der jung sein oder altern kann (101,4) Eur. fr. 971: „strotzend an σάρξ erlosch er, das πνεύμα zum Äther entlassend“ (103,13f.).

[255] Vgl. Schweizer, σῶμα, 17-30.

[256] Vgl. Meyer, σάρξ, 12-16: „Gefüllt aber wird der Leib nach der jüngeren Anthropologie, die ihre Voraussetzung in der hellenistisch-orientalischen Umwelt des Judentums hat, mit einer körperhaft und personell vorgestellten, für menschliches Auge allerdings unsichtbaren Seele“.

ihm getan (2Kor 5,10), er kann aber auch in der Taufe sterben (Röm 6,12) und dann vom Geist neu belebt werden (Röm 8,11). „Leib“ ist somit der Mensch in seinem körperlichen Sein, in dem er sowohl für Gott als auch für die Sünde offen ist. Er bedarf darum in der Vollendung eines neuen, geistlichen Leibes (1Kor 15,44), den er aber schon hier erleben kann, wenn der Geist den sterblichen Leib lebendig macht (Röm 8,11).

2.4 Ein besonderes hellenistisches Moment ist in der Redeweise des Paulus vom Gewissen enthalten, ein Wort, das es so im Hebräischen nicht gibt. Das Gewissen ist zunächst das „Mit-wissen“, die innere Stimme, die noch keine moralische Instanz ist, sondern einfach ein „mitwissendes Organ“, das als Zeuge für eine Aussage angerufen werden kann (Röm 2,15; 9,6; 2Kor 1,12).[257] Dann ist es aber auch das Organ der richtigen Erkenntnis dessen, was von Gott ist und was nicht (2Kor 4,2; 5,11).[258] Wenn Paulus von einem „schwachen Gewissen“ spricht,[259] dann meint er damit eine ängstliche innere Stimme (1Kor 8,7). Damit nähert er sich der hellenistischem Denken verpflichteten Entgegensetzung von „äußerem“ und „innerem“ Menschen. Der „äußere Mensch“ ist für Paulus der dem Tod verfallene, der im Todesleib lebt, der „innere Mensch“, jener Teil,

[257] Vgl. Soden, Sakrament und Ethik, 341, Anm. 3: „συνείδησις = Gewissen ist bei Paulus zunächst nicht das unser Denken und Tun richtig begleitende, warnende und strafende Normenbewußtsein, das Pflicht- und Schuldbewußtsein, sondern das unmittelbare Selbstbewußtsein, das jeweils die Wahrheit über sich selbst kennt (…) das Mitwissen im Sinne des Mitwissers, demgegenüber wir nichts verbergen oder verleugnen können.“ Ebenso Lindemann, Der erste Korintherbrief, 195: „συνείδησις, d.h. ihr Wissen um ihr eigenes Tun.“ Anders Lüdemann, συνείδησις, 723, der das „handelnde und beurteilende (Selbst-) Bewußtsein betont. Beides zusammen bei Dautzenberg, Gewissen, 901: „,… neutrale Bewußtseinsinstanz, welche das eigene (…) oder das fremde (…) Verhalten nach im sittlichen Bewußtsein vorgegebenen Normen beurteilt und bewußt macht.“ S.902 weitere Literatur.

[258] Gnilka, Theologie, 52 spricht in diesem Zusammenhang vom „Gewissen“ als „Kraft des sittlichen Urteilens“, was den Begriff vermutlich etwas zu eng faßt.

[259] Röm 14,1 nennt er das „Schwachheit im Glauben“.

der durch Christus im Menschen neu wurde, wo Christus „wohnt“ (Gal 2,20), wo der sterbliche Leib durch den Geist zu neuem Leben gebracht wurde. Zur Verbesserung der Welt trägt der Mensch nicht bei, die Schöpfung sehnt sich nach der Erlösung der Kinder Gottes, weil sie dann auch mit erlöst wird (Röm 8,21f.).

2.5 Noch stärker hellenistisch geprägt als bei Paulus ist das Menschenbild bei Lk, wenn er die Sünde nicht mit der Macht des Fleisches, sondern mit der „Unwissenheit“ der Menschen zusammenbringt (Apg 3,17; 13,27; 17,30). Alle Schuld, auch die der Kreuzigung, führt er darauf zurück (Lk 23,34). Darum ist die Information, die das Evangelium liefert, heilsbegründend. Das Defizit im Menschen sieht Lk also in dem Mangel an Kenntnis. Die Menschen selber gelten als Gott verwandt, als „seines Geschlechts“, als solche, die in Gott leben, sich bewegen und sind (Apg 17,28), die also durch Annahme einer Botschaft und damit durch neues Wissen ihr Verhältnis zu Gott ganz in Ordnung bringen können. Ein abgrundtiefes Verständnis des Gefallen-Seins des Menschen kennt Lk nicht, auch wenn er weiß, daß allein Gott gut ist (Lk 18,19). Darum rechnet er eigentlich immer damit, daß Menschen zum Glauben finden, wenn sie vom Evangelium angesprochen werden, und darum hält er es für erklärungsbedürftig, wenn es nicht angenommen wird (Apg 17,18.32; 26,28; 28,25-28).

2.6 Bemerkenswert ist, daß der Hebr in Jesus den Sohn und damit den richtigen Menschen sieht. Darum überträgt er die Aussagen von Ps 8 von der Niedrigkeit und Hoheit des Menschen auf Jesus und sieht die Niedrigkeit in seinem irdischen Leben gegeben, die Hoheit bei seiner Erhöhung. In seiner Niedrigkeit ist Jesus „den Brüdern gleichgestellt worden“ (Hebr 2,17), er hat „an dem, was er litt, gehorsam gelernt“ (Hebr 5,8; vgl. 2,10), wiewohl er keine Sünde getan hat (Hebr 4,15).

2.7 Bloß am Horizont erscheint im NT das Bild des idealen, des Himmelsmenschen, der nicht heiratet und sich um Vollkommenheit bemüht. Bei Paulus steht er 1Kor 7 im Hintergrund, bei Lukas (20,36) und Mt (19,11f.) scheint der Gedanke durch. Im Thomasevangelium ist er oft thematisiert,[260] er gehört zu den Grenzvorstellungen der Bibel.

3 Zusammenfassung

Das Bild des Menschen der einzelnen biblischen Autoren ist sehr unterschiedlich.[261] Dennoch lassen sich einige Gemeinsamkeiten herausstellen. Sie betreffen vor allem die Hoheit und die Anfälligkeit des Menschen. Aus der Hoheit ergibt sich die Verantwortung, aus dem Wissen um die Niedrigkeit und Vergänglichkeit der Trostzuspruch.

Man kann voraussetzen, daß eine Reihe biblischer Autoren von der Sündhaftigkeit des Menschen allgemein wußten, doch hat im AT die Erzählung aus Gen 3 nicht die Rolle gespielt, die ihr in der Apokalyptik zukam. Der Vorwurf der Propheten richtet sich vor allem an die oberen Schichten. Daß die Niedrigen versagen, ist nicht im Blick, auch bei Jesus nicht, ebensowenig bei Lk. Der Gedanke einer allgemeinen Sündhaftigkeit prägt die Theologie des Paulus, die auf diese Weise eine Tiefe erhält, die sonst nicht begegnet. Indes ist für Paulus die Sündhaftigkeit kein eigenes Thema, sondern die dunkle Folie der Heilsbotschaft des Todes Jesu. Diese Heilsbotschaft deckt erst die Sündigkeit auf. Das Sündenbewußtsein ist Nebenprodukt der Heilsbotschaft und von ihr nicht zu trennen. Mag beim Täufer die Sündhaftigkeit im Zentrum seiner Bußpredigt stehen, so ist sie bei Paulus ein Nebenkrater der Botschaft des heilbringenden Evangeliums.

Im Gegensatz zum AT wird im NT die Sexualität des Menschen nicht positiv gesehen. Einen schönen Menschen kennt das NT nicht. Das NT hat keine Absicht, kulturell zu wirken und nimmt die Geschichte als solche nicht wahr,

---

[260] Vgl. EvThom 22.29.49.50.56.61.75.79.83.85.87.106.112.114.

[261] Wiewohl von ganz anderen Voraussetzungen ausgehend, deckt sich diese Zusammenfassung mit der sehr viel allgemeineren These von Janowski, Mensch, 145: „Die im Laufe der Geschichte bezeugten Selbstauffassungen und Selbstexplikationen des Menschen können nicht unter eine Wesensformel subsumiert, sondern müssen seiner Geschichtlichkeit und seiner Kulturalität gerecht werden."

weil man sich in der Endzeit wähnt. Die Selbstherrlichkeit ist aber sowohl im AT als auch im NT suspekt. Während Gen 1 und Ps 8 die Gottebenbildlichkeit betonen, spricht Paulus davon, daß „alle der Herrlichkeit mangeln“ (Röm 3,24). Sie kann in Jesus Christus neu erreicht werden. In der Spätzeit des NT tritt ein Idealbild des Menschen hervor, der engelgleich, asexuell ist (Lk 20,36; Mt 19,10.12). Er beruht, neben der Tendenz des Hellenismus, das Geistige höher zu schätzen als das Körperliche, auf Jesu Unverheiratet-Sein und auf der paulinischen Anweisung in 1Kor 7.

V
Die Aufnahme zum Mitglied des Gottesvolkes[262]

Die Aufnahme Neuer oder Fremder in eine Gemeinschaft war zu allen Zeiten mit einem bestimmten Ritus, in der neueren Zeit zumindest mit einer Feier verbunden. Es lohnt sich zu fragen, wie die Aufnahme in das Gottesvolk erfolgte, weil sich daraus auch das Selbstverständnis der Gemeinschaft erschließen läßt. Es ist zugleich ein Beitrag zum Verständnis der christlichen Taufe.

1 Die Aufnahme in die Gemeinschaft Israels

Israel war gleicherweise eine ethnische und eine Glaubensgemeinschaft. Was für Bedingungen mußte man erfüllen, wenn man in diese Gemeinschaft aufgenommen werden sollte?

1.1 Die normale Voraussetzung, ein Mitglied Israels zu werden, war die Geburt von israelitischen Eltern. Aber das reichte noch nicht aus. Das Zeichen der Mitgliedschaft, in der Sprache von Gen 17,11 „das Bundeszeichen", war die Beschneidung. Darum wurde von der Priesterschrift der alte Rechtssatz neu eingeschärft: „Alles Männliche unter euch soll beschnitten werden" (Gen 17,10). Zur Passafeier darf daher auch in nachexilischer Zeit der Fremde oder

---

262 Stark überarbeitete Fassung eines Aufsatzes, der unter dem Titel: Die Aufnahme Fremder in die Gemeinde des Alten und des Neuen Bundes in ThB 12 (1981), 21-34 erschienen ist. Er geht seinerseits auf eine Gastvorlesung an der Westfälischen Wilhelms-Universität Münster vom 17. Mai 1979 zurück.

Sklave nur dann zugelassen werden, wenn er beschnitten ist (Ex 12,44.48).[263]
Um Mitglied dieses Volkes zu bleiben, galt es, sich in die Gemeinschaft einzufügen und die dem Volke eigenen Sitten und Bräuche zu befolgen. Man war als Israelit dem Recht der Kinder Israels, in späterer Zeit dem „Gesetz", unterworfen. Zu verschiedenen Zeiten wurden die Schwerpunkte hier unterschiedlich gesetzt.

1.2 Das Zusammenleben von Israeliten und Fremden im Lande und gegenseitige Heirat von Israeliten und Kanaanäern in der Frühzeit Israels setzte die Beschneidung der Fremden voraus. Das zeigt die Erzählung von Sichem und Dina in Gen 34. Daraus kann man schließen, daß eine Aufnahme als Vollmitglied in die Gemeinschaft Israels die vollzogene Beschneidung voraussetzte.[264] Da aber in der Zeit der Eigenstaatlichkeit Israels wohl alle Kanaanäer beschnitten waren – wir wissen nicht, wann die allgemeine Beschneidung der Kanaanäer eingeführt wurde –, war die Forderung der Beschneidung für die Aufnahme Fremder in dieser Zeit kein Problem. Erst nach dem babylonischen Exil tauchte die Frage wieder auf, als Israel mit solchen Leuten zusammenwohnte, die nicht beschnitten waren.

1.3 Ein Ritual[265] zur Aufnahme Fremder in die Gemeinschaft des Gottesvolkes ist vermutlich in Gen 35,1-5[266] in den Erzählstrang eingearbeitet. [267]

---

[263] Vgl. dazu Kuhn, προσήλυτος, 729.736ff. Das führte dazu, daß sich auch die Sklaven (Gen 17,12) der Beschneidung unterziehen mußten, sogar die Tempelsklaven, was Ez 44,7f. noch nicht gefordert war, vgl. Köckert, Gottes Gegenwart, 42.

[264] Ein analoger Fall aus der Spätzeit Israels: Der mit Israeliten zusammenlebende Fremdling darf Jahwes Namen nicht lästern. An einem Rechtsfall wird der entsprechende Rechtssatz Lev 24,10ff., bes. 16, illustriert. Dieser Fall zeigt an, daß auch für das Konnubium gewiße Voraussetzungen galten.

[265] Unsere Zeit kennt kaum mehr Rituale, allenfalls Feste zu Gelegenheiten, die früher rituell begangen wurden. Dementsprechend suchen die Wissenschaftler in der Bibel keine Rituale, sie gehen von Texten aus, die sie auf ihre Vorgeschichte oder Auswirkung untersuchen, was eine enorme Verengung darstellt.

Jakob kommt nach Sichem und bekommt im Traum eine Weisung, sich nach Bethel zu begeben. Dort soll er für Gott einen Altar aufbauen. Daraufhin befiehlt er, daß man alle Götzen ablegen, sich reinigen und die Kleider wechseln soll. Die abgegebenen Götzen vergräbt er unter der Eiche von Sichem. Daraufhin macht er sich auf den Weg nach Bethel. Über die Einwohner des Landes kommt der Gottesschrecken. Sie jagen den Jakobsleuten nicht nach.

1.3.1 Dem Zusammenhang nach wallfahren Jakob und seine Söhne hier erstmals im verheißenen Lande zur Anbetung Gottes nach Bethel. Es ist vorausgesetzt, daß sie in Aram anderen Göttern dienten.[268] Diese legen sie auf Geheiß Jakobs ab, um in Bethel vor dem Gott Israels zu erscheinen. Jakob nimmt also in Sichem seine Söhne in die Kultgemeinschaft des Gottes Israels auf, wie später Gerschom durch die Beschneidung fähig gemacht wird, zum Gottesvolk nach Ägypten mitzuziehen (Ex 4,24-26).[269] Es war in Israel üblich, daß man sich vor einem großen Fest heiligte und die Kleider wusch (Ex 19,10f.).[270] Hier erfolgt zunächst eine – doch wohl durch ein Tauchbad vorzustellende – Reinigung und ein Kleiderwechsel, möglicherweise sogar das Anlegen einer besonders gearteten Kleidertracht.[271] Die Erzählung will für all jene beispielhaft wir-

---

[266] De Vaux, Lebensordnungen, 108 vermutet hier einen Ritualakt: „(...) ein Aufgeben heidnischer Bräuche, genauso wie das Entfernen fremder Götter, das Josua – wiederum in Sichem – den Israeliten befiehlt, die Jahwe zu dienen wählten.“ Alt, Geschichte des Volkes Israel, 79-88 sah in der Erzählung noch die Ätiologie einer jährlichen Absage aller Israeliten an die fremden Götter vor der Wallfahrt von Sichem nach Bethel.

[267] Das Alter dieses Textes ist schwer zu bestimmen. Nach Blum, Komposition, 44 gehört der Text einer Redaktion nach DtrG an.

[268] Beispielhaft dafür ist der Terafim, den Rahel mit sich führt, Gen 31,19.

[269] Auf diese schwierige Stelle ist hier nicht weiter einzugehen. Vgl. die Kommentare und Meyer, περιτέμνω, 75.

[270] Vgl. dazu Beyerlin, Sinaitradition, 161-163. Im Unterschied zu Beyerlins Auffassung wird allerdings zwischen Gen 35,2 und Ex 19,10f. zu differenzieren sein. Auch sprachlich gehen die Texte nicht ganz parallel.

[271] Auch der antike Roman Joseph und Aseneth berichtet im Zusammenhang mit der Bekehrung der Aseneth von der Zerstörung der

ken, die sich als Fremde künftig in Israel aufnehmen lassen.[272]

1.3.2 Möglicherweise erfolgte in alter Zeit in Sichem die Aufnahme Fremder in das Gottesvolk. Dieses kündigt sich in Gen 34 an, und Gen 35,1-5 ergänzt: Neben die Beschneidung tritt die Absage an die fremden Götter. Zeichenhaft gibt der neu Aufzunehmende seine Götterbilder ab, die an geheiligter Stelle vergraben werden.[273] Dort üben sie zwar noch ihre Macht aus, aber diese Macht ist durch Jahwe überwunden und so haben sie über den, der sich Jahwe verschreibt, keine Gewalt mehr. Die Fremden werden in die Gemeinschaft Israels aufgenommen und unter den Schutz Jahwes gestellt. Vermutlich läßt die alte Erzählung noch erkennen, daß zu einem späteren Zeitpunkt die Aufnahme nicht mehr in Sichem erfolgte, sondern nach Bethel verlegt wurde, wo das Fest der Konstitution Israels gefeiert wurde. Dadurch entstand für jene, die ihre Götter in Sichem abgegeben hatten, eine Leerzeit. Sie hatten sich von ihren Göttern losgesagt, sollten aber erst in Bethel unter den Schutz des Gottes Israels treten. So berichtet der Erzähler, der Schrecken Gottes sei von Bethel aus über die

---

Götterbilder (Kap. 10), von der Reinigung mit Wasser und dem Anlegen eines neuen Gewandes (Kap. 14).

[272] Vermutlich hat diese Erzählung eine weitere Wirkung gehabt, nämlich zu zeigen, wie man sich verhalten soll, wenn man als Israelit aus der Fremde kommend wieder ins gelobte Land eintritt.

[273] Archäologisch konnte nur das Vergraben beschädigter Götter unter dem Altar eines Tempels nachgewiesen werden, vgl. Keel, Vergraben. Was der Erzähler wußte und was er davon verstand, bleibt offen. Die theologische Aussage ist eindeutig. Der „merkliche Sprung“ zwischen der Aufforderung, die fremden Götter zu begraben und dem darauffolgenden sorgfältigen Vergraben der Götterbilder und der Ohrringe“, Keel, Vergraben, 329 ist gerade für einen guten Erzähler typisch, der nicht alles genau wiederholt, sondern in der Erzählung variiert. Daß es sich hier wegen des ständigen Rückbezugs um eine Bildung des Redaktors handelt, der Ex 19,10f. und Jos 24,14 kombiniert, so Westermann, Genesis II, 668.670, ist wenig wahrscheinlich.

Bewohner des Landes gekommen.[274] Die neu Aufzunehmenden unterstehen noch nicht dem Schutze Jahwes und doch sind sie nicht ohne Schutz.

1.3.3 Wurden die Fremden Israels nach Ablegen der fremden Gottheiten in die Gemeinschaft aufgenommen, so wurde die Anbetung solcher Götter durch einen Israeliten mit Bannung (Ex 22,19)[275] oder Ausrottung (Dtn 17,2–7) geahndet. Die relativ späte Forderung dieser Art im Deuteronomium zeigt an, daß der Bericht in Gen 35,1-5 entweder nur begrenzte Wirkung hatte oder erst spät in dieser Form festgelegt wurde.

1.3.4 Das positive Gegenstück zum Ablegen fremder Götter ist das Bekenntnis zum Gott Israels. Sowohl die Hure Rahab (Jos 2,9f.) als auch die Gibeoniten (Jos 9,9f.) sprechen ein Credo, das die Errettung aus Ägypten durch Jahwe und die Gabe des Landes zum Inhalt hatte. Die Sätze sind sehr ähnlich formuliert und zeigen an, daß zumindest in deuteronomistischer Zeit, als sie formuliert wurden,[276] das Bekenntnis zum Gott Israels eine gewiße Bedeutung hatte, wenn man mit dem Gottesvolk in Beziehung treten wollte.[277] Allerdings ist nicht auszuschließen, daß das Sprechen eines Bekenntnisses zum Gott Israels in solchem Zusammenhang viel älter ist als die jetzige Formulierung. Die Schreiber waren in weit höherem Maße als angenommen von lebendigen Traditionen, Sitten und Bräuchen geprägt. Aber es handelt sich in beiden Fällen nicht um eine reguläre Aufnahme in Israels Gemeinschaft, da Rahab eine

---

[274] Klein, Leseprozess als Bedeutungswandel, 213 erklärt die Erwähnung des Gottesschreckens von Gen 34 her: Verhinderung möglicher Verfolgung der Sichemiten.

[275] In seiner bekannten Konjektur zu Ex 22,19 meinte Alt, Ursprünge des altisraelitischen Rechts, 311f., daß die Anbetung (Opfer) sogar mit dem Tode bestraft wurde. Er rekonstruierte: „Wer andern Göttern opfert, muß getötet werden."

[276] Noth, Überlieferungsgeschichtliche Studien, 41.43 findet, daß Jos 2,10b und 9,9bβ.10 deuteronomistisch sind.

[277] Bächli, Aufnahme von Fremden, 21-26 hat sogar gemeint, daß am Heiligtum von Gilgal Fremde in die Kultgemeinschaft Israels durch das Sprechen dieses Credos aufgenommen wurden.

Frau war, die nicht in die durch Männer konstituierte Kultgemeinschaft gehörte, während im zweiten Falle gesagt wird, daß die Gibeoniten in ein Dienstverhältnis treten. Sie werden also nicht als Vollmitglieder der Volks- und Kultgemeinschaft aufgenommen. Rut aber ist ein Vollmitglied Israels durch die Heirat mit einem Israeliten und wird es wieder, weil sie sich mit dem Bekenntnis: „Dein Volk ist mein Volk und dein Gott ist mein Gott" dafür entscheidet. Für eine Frau ist dieses Bekenntnis für die Zugehörigkeit zum Gottesvolk ausreichend, natürlich weil diesem Bekenntnis die entsprechenden Schritte folgen.

1.4 Ein nächster Bericht spielt ebenfalls in Sichem, spricht aber nicht von der Aufnahme Fremder, setzt sie vielmehr voraus. Es handelt sich um die Erzählung vom Landtag zu Sichem Jos 24, ein Text, der des öfteren mit dem zuvor behandelten Bericht Gen 35 zusammen gesehen wurde[278]: Josua beruft ganz Israel nach Sichem zusammen. Er hält dem Gottesvolk eine lange Predigt über Jahwes Heilstaten und fordert sie auf, den Göttern jenseits des Stromes abzusagen. Er selbst wolle sich mit seinem Hause zu Jahwe halten. Das Volk könne sich freilich einen anderen Gott erwählen. Als sich das Volk für Jahwe entscheidet, macht Josua ihm zunächst seinen Entschluß schwer. Doch nimmt er ihn auf die wiederholte Erklärung hin an und ruft Steine zu Zeugen der Erklärung auf.

1.4.1 In Sichem erscheint „das als Einheit vorgestellte Israel", das „Jahwe zwar schon längst (kannte), weil es ja seine Führung erfahren hatte (2-13); aber es hatte ihm bisher noch nicht gedient, d.h. bisher noch keinen offiziellen Kult für Jahwe eingerichtet, weil es noch nicht in diesem Lande war, in dem der ‚Dienst' erst richtig möglich wurde".[279]

---

[278] Nach Blum, Komposition, 60 ist Jos 24 als Abschluß des Hexateuch durch DtrG konzipiert, Gen 35 setzt Jos 24 voraus. Dagegen mit Recht Seebaß, Vätergeschichten II, 440 mit dem Hinweis darauf, daß in Gen 35 das Ablegen der Götter Kanaans fehlt.

[279] So Seebaß, Vätergeschichten I, 6f.

1.4.2 Wie für Jakobs Söhne soll also auch für Israel Jahwes „Dienst“ erst entstehen. Doch werden die versammelten Israeliten nicht als Diener anderer Götter vorgestellt. Darum werden sie nicht aufgefordert, diese Götter abzulegen, sich zu baden und die Kleider zu wechseln. Vielmehr wird die Kultgemeinschaft Israels nach dem Modell der Aufnahme Fremder konstituiert. Sie sind noch nicht „Diener Jahwes“, auch Josua selbst muß sich für diesen Dienst erst entscheiden.
Nimmt man hinzu, daß die Sprache dieses Kapitels so sehr deuteronomistisch ist, daß es nicht gelingen will, eine Vorlage zu erarbeiten[280], so kann man schließen, daß dem Verfasser als Quelle so etwas wie eine Agende zur Aufnahme Fremder vorlag, die folgende Schritte vorsah:
1. Versammlung der Aufzunehmenden (V.1f.);
2. Predigt über Jahwes Heilstaten (V.2-13);
3. Aufforderung, sich zu entscheiden (V.14);
4. Erklärung des Aufzunehmenden: „Ich und mein Haus, wir wollen Jahwe dienen“ (V.15)[281];
5. Begründung dieser Erklärung (V.17f.);
6. Erschwerung des Beitritts, Drohung mit Jahwes Zorn (V.19f.);
7. Erneuerung des Beitrittswunsches (V.21);
8. Anrufung der Zeugen und Vollzug der Aufnahme (V. 22-24).

1.4.3 Die Predigt erfolgte frei, möglicherweise aufgrund einiger Anhaltspunkte. Die Erklärungen der Aufzunehmenden wie die kurzen Bemerkungen dessen, der die Aufnahme vollzog, waren indes gebunden. Vor der Aufnahme wurden die Anwärter instruiert, wie sie sich zu verhalten

---

[280] Vgl. Perlitt, Bundestheologie, 239ff.

[281] Halbe, Privilegrecht, 334, Anm. 7 hält freilich Jos 24,15 für eine kultische Formel, in der sich einer stellvertretend für das Volk unterwirft. V.19–24 hält er für einen Abrenuntiationsritus (S.139, Anm. 159) und meint, daß in diesem Abrenuntiationsritus der „Sitz im Leben“ der Wendung „eifriger Gott“ zu suchen sei. Damit bleibt J. Halbe noch in der Nähe A. Alts. Der „Sitz im Leben“ der Formel „eifriger Gott“ dürfte eher bei der Aufnahme Fremder zu suchen sein. Ihnen wird eingeschärft, welche Folgen ein Rückfall hat.

und was sie zu sagen hätten.[282] In die Kultgemeinschaft Israels wurde der Hausvater aufgenommen. Das „Haus“, d.h. die Frauen, Kinder und Sklaven, gehörte dazu.[283]

1.4.4 Von diesem Ritual her wird sowohl die deuteronomistische Sprache als auch der Bericht selbstverständlich. Seine Voraussetzung war die, daß sich Israel nach der Landnahme als Kultgemeinde Jahwes konstituierte, wobei dieses nicht anders geschehen konnte als es bei der Aufnahme Fremder immer wieder erlebt wurde. Daß es zur Zeit Josuas ebenso geschehen sei, wurde vorausgesetzt. Im Mittelpunkt der Aufnahmehandlung aber stand das Versprechen, *Jahwe zu dienen.* Dies war das Herzstück israelitischen Glaubens.

1.5 Die Vorschrift Dtn 23,2-3 hält fest, wer nicht in die Gemeinde (קָהָל, qahal) Jahwes, gemeint ist hier die Versammlung der kult- und wehrfähigen Männer,[284] aufgenommen werden darf. Sie beschreibt also negativ unter einem ganz bestimmten Aspekt, was bisher positiv betrachtet werden konnte. Vermutlich ging es ursprünglich um die Aufnahme in den Heerbann,[285] doch schloß diese die Vollmitgliedschaft der Männer Israels in das Gottesvolk ein. Schon die Aufnahme in das Deuteronomium aber denkt an die „Gemeinde“ Israels, denn die Vorschrift gehört in den Rahmen des Gemeindegesetzes mit Blick auf sexuelle Fragen.[286] Der Text hält fest: Entmannte und Verschnittene[287] dürfen nicht aufgenommen werden. Aber es handelt sich

---

[282] Man denke zur Veranschaulichung an die vorbereitenden Gespräche für Taufen oder Trauungen.
[283] Vgl. dazu Stuhlmacher, Philemon, 73f.
[284] Rad, Deuteronomium, 104.
[285] Vermutlich beschränkte sich die älteste Vorschrift auf 23,2.3a oder 23,2-3. Bultmann, Der Fremde, 165 rechnet zum Grundbestand 23,2.3a.4a.9 (evtl. 2-4.9).
[286] Vgl. Hossfeld/Kindel, קָהָל, 1211.
[287] Wörtlich V.2f.: „Es darf nicht eintreten in die Gemeinde Jahwes einer, der durch Zermalmung zerstoßen (‚d.h. mit zerquetschten Hoden’, Gesenius, Hebr. Handwörterbuch, 653) ist, und mit abgeschnittener Harnröhre. Auch ein Mischling darf nicht eintreten …“

dabei kaum um Eunuchen[288] und deren Zugehörigkeit zum Gottesvolk. Denn solche gehörten, insofern sie als Königssklaven am Hof der israelitischen Könige dienten, zu Israel.[289] Es sind vielmehr solche, die durch einen Unfall oder durch menschliches Eingreifen ihre „genitale und genetische Kapazität“[290] verloren haben. Wie bei den Opfertieren die Hoden nicht verletzt sein durften, sollten auch die Mitglieder des Gottesvolkes hierin intakt sein.[291] Da bei den „Verschnittenen“ ausdrücklich von Nachkommen in Generationenfolge gesprochen wird,[292] wird man kaum um die Annahme herumkommen, daß an Familienväter gedacht ist, die durch einen Unfall oder mehr noch im Zuge einer rituellen Kastration verstümmelt wurden. Aus dem Kybele-Kult Phrygiens wissen wir, daß Männer solche Verstümmelungen am Höhepunkt des Festes vornahmen und der Göttin Männerkleider anlegten, offensichtlich um die Unterschiede zwischen Mann und Frau zu verwischen.[293] Möglicherweise hat es auch im kanaanäischen Fruchtbarkeitskult solche Verstümmelungen gegeben, oder der Kybele-Kult hatte in Kanaan Anhänger, wie er sie auch

---

288 Anders freilich Nielsen, Deuteronomium, 220.

289 Vgl. 2Kön 9,32. Dort sind die *sarîsîm* ziemlich sicher Kastraten. An den meisten Stellen meint das Wort *sarîs* einfach den Hofbeamten.

290 Müller, קָהָל, 615.

291 Stählin, ἀποκόπτω, 853, 34. Ebenso Rad, Deuteronomium, 105 mit Hinweis auf Lev 21,16ff.

292 Vgl. 23,3b.4.: „auch nicht im zehnten Glied“.

293 Vgl. Haufe, Mysterien, 115: „Die bereits Verschnittenen (galli) versetzten sich (…) in wilde Raserei (…) Die Novizen entmannten sich mit archaischen Instrumenten, um in den Kreis der galli aufgenommen zu werden. Offenbar wollte man die Überwindung aller Geschlechtlichkeit demonstrieren. Dem diente wohl auch der merkwürdige Brauch der Verschnittenen, Frauenkleider anzulegen, während die Göttin Männerkleider trug.“ So auch Nielsen, Deuteronomium, 220. Sehr vorsichtig drückt sich Fohrer, Jesaja, 184 zu Jes 56 aus: „Manchmal sind solche Verstümmelungen auch im Zusammenhang mit den Bräuchen anderer Religionen vorgenommen worden.“ An kultische Selbstverstümmelung denkt auch Kedar-Kopfstein, saris, 954. Zu den Galli der Kybele vgl. auch Stählin, ἀπο̂ κόπτω, 853, 12f.

in Rom hatte. Der Begriff „Mischling, Bastard“ (Dtn 23,2) kann dann nur den Sohn einer Tempeldirne bezeichnen.[294] Mit der Forderung des Ablegens fremder Götter verbindet Israel seine Abscheu vor dem kanaanäischen Fruchtbarkeitskult. Fremde, die das Zeichen dieses Kultes trugen, durften nicht in die Gemeinschaft Israels aufgenommen werden.

1.6 Diese Vorschrift wurde später nicht mehr verstanden. Darum hat man sie auf Ammoniter und Moabiter bezogen (Dtn 23,4-5a), die als Abkömmlinge unzulässiger Zeugung galten (Gen 19,30).[295] Damit wird „aus einer relativ offenen politischen Gemeinschaft (…) eine stärker exklusive religiöse Gemeinde.“[296] Doch war das wiederum bald anstößig; man verspürte die Notwendigkeit, dieses Gebot heilsgeschichtlich mit dem Hinweis auf das Hinzuziehen Bileams zur Verfluchung Israels zu begründen (Dtn 23,5bc.6).

1.7 In nachexilischer Zeit hat ein unbekannter Prophet den „Verschnittenen“ (סָרִיסִים, sarîsîm) und Fremden, die Jahwes Sabbate halten und sein Gesetz beachten, Heil verkündigt und ausgesprochen, daß sie zum Gottesvolk gehören dürfen (Jes 56,4-6).

1.7.1 Man hat gemeint, daß damit Dtn 23,2 außer Kraft gesetzt werden solle.[297] Doch ist dies nicht der Fall. Das Wort *sarîs* meint eindeutig den Eunuchen,[298] der sich, weil am fremden, nichtisraelitischen Königshofe tätig, aus Israel

---

[294] So auch Hossfeld/Kindel, קָהָל, 1211.

[295] Klgl 1,10 blickt offensichtlich auf diese Vorschrift zurück und zeigt damit ihr vorexilisches Alter an.

[296] Grätz, Zuwanderung, 310.311.

[297] So Westermann, Jesaja, 250: „Die alte Bestimmung Dtn 23,2 wird außer Kraft gesetzt.“ Ähnlich Müller, קָהָל, 615: „(…) die alten strengen Zulassungsbestimmungen lockert.“ Vgl. auch Donner, Jesaja, 81-95; Kraus, Jerusalem, 73.

[298] An dieser Stelle ist das eindeutig, an anderen Stellen werden damit einfach die Hofleute bezeichnet, wobei freilich nicht auszuschließen ist, daß sie Eunuchen waren, vgl. Kedar-Kopfstein, saris. Zu jüdischen Eunuchen vgl. Bultmann, Der Fremde, 209.

entfernt weiß.[299] Ihm wird zugesagt, daß er kein verdorrter Baum sei, er vielmehr ein Mahnmal erhalten werde im Hause Jahwes (Jes 56,1-8). Ebenso werden die Fremden, die den Sabbat und das Gesetz halten, zum heiligen Berg, zum Hause Gottes herbeigerufen. Wer Jahwe dient (56,6) – die Formel kehrt bemerkenswerterweise wieder – darf sich zu Israel zählen.[300]

1.7.2 Die Tatsache, daß der Prophet in diesem Zusammenhang die Beschneidung ausgelassen hat und auch nicht vom Ablegen fremder Götter spricht, dafür aber davon, daß sie „am Bund festhalten" (Jes 56,6), zeigt an, daß es sich um Menschen handelt, die grundsätzlich zu Israel gehören, aber einen Makel aufweisen. Der Text hat eine große werbende, missionarische Kraft. Der Sabbat gilt in dieser Zeit, wie uns die im gleichen Zeitabschnitt abgefaßte Priesterschrift lehrt, als Teil der Schöpfungsordnung. In der Sabbatübertretung sieht Israel in der Folgezeit eine Todsünde (Num 15,32-36). Zur Beschneidung und zum Ablegen fremder Götter kommt also das Sabbathalten hinzu.

1.7.3 Setzt sich Israel zur Zeit Esras und Nehemias für die Säuberung Israels von den Fremden ein und fordert sogar die Auflösung der gemischten Ehen (Neh 9f.), so plädiert das Buch Rut erneut für Verständnis für ausländische Frauen, die sich zum Gott Israels bekennen (Rut 1,16) und verlängert damit die Jes 56 ausgesprochene Offenheit Israels auf die Frauen, die sowieso keiner Beschneidung bedürfen.[301]

1.8 Diese Sicht der Dinge bleibt bis in die Zeit des NT weitgehend unverändert. Als Bedingung für die Aufnahme Fremder gilt die Beschneidung,[302] das Ablegen fremder

---

[299] Kedar-Kopfstein, saris, 954 rechnet damit, daß die genannten Eunuchen „Opfer des blutigen Brauchs" waren, Gefangene zu entmannen, vgl. Jes 39,7.

[300] Zur Sache vgl. noch Ruszkowski, Volk und Gemeinde, 132-137.

[301] Ausführlicher dazu Grätz, Zuwanderung, 305f.

[302] Est 8,17 LXX wird die Aufnahme in das Judentum sogar als Beschneidung bezeichnet. Vgl. dazu und zur politischen Komponente

Götter und die Verpflichtung auf den Sabbat, auf das Gesetz. Zum Vollzug der Aufnahme rechnet man im Judentum die Beschneidung, das Tauchbad[303] und ein Opfer.[304] Von hier aus wird verständlich, daß es zur Zeit des Antiochus IV. Epiphanes zu Aufständen kommt,[305] als die Beschneidung und das Sabbathalten verboten und in Jerusalem ein Götterbild aufgestellt wird (1Makk 1f.). Israel ist in seinem Kern getroffen. Denn die Aufnahmebedingungen für die Fremden sind gleichzeitig die Identitätszeichen des Gottesvolkes. Die Handhabung der Aufnahmebedingungen dürfte aber in der Diaspora und im Kernland verschieden gewesen sein, wie der Bericht des Josephus von dem Übertritt des Königs Izates von Adiabene zur Zeit des Claudius (Jos. Ant. 20. 2,3-5) ahnen läßt. Der einheimische Glaubenslehrer Ananias hält einen Übertritt ohne Beschneidung für möglich, da der König die „gottesdienstlichen Gebräuche der Juden" befolge, der Galiläer Eleasar aber fordert den Vollzug der Beschneidung mit der Begründung, daß er sich andernfalls „gegen das Gesetz und auch gegen Gott" verfehlt.[306]

2 Die Aufnahme in die urchristliche Gemeinde

Die christliche Gemeinde verstand sich als das eschatologische Gottesvolk und hat darum die Frage der Aufnahme neu geordnet. Dabei wurde im Laufe der Zeit auf die Forderung nach einer Beschneidung verzichtet. Das eschato-

---

des Übertritts zum Judentum Hengel, Judentum und Hellenismus, 560f.569.

303 Die Proselytentaufe ist erst in rabbinischer Zeit belegt, vgl. Wolff, Paulus an die Korinther, 40; Lindemann, Der erste Korintherbrief, 218.

304 Kuhn, προσήλυτος, 738f.; Vgl. Kraus, Jerusalem, 72: „Die Beschneidung ist als Bundeszeichen sichtbarer Ausdruck für den Eintritt in das Gottesvolk."

305 Für die Zeit des Antiochus vgl. 1Makk sowie Grundmann, Das palästinensiche Judentum, 145-155.

306 Zu diesem Bericht vgl. die sorgfältige Analyse von Marinkowič, Geh in Frieden, 16-18.

logische Gottesvolk hat den Geist als Zeichen der Neuschöpfung der Beschneidung am Fleisch vorgezogen.

2.1 Geht man vom Bericht des Mk aus, gehörte zur Aufnahme Neuer in die Gemeinschaft um Jesus die Verkündigung der Heilsbotschaft mit Umkehrforderung und die positive Reaktion der Betroffenen, „Glauben an das Evangelium“ (Mk 1,15). Relativ früh dürfte die Taufe hinzugekommen sein, zunächst wohl in Anlehnung an die Taufe des Johannes, dann aber auch durch Übernahme von Waschungen bei der Aufnahme Fremder im Judentum, der sogenannten Proselytentaufe.[307] Der Bericht zu Beginn der Apostelgeschichte über die Gründung der ersten Gemeinde zu Pfingsten (Apg 2) verarbeitet bereits die Aufnahmepraxis der christlichen Gemeinden. Danach geht der Aufnahme in das eschatologische Israel zunächst, wie bei der Erzählung Jos 24, eine längere Predigt voraus (Apg 2,14-36), die Betroffenheit bei den Zuhörern bewirkt (Apg 2,37). Es folgt ein Aufruf, Buße zu tun und sich auf den Namen Jesu taufen zu lassen (Apg 2,38). Zu dieser Aufnahme gehört also a) eine Predigt, b) der Wunsch zur Umkehr und c) der Akt der Taufe.[308]

2.2 Diese neue Gemeinde Jesu sah sich sehr bald auch zur Mission an den Völkern gerufen. Damit stellte sich die Frage, ob und inwiefern die drei überlieferten Bedingungen zur Aufnahme Fremder, nämlich Absage an die Götter, Beschneidung und Sabbathalten und die Elemente beim Vollzug derselben, nämlich Tauchbad, Beschneidung und Opfer noch gelten. Sie wurde differenziert beantwortet:

2.2.1 Vom Halten des Sabbats wußte sich die Gemeinde befreit, da Jesus am Sabbat Heilungen vollzogen und den Menschen über den Sabbat gestellt hatte (Mk 2,27; 3,1-6).

---

307 So mit Avemarie, Tauferzählungen, 213.

308 Der Missionsauftrag des Auferstandenen am Ende des Matthäusevangeliums (Mt 28,18f.) sieht die Sache ähnlich. Dort weist der Auferstandene an, a) Jünger (durch Predigt) zu machen, b) sie zur Taufe zu bewegen und c) zu lehren. Es liegt wohl ein ähnliches Muster vor.

Eine Forderung zum Halten des Sabbats durch Jesusjünger gibt es im NT nicht mehr.

2.2.2 Das Darbringen von Opfern,[309] das nur in Jerusalem möglich war, wurde in der Diaspora durch das Verlesen der Opfervorschriften ersetzt.

2.2.3 Dem Tauchbad gab die Gemeinde im Verständnis als christliche Taufe eine neue Bedeutung.

2.2.4 Die Absage an die Fremden Götter wurde beibehalten. Das macht 1Thess 1,9f. deutlich, wo im Rückblick festgestellt wird, daß sich die Gemeindeglieder als ehemalige Heiden[310] von den Göttern losgesagt haben, um dem lebendigen Gott zu dienen und auf die Wiederkunft des Gottessohnes zu warten, den er von den Toten auferweckt hat. Der Kurzbericht (1Thess 1,9f.) enthält darin vermutlich alte, vorpaulinische Elemente der Missionssprache.[311] Die Aufnahme der Heiden in die Gemeinde ist danach verbunden gewesen mit der Absage an die Götter und das Versprechen, Gott zu dienen. Die Formulierung „Gott dienen" ist aus dem Judentum übernommen. Die Erwartung der Parusie Jesu ist urchristlich (vgl. auch Apg 17,31), die Hervorhebung seiner Auferstehung aber blickt auf 1Thess 4,13-18 voraus. Insofern kann man voraussetzen, daß die Absage an die fremden Götter und das Eintreten in den Dienst Gottes samt Erwartung der Parusie Jesu zu den Voraussetzungen der Aufnahme von Heiden in die christliche Gemeinde in der Anfangszeit gehörte. Wahrscheinlich

---

[309] Daß Christen auch nach ihrer Bekehrung Opfer dargebracht haben, zeigen Stellen wie Apg 21,26; 24,17, ebenso Mt 5,23f. und Mk 1,44. Um so bemerkenswerter ist es, daß nirgends eine Andeutung zu finden ist, nach der die Taufe mit einem Opfer verbunden wurde. Vermutlich hat schon der Täufer nach seiner Taufe kein Opfer mehr gefordert.

[310] Blumenthal, 1Thess 1.9b-10, 96-105 plädiert dafür, daß auch Gottesfürchtige hier angesprochen sind.

[311] Haufe, Thessalonicher, 28; Seeberg, Katechismus, 82f. hatte darin einen Anklang an ein Glaubensbekenntnis vermutet. Vorsichtig abgelehnt wird dies von Dobschütz, Thessalonicherbriefe, 76-80, wiewohl er den auffällig unpaulinischen Sprachgebrauch feststellt.

ist aber sehr bald an die Stelle der Absage an die heidnischen Götter das Bekenntnis zu Jesus als dem Herrn (Röm 10,9) oder zum Gottessohn (Mt 14,33) getreten.

2.2.5 Inwiefern bei der Aufnahme von Heiden in die christliche Gemeinde die Beschneidung praktiziert werden muß, ist längere Zeit umstritten gewesen. Dem Verzicht, die Beschneidung als Voraussetzung zur Aufnahme in das eschatologische Gottesvolk anzusehen, muß ein relativ langer Reflexionsprozeß vorausgegangen sein. Die Promotoren dieser Entwicklung waren die Leute aus dem Kreise um Stephanus. Auf sie geht die Gründung der griechisch sprechenden Gemeinde in Antiochia zurück (Apg 11,19). Sie waren Hellenisten, hellenistisch geprägte Judenchristen, die relativ früh, wahrscheinlich durch bestimmte alttestamentliche Traditionen geprägt, die Beschneidung nicht mehr als notwendig erachteten. Vermutlich hatte ihre Initiative mehrere Wurzeln:

– Die Ankündigung durch die alttestamentlichen Propheten einer endzeitlichen Umwandlung des Gottesvolkes;[312]

– Die Spiritualisierung des Kultusbegriffes im hellenistischen Judentum, wobei man dafür alttestamentliche Traditionen anführen konnte (Lev 26,41; Dtn 10,16; 30,6; Jer 4,4; 6,10; 9,25; Ez 44,7; 1QS 5,5.26);[313]

– Die geistliche Neuauslegung der Beschneidung als Beschneidung der Herzen (Dtn 10,16; 30,6; Jer 4,4);

– Die hohe Wertschätzung, die im hellenistischen Judentum der Geist vor dem Fleisch, dem Irdischen hatte;

– Die christliche Deutung des Todes Jesu als Sühnegeschehen für die zuvor geschehenen Sünden (Röm 3,25). Die

---

312 Kraus, Jerusalem, 121, der dafür Texte wie Jes 43,19; 65,16-25; 66,22; 1QS 4,25; 1QH 13,11f.; 1QT 29,7-10; 1Hen 72,1; Jub 1,29; 4,26 anführt.

313 Vgl. Horn, Beschneidung, 492. „Ein wahrer Proselyt ist, wer Begierden, Freuden und Leidenschaften der Seele beschneidet, nicht die Vorhaut“, sagt Philo zu Ex 2,21 (Questiones et solutiones in Exodus 2,2). Siehe weiter 1QpHab XI,13; Jub 1,23 und die Belege, bes. zu Philo, bei Bill III 126, und dazu Lohse, Römerbrief, 114.

sühnende Wirkung der Beschneidung war somit nicht mehr nötig;[314]

– Das Nachdenken über die Abrahamskindschaft. Diese hatte schon der Täufer (Lk 3,8) hervorgehoben. Sie spielte bei der Ausbreitung der Mission offensichtlich eine große Rolle. Denn die missionierenden Christen gingen zu den Samaritanern (Apg 8) und Paulus versuchte seine Mission zunächst bei den Arabern, die als Nachkommen Ismaels galten.[315] Erst daraufhin ging er die Missionierung von Heiden an. Die Verheißung von Gen 12,1-3 ist dabei offensichtlich bald herangezogen worden. Die Tatsache, daß der Glaube Abrahams (Gen 15,6) dem Bericht der Genesis nach der Beschneidung vorausging (Gen 17), war möglicherweise die entscheidende Erkenntnis.

Auslöser aber für den Verzicht auf die Beschneidung war mit hoher Wahrscheinlichkeit die Geisterfahrung der ersten Christen,[316] die als Beschneidung des Herzens verstanden werden konnte, insofern sie den Menschen zur „neuen Schöpfung" werden ließ. Dies ergibt sich nicht nur aus Gal 6,15 (vgl. 2Kor 5,17), wo die Beschneidung zugunsten der „neuen Schöpfung" relativiert wird, sondern ebenso aus Gal 3,2, wo Geistbegabung und Evangeliumspredigt eng verbunden und von den „Gesetzeswerken" abgesetzt werden, sowie aus Röm 2,29, wo Paulus von der Beschneidung der Herzen spricht und diese als Geistgeschehen interpretiert.[317]

In dieselbe Richtung weist die aus einer anderen Tradition stammende Erzählung über die Bekehrung des Haupt-

---

[314] Zur sühnenden Wirkung der Beschneidung vgl. Kraus, Jerusalem, 116.

[315] Kraus, Jerusalem, 95.

[316] Wehnert, Reinheit, 255 betont mit Recht, daß an die Stelle der Beschneidung der Geist trat.

[317] Kraus, Jerusalem, 129 vermutet aufgrund von Kol 2,11-14, daß es eine frühe „hellenistisch-urchristliche Vorstellung" gegeben hat, welche die „christliche Taufe" als „Beschneidung Christi" in Analogie zur atl. frühjüdisch belegten „Herzensbeschneidung" verstehen und der „mit Händen gemachten Beschneidung" absagen wollte. Wahrscheinlicher ist, daß es sich um eine Weiterentwicklung paulinischer Gedanken handelt, vgl. Hahn, Taufe und Rechtfertigung, 100, Anm. 20; 106, Anm. 43; 110, Anm. 58, jetzt in Hahn, Studien, 246, Anm. 20; 252, Anm. 43; 256, Anm. 58.

manns Kornelius (Apg 10,1-11,18). Auch sie geht von dem Geistereignis aus, das die Beschneidung unnötig macht, wiewohl von Beschneidung nicht gesprochen wird. Petrus sieht nach dem Bericht des Lk in der Gabe des Geistes das Zeichen dafür, daß die Taufe vorgenommen werden und die Eingliederung in die Gemeinde erfolgen kann (Apg 10,47). Die mündliche Erzählung, die Lukas vorfand und in seine Sprache kleidete,[318] war wahrscheinlich schon lange Zeit vorher im Umlauf. Man kann sie in die späten dreißiger Jahre datieren.[319]

Diese Erzählung verdeutlicht, daß die Aufnahme von Heiden in die christliche Gemeinde ohne Beschneidung nach Gottes Willen geschah und nicht auf eigene Initiative des Petrus.[320] Durch die Anweisung Gottes in der Vision und die Art, wie die Bekehrung des Kornelius dann berichtet wird, ist der Wille Gottes hinter diesem Ereignis deutlich erkennbar. Das bedeutet, daß die Geistbegabung und nicht die Taufe an die Stelle der Beschneidung trat.[321]

Der Durchbruch zu dieser Einsicht erfolgte beim Apostelkonzil: Der Heide Titus mußte nicht beschnitten werden (Gal 2,2). Lukas hat in seinem Bericht vom Apostelkonzil (Apg 15) der Bekehrung des Kornelius in der Petrusrede (Apg 15,6-11) eine hervorgehobene Stellung eingeräumt. Darin liegt wahrscheinlich eine gewiße Überbewertung,[322]

---

[318] Vgl. die Aufreihung der Lukanismen bei Avemarie, Tauferzählungen, 352-357.

[319] Vgl. Avemarie, Tauferzählungen, 393.

[320] Vgl. Haenchen, Apostelgeschichte, 405: „Auch wenn die Gemeinde in jenen Ereignissen keine Aufforderung Gottes gesehen hätte, nun mit der gesetzesfreien Mission zu beginnen, so hätte es doch in dieser Gemeinde dann nicht mehr zu einer Bestreitung dieser Mission kommen können, als eine andere – Antiochia – diesen Auftrag als den ihrigen erkannte und ihm gehorchte."

[321] Berger, Geist. Von hier aus scheint es mir nicht möglich, die Bekehrung des äthiopischen Eunuchen als die eines vormaligen Heiden, so Roloff, Apostelgeschichte, 139, bzw. eines interessierten Nichtjuden, so Avemarie, Tauferzählungen, 280f., anzusehen. Richtiger Jervell, Apostelgeschichte, 271: „Es ist ganz klar, daß Lukas ihn als beschnitten ansieht". Die Erzählung weist nirgends darauf hin, daß das Hindernis der Beschneidung überwunden werden mußte.

[322] Sie ist verständlich, wenn man annimmt, daß Lukas aus Cäsarea stammt. Vgl. dazu Klein, Lukasstudien, 20.

doch macht sie deutlich, wie schwierig und folgenreich die entsprechende Entscheidung war, und daß sie dem Willen Gottes entsprach. Die Unruhen in Galatien zeigen, daß die Beschneidung von anderen Missionaren weiterhin gefordert wurde. Ihre Voraussetzung war: Wer dem eschatologischen Gottesvolk angehören will, muß zunächst Mitglied des alttestamentlichen Gottesvolkes sein.[323] Ihnen gegenüber hält Paulus mit einer formelhaften Aussage[324] fest, daß es bei den auf Christus Getauften keinen Unterschied mehr gibt: „Hier ist weder Jude noch Grieche, weder Sklave noch Freier, weder Mann noch Frau (...)“ (Gal 3,28) oder etwas später: „In Christus zählt weder Beschneidung noch Unbeschnittenheit (...)“ (Gal 5,6).
Wie sich dieser Geistbesitz bemerkbar gemacht hat, kann man allenfalls ahnen. Er könnte im Zusammenhang mit dem Ruf „Herr ist Jesus“ (Röm 10,9) oder „Jesus ist der Gottessohn“ (Mt 14,33; 1Joh 4,15) wahrgenommen worden sein. Denn nach Paulus ist der Ruf „Herr ist Jesus“ geistgewirkt (1Kor 12,3), das Bekenntnis zu Jesus als dem Gottessohn (Hebr 4,14) galt als von Gott offenbart (Mt 16,16f.). Inwiefern es bei der Taufe eine Rolle spielte, ist schwer zu sagen. Erst in den späten Handschriften von Apg 8,37 ist es bezeugt. Auf sichererem Boden befinden wir uns mit der These, daß die sich relativ rasch durchsetzende enge Verbindung von Taufe und Geistesgabe dazu geführt hat, daß die Geisttaufe an die Stelle der Beschneidung trat. Der Hebräerbrief, der als Grundlegung für die Aufnahme der Heiden Buße, Glaube an Gott und gläubige Annahme der Lehre von Taufe, Handauflegung, Auferstehung und ewigem Gericht ansieht (Hebr 6,1f.), setzt voraus, daß die Christen bei der Taufe „erleuchtet“ und „Teilhaber des

---

[323] Es handelt sich vermutlich um Christen, die sich etwa auf die gesetzesverschärfenden Worte Jesu beriefen, die in den Antithesen der Bergpredigt (Mt 5,21f.27f.33-37) enthalten sind. Vgl. dazu Klein, Bewährung, 154. Sie konnten zwar kein Jesuswort für ihre Sicht anführen, wohl aber eine bestimmte Gesetzesauslegung durch Jesus, die nicht auf Beseitigung von Forderungen des Gesetzes, sondern auf deren Vertiefung ausgerichtet war.

[324] Zur Übernahme einer Tauftradition, vgl. Schrage, Kreuzestheologie, 26; Koch, Hellenists, 291.

Heiligen Geistes" wurden (Hebr 6,4).[325] Die Akzente mögen verschieden gewesen sein, die Praxis der Aufnahme in die Gemeinde war vergleichbar.

2.3 Offensichtlich ist die Gabe des Geistes immer stärker mit der Taufe verbunden worden.[326] Für die Zeit des Lukas spricht vor allem die Darlegung des Taufgeschehens in Apg 2,38. Aber bereits 1Kor 6,11 zeigt die enge Verbindung an, weil dort die Taufe auf den Namen des Herrn Jesus Christus mit dem Geistgeschehen eng verbunden wird. Dasselbe ergibt sich aus 1Kor 12,13, wo die Taufe „im Geist" beschrieben wird. Paulus setzt also die Verbindung von Taufe und Geistbegabung bereits voraus. Diese Kombination begegnet auch in Mk 1,9-11, einem Text, der nicht nur „christologische Relevanz" hat, sondern auch „Urbild der christlichen Taufe" ist.[327] Schon Mt kann darum auf die Erwähnung der Geistes*gabe* bei der Taufe verzichten,[328] zumal er die Beschneidung auch nicht erwähnt.[329] Bei der Aufnahme in die christliche Gemeinde geht es im späteren Christentum nur noch um die Taufe mit nachträglicher Belehrung. Diese machte deutlich, worum es beim *Dienst* des Herrn geht. Die Bereitschaft zum *Dienst* für diesen einen Herrn stand hinfort im Mittelpunkt. Aber als Unterscheidungskriterium spielte das Bekenntnis ebenso eine wesentliche Rolle (1Joh 2,22f.; 4,2.15; vgl. 2Joh 7). Das rechte Bekenntnis und das Leben im Dienst des Herrn wurden zu entscheidenden Merkmalen des Christentums.

---

[325] Vgl. Weiß, Hebräer, 342.

[326] Daß die beiden zunächst unverbunden nebeneinander vorhanden waren, zeigt Avemarie, Tauferzählungen, 167-174.

[327] Hahn, Theologie II, 509.

[328] Nach Mt wird man auch auf den Namen des Geistes getauft, d.h. man wird dem Geist wie dem Vater und dem Sohn übergeben.

[329] Luz, Matthäus 4, 452 stellt fest, daß wir nicht wissen, ob der Judenchrist Mt von den „Heiden auch die Beschneidung als Zeichen der Zugehörigkeit zu Israel verlangt hat." Wahrscheinlich ist es nicht.

3 Ergebnis

Die Aufnahme in das alttestamentliche Gottesvolk geschah schon in ältester Zeit im Zuge eines Ritus, in dem Beschneidung, Absage an die fremden Götter und ein Reinigungsbad vorgenommen wurden. Angehörige fremder Kultgemeinschaften konnten nicht in Israel integriert werden (Dtn 23,2). Die prophetischen Texte künden eine Aufnahme von Nichtisraeliten in das Gottesvolk an. Im NT gehört zur Voraussetzung der Aufnahme in das Gottesvolk die Hinwendung zu Gott und der Geistempfang, der mit der Taufe in Zusammenhang gebracht wurde. Die Beschneidung wird mit Hinweis auf den Geistempfang als nicht mehr nötig angesehen.

VI
Recht – Gesetz – Verhaltensnorm

Das israelitische Recht ist Gottesrecht. Mag es in grauer Urzeit einmal ein Sippenrecht gegeben haben, die Texte des AT setzen allesamt voraus, daß Jahwe es ist, der Recht setzt. Im Unterschied zu den altorientalischen Rechtskorpora, die „strikt säkular"[330] *sind, trennt es nicht zwischen rechtlichen und religiösen Normen. Wahrscheinlich aber hat es vor der Abfassung der alttestamentlichen Texte ein mündlich, teilweise sogar schriftlich überliefertes Gewohnheitsrecht gegeben, das dann ganz oder teilweise in die Schriften des AT aufgenommen wurde und damit insgesamt religiösen Charakter bekam.*[331] *Dieses so im Laufe der Zeit gewordene Gottesrecht wird nach den erhaltenen Texten von Jahwe Mose mitgeteilt, von diesem proklamiert, von Propheten partiell eingefordert, von Priestern vertieft, von Weisen erweitert, im NT von Jesus im Auftrage Gottes neu ausgerichtet, und durch Paulus in der Bindung an Christus als Verhaltensnorm neu initiiert.*

Ursprünglich so gedacht, daß das Gottesrecht Gemeinschafts- und nachher Volks- oder Staatsgesetz ist, wird das Recht besonders in der Zeit, wo das Staatsrecht von Ausländern ausgeübt wird, in Israel zum „Gesetz", das nur noch religiös funktioniert und bei staatlichen Behörden

---

330 Crüsemann, Tora, 18. Der Hammurapi-Kodex hat zwar eine religiöse Präambel, die aber nur die Einsetzung des Königs thematisiert. Der König hat im Auftrag Marduks für das Wohl des Landes zu sorgen, und darum schafft der König „Recht und Gesetz", s. AOAT, 383.

331 Vgl. Kaiser, Theologie 1, 300: „Die Vorstellung von dem grundsätzlich religiösen Charakter des Rechts ist Folge der Theologisierung des bürgerlichen Rechts. Diese begann mit der theologischen Begründung sozialrechtlicher Bestimmungen im Bundesbuch."

nicht mehr angewandt wird. Es wird zum Heilsweg.[332] *Dadurch erfährt es eine große Erweiterung und geistliche Vertiefung und gerät gleichzeitig in die Krise, weil die Diskrepanz zwischen staatlich garantiertem Recht und dem eingeforderten Gottesrecht immer größer wird. Das NT sucht einerseits die Überbietung der gesetzlichen Bestimmungen auf einer geistlichen Grundlage (Jesus und Mt), andererseits neue Verhaltensnormen, die nicht mehr „gesetzlich" sind (Paulus).*

1 Erschlossenes altisraelitisches Recht

Unter Recht verstehe ich im folgenden die Zusammenfassung von apodiktischen oder kasuistischen Rechtssätzen, deren Übertretung von einer irdischen Gerichtsinstanz geahndet wird.

1.1 Die ältesten Gebote israelitischen Rechts sind Familien- oder Sippenvorschriften. Inwieweit sie göttlich verankert waren, läßt sich nicht mehr ergründen.[333] Sie sind heute in andere Vorschriften eingebaut.

1.1.1 Da sind zunächst die Todesrechtsverordnungen, die in Ex 22,12.15-17 aufgeschrieben sind. Es sind vier apodiktische Gebote, die kurz gefaßt sind und wahrscheinlich ursprünglich den gleichen Aufbau hatten, bestehend aus fünf Wörtern, wobei das Verbum im Partizip die falsche

---

[332] Das Wort, das wir üblicherweise im AT für „Gesetz" finden, ist „tora" und meint zunächst die „Weisung", dann auch die Sammlung von Rechtstexten. Tanner, Gesetz, 410: „Nach dem Verlust der Eigenstaatlichkeit und der Zerstörung des Tempels wird (...) das Gesetz (...) zum Heilsweg, dem entscheidenden Medium der Erlangung der Gottesgemeinschaft." Köckert, Gottes Gegenwart, 29-61, 40f. versteht unter „Gesetz" die Summe der Gebote, die sich immer mehr von der Verheißung lösen und das Tun des Menschen unabhängig von der Verheißung Gottes betonen. Diese Einengung ist paulinisch nachempfunden, wird hier aber nicht geteilt.

[333] Vgl. Crüsemann, Tora, 95: „Das frühe Recht war kein Gottesrecht". Er kommt zu diesem Ergebins aufgrund der Analyse alter Erzähltexte. Zu den einzelnen Geboten vgl. Otto, Ethik, 24-49.

Tat beschreibt, ein Substantiv den Geschädigten angibt, und die beiden letzten Verben die Folge der Tat anzeigen: „muß unbedingt getötet werden". Im Blick sind a) eine Schlägerei mit Todesfolge, b) Schlagen der Eltern, c) Stehlen und Verkauf eines Menschen, d) Verfluchen der Eltern; Taten, die das enge Zusammenleben von Menschen wahrscheinlich noch in der Nomadenzeit regeln. Es sind wenige Gebote, deren Übertretung aber hart bestraft wird.

1.1.2 In denselben Bereich gehören vermutlich die Inzestverbote (Lev 18,7-16), die den geschlechtlichen Umgang innerhalb der Großfamilie regeln. Sie sind ebenfalls apodiktisch gefaßt und bildeten möglicherweise ursprünglich einen Dekalog.[334] Sie stammen zumindest tendenziell aus der Nomadenzeit.

1.1.3 Im sogenannten Bundesbuch (Ex 20,22-23,19) haben sich im Mittelteil (21,1-22,26) neben den apodiktischen kasuistisch geprägte Gebote erhalten, die vor einer richterlichen Instanz einklagbar sind,[335] wie Verordnungen zum Schutz der Sklaven (21,1-11), über todeswürdige Verbrechen (21,12-17), bei Körperverletzungen (21,18-36), bei Diebstahl von Vieh (21,37-22,3), bei Schädigungen (22,4-14), Anweisungen bei Vergewaltigung (22,15f.), anderen todeswürdigen Untaten (22,17-19) und zum Schutz der Armen (22,20-26). Die Anweisungen sind ringförmig aufgebaut: Außen befinden sich jene, die die Sklaven und Armen betreffen (21,1-11; 22,20-26); der Mitte zu werden die todeswürdigen Verbrechen verhandelt (21,12-17; 22,17-19), dann Untaten, die entschädigt werden können (21,18-36; 22,4-14) und ganz in der Mitte das Diebstahlverbot (21,37-22,3). Diese Ordnung zeigt an, daß das Bundesbuch eine Vorgeschichte hat und erst sekundär in diese Form gebracht wurde.[336] Sieht man von den Geboten, die die Sklaven und Armen betreffen ab, so bleiben solche, die um die Problematik kreisen, die mit dem 5.-7. Gebot des Dekaloges zusammenhängt. Es sind Grundprobleme des Zu-

---

[334] Boecker, Altes Testament, 121.
[335] Crüsemann, Tora, 170 nennt Ex 21f. einen „Jerusalemer Kodex".
[336] Zu seiner Entstehung s. Kratz, Komposition, 146-148.

sammenlebens der Menschen, die sich in ähnlicher Form in der Umwelt Israels finden. Das Sklavengesetz und die Schutzverordnung für die Armen zeigen ein wachsendes Bewußtsein für soziale Fragen. Die beiden sind wohl jüngeren Datums. Vorausgesetzt ist bei allen Anweisungen die Welt der Bauern (Ex 22,4f.; 21,28-36; 22,8-12). Viele von ihnen sind wohl schon im Lande Kanaan vor der Besiedlung durch die Israeliten in Gebrauch gewesen, stammen aber in ihrer jetzigen Form wohl aus der Königszeit Judas.[337] Sie wollen ein geregeltes Leben der Bewohner sichern.

1.1.4 Weit weniger einklagbare Anweisungen finden sich im Deuteronomium: nur in Kapitel 21-25. Sie kreisen vorwiegend um Probleme innerhalb der Familie[338] und betreffen die Ehe (21,10-17), den widerspenstigen Sohn (21,17-21), den falschen Umgang mit unverheirateten Frauen (22,13-28), den Schutz der Sklaven (23,16f.), die Verzinsung von Geliehenem (23,20f.), die Ehescheidung (24,1-4), den Menschenraub (24,7), Verfahren bei Schlägereien (25,1-3), Leviratsehe (25,5-10) und den Eingriff der Ehefrau bei Schlägereien (25,11f.). Auch diese Anweisungen gehören in die Welt der Bauern und des Dorfes, auch wenn man einräumen kann, daß sie ebenso für den Städter Geltung haben. Die Rechtsprechung, die nach diesen Anweisungen verfährt, ist differenzierter und darum wohl bereits fortgeschritten gegenüber jenen des Bundesbuches.[339]
In beiden Rechtskorpora sind diese Rechtssätze in einen Zusammenhang eingebaut, der sie ins Gottesrecht einfügt. Den Ordnungen dieses Gottesrechtes ist darum genauer nachzugehen.

---

[337] Zenger, Einleitung, 174: 9./8. Jh.

[338] Es regelt das Familienrecht, das außer in 22,15f. im Bundesbuch nicht geregelt werden konnte, vgl. Otto, Ethik, 180.

[339] Ob das Bundesbuch als bekannt vorausgesetzt werden muß oder die gleiche Tradition verarbeitet, und ob das Dtn erst einsetzt, als das BB nicht mehr adaptiert werden konnte, läßt sich kaum sachgemäß klären.

1.2 Von Jahwe gefordertes Recht

1.2.1 Recht, dessen Ausführung nicht überwacht werden konnte, wurde bereits in ältester Zeit dem Auge Gottes anvertraut. Fluchformeln stellten die Übertreter dieser Forderungen unter das Gericht Jahwes. Das geschah in kultischen Akten. Eine auf solche Weise kultisch verankerte Reihe bildeten einige Fluchformeln aus Dtn 28, die ein ähnliches Ziel verfolgen wie die beiden in der Nomadenzeit angesetzten apodiktischen Rechtssätze, die die Mißachtung der Eltern, Mord oder Inzest thematisieren (Dtn 28,16.20-25). Eine Strafe wird nicht festgesetzt, sondern die Übertretungen werden unter Gottes Fluch gestellt und seinem Gericht empfohlen. Hier ist der Ansatz für die Verbindung von Rechtssätzen, welche die Gemeinschaft betreffen, mit Sätzen, die das Gottesrecht angehen.

1.2.2 Es gab aber auch Forderungen, die direkt mit Jahwe und dem Gottesdienst in Verbindung standen, Vorschriften, welche die Beziehung der Israeliten zu Jahwe betreffen. Eine solche Reihe ist in Ex 34,10-26 enthalten. Sie enthält neben den Hinweisen auf Gottes Taten in der Geschichte und den Anweisungen für die drei großen Feste sieben, zum Teil kommentierte Gebote:[340]
kein anderer Gott (V.14);
kein Götterbild (V.17);
Erstgeburt (V.19);
Sabbat (V.21);
Opferblut (V.25);
Erstlingsfrucht (V.26a);
Böcklein in Milch (V.26).
Da diese Gebote in ihrer Formulierung unterschiedlich sind, kann man nicht davon ausgehen, daß sie den Grundstock der Reihe bilden. Der Text ist offensichtlich mehrfach überarbeitet und erweitert, dabei vielleicht aber auch gekürzt worden. Darauf kommt es in diesem Zusammenhang nicht an. Denn er ist insofern sachlich eine Einheit,

---

[340] Mit dieser Anreihung wird keine traditionsgeschichtliche Analyse angestrebt. Es werden bloß jene Gebote angeführt, die das Verhalten der Israeliten in ihrem Alltag betreffen.

als er nur Gebote bringt, die direkt mit Gott und dem Gottesdienst zusammenhängen.[341]

1.2.3 Die Propheten haben im Namen Jahwes zunächst darüber gewacht, daß die Könige sich selbst nicht absolut setzen, sondern im Rahmen israelitischen Rechtsbewußtseins bleiben. Die beiden Beispiele von Nathan, der David wegen Batscheba schuldig spricht (1Kön 12) und Elia, der die Königin Isebel und den König Ahab wegen Nabots Weinberg verurteilt (1Kön 21) zeigen, wie sich diese Propheten im Namen Jahwes zum Anwalt der Schwachen gegenüber Übergriffen der Mächtigen machen. Damit wird im Bewußtsein Israels deutlich, daß Jahwe als Wächter der Einhaltung des Rechtes gilt.

1.2.4 Einen nächsten Schritt tun die vorexilischen Schriftpropheten, die entscheidend dazu beigetragen haben, daß Jahwe als Garant der Einhaltung auch der Rechtsvorschriften gesehen wurde, die theoretisch beim Gericht gelöst werden konnten, deren Lösung aber die Oberschicht verhinderte. Amos klagt soziale Mißstände, Rücksichtlosigkeit gegenüber den Armen an (Am 2,6-8), Micha Landvermehrungssucht der Reichen (Mi 2,1-4) und Jesaja erinnert an die Pflicht zum Schutz der Witwen und Waisen durch die Oberschicht (Jes 1,17), eine Forderung, deren Nichtbeachtung Jahwe mit Missgeschick ahndet (Jes 1,21-26). Hosea sieht in „Meineid, Lüge, Mord, Diebstahl, Gewalttat und Blutschuld“ (Hos 4,2) die Ursache verwehrten Segens für das Land (Hos 4,3), Jer 7,9 wirft seinen Zeitgenossen vor, zu stehlen, zu morden, die Ehe zu brechen, falsch Zeugnis zu reden, dem Baal zu räuchern und anderen Göttern nachzulaufen. Damit setzt sich das Bewußtsein durch, daß Jahwe auch Übertretung von Rechtsnormen im ethischen

---

341 Nach Crüsemann, Tora, 138-170 setzt sich der Text vermutlich aus zwei Teilen zusammen: a) 34,12-16: das Verbot einer engen Kommunikation mit den Nachbarn Israels, weil sie von Jahwe abführen, und b) 34,18.21-24.26: das Gebot zur Einhaltung der Festzeiten und über die Erstlingsfrüchte. Später kamen Vorschriften, die das Tieropfer betreffen, hinzu. Halbe, Privilegrecht, 55-203 versucht einen komplizierten Werdegang nachzuzeichnen. Daß der Text den Dekalog voraussetze, meint Schreiner, Gott, 57.

Bereich straft. Er wacht über das Einhalten aller Gebote.[342] Spezifisch für Hosea ist, daß er den Abfall von Jahwe als Ehebruch brandmarkt (Hos 2,4-10). Hier kündigt sich die Kombination von Gottesgeboten und solchen zum Schutz der Menschen an.

1.2.5 Der Dekalog[343] trägt dieser Entwicklung Rechnung und stellt Bestimmungen, die der Gottesbeziehung gelten (kein anderer Gott, kein Götterbild, Sabbatgebot), wie auch solche die im Zusammenleben der Menschen wichtig sind (von der Elternehrung bis zum Verbot des Begehrens), ähnlich wie es Jeremia auch tat, als Jahwes Gebote zusammen.[344] Darin sind Minimalforderungen für das rechte Leben im Lande Israel enthalten. Die hier festgehaltenen Gebote sind nicht so gedacht, daß sie vor einer richterlichen Instanz eingeklagt werden können. Jahwe selbst will über die Einhaltung wachen und verspricht Strafe bei Übertritt der Gebote und Segen beim Halten derselben, und zwar auf Generationen hin, bis ins dritte und vierte Glied. Diese Strafe galt ehemals ganz großen Vergehen gegen göttliche Verbote und war real gedacht: Ausrottung der gesamten Familie bis zum Enkel und Urenkel (Ex 20,5f.; Dtn 5,9f.). Das zeigt noch die Erzählung von Achans Diebstahl Jos 7,16-25. In der gegenwärtigen Fassung ist die Strafankündigung wohl eher so gedacht, daß noch Kindeskinder an den Folgen der Vergehen der Vorfahren leiden werden. Die Härte der Vergeltung ist damit angezeigt. Wer sich mit Jahwe einläßt, lebt im Segen, aber wer sich nicht seinen Anweisungen fügt, muß mit großer Strafe rechnen. Gott läßt sich nicht spotten.
Der Dekalog ist uns in zwei Fassungen (Ex 20,2-17 und Dtn 5,6-21) überliefert. Sie stehen beide an prominenter Stelle, gefolgt von einem weiteren Rechtskorpus in Ex 20, vom Bundesbuch (Ex 20,22-23,19), in Dtn 5 vom eigentli-

---

[342] Es kann freilich damit gerechnet werden, daß schon sehr viel früher klar war, daß Jahwe letztendlich über das rechte Verhalten wacht. Dies wurde bloß stärker hervorgehoben.
[343] Vgl. dazu Himbiza, Décalogue. Dort weitere Literatur.
[344] Ähnlich Kaiser, Theologie 1, 309: „Der Dekalog als Ausdruck der Verbindung zwischen dem Privilegrecht Jahwes und dem profanen Recht.“

chen Deuteronomium (Dtn 6-26).[345] Die beiden Fassungen sind nicht aufeinander abgestimmt, was anzeigt, daß sie von einer gemeinsamen Vorlage abhängen.[346] Die Diskussion der Unterschiede ist hier nicht vorzunehmen.

1.2.5.1 Die unterschiedliche Struktur und Länge der Gebote, aber auch die Zusammenstellung von einerseits Geboten (das Sabbat- und das Elterngebot) und andererseits Verboten (alle übrigen), zeigen an, daß der Dekalog nicht auf einmal entstanden ist, sondern im Laufe einer langen Geschichte, die bis in die Exilszeit reicht,[347] in die vorliegende Form gebracht wurde. Die einzelnen Sprüche hatten sehr verschiedene Ausrichtung und Funktion. Wahrscheinlich ist eine Dreiergruppe von Verboten sehr alt. Diese Verbote bestehen aus zwei Worten im Hebräischen: nicht töten, nicht ehebrechen, nicht stehlen. Sie haben das Zusammenleben im Kulturland im Blickpunkt. Die älteren Gebote aus der Nomadenzeit klangen anders: Keinen Tod bei Schlägerei (Ex 21,12), kein Inzest (Lev 18,7-17), keinen Menschendiebstahl (Dtn 24,7).[348]

1.2.5.2 Eine nächste Reihe verbietet das Begehren von Haus, Frau, Knecht, Magd u.a., wobei ursprünglich die Machenschaften, die aus solchem Begehren flossen, im Vordergrund standen.[349] Aber schon das Dtn versteht unter „Begehren" vordergründig die Wünsche.[350] Das dazwi-

---

[345] Lohfink, „Gebot" und „Gesetz", 80f. sieht darum das Deuteronomium als Explikation des Dekalogs.

[346] Nach Veijola, Deuteronomium 1, 130f. ist der Dekalog in Dtn 5 von dem in Ex 20 abhängig. Dieser wiederum setze Hos 4,2 und Jer 7,9 voraus und sei um 600 entstanden (S.150).

[347] Diese wird an zwei Stellen faßbar: einmal bei der Begründung des Gebotes der Elternehrung mit dem Hinweis auf langes Leben „in dem Lande, das der Herr dein Gott dir geben wird", und dann bei der Begründung des Sabbatgebotes, die auf die Ruhe Gottes von Gen 2,2-3 hinweist, einen Text, der in der Exilszeit aufgeschrieben wurde.

[348] Die jüngere Trias in Lev 19,11f. klingt wieder anders: nicht stehlen, nicht lügen, nicht betrügen. Mord und Ehebruch kommen überhaupt nicht mehr in Frage. Es geht nur noch um kleine Vergehen.

[349] Vgl. Gerstenberger, חמד, 580: das auf Inbesitznehmen drängende Verlangen.

[350] Es gebraucht dazu ein anderes Verbum, nämlich אוה (awah). Zur Bedeutung vgl. Gerstenberger, אוה: „Wünschen, Sehnen, Wollen des Menschen, Verlangen nach bestimmten Dingen."

schen liegende Verbot falschen Zeugnisses meint die falsche Anklage vor Gericht, denn der Ankläger war der erste Zeuge.[351] Auch hier ist die Situation des Wohnens im Kulturland evident, wo man im Tor der Ortschaft (Rut 4,1) Gericht hielt. Das Gebot der Elternehrung ist möglicherweise eine positive Fassung des alten Verbotes, den Eltern zu fluchen oder sie zu schlagen. Die jetzige Formulierung ist möglicherweise erst in der Exilszeit[352] erfolgt. Die angehängte Verheißung zeigt deutlich, daß Jahwe die Beachtung dieses Gebotes überwacht und nicht eine irdische Instanz dafür zuständig ist.[353] Das gilt auch für das Sabbatgebot. Es trägt einer alten Agrargepflogenheit zur Ruhe am siebenten Tage Rechnung. Es wird in Dtn 5,14f. sozial verankert, d.h. auf das Dienstpersonal und die Fremden ausgeweitet und mit dem Hinweis auf die Sklaverei in Ägypten begründet, während es in Ex 20,9-11 in die Schöpfungsordnung eingebunden wird. Das Verbot der Aufstellung und Verehrung fremder Götter ist in dieser Form erst nach Elia denkbar. Dasselbe gilt für das erste Gebot mit der Selbstvorstellung Jahwes.

1.2.5.3 Gerade in dem Bezug auf ganz verschiedene Bereiche des Lebens ist dieses Rechtskorpus, das Minimalforderungen für das Leben im Alltag des Gottesvolkes regeln will, praktisch und memorierbar. Es zeigt gleichzeitig an, was für Israel immer wichtiger werden sollte, daß nämlich Recht ausschließlich von Jahwe kommt, daß Jahwe der Garant und Wächter des Rechts seines Volkes ist. Die Voranstellung der Deklaration: „Ich bin Jahwe, dein Gott" mit dem Hinweis auf die Rettungstat in Ägypten zeigt, daß dieses Rechtskorpus im Jahweglauben zutiefst verankert ist. Weil Jahwe der Gott Israels ist, der Retter seines Volkes, darum muß Israel diese Gebote halten, will es im Rettungshandeln Jahwes und damit in dessen Heil bleiben.

---

[351] Boecker, Redeformen, 18-20; van Leeuwen, עֵד, 212: „Fast immer ist der Zeuge vor Gericht derjenige, der Klage erhebt."

[352] Nielsen, Deuteronomium, 78 rechnet mit der dtn/dtr Fassung einer Urform, die als Verbot gefaßt war.

[353] Lang, Jahwe-allein-Bewegung, 99 sieht in Dtn 5 den Urdekalog, aber nur für die Gebote 1-4.

1.2.6 Zwei größere Rechtskorpora erscheinen heute als Erläuterung des Dekaloges: das Bundesbuch (Ex 20,22-23,19) und das Deuteronomium. Sehen wir genauer hin.

1.2.6.1 Das Bundesbuch (Ex 20,22-23,19) ist die Zusammenfassung zweier verschiedener Rechtsvorschriften, die durch einen vermutlich in vorexilischer Zeit[354] konzipierten Rahmen (Ex 20,24-26 und 23,14-19) zusammengehalten werden.[355] Die erste Einheit (21,2-22,26) enthält weitgehend in kasuistischer Form geprägte Anweisungen und wurde bereits besprochen. Die zweite Einheit (22,28-23,13) wurzelt im Privilegrecht Jahwes (vgl. Ex 34,10-26*) und regelt Fragen der Erstgeburt, des Umgangs mit Widersachern, des Sabbats und der Festzeiten. Durch die Zusammenfügung dieser beiden Rechtsordnungen entsteht so etwas wie eine Rechtsnorm für das Gottesvolk und seine Mitglieder, die sittliche und kultische Fragen regelt, insofern diese den Alltag jedes Israeliten im Blick haben. Vorausgesetzt ist, daß die so geforderten freien Bauern in einem Ort zusammenwohnen und im Segen zusammenleben können.

1.2.6.2. Das Deuteronomium ist das umfassendste Gesetzbuch Israels.[356] In seiner, freilich nicht mehr sachgemäß rekonstruierbaren Urfassung,[357] die in 12-26 enthalten ist,[358] ist es entweder nach dem Fall Samarias als Anweisung zur Gestaltung israelitischen Lebens im Nordreich für die dort unter fremder Herrschaft lebende israelitische Gemeinschaft und dann als Recht freier Landbesitzer[359], oder

---

[354] Oder in nachpriesterlicher Zeit? So Otto, Ethik, 232.

[355] Etwas anders Graupner, Vergeltung oder Schadenersatz?, 463, der zur Einleitung 22,23, zur Ausleitung 29,13 hinzunimmt. Diese Einzelheiten müssen hier nicht diskutiert werden.

[356] Zum Dtn als Auslegung des Dekaloges vgl. Braulik, in: Zenger, Einleitung, 127; Kaiser, Theologie 3, 24 erkennt das Dtn als „Rechtsbuch“, das „durch die Vorschaltung des Dekalogs in Dtn 5 und der anderen Vorreden (…) abgesehen von seinen geschichtlichen Ein- und Ausleitungen in Dtn 1-3 und 31-34 (…) als ein Loyalitätseid, (…) der Israel von seinem Gott auferlegt ist“, verstanden werden kann.

[357] Zu seinen verschiedenen Schichten vgl. Kratz, Komposition, 120-122; Otto, Ethik, 19-24.

[358] Vgl. Kratz, Komposition, 120; Zenger, Einleitung, 127.

[359] Crüsemann, Tora, 256-259.

etwas später als Staatsgesetz für das neu entstehende Gesamtisrael unter Josia gedacht,[360] ein Gesetz, dem sich dann auch der König unterordnen muß (17,18f.).[361] In seiner gegenwärtigen Gestalt ist es als Rechtsbuch der israelitischen Kultgemeinde konzipiert mit einer ausführlichen Präambel (Dtn 1-4), einer Zusammenfassung im Dekalog (Dtn 5,6-21), einer langen Belehrung über die Verehrung Jahwes und die sich daraus ergebenden Konsequenzen (6,4-17,13), einer Anweisung für die Amtsträger Israels, König, Priester, Propheten (17,1-18,22) und Geboten für die verschiedenen Lebenslagen des Volkes und des Einzelnen (19,1-26,15). Mit einer Abschlußrede Moses, die auch Segen und Fluch für jene enthält, die sich an Jahwes Gebote halten (27,15-28,45) und das babylonische Exil (28,47-68) sowie die Rückkehr daraus (30,1.14) ankündigt und zum Einhalten der Weisungen Jahwes aufruft (30,15-20), schließt das Buch (31-34) mit dem Ausblick auf das Ende des Mose. Entscheidend an diesem Gesetzbuch ist, daß es alle Rechtsnormen als Jahwes Gebot versteht und jene, die sie einhalten unter seinen Segen stellt, die Nichteinhaltung derselben unter seine Strafe.

---

[360] Die Entscheidung ist kaum sachgerecht zu treffen. Zur Problematik vgl. Otto, Ethik, 177f.

[361] Die Feststellung Kaisers, Theologie 3, 39-43, wonach „das Normale darin besteht, daß der König im Auftrag der Gottheit Recht setzt und als letzte Instanz über Recht und Gerechtigkeit entscheidet“, läßt sich nur mit wenigen Texten des AT (etwa 1Kön 3; Ps 72,1f.) begründen. Otto, Ethik, 196f. spricht von utopischer Ordnung. Das ist eine Behauptung, die auf nicht ausgesprochenen Voraussetzungen beruht, daß nämlich Dtn 17, wenn es realitistisch ist, die königliche Macht mit berücksichtigen müße. Aber Dtn 17 beschreibt doch nur aus Erfahrungen in der Geschichte, was der König nicht tun soll und verlangt von ihm die Berücksichtigung der Gesetze. Ein Regieren ist auf solcher Grundlage durchaus möglich. Die Anweisung ergeht auch an Josua (1,7f.), sich in allen Lebenslagen am Gesetz zu orientieren. Richtiger darum wohl Lohfink, Unsere großen Wörter, der Dtn 12-26 als „zusammenhängenden Verfassungsentwurf“ (65-68) ansieht und darin sogar die „Gewaltenteilung als Leitidee“ (69) festzustellen meint.

2 Das Gesetz

Unter „Gesetz" verstehe ich hier, im Unterschied zu seiner juristischen Definition und Bedeutung, die Zusammenfassung der Anweisungen für das Gottesvolk, über deren Einhaltung letztlich der Gott Israels allein wacht.[362]

2.1 Dieses Gesetzbuch (Dtn) war schon als es in die gegenwärtige Form gebracht wurde, nämlich nach der Rückkehr aus dem babylonischen Exil, nicht mehr Staatsgesetz, sondern nur noch Gemeindegebot. Das öffentliche Recht, nach dem die offiziellen Richter entscheiden mußten, war zunächst babylonisch, dann persisch, ägyptisch und hellenistisch geprägt. Das Gesetzbuch konnte als Rechtsnorm einer Kultgemeinde nur noch ergänzt und vertieft, aber kaum verändert werden. Bemerkenswert dabei ist, welchen Raum die Führung des Gottesvolkes durch Jahwe (Dtn 1-4) und die Forderung seiner alleinigen Verehrung (6-11) einnehmen, und wie sehr die Gebote vom Gottesglauben durchdrungen sind. So treten die konkreten Forderungen (21-25*) eigentlich in den Hintergrund gegenüber der Wucht der theologischen Begründung. Das erste Gebot dominiert alle anderen Gebote, aus ihm heraus müssen sie erklärt und verstanden werden.[363]

---

[362] Es ist darum unumstößlich. Dasselbe gilt nach Israels Meinung für das „Gesetz der Meder und Perser" vgl. Est 1,19; 3,13; 8,12; Dan 6,9f.13.16. Ähnlich Schreiner, Theologie, 109: „Auf dieser Ebene (sc. der theologischen Redaktion) wird das profane kasuistische Recht und damit das Rechtsbuch zu einem Gesetzbuch im engeren Sinne des Wortes."

[363] Dies wird auch aus der Tatsache ersichtlich, wie das Gesetz promulgiert wird. Unabhängig davon, wie alt der Text 2Kön 23,13 ist und auf welche Vorschrift er sich bezieht, ist aufschlußreich, daß der König ein im Tempel gefundenes, von einer Prophetin geprüftes Gesetz zuerst selbst liest, es dann dem Volk vorliest und das Volk daraufhin verpflichtet. Aber Garant dieses Gesetzes sind nicht der König und seine Rechtsinstitutionen, sondern Jahwe selber, der darüber wacht. Vergleichbar ist der Bericht über die Verlesung des Gesetzes Neh 8 mit folgendem Bußgebet (Neh 9) und Bundesschluß (Neh 10,1).

2.2 Das ist noch stärker in dem sogenannten Heiligkeitsgesetz (Lev 17-26), so benannt, weil darin die Wendung: „Ihr sollt heilig sein, denn ich bin heilig, Jahwe euer Gott" (19,2; 20,26) begegnet und die Forderung nach Heiligkeit öfter auftritt (Lev 19,24; 20,7; 21,8 u.ö.). Die Aussage „ich bin Jahwe" dominiert die verschiedenen Anweisungen. Der Auszug aus Ägypten wird sogar nicht mehr in erster Linie als Rettungs- sondern als Erwählungsakt verstanden, wonach Jahwe sich in Israel Diener, Sklaven aussondert (Lev 25,55), die von ihm geheiligt werden und heilig sind.[364] Das Buch nimmt vermutlich ältere Traditionen priesterlicher Herkunft auf, die ein geheiligtes Leben vor Jahwe garantieren sollen, das über das hinausgeht, was im Bundesbuch und im Deuteronomium enthalten ist (vgl. bes. 18 und 20). Diese Vorschriftensammlung ist durch und durch priesterlich geprägt, ganz Israel erscheint als eine Priesterschaft (vgl. Ex 19,6), die Jahwe gemäß leben und seine Forderungen einhalten muß, weil nur dadurch der Bestand des Volkes Jahwes gesichert ist, wie sich an den Völkern zeigt, die Jahwe aus Israel wegen ihrer Unreinheit ausgerottet hat (Lev 18,25). Neu ist die Gleichstellung aller Israeliten einerseits und der Unterschied zwischen Priestern (Lev 21,1-22,9) und Laien (Lev 22,10-15) andererseits. Der Fremdling, schon im Bundesbuch mit dem Hinweis auf die Fremdlingschaft in Ägypten beschützt (Ex 23,9), wird noch mehr in die Gesetzgebung einbezogen (Lev 19,10.34; 23,22; 25,6). Er ist unter dem Schutz Jahwes, dem das ganze Land gehört, in dem die Israeliten Gäste und Fremdlinge sind (Lev 25,23).
Mit der Einbindung des Heiligkeitsgesetzes in die Sinaiperikope wird das alttestamentliche Recht endgültig zum Gesetz der Kultgemeinde Israels. Es ist nicht mehr das Recht, das den Richtern Entscheidungen ermöglichen soll, sondern Gottesgesetz, über dem allein Jahwe wacht, ein Gesetz, das immer genauer eingehalten wird, je länger die

---

[364] Vgl. Crüsemann, Heiligkeitsgesetz, 96: „Die für Gottesbild und Recht grundlegende Exodustradition wird nicht mehr politisch oder sozial verstanden, sondern als Vorgang der Herauslösung Israels aus der Völkerwelt und als Zuordnung zu Gott selbst (22,32f.; 18,3f.; 20,24-26)."

Zeit währt, in der es keine Eigenstaatlichkeit mehr gibt und Gott damit dem Lande nicht seinen vollen Segen zukommen läßt. Israel bleibt zwar in dem Lande des Segens am Leben, wird aber beherrscht von einer fremden Macht.

2.3 Zwei ganz verschiedene Reaktionen auf die Erfahrungen mit dem Gottesgesetz müssen noch registriert werden:

2.3.1 Die Erfahrung, daß Israel mit seinem Gottesrecht vor Gott gescheitert ist, weil es die Gefangenschaft in Babylon und die Zerstörung des Tempels erfahren mußte, hat dazu geführt, daß in der prophetischen Tradition die Gabe eines neuen Gottesgesetzes und sogar eines neuen Herzens angekündigt wurde, so daß es von innen heraus Jahwes Gebot hält und nicht mehr an ihm scheitert, sondern im Segen in Jahwes Land lebt (Jes 31,31-34; Hes 36,26-28). Die Texte sind wohl beide in der Exilszeit entstanden, als öffentliches Recht und kultisch-sittliche Forderung auseinander gingen.

2.3.2 Schon der Abschluß des Deuteronomiums scheint auf diese Hoffnung zu reagieren, wenn dort betont wird:

> „Diese Gebote, die ich dir heute anbefehle, sind nicht zu schwer für dich und nicht unerreichbar für dich. Es ist nicht im Himmel, daß du sagen müßtest: Wer steigt für uns hinauf in den Himmel, um es uns herab zu holen und zu verkündigen, daß wir danach tun. Auch ist es nicht jenseits des Meeres, daß du sagen müsstest: Wer fährt für uns über das Meer, es her zu holen und zu verkündigen, daß wir danach tun. Vielmehr ist dir das Wort ganz nahe, in deinem Munde und in deinem Herzen ist es, daß du danach tun kannst“
> (Dtn 30,11-14);

und noch deutlicher in Dtn 30,6-8:

> „Jahwe wird das Herz beschneiden…“[365]

2.3.3 Im Psalter wird in ähnlicher Weise diese Hoffnung aufgenommen und das vorhandene Gesetz als Gottes Gabe angesehen, die dem Herzen nahe ist. Sie hat sich im Lob Jahwes durch die Frommen niedergeschlagen, welches die

---

[365] Vgl. dazu Braulik, Deuteronomium, 11-27, 26.

Freude am Gesetz (Ps 119,162) und den Segen, der aus dem Halten desselben fließt, verschiedentlich zum Ausdruck (Ps 1; 19B; 119) bringt. Einige Psalmen haben sogar Anklänge an Jes 31 und Hes 36 (vgl. Ps 37,31; 40,9). Damit wird deutlich, daß das Einhalten des Gesetzes für Israel zumindest in gewissen Kreisen keineswegs ein krampfhaftes Bemühen einschloß, sondern von der Gewißheit getragen war, daß Jahwe das Gesetz zum Segen gegeben hat, und daß Gottes Welt im Gleichgewicht bleibt, wenn seine Gebote gehalten werden. Was gut ist und was falsch, muß man nicht lange suchen, es ist ausgesprochen in Gottes Gesetz und hilft dem Leben:

„Herr, dein Wort ist meines Fußes Leuchte
und ein Licht auf meinem Wege."
(Ps 119,105)

2.4 Der nächste Schritt ist dann die Einbindung auch der Weisheitstradition in das Gesetz. Sie ist in Dtn 4,6 vorbereitet[366] und erfolgt durch Jesus Sirach (24,23). Damit wird die Tora zum Buch, das die Ordnung der Welt nicht nur beschreibt, sondern auch erhalten hilft, was bedeutet, daß der im Segen bleibt, der daran festhält. Auch der Weise Israels findet in der Meditation dieses Gesetzes Sinn und Halt seines Lebens.

2.5 Aber er wird immer weniger verifizierbar. Denn daß ein Mensch, der nach dem Gesetz lebt, des Segens Gottes gewiß sein kann, wird immer mehr Glaubenssache, spätestens seit Kohelet verkündet:

„Es gibt Gerechte, die zugrunde gehen trotz ihrer Gerechtigkeit,
und es gibt Frevler, die lange leben trotz ihrer Bosheit"
(Koh 7,15; vgl. 8,14),

und feststellt, daß dasselbe Schicksal den Gerechten wie den Frevler, den Reinen wie den Unreinen trifft (vgl. Koh 9,2). Aber während er daraus bloß den Schluß zieht, daß man nicht allzu gerecht oder allzu weise sein, aber auch nicht allzusehr freveln und damit ein Tor sein solle, d.h.

---

[366] Vgl. dazu Hardmeier, Weisheit der Tora.

daß man weder mit seiner „Gerechtigkeit" noch mit seinem „Frevel" auffallen soll (Koh 7,16f.), verlagert sich in den übrigen späten Schriften des AT die Erwartung des Segens oder der Strafe Gottes immer mehr in die Gotteswelt. Die Folge ist, daß man das Gesetz hauptsächlich als Norm für das ewige Leben, als Heilsweg, ansieht. Diese Sicht begegnet am Ende des späten Psalms 73 (V.23f.26).

2.6 Drei Möglichkeiten eines Ausweges bieten sich an:

2.6.1 Die rituelle Verschärfung des Gesetzes.
Sie wird von den Pharisäern vorgenommen, die alles verzehnten, zweimal in der Woche fasten und strengere Reinheitsvorschriften befolgen. Das ist kostenaufwendig und für die Armen nur begrenzt möglich.

2.6.2 Die ethische Verschärfung.
Sie ist rigoros mit dem Menschen selber. Dieser Weg ist von Jesus und Matthäus beschritten worden.
2.6.2.1 In den Antithesen der Bergpredigt, die mit hoher Wahrscheinlichkeit auf Jesus zurückgehen, verfolgt Jesus die Übertretung des Gesetzes bzw. des Gebotes bis in die Regungen des Herzens (Mt 5,22.28). Aber er vernachlässigt die verschärfte Haltung gegenüber dem Sabbatgebot, indem er an diesem Tage Heilungen vornimmt (Mk 3,1-6; Lk 13,10-13).
2.6.2.2 Mt übernimmt diese Sicht und verstärkt sie, indem er weitere Antithesen bildet. Vor allem aber setzt er den Antithesen die Aussage voran, daß Jesus nicht gekommen sei, das Gesetz aufzulösen, sondern zu erfüllen. Erfüllung des Gesetzes ist von Mt als Leben „in Vollkommenheit" (5,48) gedacht. Dennoch hat auch nach Mt das Gesetz nicht mehr das letzte Wort. Es gilt und zwar bis ins kleinste i-Tüpfelchen, solange Himmel und Erde bestehen (5,18). Aber Jesu Worte bleiben gültig, auch wenn Himmel und Erde vergehen (24,35).
2.6.2.3 Eine Variante dieser Sicht nimmt Lukas ein. Er sieht die Gültigkeit der Tora nicht angetastet, sie bleibt für das Leben der Christen verbindlich und zwar in ihrem vollen Wortlaut (16,17). Er unterstreicht den Gesetzesgehorsam der Eltern Jesu (2,21) und des Paulus (Apg 16,3). In

dem Liebesgebot ist das Gesetz konzentriert (10,25-28). Freilich bleibt das Heil an den Glauben gebunden (7,50; 8,48; Apg 16,31); aber das „Leben" kann man durch Halten der Gebote erlangen (10,28). Die Nähe der Gottesherrschaft bringt das Neue herbei, auch eine neue Bindung an das Gesetz.

2.6.3 Die Kritik an dem Verständnis des Gesetzes als Heilsweg.

Sosehr Paulus das Gesetz als „heilig, gerecht und gut"[367] (Röm 7,12) ansehen kann, sieht er dennoch in Christus des Gesetzes Ende (Röm 10,4). Es ist für den Menschen nicht möglich, durch sein Tun im Achten auf die Rechtsforderungen des Gesetzes, Gottes Willen zu erfüllen.[368] Paulus wehrt sich damit gegen einen Mißbrauch des Gesetzes als Möglichkeit, objektiv etwas vor Gott vorzuweisen und damit das „ewige Leben" zu erwerben, ohne das Evangelium als Gottes Botschaft von der Versöhnung in Christus anzunehmen. Das Gesetz hat freilich auch eine positive Funktion, es deckt die Sünde des Menschen auf (Röm 3,20), es macht ihn darauf aufmerksam, daß er von Natur aus auf dem verkehrten Weg ist (Röm 3,23). Damit wird es zum Pädagogen auf Christus hin (Gal 3,24),[369] aber die Erlösung erfolgt tatsächlich durch Christus (Röm 3,24). Es wird zwar nicht abgeschafft, es bekommt aber einen neuen Stellenwert (Röm 3,31). Erst durch die Annahme des Evangeliums, das Christi Erlösungstod verkündet, wird das rechte Leben bei Gott gewählt (Röm 3,24-26). Auf dieses Evangelium weist das Gesetz, hier im Sinne des Pentateuch, hin (Röm 3,21f.). In der Paulusschule hat es kaum mehr Bedeutung.[370]

---

[367] Nach Stuhlmacher, Klage entspricht diese „Qualifikation" „dem Lobpreis der Tora in Ps 19,8-11".

[368] Limbeck, Gebrauch des Gesetzes, 159f.

[369] Vgl. Finsterbusch, Thora als Lebensweisung.

[370] Im Eph (2,14f.) ist es nur noch „Scheidewand", ein in Christus überwundenes Hindernis zwischen Juden und Heiden.

3 Verhaltensnorm[371]

Mit Jesus fängt eine neue Orientierung am Gesetz und damit auch ein neues Bewußtsein im Hinblick auf ethisches Verhalten an. Von seinem Verständnis der Nähe der Herrschaft Gottes her weiß er sich weniger an das Gesetz als an den Willen Gottes gebunden, den er freilich in weiten Teilen dem Gesetz entnimmt. In seiner Folge wird das Gesetz als „Heilsweg" immer mehr problematisiert. Das ewige Leben wird zunehmend an die Botschaft und den Glauben daran gebunden. Oberste und nicht hinterfragbare Voraussetzung ist allerdings die Bindung an den einen Gott. Von hier aus werden die Verhaltensnormen neu artikuliert, im Judenchristentum in Verschärfung und Verinnerlichung der Tora, für die Heidenchristen in großer Freiheit gegenüber dem Gesetz, aber in Bindung an die Erwartungen der Mitmenschen.

Bereits das Deuteronomium hatte sich als Verhaltensnorm verstanden, wenn es die Nähe der Gebote zum Herzen der Menschen (Dtn 30,11-14) hervorhob. Es war davon überzeugt, daß die dort aufgeschriebenen Anweisungen dem Wesen des Israeliten entsprachen, ihm also nur immer wieder ins Gedächtnis gerufen werden müßten. Aber sowohl Jeremia (Jer 31,33f.) als auch Hesekiel (Hes 36,26-28) sprechen davon, daß Gott den Israeliten ein neues Herz geben werde, das die Gebote von innen heraus tut. Das Bewußtsein der Diskrepanz zwischen dem Vätergesetz und dem Wollen des Menschen war gegeben. Das Neue Testament bemüht sich, diese Einheit wieder zu finden.

3.1 Jesus hat sich nicht in derselben Weise wie die Vertreter des offiziellen Judentums an das Gesetz gebunden gesehen. Er stellt wie einige Propheten den Menschen über den Paragraphen. Hosea hatte einst „Barmherzigkeit, nicht Opfer" verlangt (Hos 6,6), die Menschlichkeit also über eine religiöse Tat gestellt, die auch herzlos erfolgen kann.

---

[371] Unter Verhaltensnorm verstehe ich eine Sammlung von mehreren Anweisungen, die sich aus der Situation im Leben vor Gott und in Christus ergeben, die darum auch nicht feststehen, sondern sehr flexibel sind.

Ähnlich hatte der nachexilische Jesaja die Hilfe an den Armen und Gedrückten als das eigentliche Fasten bezeichnet (Jes 58,5-7). Vergleichbar diesem Prophetenwort zeigt Jesus im Gleichnis vom barmherzigen Samariter (Lk 10,30-37) auf, daß er Priester und Leviten als Versager gegenüber einer allgemein akzeptierten Menschlichkeit ansah. Ein ähnliches Bild wird im Gleichnis vom Pharisäer und Zöllner (Lk 18,10-14) gemalt, wo der Pharisäer als lieblos und selbstgefällig dargestellt wird. Das Gleichnis von den beiden Söhnen (Mt 21,28-31) gibt in seiner Schlußfolgerung den Zöllnern und Sündern den Vortritt in der Gottesherrschaft vor denen, die meinen, das Gesetz zu halten. Offensichtlich war Jesus der Meinung, daß die Menschlichkeit und damit die Barmherzigkeit gegenüber den Mitmenschen für Gott prioritär ist vor allem anderen, auch dem, was durch das Gesetz verlangt ist. Das hat sich auch in dem nur von Mk überlieferten Wort zum Sabbat erhalten: „Der Mensch ist nicht um des Sabbats willen, sondern der Sabbat ist um des Menschen willen" (Mk 2,27). Ob Jesus diese schon für Mt und Lk nicht mehr nachvollziehbare Prioritität des Menschen vor den Geboten Gottes aus Gen 1,28-2,3 ableitet, läßt sich nicht mehr feststellen. Dort ist jedenfalls der Mensch vor dem Sabbat geschaffen und daraus kann man schließen, daß er Vorrang vor dem Sabbat hat. Im Verständnis der Priesterschrift und der Auslegung von Gen 1f. lagen die Dinge freilich nicht so: Der Sabbat galt als Schöpfungsordnung, der sich der Israelit völlig unterwerfen mußte. Er hatte in jeder Hinsicht Vorrang. An dieser Stelle wird die Freiheit Jesu einigen Forderungen des Gesetzes gegenüber besonders deutlich. Sie resultiert aus dem Wissen um den Wert des Mitmenschen in Gottes Augen. Mehrere Berichte von Heilungen am Sabbat unterstreichen diese Sicht. Und das grundsätzliche Wort, daß auch ein Haustier am Sabbat gerettet wird, wenn es in einen Brunnen fällt (Lk 14,5), begründet diese seine Tätigkeit, die nach dem Bericht des Mk zunächst nicht anstößig war (Mk 1,23-31). Damit ist im Bewußtsein der Jünger Jesu der Mensch über den Sabbat gestellt und das Sabbatgebot damit relativiert.

Hingegen verschärft Jesus das Gesetz im Hinblick auf die Mitmenschen. Sie sind im Sinne Jesu zu lieben (Lk

6,27f.35), auch wenn sie sich als Feind gebärden.[372] Es gilt, nicht zu richten, auch wenn der Bruder sehr andersartig ist (Lk 6,37.41f.),[373] also barmherzig zu sein, wie „euer Vater im Himmel barmherzig ist“ (Lk 6,36f.). Von einem solchen Ansatz her hat Jesus Partei für die Benachteiligten ergriffen und hat die Scheidung zweier Eheleute untersagt, weil sie die Frau zum Ehebruch treibt (Mt 5,31f.). Sie hat keine andere Wahl, als sich einem anderen Mann anzubieten. Damit zwingt der Mann die Frau zur Verfehlung, während er selbst schuldlos bleibt, weil er selbst nach israelitischem Recht viele Frauen haben kann.

Da es bei solchem Verhalten aber nicht nur um die Tat, sondern auch um die Willensregungen des Herzens geht, hat Jesus das Verbot des Tötens bis ins Innerste verfolgt, wo der Wunsch entsteht, daß der Nächste „vom Erdboden verschwindet“ (Mt 5,21f.). Ebenso hat er das Verbot des Ehebruchs ausgelegt: Ehebruch ist nicht nur dort, wo er tatsächlich erfolgt, sondern bereits dort, wo er gedacht wird (Mt 5,27f.).

Der Stürmerspruch (Lk 16,16 par.) als Verhaltensnorm[374] zeigt, daß im Bewußtsein Jesu das Gesetz und auch die Propheten der Vergangenheit angehören. Die Gegenwart wird von der Botschaft der angebrochenen Herrschaft Gottes bestimmt. Da gelten neue Kriterien. Dennoch ist das Gesetz damit nicht aufgehoben. Es bekommt nur einen anderen Stellenwert (Lk 16,17).

Versucht man diese beiden Gesichtspunkte zusammen zu sehen, so ergibt sich, daß für Jesus das liebevolle Verhalten den Mitmenschen gegenüber den Vorzug hat vor dem Einhalten von Geboten, die verselbstständigt werden können und den Mitmenschen vernachlässigen. Andererseits aber hat er die Gottesgebote, die den Menschen angehen, vertieft und bis auf die Herzensregungen hin verfolgt. Man könnte daraus schließen, daß das Doppelgebot der Gottes- und Nächstenliebe die Sinnrichtung Jesu wiedergibt. Im

---

[372] Zu diesem Text und seiner Traditionsgeschichte vgl. Radl, Evangelium nach Lukas, 397-414, bes. 400-403.

[373] Vgl. Klein, Annahme der Andersartigen.

[374] Vgl. dazu Theißen, Jesus als Gewalttäter, 183-200; und Klein, Lukasevangelium, 546.

Gespräch mit dem Schriftgelehrten Mk 12,28-34 ist dies auch festgehalten. Solche Überlegungen gehen gewiß in die richtige Richtung, doch muß spezifiziert werden, daß es Jesus nicht nur um die Gottesliebe etwa im Sinne von Dtn 6,4f. geht, sondern um ein Leben im Wissen, daß Gott auch die Herzensregungen kennt und prüft.

3.2 Die älteste Zusammenfassung der Botschaft Jesu in Bezug auf das Verhalten der Jünger Jesu findet sich in der Feldrede des Lk (Lk 6,20-49), die Lukas allerdings leicht umgestaltet hat. Aber die ursprüngliche Form läßt sich noch erkennen: 6,20-23*.27-39.41-49. Sie enthält neben den Seligpreisungen der Armen und Benachteiligten (6,20-23) eine Aufforderung für rechtes Verhalten nach außen: Verzicht auf Vergeltung und Feindesliebe und im Kreise der Brüder Verzicht auf Verurteilung der Eigenart der Jünger Jesu. Hier werden die neuen Normen des Verhaltens der Christen nach außen und innen sehr deutlich. Das Gesetz ist nicht mehr absolute Norm, es sind die Worte Jesu. Das Gesetz gilt auch seit der Evangeliumsverkündigung nicht mehr in derselben Weise. Wohl aber gilt weiterhin das erste Gebot, insofern zur Liebe Gottes und zur Zurückstellung (hassen) des Mammons aufgefordert wird, und es gilt das Verbot der Ehescheidung (Lk 16,16-18).

3.3 Eine besondere Gruppe innerhalb des Judenchristentums[375] hat die Antithesen der Bergpredigt weitergegeben. Darin spiegelt sich die Tendenz, die Gebote zu verschärfen, wie es im pharisäisch geprägten Umfeld üblich war. Weniger die Beschaffenheit des Herzens wird in der Auslegung des Verbotes zu Töten wichtig, als die praktische Verschärfung des Gebotes: auch nicht schimpfen, vielmehr Versöhnung anstreben (Mt 5,21-24), nicht nur nicht Ehebrechen, sondern etwas gegen den Trieb tun (Mt 5,29f.+19,11f.),[376]

---

[375] Ich halte es für möglich, daß diese Leute beim Apostelkonzil für die Beschneidung der Heidenchristen eingetreten sind. Da es sich um Christen handelt, müssen sie Worte Jesu für ihre Position ins Feld geführt haben. Am ehesten kann ich mir das bei diesen Anhängern Jesu denken.

[376] Ich vermute, daß Mt die ursprüngliche Einheit von Mt 5,28f. und 19,11f. insofern verändert hat, als er 19,11f. an die heutige Stelle

nicht nur nicht schwören, sondern völlig ehrlich sein (Mt 5,33-37*).

3.4 Wohl eine andere Gruppe auch innerhalb des Judenchristentums hat die kleine Didache über Almosen, Beten und Fasten (Mt 6,2-4.5f.16-18) überliefert. Auch hier geht es um eine Verschärfung der Tora: Almosen, Beten und Fasten sollen in aller Stille praktiziert werden, ohne irgendwelche Öffentlichkeitswirkung. So werden sie von Gott akzeptiert und honoriert.

3.5 Einen ähnlichen Ansatz kann man bei Lk finden, wahrscheinlich auch von einer Gruppe des Judentums vertreten. Hier wird eine Einladung der Ärmsten der Armen (Lk 14,7-12) empfohlen, wodurch die Möglichkeit einer innerweltlichen Aufrechnung ausgeschlossen werden soll. Die Benachteiligten sollen eben gerade nicht zurück einladen, die Einladung hat Geschenkcharakter.

3.6 Mk hat die neue Verhaltensnorm auf den Verzicht auf Selbstdurchsetzung reduziert: „Wer mir nachfolgen will, verleugne sich selbst und nehme sein Kreuz auf sich“ (Mk 8,34). Wer bei Jesus bleiben will, muß bereit sein, sich selbst hintanzustellen, und gleichzeitig darauf verzichten, das Leben als höchstes Gut anzusehen. Gerade das Gebet Jesu in Gethsemane zeigt, wie man bereit sein kann, das eigene Leben zu opfern. Aber solche Bereitschaft wird nicht im Himmel kompensiert in dem Sinne, daß jene, die leiden, dann auch bevorzugt werden (Mk 10,35-38). Wer Jesus nachfolgt, verzichtet auf alle Herrscherwünsche hier und in Ewigkeit (Mt 10,35-45).

3.7 Für Lk ist die Gütergemeinschaft (Apg 2,42-47) Hauptthema des neuen christlichen Lebens. Irdische Güter sind für ihn dazu da, daß man den Armen hilft. Und wer das tut, gehört zu den rechten Christen. Es gehört freilich dazu, daß sich Jesu Jünger im Umgang mit den Feinden liebevoll verhalten und in der Gemeinde tatsächlich nicht richten. Denn

---

rückte und dafür Mk 9,43 in Mt 5,29f. einsetzte. Siehe dazu Klein, Bewährung, 146, Anm. 47.

der Jünger steht nicht über dem Meister (Lk 6,40). Aber damit sind die Forderungen der alttestamentlichen Gebote nicht aufgehoben. Sie bleiben in Geltung (Lk 18,20), nur werden sie neu ausgerichtet und zwar auf das Liebesgebot hin (Lk 10,26-28), das konkret in der Hinwendung zu den Bedürftigen angewendet werden soll (10,30-37).

3.8 Mt hat in der Bergpredigt einen ausgeführten Katechismus christlichen Verhaltens geboten. Die Forderungen Jesu hat er in der Aussage zusammengefaßt: „Wenn eure Gerechtigkeit nicht besser ist als die der Schriftgelehrten und Pharisäer, könnt ihr nicht in das Reich Gottes eingehen“ (Mt 5,20). Diese bessere Gerechtigkeit besteht in der Vertiefung der Gebote, im Streben nach Vollkommenheit (5,48) und einem Gottes Willen entsprechenden Leben. Die sechs Antithesen (5,21-48) heben das Gesetz gerade nicht auf, sondern verschärfen es. Auch die fünfte Antithese, die das System „Auge um Auge, Zahn um Zahn (…)“ außer Kraft setzt, überbietet es in Wirklichkeit (5,38-42). Für den Christen gibt es eine solche Vergeltung nicht mehr. Die Forderungen des Gesetzes bleiben bis aufs „i-Tüpfelchen“ in Geltung, solange Himmel und Erde bestehen (Mt 5,18). Aber nicht länger. Im Gottesreich, wenn Himmel und Erde vergangen sind, bleibt Jesu Wort erhalten. Es ist das Maß des neuen Himmels und der neuen Erde (Mt 24,34).[377] Wie schwer solch ein Leben nach dem Gesetz, ergänzt mit den Anweisungen Jesu, durchzuhalten ist, weiß Mt. Er rechnet auch damit, daß jeder Christ in irgendeiner Weise hinter diesen Forderungen immer wieder zurückbleibt. Aber gleichzeitig gilt: Wer diesen Geboten gegenüber „schuldig“ wird, darf um Vergebung bitten (Mt 6,14f.) und muß freilich auch denen gegenüber barmherzig sein, die ebenso im menschlichen Bereich ihm gegenüber schuldig bleiben (Mt 6,14f.; 18,21-35). So kann der Christ ein Leben im Gehorsam gegenüber dem Gesetz führen, die Auslegung des Gesetzes durch Jesus berücksichtigen und dem Willen Gottes entsprechen, wie ihn Jesus kundgetan hat.

---

[377] Vgl. Smend/Luz, Gesetz, 83.

3.9 Für Paulus ist mit Christi Tod und Auferstehung die neue Welt angebrochen. Das Gesetz gilt in der bisherigen Weise nicht mehr. Es kommt als Heilsweg nicht mehr in Frage, diese Stelle nimmt das Evangelium ein. Die Gerechtigkeit, die Gott erwartet, wird in der Annahme des Evangeliums, im Glauben erreicht (Röm 10,5). Die Forderungen des Gesetzes aber werden nach Paulus in der Liebe erfüllt (Gal 5,14), weil das Gesetz mit seinen Anweisungen: „Du sollst nicht töten, nicht ehebrechen, niemanden berauben und nicht begehren" im Liebesgebot Erfüllung finden (Röm 13,8f.).[378]

Aber die Erfüllung des Willens Gottes erfolgt auch nach Paulus nicht durch das Einhalten einer abstrakten Forderung nach Liebe. Das wird besonders im Römerbrief deutlich. Seine Ermahnungen fängt der Apostel dort mit der Anweisung an, daß die Christen sich wandeln lassen sollen durch Erneuerung der Sinne, um zu erkennen, was Gottes Wille ist (Röm 12,2). Damit hat Paulus die Verhaltensnorm der Christen neu gesetzt. Sie besteht darin, daß die Christen sich im Vollzug ihres Lebens der Gegenwart stellen und immer jeweils neu entscheiden, was Gottes Wille sein könnte, und diesen dann in die Tat umsetzen. Denn was Gott will, ist nicht von vornherein klar, sondern ergibt sich erst im jeweiligen Augenblick.

Im 1Thess hat er den Willen Gottes als Heiligung bezeichnet und als ehrbares Leben im Bereich der Geschlechter gedeutet (1Thess 4,3-7). Damit nimmt Paulus die Tradition auf, die Israel seit Hosea wichtig war: Rechte Gottesbeziehung schließt rechtes Verhalten der Geschlechter zueinander ein. Im 1Kor kann er darum sehr hart fordern, daß ein Mann, der im Verständnis von Lev 18,8; 20,11 Inzest ausübt, aus der Gemeinde ausgeschlossen wird (1Kor 5,1-8), und daß der christliche Mann nicht zur Hure gehen darf

---

[378] Darum gilt die Forderung nach Beschneidung für Paulus nicht mehr. Diesbezüglich hat er einen positiven Entscheid beim Apostelkonzil erhalten (Gal 2,3.6f.) und darum ist er sich auch gegenüber seinen Widersachern ganz sicher. Es zählt allein die Beschneidung des Herzens (Röm 2,29). Denn Abraham wurde vor seiner Beschneidung aufgrund seines Glaubens (Gen 15,6), als „Gottloser" gerecht gesprochen (Röm 4,5). Das Zeichen der Beschneidung kam später (Gen 17) und hat darum nicht mehr normativen Charakter.

(1Kor 6,12-20). Denn so folgert er aus Gen 2,24: Der Geschlechtsakt läßt Mann und Frau zu einem Fleisch, einem Körper werden (6,16). Das geht nicht, weil der Christ „ein Geist" mit dem Herrn ist (6,17). Die nicht beantwortete Frage ist dann, ob diese Argumentation auch für die Ehe gilt. Im Sinne des Paulus muß geantwortet werden: „Nein!", denn die ungläubige Ehefrau ist „geheiligt durch den Bruder" (7,14). Die Hure aber kann nicht in diesem Sinne geheiligt werden, solange sie Hurerei treibt (1Kor 6,9-11).

In der Sicht des Paulus ist es freilich besser, enthaltsam zu leben (1Kor 7) und nur, wenn das nicht möglich ist, zu heiraten (1Kor 7,9.26). Wichtiger als jede Restriktion ist es, „im Geiste zu leben" (Gal 5,25), und das schließt für den Christen die Freiheit ein, Fleisch zu essen, auch wenn es den Götzen geopfertes Fleisch ist, wenn er dies in der Bindung an den Herrn tut, und es in fester Überzeugung/Glauben geschieht, weil alles, was nicht aus Glauben kommt, Sünde ist (Röm 14,23). Die Rücksicht auf den Mitchristen setzt aber auch der Freiheit in Christus Grenzen (1Kor 10,23; Röm 14,13-15). Man erkennt leicht, daß für Paulus das Gesetz als Verhaltensnorm nicht mehr gilt, es muß eine neue gefunden werden. Sie ergibt sich aus dem einfühlsamen Eingehen auf den Mitchristen mit Rücksicht darauf, was allgemein als das sittlich „Gute, Wohlgefällige und Vollkommene" (Röm 12,2) angesehen wird.

3.10 Kol und Eph führen neben den Geboten der Mitmenschlichkeit neue Ordnungen in den Großfamilien ein, wo Vater und Kinder, Ehepartner und Haussklaven miteinander leben. Die Haustafeln (Kol 3,16-4,1; Eph 5,21-6,9) geben Anweisungen nach beiden Richtungen. Man merkt deutlich, daß die Rücksicht aufeinander in durch die Umwelt geprägten Beziehungen dominiert.[379] Im Johannesevangelium verkündet Jesus die Bruderliebe als das neue Gebot, aus dem sich alles weitere ergibt (Joh 13,34f.). Die Proklamation, daß Gott Liebe ist, will das Bleiben bei Jesus und damit in der christlichen Gemeinde mit ihrem spe-

---

[379] Dazu gehört auch die Aufforderung, nicht mehr zu stehlen, sondern zu arbeiten, um anderen helfen zu können (Eph 4,28).

zifischen Bekenntnis an den Fleischgewordenen (1Joh 4,2) sichern. Liebe gibt es für Johannes nur als Bruderliebe und d.h. in der christlichen Gemeinde. Sie bestimmt über die Verhaltensnormen.

3.11 Der Jakobusbrief versteht seine Anweisungen als Hinführung zum „vollkommenen Gesetz der Freiheit" (1,25),[380] das auch „königliches Gesetz" genannt werden kann (2,8).[381] Es kann als „Barmherzigkeit" (Jak 2,13) zusammengefaßt oder mit dem Gebot der Schrift zur Nächstenliebe (Jak 2,8) näher umschrieben, aber auch als „Weisheit von oben her" (Jak 3,15.17 vgl. 3,13) gekennzeichnet werden und meint in diesem Falle den Wandel in „Sanftmut" (Jak 3,13) und ein Verhalten geprägt von einem „lauteren Wesen" (3,17). Dies schließt die Hinwendung zu den Armen ein (Jak 2,1-7).

3.12 Fazit: Wiewohl Jesus zur Feindes- und zur Nächstenliebe aufruft und die Liebe im NT insgesamt eine große Rolle spielt, läßt sich kaum sagen, daß die Liebe das Zentrum der Verhaltensnorm im NT ist. Sie ist ein ganz wichtiger Orientierungspunkt, der aber immer wieder ergänzt werden muß, etwa durch den Gesichtspunkt der Heiligung (1Thess 4,3-8) oder den der Wahrheit, wenn Eph 4,15 „wahrhaftig sein in der Liebe" fordert. Die Forderung der Barmherzigkeit in Lk 6,36 kann die Liebe zum Maßstab setzen, jene nach der Vollkommenheit in Mt 5,48 geht darüber hinaus.

---

380 Vgl. 2,12: „Gesetz der Freiheit".

381 Klein, Vollkommenes Werk, 143f.: Für den Jakobusbrief ist der νόμος ἐλευθερίας nicht nur die Lebensordnung der christlichen Gemeinde, wie es der νόμος Χριστοῦ bei Paulus ist, sondern er umfaßt in der für die nachapostolische Zeit typischen Weise alles, was die christliche Verkündigung von Wort und Handeln versteht. Das Gesetz der Freiheit ist identisch mit dem „Wort der Wahrheit". „Inhaltlich hat es (2,8-11) das Liebesgebot als Kriterium."

4 Zusammenfassung

Das Recht im eigentlichen Sinne ist im Alten Testament nur zu erschließen. Denn alle Texte rechnen bereits mit Forderungen für die israelitische Kultgemeinde und sind dementsprechend Gottesrecht-Texte, nicht für den Richter, sondern für den einzelnen Gläubigen bestimmt, wobei Jahwe das segensvolle Leben dem verkündet, der sich daran hält. Darum konnten alle Texte, auch die weisheitlichen, zu einem Ganzen zusammenfließen, weil Jahwe selber als der angesehen wurde, der deren Befolgung bewacht.
Neu wurde die Situation erst, als diese Forderungen auf das ewige Leben bezogen wurden. An dieser Stelle haben Jesus und die Christen neu angesetzt. Prophetischer Forderung entsprechend wurde der Mensch und sein Heil über das Gesetz gestellt, in judenchristlichen Kreisen das Gesetz in dieser Auslegung weiterhin gehalten, in heidenchristlichen Kreisen aber ein neuer Weg gesucht. Das Gesetz behielt seinen guten Charakter als Maßstab zur Aufdeckung der Sünde und als Verheißung auf Christus hin, für das Zusammenleben der Christen aber wurden neue Verhaltensnormen entwickelt. Denn das Evangelium vom Heil in Jesus Christus löste das Gesetz als Heilsweg ab. Diesem Evangelium entspricht als allgemeinere Verhaltensnorm der Dienst Christi vor Gott im Geist oder als konkretere das Doppelgebot der Liebe, im zwischenmenschlichen Bereich die „Goldene Regel“.

VII
Gerechtigkeit – Rechtfertigung

Einer der zentralen Begriffe der Bibel ist „Gerechtigkeit“.[382] *Sie erscheint zunächst als Entsprechung zu einer Rechtsnorm. Aber sie artikuliert ebenso das richtige Verhältnis zwischen zwei Personen oder Menschengruppen. Sie kann darum mit „Gemeinschaftstreue“*[383] *oder mit „gemeinschaftsgemäßes Verhalten“*[384] *wiedergegeben werden. Ebenso muß bedacht werden, daß überall dort, wo von „Gerechtigkeit“ gesprochen wird, die Erwartung der betroffenen Menschen oder Menschengruppen mitschwingt, eine Erwartung,*[385] *die sich oftmals an festen, wenn auch nicht abstrakten Normen sowie an Sehnsüchten und Hoffnungen orientiert. In diesem Sinne ist dann gerecht, wer sich den Erwartungen der Gemeinschaft oder Gottes gegenüber korrekt, unsträflich, richtig verhält. In der Vorausschau ist „Gerechtigkeit“ dann ein Hoffnungsgut, im Rückblick eine heilvolle Tat. Dies ist für die gesamte Bibel mit geringen Ausnahmen gültig.*[386]

---

[382] Die zentrale Bedeutung des Begriffs zeigt der Beitrag von Dietrich (Der rote Faden) auf. Ein Satz daraus (S.249) sei angeführt: „An ihm (sc. dem Leitfaden „Gerechtigkeit“) lassen sich die Inhalte des Alten Testaments so entfalten, daß sie als Fundament jüdischer wie christlicher Glaubensinhalte (…) begreiflich werden.“ Hahn, Gerechtigkeit, 346 spricht von einer Traditionslinie, die vom Alten Testament und Frühjudentum hin über Jesu Botschaft Paulus und die nachpaulinischen Schriften erreicht.

[383] Koch, צדק.

[384] Reicke, Gerechtigkeit, 548.

[385] Bereits Schlatter, Glaube, 552 hat die „Erwartung“ zum Verständnis eines Begriffes des AT als wesentlich erklärt: „Wenn die Dinge und Personen die auf sie gerichteten Erwartungen erfüllen, sind sie צֶדֶק“.

[386] Ein hellenistisches Verständnis von „Gerechtigkeit“ als Tugend im Sinne von Rechttun gibt es bloß an einer Stelle im NT (2Petr 1,1),

1 Gerechtigkeit im AT

Wer dem alttestamentlichen Verständnis von „Gerechtigkeit" nahe kommen will, wird auf die sprachlichen Unterschiede zwischen Gerechtigkeit als צֶדֶק (saedaeq) und Gerechtigkeit als צְדָקָה (sedaqa) achten müssen. צֶדֶק (saedaeq) gibt es, saedaeq ist, wohnt. Sedaqa wird getan, darum kommt das Wort auch im Plural vor, als Gerechtigkeitstaten, Gerechtigkeitserweise. Ein צַדִּיק (saddiq) ist der Mensch, der sich für die Gemeinschaft heilvoll einsetzt und unbescholten bleibt.

1.1 צֶדֶק (saedaeq) ist wahrscheinlich ursprünglich ein phönizisch-kanaanäischer „Sonnengott und als solcher Garant der Welt und v.a. der Rechtsordnung."[387] In den Namen der Jerusalemer Priester Melchisedek (Gen 14,18; Ps 110,4), Adonisedek und Sadok (2Sam 8,17; 20,25 u.ö.) ist mit צֶדֶק (saedaeq) (Jos 10,1) das Wissen um diese Gottheit noch erhalten. Wenn man von der Weisheit her schließen darf, die in der spätalttestamentlichen Zeit göttliche Attributionen bekommt, dann steht hinter solch einer Vergöttlichung des צֶדֶק (saedaeq) die Ahnung des Menschen, daß Gerechtigkeit eine Sache ist, die von Menschen nie ganz erreicht, aber erahnt und erwartet werden kann, die es rein nur in der Himmelswelt gibt, weswegen sich die Menschen zeitlebens danach sehnen und ausstrecken. Ähnlich dürften die Ägypter empfunden haben, die die Maat – Weisheit als Göttin verehrten. Es entspricht dieser alten Jerusalemer Tradition, wenn von saedaeq vor allem bei Jesaja und in den Psalmen gesprochen wird.
Von hier aus ist das Verständnis von צֶדֶק (saedaeq) abzuleiten. צֶדֶק (saedaeq) ist „das gesamte göttliche Prinzip"[388] und darum überall dort, wo eine erwartete heilvolle Welt oder Situation erlebbar wird, so etwas wie eine Entspre-

---

vgl. Vögtle, Judasbrief, 133: „... keine Bevorzugung und keine Benachteiligung kennende(n) Gerechtigkeit."

[387] Grünwaldt, Δικαιοσύνη, 731.

[388] Johnson/Ringgren, sadaq, 900. Verwandt ist die ägyptische Maat, als „der im Schöpfungsakt gesetzte richtige Zustand der Natur und Gesellschaft."

chung zu einer Urordnung der Welt,[389] in der man sich wohl fühlt, aber nicht die Urordnung selber, denn die ist im Himmel, unter den Göttern. So kann Jesaja sagen, daß in Jerusalem צֶדֶק (saedaeq) wohnte, jetzt aber die Mörder am Werke sind (Jes 1,21). Ebenso kann Ps 118,19 von den Toren der Gerechtigkeit sprechen, durch die man eingeht, natürlich in den Raum des צֶדֶק (saedaeq), des Heiles. Es gibt צֶדֶק- (saedaeq-)Waagschalen oder saedaeq-Gewichte (Lev 19,36; Dtn 25,15; Hes 45,10), d.h. den bekannten Normen entsprechende „Marktinstrumente", צֶדֶק- (saedaeq-)Opfer (Dtn 33,19; Ps 4,6), d.h. Opfer die Heil vermitteln, צֶדֶק-(saedaeq-)Lippen (Spr 16,13), wodurch Richtiges, Heilbringendes gesagt wird. In einem solchen Raum oder Zustand befindet man sich, wenn „in" צֶדֶק (sadaeq) gerichtet wird,[390] wenn gesagt werden kann, daß die Rechtssätze und Anweisungen Jahwes צֶדֶק (saedaeq) sind (Ps 119, 142.144). Besonders Deuterojesaja rückt צֶדֶק (saedaeq) ganz nahe an das Heil, die Rettung heran. Ein Beispiel dafür aus Jesaja:

„Hört auf mich,
die ihr nach צֶדֶק (saedeaq) trachtet,
die ihr Jahwe sucht …"
(Jes 51,1)
„Kommen lasse ich schnell meinen צֶדֶק (saedaeq),
Mein Heil geht hervor."
(Jes 51,4)

Jahwe suchen und nach צֶדֶק (saedaeq) trachten gehen nebeneinander, wie das Kommen des צֶדֶק (saedaeq) und das Hervortreten des Heils.
Das nächste Beispiel führt weiter:

„Taut ihr Himmel aus der Höhe,
und ihr Wolken regnet צֶדֶק (saedaeq),
die Erde tue sich auf,

---

389 Hierin ist das Recht der etwas einseitigen Sicht von Schmid, Gerechtigkeit begründet. S.182-186 versteht er darunter „was recht und in Ordnung ist". Johnson/Ringgren, sadaq, 910 sieht in צֶדֶק (saedaeq) das „geordnete göttliche Prinzip."

390 Lev 19,15 von Menschen; Ps 9,9; 96,13 von Jahwe, der den Erdkreis so richtet.

und es trage Frucht die Rettung,
und צְדָקָה (sedaqa) sprieße zusammen auf.
Ich, Jahwe, bin es, der sie schafft.“
(Jes 46,8f.)

Vom Himmel fällt, dem Tau ähnlich, der צֶדֶק (saedaeq) herunter, und auf der Erde wächst daraus die Rettung für das Gottesvolk. Damit zusammen sprießt צְדָקָה (sedaqa) hervor, weil der Schöpfer am Werke ist.

1.2 Damit ist das zweite Wort in Erscheinung getreten: צְדָקָה (sedaqa). Es ist die Erscheinungsweise des צֶדֶק (saedaeq) und umfaßt das heilvolle Eingreifen Jahwes. Darum kann von ihr auch im Plural gesprochen werden. Gemeint sind dann die Heilstaten, Gerechtigkeitserweise (Ri 5,11; vgl. Mi 6,5; Ps 103,6). צְדָקָה (sedaqa) wird oftmals getan (vgl. Gen 18,19; Jes 56,1; 58,2 u.ö.).[391] Es ist die Tat, die der Erwartung eines korrekten, als heilvoll anerkannten Verhaltens entspricht (1Sam 26,23; Hi 27,6 u.ö.).[392] Das ist normalerweise ethisch korrektes Verhalten. Ein solches kann tatsächlich erwartet werden (Jes 5,7).
Solch ein Verhalten ist, insofern es Gott betrifft, eigentlich mit „Barmherzigkeit“, „Gnade“ oder „heilvolle Zuwendung“ wiederzugeben, denn von Gott und seinem Eingreifen wird Zuwendung, Hilfe und die Wiederherstellung eines sinnvollen Lebens erwartet. So stellt Ps 103,17 „Gerechtigkeit“ mit Gnade parallel. In Jes 5,7 steht neben „Gerechtigkeit“ das Wort für Rechtsordnung (מִשְׁפָּח). Im Unterschied zu einer solchen Erwartung an Gott, wird von den Mitmenschen korrektes Verhalten gefordert, das den Normen der Gegenseitigkeit entspricht. So wird Pinchas sein Verhalten für die Gemeinschaft als Gerechtigkeit angerechnet (Ps 106,31).

1.3 Der צַדִּיק (saddiq, Gerechte) ist derjenige, der sich so verhält, daß er ein korrektes, den Erwartungen entsprechendes Leben führt. Das beste Beispiel ist die Charakteri-

---

[391] Zum Tun des צַדִּיק vgl. Jes 64,4; Ps 15,2.

[392] In der Spätzeit ist es immer deutlicher als die Zuwendung zu den Armen verstanden und darum von der LXX als ἐλεημοσύνη wiedergegeben, vgl. Sir 3,30; 7,10 u.ö.

sierung der Tamar durch Juda in Gen 38,26 als „gerecht". Sie hatte ein Recht und gleichzeitig die Pflicht, dem Stamme Juda einen Nachkommen zu schenken. Da ihr Juda dazu seinen dritten Sohn nicht gab, holte sie sich das Kind von Juda selber und entsprach damit den Erwartungen, die sie an die Sippe und die Sippe an sie hatte. Dementsprechend erklärt Juda, daß sie „gerecht ist", und er nicht, der sie an anderen Kriterien der Sittlichkeit gemessen hatte. Gerecht ist also nicht, wer sich einer abstrakten, möglicherweise auch noch zurechtgebogenen Norm gegenüber unanstößig verhält, sondern wer sich in die Normen einfügt, welche die Gemeinschaft tragen. Ein צַדִּיק (saddiq) ist also ein Mensch, den die Gemeinschaft ganz als den ihren betrachtet, den sie als Vorbild ansieht, und der nach ihren Maßstäben lebt, die sie sich nicht selber setzt, die aber von ihr anerkannt sind, es ist ein Mensch, der am Schluß eines Gerichtsverfahrens „gerecht" erklärt wird.[393] Darum kann in der Weisheitsliteratur צֶדֶק (gerecht) mit יָשָׁר (redlich) (Spr 11,3.6) und תָּם (lauter) (Spr 11,5) wechseln.

1.4 Ein Text aus Dtjes, in dem alle vier Möglichkeiten, von Gerechtigkeit zu reden, nebeneinander stehen, hilft zum Verständnis von „Gerechtigkeit" und „gerecht":

„Ich bin Jahwe, der צֶדֶק (saedaeq) redet
und Aufrichtigkeit מֵישָׁרִים (von יָשָׁר[394]) anzeigt …"
(Jes 45,19)
„… ein gerechter Gott (אֵל־צַדִּיק, el-saddiq) und Retter (מוֹשִׁיעַ, mošia)"
(Jes 45,21)
„… aus meinem Mund geht צְדָקָה (sedaqa) hervor,
ein Wort, das nicht zurückkehrt."
(Jes 45,23)
„Nur bei Jahwe (…) sind Gerechtigkeitstaten (צְדָקֹת, sedaqot) und Kraft."
(Jes 45,24)
„In Jahwe wird gerecht sein (יִצְדְּקוּ, jisdeku) und sich rühmen der ganze Same Israels."
(Jes 45,25)

---

393 Dies hebt besonders Boecker, Redeformen, 123-132 hervor.
394 Das Wort steht in Ps 58,2; 75,3 verbunden mit dem Verbum „richten" (špṭ).

Man kann kaum zwischen den verschiedenen Wörtern vom Stamme צדק unterscheiden. In Jes 45,19 wird צֶדֶק (sedaeq) mit „Aufrichtigkeit“ erläutert, in 45,21 ist der gerechte Gott gleichzeitig der Retter. Die צְדָקָה (sedaqa) in 45,23 ist das mächtige Wort Gottes, das eine Wirkung hervorbringt und nicht zurückkehrt, und die צִדְקֹת (sidqot), die Heilstaten, werden mit „Kraft“ parallelisiert. Es geht in diesen Versen um die Durchsetzung der heilsstiftenden Gerechtigkeit Jahwes, die sich durchsetzt und mächtig ist, Rettung bewirkt und den völlig geraden, zuverlässigen Weg geht, der als Aufrichtigkeit gekennzeichnet wird. Das führt dazu, daß die צְדָקָה (sedaqa) um sich greift und alle Israeliten gerecht werden läßt, was bedeutet, daß sie in den von Gott erwarteten Stand gelangen und darum Gott loben. Die Erwartungen sind alle erfüllt. In den Worten vom Stamm צדק ist all das zusammengefaßt, was das Gottesvolk von Gott für sich erwarten kann, wenn er sich denn ihm ganz zuwendet: das Heil als Rettung, das sich mächtig durchsetzt und in jeder Hinsicht gerade und zuverlässig ist und auch die Menschen in die Heilsordnung mit einschließt.[395]

1.5 Eine ganz andere Linie wird durch eine Richtung innerhalb des AT vertreten, die „Gerechtigkeit“ an das Annehmen der Botschaft Gottes bindet. Hier macht sich die Grundvoraussetzung von „Gerechtigkeit“ als Entsprechung zu den Erwartungen in einer bisher nicht beschriebenen Weise bemerkbar. In Gen 15,5f. wird berichtet, daß Jahwe Abraham eine Heilszusage macht (V.5) und Abraham diese Botschaft glaubend annimmt. Das wird ihm als „Gerechtigkeit“ angerechnet, weil es die richtige Reaktion auf Jahwes Wort ist.[396] Abraham hat sich nach diesem Text

---

[395] Es ist mir bewußt, daß ich in 45,19-25 einen Vers über den klaren Abschnitt 45,20-25 hinaus ausgeweitet habe. Das ist möglich, a) weil es sich um denselben Verfasser handelt, b) weil das Konzept von saedaeq-sedaqa bei Dtjes einheitlich ist, und c) weil die Aussage von V.19 den Abschnitt V.20-25 vorbereitet. Zur Einteilung der Abschnitte vgl. die Kommentare.

[396] Vgl. Jes 7,9: „Glaubt ihr nicht, so bleibt ihr nicht.“ Die Propheten sehen in dem Beachten ihrer Botschaft das entscheidende Verhalten. Nirgends ist das so deutlich wie im Buch Jona: Wer hört und Buße

Gottes Botschaft gegenüber als „gerecht" erwiesen, indem er sie positiv aufnahm, ihr glaubte. Hier ist „Gerechtigkeit" bezogen auf menschliches Verhalten, das nicht mehr als Entsprechung zu einer Erwartung bezüglich sittlichen Tuns verstanden wird, sondern als Entsprechung zu der Erwartung Gottes, daß seine Botschaft akzeptiert, seine Verheißung angenommen wird. Derjenige ist „gerecht", verhält sich der Botschaft gegenüber korrekt, richtig, angemessen, der sie annimmt. Eine vergleichbare Anschauung liegt in Jes 7,9 vor, wo der Prophet seine Botschaft mit den Worten abschließt: „Glaubt ihr nicht, so bleibt ihr nicht." Der Prophet will hier mit einem Wortspiel, das man auch so übersetzen kann: „Wenn ihr euch nicht auf das Wort verlaßt, werdet ihr verlassen sein", deutlich machen, daß mit der glaubenden Annahme oder der ungläubigen Ablehnung das Gottesvolk steht und fällt, weil Gottes Wort nur zweierlei kennt: Annahme und damit Heil oder Ablehnung und damit Unheil. Derjenige verhält sich richtig und erlebt Heil, der das Wort annimmt, glaubt. Auch Hab 2,4 weist in die gleiche Richtung, wenn davon gesprochen wird, daß „der Gerechte durch seinen Glauben, seine Treue lebt." Gemeint ist im Sinne des Propheten, daß derjenige am Leben bleibt, der angehalten durch die prophetische Botschaft bei Gottes Sache bleibt, Glauben und damit Treue bewahrt.[397]

2 Gerechtigkeit/Rechtfertigung im Neuen Testament

Das NT übernimmt die Redeweise des AT von der „Gerechtigkeit" Gottes und der Menschen und sieht in Gottes Gerechtigkeit sein heilvolles Eingreifen, in der „Gerechtigkeit" der Menschen vor allem das von Gott vom Menschen erwartete Verhalten. Dieses kann sich an Rechtsnormen, d.h. am „Gesetz" des AT, orientieren, oder

---

tut, darf am Leben bleiben, vgl. besonders 3,5-10, wo ausgesagt ist, daß die Männer von Ninive glaubten und ein Fasten ausriefen.

[397] Die LXX versteht freilich: „durch meine (sc. Gottes) Treue" und sieht in dem „Gerechten" zugleich den, der im Vertrauen auf die Weissagung des Propheten durchhält. Das ist keine wesentliche Änderung.

an selbstverständlichen Erwartungen der christlichen Gemeinde, oder an der Evangeliumsverkündigung, die auf Glauben als Antwort hinzielt. Im ersten Falle ist der sittlichen Forderung, im zweiten der prophetischen Tradition Rechnung getragen.

2.1 In den Evangelien ist es vor allem Mt, der dem Wort „Gerechtigkeit" eine besondere Aufmerksamkeit schenkt. Für ihn ist „Gerechtigkeit" das richtige Verhalten des Menschen Gottes Erwartungen gegenüber. So erfüllt Jesus „alle Gerechtigkeit" (Mt 3,16), d.h. er verhält sich richtig gegenüber den von Gott gesetzten Normen. Jesus preist die selig, die „hungert und dürstet nach der Gerechtigkeit" (Mt 5,6), die sich also danach sehnen, eine „bessere Gerechtigkeit" als die der Schriftgelehrten und Pharisäer zu tun (Mt 5,20), die nach dem „Reiche Gottes und der diesem entsprechenden Gerechtigkeit trachten", d.h. sich ihr gemäß verhalten, Menschen, die den „Weg der Gerechtigkeit" (Mt 21,32) gehen.[398]

2.2 Paulus hat einen sehr differenzierten und nur bei ihm anzutreffenden Sprachgebrauch von „Gerechtigkeit". Bei ihm laufen die beiden Linien, nämlich die Linie der Gerechtigkeit Gottes als Barmherzigkeit oder Heilstat einerseits und jene von der Gerechtigkeit des Menschen im Sinne der Annahme der prophetischen Botschaft andererseits zusammen. Diese Zusammenfügung zweier verschiedener Traditionen ist ihm offensichtlich bewußt, denn er bindet sie künstlich aneinander. Das wird an drei Texten deutlich:

– In Röm 3,21 spricht er zunächst davon, daß Gottes Gerechtigkeit offenbar geworden ist, die von dem Gesetz und den Propheten bezeugt wurde, und meint damit die Heilstat Gottes in Jesus Christus. In 3,22 ergänzt er anschließend, daß er damit jene Gerechtigkeit meint, die dem Glauben an Jesus Christus angerechnet, zuerkannt wird. Gemeint ist: Gottes heilvolles Tun ist sichtbar geworden, es wirkt sich aus auf alle, die diesem Tun Gottes entsprechen, indem sie

---

[398] So auch der einprägsame Titel des Buches von Strecker, Der Weg der Gerechtigkeit.

glauben. Demzufolge spricht er in 3,25f. vom Erweis der Gerechtigkeit Gottes im Sühnehandeln im Blute Jesu, welches Vergebung der Sünden bewirkt, fügt in diesen eindeutigen, vermutlich von ihm übernommenen Text die Worte „durch den Glauben" (διὰ πίστεως) ein und zeigt damit an, daß er wie bereits in 3,21f. die heilvolle Gottesgerechtigkeit an die glaubende Annahme derselben bindet. Diese Sicht kehrt auch in 3,26 wieder, wo er betont, daß diese „Gerechtigkeit Gottes" jetzt wirksam wird und ihn, Gott, als „gerecht" erweist, weil er heilvoll an den Menschen handelt und sie als gerecht erklärt, insofern sie sich entsprechend verhalten, glauben. Das entspricht der Erwartung des Menschen an Gott, nämlich, daß Gott ihm Heil verschafft, es entspricht der Erwartung Gottes an den Menschen angesichts seines heilvollen Handelns, daß er die Botschaft, das Evangelium, das ihm Gottes Gerechtigkeit als Heilstat verkündet, annimmt. Der so von Gott als Glaubender angenommene Mensch, der auf diese Weise, also aufgrund des Glaubens für „gerecht" erklärt wurde (vgl. Röm 5,1), kann sich sachgemäß nicht seiner Tat rühmen. Weil Glaube Reaktion auf das Evangelium ist, ist die actio ganz bei Gott.

– Den gleichen Gedankengang verfolgt Paulus in der Formulierung von Röm 1,16f. Auch dort spricht er wie in 3,21 von der Offenbarung der „Gerechtigkeit Gottes" durch das Evangelium, das seinerseits als „Kraft zum Heil" näher gekennzeichnet wird. Diese „Gerechtigkeit" ist also ganz Gottes Tat. Aber er schließt sofort die Worte „aus Glauben zu Glauben" (ἐκ πίστεως εἰς πίστιν) an und macht damit deutlich, daß diese Gottesgerechtigkeit nur dem Glaubenden gilt.

– Ein wenig anders liegen die Dinge im dritten Text, in Phil 3,9. Hier setzt er die Gerechtigkeit aus Glauben der Gerechtigkeit aus dem Gesetz entgegen, um sie als „Gerechtigkeit aus Gott, aufgrund des Glaubens" näher zu kennzeichnen. Die komprimierte Aussage ist von rückwärts zu erschließen: Gottes Gerechtigkeit im Sinne seiner Heilstat wird dem Menschen aufgrund seines Glaubens zugeeignet. Es kann darum nicht eine Gerechtigkeit sein, die der Mensch tut und die dann seine eigene Gerechtigkeit ist, er kann sie nur als Geschenk glaubend in Empfang nehmen. Der Mensch ist „gerecht“, insofern er sich durch die glaubende Annahme des Evangeliums vor Gott angemessen, richtig verhält. Er hat auf Gottes Angebot des Heils im Evangelium sachgemäß korrekt reagiert und ist darum „gerechtfertigt.“

Es ergibt sich: Zwischen der Gerechtigkeit Gottes im Sinne einer heilvollen Handlung[399] und der Gerechtigkeit aus Glauben ist zunächst sprachlich zu unterscheiden und letztere als „Rechtfertigung aus Glauben“ zu benennen. Danach kann beides wieder zusammengebunden werden in dem Wissen, daß beides von Gott ausgeht. Gott erweist seine Gerechtigkeit in seiner Heilstat in Jesus Christus und sieht den Menschen, der die Botschaft von dieser Heilstat (das Evangelium) im Glauben annimmt, als „gerecht“ an, als seiner Erwartung entsprechend, angemessen.[400]

Wahrscheinlich hat zu dieser Sicht die Tatsache beigetragen, daß Paulus eine Bekehrung durch Offenbarung erlebt hat, wobei, wie er sagt, für ihn Gottes neues Handeln überwältigend war, gemessen an all dem, was er vorher wußte (Phil 3,4-6). Bis dahin hat er die Gerechtigkeit nach dem Gesetz gesucht und war in ihr, seinem eigenen Zeug-

---

[399] Ähnlich Stuhlmacher, Theologie, 335: „Δικαιοσύνη θεοῦ bezeichnet bei Paulus das Heil und Wohlordnung schaffende Wirken Gottes.“ Leider bleibt es bei dieser einlinigen Definition. Dadurch wird δίκαιον als Gottes Rechtfertigungstat am Menschen dem alttestamentlich-jüdischen Sprachgebrauch entsprechend forensisch verstanden (vgl. S.330.339). Letzteres Verständnis hat auch Strecker, Theologie, 163: „Gerechtigkeit ist Gabe des Richters, der Gnade übt.“ Unserem Verständnis schon näher ist Hahn, Gerechtigkeit Gottes, 306: „... daß er Gerechtigkeit schafft und eine darin begründete Gerechtigkeit fordert.“ Meines Erachtens ist statt „fordert“ ein „erwartet“ sachgemäßer. Das ebendort genannte „rechfertigende Handeln“ Gottes, das „durch die Verkündigung des Evangeliums (geschieht)“ fordert nicht, sondern erwartet Glauben, ist auf Glauben aus. Und der so Glaubende verhält sich dann richtig, er ist „gerecht“, gerechtfertigt.

[400] Hofius, Rechtfertigung, 83 differenziert nicht sorgfältig genug, wenn er die unterschiedlichen Aspekte der δικαιοσύνη wie folgt zusammensieht: „Die δικαιοσύνη ist Gottes rettende Heils*macht* und sein erlösendes Heils*handeln*, die von ihm gewährte und bereitete Heils*gabe*, wie auch – als die den Glauben zwar qualifizierende, niemals aber zu seiner eigenen Qualität werdende Größe – die gewährte Heils*teilhabe*.“

nis nach, tadellos (Phil 3,6). Aber dies galt nur unter der Voraussetzung, daß die Sinaioffenbarung und damit die Gesetzgebung zur Zeit des Mose Gottes Willen offenbart hat. In dem Augenblick aber, wo er durch die Offenbarung belehrt wurde, daß Gottes Heilstat in Jesus Christus die entscheidende Zuwendung zu den Menschen ist, hat er auch verstanden, daß „Gerechtigkeit" nicht mehr darin bestehen kann, daß man die Gesetze hält. Man kann darum eine solche Gerechtigkeit nicht mehr Gott gegenüber aufrechnen und damit eine eigene Gerechtigkeit erlangen.

Die beiden aufgezeigten Linien lassen sich auch traditionsgeschichtlich auseinanderhalten. Die Rede von der Gerechtigkeit Gottes als Heilstat hat Paulus in einer Formel übernommen, die er in 3,25 verwendet. Hier wurde unter Aufnahme alttestamentlicher Tradition Gottes Gerechtigkeit als Heilstat verstanden.

Die andere Tradition tritt in 1Kor 6,11 in Erscheinung, wo Paulus davon spricht, daß die Korinther „abgewaschen, geheiligt und gerecht gemacht wurden im Namen des Herrn Jesus Christus und dem Heiligen Geist". Solche „Rechtfertigung", „Gerechtmachung" erfolgt bei der Taufe und das meint im paulinischen Verständnis durch den Glauben. Von solcher Anschauung her ließ sich auch in formelhafter Weise in 1Kor 1,30 davon sprechen, daß Christus den Gläubigen zur Ursache oder zur Verkörperung „der Gerechtigkeit, der Heiligung und der Erlösung" geworden ist. Heiligung und Gerechtigkeit werden wie in 6,11 zusammen genannt. Ähnlich liegen die Dinge in 2Kor 5,21, wo ebenfalls in einer fest geprägten Formel davon die Rede ist, daß ein Tausch zwischen Jesus und den Sündern erfolgte. Er wurde zur Verkörperung der Sünde gemacht, die Gläubigen zur Verkörperung von Gottes Gerechtigkeit.[401]

---

[401] Diese beiden Linien bemerkt auch Gnilka, Paulus, 237-244. Wilckens, Theologie I/3, 132f. erklärt, daß die „Gerechtigkeit Gottes" ein zentraler Begriff jüdischer Theologie sei und leitet das Verbum „rechtfertigen" vom Taufgeschehen ab. Eckstein, Gerechtigkeit Gottes, 221-223 unterscheidet zwischen δικαιοσύνη θεοῦ als rettende Heilsmacht Gottes und absolut gebrauchter „Gerechtigkeit" zur Bezeichnung der Glaubensgerechtigkeit, verfolgt diesen Unterschied aber nicht weiter.

Diese Tradition, die Rechtfertigung beim Geschehen der Taufe zusprach, hat Paulus konkret auf das Gläubigwerden und damit auf die glaubende Annahme des Evangeliums bezogen und der Tradition damit eine neue Ausrichtung gegeben. Dabei hat er die prophetische Tradition der Rede von der Gerechtigkeit aufgegriffen. „Gerechtigkeit“, d.h. richtiges Verhalten, erfolgt dort, wo Gottes Botschaft gehört und im Glauben angenommen wird, weil das Gott erwartet. Vermutlich wurde er zu dieser Sicht durch Gen 15,6 und Hab 2,4 geleitet. Er hat sich jedenfalls im Gefolge der Aussagen dieser Texte gesehen, wie Gal 3,6.11, Röm 1,17 und 4,3.9 zeigen.
Mit der Rede von „Gottes Gerechtigkeit“ nimmt Paulus die andere Tradition auf, die sich in besonderer und für den Menschen entscheidender Weise im Kreuzestod Christi zeigt, der als Heilstod ausgelegt wurde. Auf sie kann der Mensch nur noch reagieren. Gott erwartet von ihm die Annahme des Evangeliums von Gottes Gerechtigkeit im Glauben (Röm 1,17). Es ist eine Gerechtigkeit, die aus Gott kommt und dem Glauben zugesprochen wird (vgl. Phil 3,9). Wer somit glaubend auf das Evangelium reagiert, entspricht der Erwartung Gottes, der ihn für „gerecht“ ansieht und damit gerecht macht. So kommt die Redeweise von der Gerechtigkeit Gottes in engem Zusammenhang mit der Wendung vor, die von der Gerechtigkeit aus Glauben spricht, einer „Gerechtigkeit“, die wir mit „Rechtfertigung aus Glauben“ zu benennen gewohnt sind. Die Bezeichnung ist insofern angemessen, als Gott den Glaubenden „rechtfertigt“, als einen Menschen ansieht, der sich richtig, korrekt, gerecht verhält auf die Proklamation der Botschaft hin.

2.3 Da dieser etwas schwierige und ganz von dem eigenen Erlebnis einer Offenbarung her geprägte und nur aus ihr heraus verständlich zu machende Gebrauch von „Gerechtigkeit Gottes“ und „Rechtfertigung aus Glauben“ mit der Botschaft des Paulus steht und fällt, konnte er judäischen Gemeinden wohl nur schwer deutlich gemacht werden. Der von der jüdisch-hellenistischen Tradition herkommende Jakobusbrief wendet sich gegen die einseitige Interpretati-

on derselben und betont, daß „Gerechtigkeit" ohne Werke nicht zu erzielen ist.
Er formuliert dies sogar sehr präzise:

> „Jemand fragt: Hast du Glauben? So (antworte) ich: Ich habe Werke. Zeige mir deinen Glauben ohne Werke, so will ich dir meinen Glauben aus den Werken zeigen. Du glaubst, daß es einen (einzigen) Gott gibt? Das tust du gut. Die Dämonen glauben auch und zittern."
> (Jak 2,18f.)[402]

Für Jakobus ist „Glauben" eben nicht das richtige Verhalten Gott gegenüber als Reaktion auf das Angebot des Evangeliums, sondern eher ein „Für-Wahr-Halten", das bis zur Gewißheit gehen kann. Denn die Dämonen „glauben" nicht nur, sie wissen von der Existenz des einen Gottes, dem sie zuwider handeln. Jakobus meint, daß die Akzeptanz des einen Gottes noch keinen wirklichen Christen macht. Gott erwartet von ihm eine „Gerechtigkeit", die sich im Tun, Erfüllen der Forderung Gottes konkretisiert. Er meint mit „Gerechtigkeit" das von Gott erwartete Verhalten, das nicht mehr an die Annahme des Evangeliums, sondern an die korrekte Entsprechung des Gebotes Gottes und die Erwartungen den Mitmenschen gegenüber gebunden ist, und verweist dazu auf Abrahams Gehorsam bei dem Befehl zur Opferung Isaaks (Jak 2,20-24). Er meint aber damit gleichzeitig, daß die Christen sich an das „vollkommene Gesetz der Freiheit" (Jak 1,25) halten sollen, das im Liebesgebot (Lev 19,18) seine klare Ausprägung findet (vgl. Jak 2,11f.).[403]

3 Zusammenfassung

Die Rede von der Gerechtigkeit Gottes und des Menschen ist in der Bibel weitgehend einheitlich. Gerechtigkeit besteht in dem rechten Verhalten, das einer Norm oder einer Erwartung Gottes, eines Einzelnen oder der Gemeinschaft

---

402 So mit Neitzel, crux interpretum.

403 Nach Popkes, Brief des Jakobus, 143 ist das „Gesetz der Freiheit" bei Jakobus, „in der Sache am ehesten das ‚Gesetz Christi' (von Gal 6,2), das christliche Gesetz des neuen Bundes."

entspricht. Gottes Gerechtigkeit besteht in seinen Heilstaten, seinem Heilswirken, des Menschen Gerechtigkeit besteht darin, daß er sich den Satzungen Jahwes und den Erwartungen der Gemeinschaft gegenüber richtig verhält. Aber so wie der saedaeq eine divinisierte Heilshoffnung sein kann, kann „Gerechtigkeit" darin bestehen, daß diese Heilshoffnung als Gottes gegenwärtiges Heilswirken proklamiert wird. Dann ist die Gerechtigkeit des Menschen nur noch als Reaktion auf diese Botschaft und somit nur aufgrund des Glaubens möglich. Die Bibel kennt also zwei verschiedene Ansätze zum Verständnis von Gerechtigkeit. In einem Falle wird von Gott „Gerechtigkeit" geübt, indem er sich heilvoll dem Menschen zuwendet. Das entsprechende Verhalten des Menschen ist dann ein Verhalten, das ihm ermöglicht, im Heilsraum zu bleiben, woraus sich sittliche Ordnungen ergeben, denen der Mensch entsprechen kann. Im zweiten Falle besteht Gottes Gerechtigkeit ebenso in seiner Heilstat, das „richtige", korrekte, gerechte Verhalten des Menschen dazu ist aber die glaubende Annahme der Botschaft vom heilvollen Handeln Gottes. Hier ist das „korrekte Verhalten" den Mitmenschen gegenüber ausgeblendet. Es ergibt sich nur sekundär aus der Annahme der Heilsbotschaft Gottes. Der paulinische Begriff der Gerechtigkeit – Rechtfertigung ist nicht für Paulus allein, sondern für die prophetische Botschaft typisch. Der Schnitt zwischen dem Verständnis der Gerechtigkeit des Menschen im Sinne von heilvollem Wohlverhalten und im Sinne von Annahme der Botschaft geht quer durch die Bibel. Ein Unterschied zwischen alttestamentlicher und neutestamentlicher Sicht ist an dieser Stelle nicht festzustellen.

VIII
Zuverlässigkeit – Treue – Wahrheit[404]

Während im semitischen Raum und somit auch im AT das Wort, das wir mit „Wahrheit" wiedergeben, meistens die Zuverlässigkeit meint, das, worauf man sich verlassen kann, ist „Wahrheit" im NT oft die hinter der sichtbaren Realität verborgene Wirklichkeit, die geoffenbart wird.

Zum griechischen Wort ἀλήθεια, das wir mit „Wahrheit" übersetzen, gibt es kein wirkliches Äquivalent im Alten Testament. An dieser Stelle liegt ein charakteristischer Unterschied zwischen hebräischem und griechischem Denken vor. Die Septuaginta übersetzt mit ἀλήθεια meistens das hebräische אֱמֶת (ämät) (vgl. Gen 24,48). Dies konnte geschehen, weil im Zuge der Sprachentwicklung אֱמֶת (ämät) immer mehr die Bedeutung von Zuverlässigkeit einnahm. Die Zuverlässigkeit aber einer Aussage besteht darin, daß sie sich mit der Wirklichkeit deckt. Und die Deckung von Wirklichkeit und Aussage über sie ist im Griechischen die Grundvoraussetzung des Redens über die Wahrheit. Dennoch bleiben die unterschiedlichen Ansatzpunkte im Denken für das Verständnis von „Wahrheit" im AT und im NT entscheidend. Das Neue Testament übernimmt die Prägung des Wortes vom Alten Testament her, weitet aber das Verständnis im Sinne der griechischen Bedeutung aus. Es lohnt sich, diesem Begriff im AT und im NT nachzugehen. Damit werden Ähnlichkeiten und Unterschiede zwischen den beiden Teilen unserer Bibel deutlich.

---

404 Neubearbeitung des Vortrages „Wahrheit im Neuen Testament" an der Kirchlichen Hochschule Naumburg im Februar 1991.

1 Wahrheit als Zuverlässigkeit und Treue im AT

Verallgemeinernd kann man sagen: Im AT ist Wahrheit (אֱמֶת, ämät) das, worauf man sich verlassen kann. Darum ist Wahrheit im AT immer Zuverlässigkeit, Sicherheit einerseits und Treue andererseits. „Wahrheit" gibt einer Sache Bestand, Zukunft, Perspektive. Sie ist aber immer auch Übereinstimmung von Aussage und Wirklichkeit.

1.1 Von der Grundbedeutung „fest sein", „Bestand haben" ausgehend[405] ist „Wahrheit" zunächst die zutreffende Nachricht (Gen 42,16.20; 1Kön 10,6), der feste Boden, auf den man bauen kann. Die Hure Rahab erbittet ein „wahres", gemeint ist ein zuverlässiges Zeichen von den Kundschaftern (Jos 2,12), daß sie verschont wird, und der Knecht Abrahams dankt Jahwe dafür, daß er ihn auf den „Weg der Wahrheit" geführt hat (Gen 24,48), d.h. den Weg, der das Gelingen möglich machte. Wahrheit und Sicherheit, Wahrheit und Zuverlässigkeit, Wahrheit und Gelingen gehören eng zusammen.

1.2 Ausgehend von dieser Grundbedeutung ist Wahrheit dann die richtige Aussage über einen tatsächlichen Tatbestand (Dtn 22,20), die korrekte, verlässliche Aussage vor Gericht (Spr 12,17; Ez 18,8; Jes 48,1), die Übereinstimmung von Wort und Wirklichkeit (Spr 25,13 vgl. 8,7; Ps 15,1; Sach 8,16). Der Gegensatz zu Wahrheit ist Lüge (Spr 14,25), Trug (Spr 12,19). Die wahre Aussage, die der Realität entspricht, ist Grundlage für Lebensentscheidungen.

[405] Ganz sicher ist diese Grundbedeutung nicht. Schlatter, Glaube, 551 und Bultmann, Exegetica, 125 vermuteten, daß die Grundbedeutung „tragen", „festhalten" ist. Denn der Wortstamm אמן I begegnet im AT nicht im Kal, sondern nur im Nip'al und im Hip'il. Im Nip'al (נֶאֱמָן, nääman) bedeutet das Verbum „dauerhaft sein" (1Sam 2,35; 25,28), „zuverlässig sein" (Gen 42,20; 1Sam 22,14; Jes 8,2), „Bestand haben" (Jes 7,9), und nur im Kontrast zu Lüge (Hos 12,1f.) und Betrug (Ps 78,36f.) nähert sich das Wort der Bedeutung von „wahr" an; im Hip'il (הֶאֱמִין, häämin) hat es die Bedeutung von „fest stehen" (Hi 39,24), „sich fest machen" (Jes 7,9; 28,16), „vertrauen" (Gen 15,6), „glauben" (Gen 45,26). Zum Weiteren vgl. Wildberger, אמן, und Jepsen, אָמַן.

Daraus hat Israel aber nicht den durchaus möglichen Schluß gezogen, daß Wahrheit eine an sich verborgene, nicht ganz zugängliche Sache sei – das hat es später von der Weisheit gesagt, wie Hi 28 zeigt. Vielmehr hat es in der Wahrheit die Verlässlichkeit gesehen, den Boden, auf den man bauen kann, und damit Wahrheit als Lebensgrundlage betrachtet. Das Ganze wird also ins Positive gewendet. So kann formuliert werden: „Ein wahrhaftiger Zeuge rettet manchem das Leben" (Spr 14,25). An sich kann die Feststellung der Wirklichkeit und damit die wahre Aussage auch negativ ausfallen, aber die Wahrheit ist grundsätzlich das, worauf man bauen kann.

1.3 Wenn Ps 51,8 festhält: „Siehe, dir gefällt Wahrheit, die im Verborgenen liegt, und im Geheimen tust du mir Weisheit kund", so meint „Wahrheit" die aufgedeckte Realität, die Gott gefällt und die zugleich Leben fördert. Wahrheit ist konkret die Einsicht in die eigene Schuld, die ausgesprochen wird. Aber daneben erscheint das Wort „Weisheit" als die rechte, bewährte Lebenseinstellung. Damit kommen wir zu jener bekannten Aussage:

„Weise mir Herr, deinen Weg, daß ich wandle in deiner Wahrheit,
erhalte mein Herz bei dem einen, daß ich deinen Namen fürchte."
(Ps 86,11)

Wahrheit ist hier der rechte Pfad,[406] die richtige Lebenseinstellung, die Gott fürchtet, die rechte Erkenntnis. „Wahrheit" ist also eine positive Lebenskraft, ein Lebensweg, eine Grundhaltung, genauer, die Haltung des Menschen, auf die man sich verlassen kann. Sie ist fest in der Gottesfurcht verankert und darum durch Treue gekennzeichnet. Wenn darum Ps 25,11 bittet: „Leite mich in deiner Wahrheit und lehre mich", so ist mit Wahrheit die Treue Gottes gemeint, ebenso aber auch die Lebenshaltung, die aus der Gottesfurcht fließt. Sie ist der sichere, verlässliche Lebensweg, der in den Geboten festgehalten wird, etwa Ps 119,30: „Ich habe den Weg der Wahrheit gewählt." Wahrheit wird nicht nur ausgesprochen, sie ist

[406] Ὁδὸς τῆς ἀληθείας 1Klem 35,5; Herm vis. III 7,3.

ein Weg, den man geht und zwar richtig geht, wenn man sich an die Gebote hält, Wahrheit wird getan (Gen 47,29; Neh 9,33), gelebt, vollzogen; Wahrheit geschieht. Der Gegensatz dazu ist der Frevel (Neh 9,33; Spr 8,7). Wahrheit ist Lebensgrundlage, auf die man sich verlassen kann. Sie ist darum immer etwas Positives. Eine zerstörende Wahrheit gibt es im AT nicht.

1.4 Einen besonderen Akzent bekommt das Wort „Wahrheit“ in der Kombination mit „Gnade“, die geradezu formelhaft wirkt und an vielen Stellen des AT begegnet.[407] Sie kann sich auf Menschen und auf Gott beziehen. In Bezug auf die Menschen meint sie Liebe und Treue oder Güte und Zuverlässigkeit und wird vor allem in den Sprüchen erwartet, weil damit die Gemeinschaft gefördert wird. Liebe und Treue werden miteinander verbunden (Spr 3,3; 14,22; 16,6). In Hos 4,1 klagt der Prophet Israel wegen fehlender „Treue und Güte“ an. Vor allem in den Psalmen[408] aber begegnet dieses Paar als Beschreibung der gnädigen und beständigen Zuwendung Gottes, so in Ps 57,11:

„Deine Gnade ist groß bis zum Himmel
und bis zu den Wolken deine Wahrheit.“

Fest geprägt dürfte die Beschreibung Jahwes als „reich an Gnade[409] und Treue“ sein (Ps 86,15; Ex 34,6, ohne אֱמֶת (ämät): Ps 103,8; 145,8; Joel 2,13; Jon 4,2). Sie erscheint geradezu wie eine selbständige Kraft oder Person, wenn es in Ps 89,15 heißt: „Gnade und Wahrheit sind vor deinem Angesicht“,[410] oder wenn Ps 117,2 formuliert: „Deine Wahrheit (Treue) waltet über uns in Ewigkeit“, d.h. sie hält durch. Noch stärker tritt dies in Ps 43,3 hervor, wo der Beter von Jahwe erwartet: „Sende dein Licht und deine Wahrheit, daß sie mich leiten zu deiner Wohnung ...“. Licht ist das Lebenslicht, das ihm Gesundheit bringt, und mit „Wahrheit“ ist die gnädige Treue gemeint, die den Beter

[407] Fast immer mit חֶסֶד (häsäd) voran. Ausnahmen bilden Hos 4,1 und Mi 7,20.
[408] Außerhalb der Psalmen Gen 24,49; 32,11; 2Sam 2,6.
[409] Zum Verständnis von חֶסֶד vgl. Glueck, HESED.
[410] Die gleiche Kombination findet sich in Ps 98,3; 115,1; vgl. 92,3.

wieder gesund macht und auf den Weg des Lebens zum Tempel hin stellt. Beide sind als Boten Gottes gedacht, wie Wind und Feuer in Ps 103,4.[411]

1.5 Damit ist Wahrheit nicht nur eine Aussage über einen wirklichen Sachverhalt, sondern der wirkliche und damit der sichere und vertrauenswürdige Sachverhalt selbst, der Boden, auf dem man fest stehen und sicher wandeln kann. Darum können auch die Gebote Jahwes als „Wahrheit“ bezeichnet werden:

„Die Rechtsurteile Jahwes sind wahr,
sie sind allesamt gerecht.“
(Ps 19,10)
„Deine Gerechtigkeit ist ein ewiges Recht,
und deine Weisung ist Wahrheit.“
(Ps 119,142)
„Die Summe deines Wortes ist Wahrheit,
und allezeit gilt dein ganzes verfügtes Recht.“
(Ps 119,160)

Die Gebote Jahwes sind wahr, denn sie sind Anweisungen, die den zuverlässigen, sicheren Weg für den aufzeigen, der sich an sie hält, Anweisungen, die das Leben sichern. So verstanden kann „Wahrheit“ auch eine harte Rede einschließen, etwa wenn ein Prophet im Auftrag Gottes ein Gerichtswort sagt. Die Rede muß nur genau dem Auftrag entsprechen (Jer 23,28). Denn auch als Gerichtswort ist sie das Wort des barmherzigen Gottes und damit Grundlage des Lebens.

1.6 Einen ganz neuen Akzent bekommt „Wahrheit“ im Danielbuch. Hier wird in 8,26 von einem Gesicht gesprochen, das als אֱמֶת (ämät) offenbart wurde. Es ist ein Gesicht, das Vorgänge aus der Gotteswelt beschreibt, die in Erfüllung gehen werden. Dementsprechend kann das „Buch der Wahrheit“ (10,21) nur das Buch sein, in dem die „Wahrheit Gottes“ (9,13) aufgeschrieben ist, die Vorankündigung kommender Ereignisse.[412]

---

411 Vgl. auch Seybold, Psalmen, 178.
412 Bultmann, Exegetica, 142f. rechnet hier mit iranischen Einfluß.

2 Wahrheit bei den Griechen

In der Welt der Griechen wird Wahrheit anders verstanden, Wahrheit ist etwas Vorhandenes, das erschlossen werden muß. Sie ist der „wahre“ Sachverhalt, die tatsächliche Wirklichkeit.

Das läßt sich bereits aus dem Wort selbst erschließen: ἀλήθεια – das Unverborgene, das Erschlossene, Erkundete. Eine bekannte Aussage Xenophons in seiner Anabasis (IV 14,15) lautet:

„Dieser meinte auch schon viel früher, diese Dinge zu bewahrheiten, nämlich τὰ ὄντα τε ὡς ὄντα καὶ τὰ μὴ ὡς ὄντα οὐκ ὄντα, also: die seienden Dinge als seiend und die Nichtseienden als nicht seiend.“

Diese sehr philosophische Aussage ist praktisch zu verstehen: Demokrates Temistes soll aufklären, wie es um die Lagerfeuer steht. Und er meldet zurück, daß er keine gesehen hat. Also sollte er zuverlässig (wahr) feststellen, was ist, und was nicht ist. Wahrheit ist hier also zunächst wie im AT (s.1.1) die zuverlässige Aussage über die Realität. Das Verständnis der Wahrheit im Griechentum geht nur insofern darüber hinaus, daß betont wird, dieses sei „Wahrheit“. An diesem Punkt wird weiter nachgedacht. Und weil seit Plato (Staat VII, 514) die Realität, τὰ ὄντα, nur als eine hinter der beobachtbaren Realität liegende verborgene Wirklichkeit gedacht und nur als Schattenbild erkannt werden kann, ist Wahrheit in der philosophisch geprägten Welt der Griechen die geistig erkennbare, innerlich gesehene Wirklichkeit, also letztlich transzendent.[413] Wahrheit wird zur Philosophie. Nicht, was das Leben trägt, ist Wahrheit, sondern, was die Welt im Innersten zusammenhält.[414]

Dieses Verständnis von Wahrheit beeinflußt auch das hellenistische Judentum und verbindet sich dort, wo apokalyptische Züge eindringen, zu einer einheitlichen Sicht: Wahrheit ist Wahrheit Gottes, die durch den „Seher“ aufgedeckt wird. Nicht der Philosoph, sondern der „Seher“

---

[413] Zum Wahrheitsverständnis in der griechischen Philosophie vgl. Hübner, Wahrheit, 211-215.

[414] Weitere Belege für das griechische Verständnis von Wahrheit vor allem im philosophischen Umfeld bei Bultmann, Exegetica, 144-160.

verkündet in den Sibyllinen die Wahrheit im Sinne der Eröffnung zukünftiger Wirklichkeit.

3 Wahrheit im Neuen Testament

Das Neue Testament ist zum großen Teil vom Wahrheitsverständnis des AT geprägt, übernimmt aber auch die hellenistische Bedeutung. Wahrheit wird zum Wort Gottes.

3.1 Bei den Synoptikern finden sich nur wenige Belege zu „Wahrheit". Sie zeigen, daß sich Jesus und seine Umwelt im Bereich des alttestamentlichen Sprachgebrauchs bewegt haben. Wenn die blutflüssige Frau Jesus die „ganze Wahrheit" sagt (Mk 5,33), ist damit der ganze tatsächliche Sachverhalt gemeint. Und wenn Jesus gesagt wird, daß er „in Wahrheit" Gottes Weg lehrt (Mk 12,14), ist gemeint, daß er dies zuverlässig, tatsächlich tut.[415] Ein interessantes, nur vom hebräischen her als solches erkennbares Wortspiel mit dem Wort „Wahrheit" begegnet Lk 16,11: „Wenn ihr mit dem ungerechten Mammon nicht treu umgeht (seid), wer wird euch das Wahre anvertrauen?" Hier begegnen gleich drei Worte die mit dem Stamm אמן (aman) zusammengebracht werden können, nämlich „Mammon",[416] „treu" und „wahr". In allen drei Fällen ist das Phänomen des „Vertrauenswürdigen" enthalten, das die Lebensgrundlage bilden kann: „Mammon" als materielle Lebensgrundlage, das „Wahre" als die ewige Lebensgrundlage und „Treue" als Verlässlichkeit, auf die man bauen kann. Der alttestamentliche Hintergrund wird an dieser Stelle besonders deutlich. Dazu kommt der Gegensatz von „ungerecht" und „treu" in V.10, welcher der Beobachtung entspricht, daß „wahr" und „ungerecht" Gegensätze sein können.

[415] 'Επ' ἀληθείας ist als „wahrheitsgetreu" zu übersetzen (Mk 12,14; Lk 20,21); Landmesser, Wahrheit/Wahrhaftigkeit II, 340.

[416] Das Wort kommt erst im 2. Jh. v. Chr. auf und bedeutet Vermögen, Gewinn, ist also etymologisch nicht vom Stamm אמן (aman) abzuleiten. Weiteres bei Rüger, Μαμωνας.

3.2 Paulus hat schon ein stärker reflektiertes Verständnis von Wahrheit. Er kann einerseits die alttestamentliche Bedeutung übernehmen und andererseits der hellenistischen Rechnung tragen.

3.2.1 Alttestamentlich geprägt ist das Reden des Paulus von der Wahrheit, wenn er Röm 1,18 davon spricht, daß die Heiden „die Wahrheit durch Ungerechtigkeit niederhalten." Wahrheit ist etwas, das fordert, verpflichtet, und steht darum im Gegensatz zu Ungerechtigkeit. Wenn Paulus in Gal 2,5 die Hoffnung ausspricht, „daß die Wahrheit des Evangeliums bei uns bleibt …", und in Gal 2,14 hervorhebt, daß einige nicht „nach der Wahrheit des Evangeliums wandeln", oder in Röm 2,8 und in Gal 5,7 feststellt, daß der Wahrheit „nicht gehorcht" wird, versteht er Wahrheit ebenso alttestamentlich als Norm des Lebensweges, als Zielrichtung ethischer Art.[417] Das wird auch in Röm 2,20 so gesehen, wo von der Gestalt der Erkenntnis und der Wahrheit gesprochen wird, oder in Röm 2,8, wo der Gegensatz zur Wahrheit die „Ungerechtigkeit" ist. Dasselbe gilt schließlich für die Aussage, daß sich die Liebe an der Wahrheit freut, gemeint ist am Heilsweg, weil auch hier der Gegensatz zu Wahrheit „Ungerechtigkeit" ist (1Kor 13,6).

3.2.2 Dem hellenistischen Verständnis von „Wahrheit" kommt Paulus näher, wenn er in 2Kor 4,2 sagt: „In der Aufdeckung der Wahrheit empfehlen wir uns jedem Gewissen". Er meint damit nicht das Aufdecken von Schuld, wie man etwa von Ps 51 her denken könnte, sondern die Enthüllung des Evangeliums.[418] Die Wahrheit, die aufgedeckt wird, ist die Botschaft von der Rettung in Christus, es ist das Wort vom Kreuz. Darum stehen in 2Kor 6,7 λόγος ἀληθείας und δύναμις θεοῦ nebeneinander und nehmen die

[417] Röm 6,18 spricht er dann davon, daß die Christen der Gerechtigkeit gehorchen. Nach 1Thess 2,12 wird der „Wahrheit" nicht Glauben geschenkt.
[418] Bultmann, 2. Korinther, 104; Gräßer, 2. Korinther, 149 versteht Wahrheit hier als „Selbsterschließung Gottes in Jesus Christus." Aber diese geschieht nicht anders als in der Verkündigung des Evangeliums.

Kennzeichnung des Evangeliums (Röm 1,16) bzw. des Wortes vom Kreuz (1Kor 1,18) als „Kraft Gottes“ auf. Es handelt sich hier um eine denkwürdige Kombination von alttestamentlichem Wahrheitsverständnis als Weg zum Heil, zum Leben, mit der griechischen Sicht der Wahrheit als himmlisches Phänomen und der apokalyptischen Sicht, wonach Gottes Wahrheit aufgedeckt wird. Das Wort der Wahrheit (2Kor 6,7)[419] ist das Wort des Evangeliums. Weil es Gottes Wort ist, ist das Evangelium Inbegriff, Verkörperung der Wahrheit. Mit „Wahrheit“ ist somit keine Wirklichkeit an sich ausgesagt, sondern die Wirklichkeit des jeweiligen Menschen vor Gott. Wie das Evangelium wird „Wahrheit“ zur Anrede, aus der Aussage wird eine Zusage. Damit ist die „für mich“ gedeutete Wirklichkeit für mich tatsächlich Wahrheit. Die Wahrheit ist also die richtige, zuverlässige Aussage über Gottes Handeln für mich, die Zusage, die mein Leben auf festen Grund stellt und meinen Lebensweg zum Heil bestimmt. Nicht die pessimistische Sicht der Wirklichkeit, sondern die optimistische, nicht die suchende Frage nach der Wahrheit, sondern die Gewißheit, daß Wahrheit offenbart, bekannt geworden ist, beherrscht die Botschaft des Paulus.

3.2.3 Mit „Wahrheit“ meint Paulus somit das Evangelium, insofern es den Menschen auf den Weg zum Heil stellt. Sie ist aber nicht mit dem Evangelium identisch,[420] sondern meint auch seine ethische Quintessenz. Sie wird offenbart, liegt also nicht als sichtbare, jedem erkennbare Realität vor, sie wird von Gott enthüllt und ist durch Einsicht zu gewinnen. Sie betrifft immer die ganze Existenz des Menschen, nicht nur sein Wissen. Die alttestamentlich-apokalyptische Komponente ist deutlich. Und doch konnte Paulus damit rechnen, von den Griechen verstanden zu werden, weil er mit Wahrheit gleicherweise die himmlische

---

[419] In 2Kor 7,14 und 12,6 ist die Wahrhaftigkeit der Rede des Paulus im Blick.

[420] Vgl. Bultmann, Exegetica, 143: „ἀλήθεια (kann) schlichtweg das Evangelium bedeuten, das der Apostel durch seine Predigt offenbar macht.“

Realität meinte, die durch Einsicht wahrgenommen wird. Letztlich ist seine Predigt eine Werbung um Einsicht.

3.3 In spätneutestamentlicher Zeit wachsen Wahrheit und Evangelium immer mehr zusammen. In Kol 1,5 ist vom „Wort der Wahrheit des Evangeliums" die Rede, gemeint ist die Wahrheit, die im Evangelium besteht, und Eph 1,13 nimmt diese Redeweise auf, wobei das „Evangelium" wegfallen kann. Nach 2Thess 2,12 wird der Wahrheit geglaubt, in 1Tim wird gesagt, daß die Gläubigen die Wahrheit erkennen (1Tim 4,3), bzw. zur Erkenntnis der Wahrheit kommen (1Tim 2,4): „Gott will, daß alle gerettet werden und zur Erkenntnis der Wahrheit kommen." Allerdings hat „Wahrheit" in den Pastoralbriefen bereits die Bedeutung von „christlicher" Lehre, Christentum, etwa wenn davon gesprochen wird, daß Leute von der Wahrheit abgefallen sind (1Tim 6,15; Tit 1,14) oder ihre Erkenntnis ablehnen (2Tim 3,7). Im Evangelium hat also solche Wahrheit bereits eine feste Gestalt, es ist nicht mehr Heilsbotschaft, sondern schon Heilslehre. Damit wird das alttestamentliche Verständnis von Wahrheit als Lebensweg und die griechische Sicht von der hinter den Dingen liegenden Wahrheit miteinander verknüpft. Aber entscheidend für das neue Konzept ist nicht das religionsgeschichtliche Umfeld, sondern die christliche Tradition: Das Evangelium ist Verkörperung der Wahrheit, weil es Gottes Wort ist.

3.4 Hier liegt auch der Ansatz zum Verständnis des johanneischen Umgangs mit dem Wort „Wahrheit". Es scheint zwar das griechische Wahrheitsverständnis noch stärker durchzuschlagen, da Wahrheit bei Johannes eine himmlische und göttliche Realität ist,[421] obwohl er in den Bahnen der alttestamentlichen Tradition auch davon sprechen kann, daß die Wahrheit „getan wird" (Joh 3,21; vgl. 1Joh 1,6). Doch sollte nicht vergessen werden, daß Johannes bereits in einer christlichen Tradition steht[422] und diese, freilich sehr eigenständig, weiterführt. Für ihn ist

---

[421] Bultmann, Exegetica, 165 findet im Corpus Hermeticum die Wahrheit als „göttliche Wirklichkeit".

[422] Hahn, Theologie, 586.603.

Wahrheit auch selbstverständlich das Evangelium, aber die Verkörperung des Evangeliums ist Christus selbst, der nach 1,1 der Logos, das Wort ist.[423] Daher der Ausspruch: „Ich bin der Weg, die Wahrheit und das Leben" (14,6). Christus verkörpert Lebensweg, Lebensgrundlage und Lebensinhalt gleicherweise. Wie sehr aber Johannes von seiner christlichen Tradition geprägt ist, wird an einem zentralen Text seines Evangeliums (Joh 8,30-36) deutlich. Er schreibt Joh 8,31:

> „Wenn ihr in meinem Worte bleibt, dann werdet ihr wahrhaftig meine Jünger sein. Und ihr werdet die Wahrheit erkennen, und die Wahrheit wird euch frei machen."

„Wahrheit erkennen" meint zum Glauben finden, im Glauben leben. Das wird durch den vorhergehenden Satz ganz deutlich: „Wenn ihr bleiben werdet in meinem Wort", d.h. im Evangelium. Wer also im Worte Jesu bleibt, erlangt Freiheit, lebt in der Freiheit und zwar Freiheit von der Macht der Sünde, seiner eigenen Vergangenheit. Nur so wird die Aussage voll verständlich, wonach „Knechtschaft" als Knechtschaft unter der Sünde verstanden wird, wenn festgestellt wird: „Wer Sünde tut, der ist der Sünde Knecht" (V.34) und dazu: „Wen der Sohn frei macht, der ist wirklich frei." Das Evangelium befreit von der Knechtschaft der Sünde, wie in ähnlicher Weise Paulus Röm 8,2 sagt. Es befreit von der Knechtschaft des Gesetzes wie Gal 5,1f. hervorhebt. Johannes ist offensichtlich von vergleichbaren Traditionen geprägt, ist aber einen Schritt weiter gegangen: Zum Glauben kommen, die Wahrheit erkennen, reicht noch nicht aus, jetzt gilt es auch, im Glauben, bei der Wahrheit, bei Jesus zu bleiben. Das bedeutet im aktuellen Kontext jener Zeit eine Absage an das Judentum und das Bleiben bei Jesus. Dann erst erfolgt wirkliche Befreiung. Der Kreis schließt sich: Wenn das Evangelium verkündigt, daß Christus für unsere Sünden starb, dann proklamiert das Gotteswort als Inbegriff der Wahrheit und damit Christus selbst als das inkarnierte Wort, daß der in Wahrheit frei

[423] Vgl. Hübner, Wahrheit, 217: „Der Logos des Joh ist in entscheidender Hinsicht gleichbedeutend mit dem Evangelium des Paulus."

wird, welchen er, Christus, frei macht, nämlich von der Sünde, von der Macht des Todes.

„Wahrheit erkennen“ ist hier viel tiefer gesehen als 1Tim 2,5. Ist dort mit dieser Aussage die Annahme des Evangeliums gemeint, so bedeutet sie in Joh 8,32 ein immer neues Eindringen in das Evangelium als Lebensgrundlage oder besser als Heilsgrundlage und damit die Befreiung von völkischen Schranken, welche die Abrahamskindschaft setzt. Denn Berufung auf die Abrahamskindschaft führt zur Tötung Jesu (Joh 8,39f.), wenn sie ausschließlich irdisch verankert wird, sie führt bildlich gesprochen zur Zerstörung des Christus als des wahren Weinstockes (Joh 15,1), weil die Gemeinde damit zerstört wird. Wer abfällt, kreuzigt Jesus wieder, wie in Hebr 6,6 ausgesprochen wird. Dort sind Christen angesprochen, in Joh 8,31-59 gläubig gewordene Juden.[424] „Wahrheit erkennen“ ist hier nur im Prozeß des Durchhaltens möglich, in dem sich die Wahrheit immer neu als Lebens- und Heilsgrundlage bestätigt und zur Freiheit gegenüber irdischen Bindungen führt. Die „Wahrheit“

---

424 Eine etwas anders geartete Auslegung von Joh 8,31ff. findet sich bei Schnackenburg, Johannesevangelium, 61: „Die Wahrheit wird euch freimachen (…) ist eine jener großartigen joh Formulierungen, die bis heute nichts von ihrer Strahlungskraft verloren haben, aber sie teilt auch das Schicksal anderer großer Worte, mißverstanden und falsch angewendet zu werden. Der Satz spricht nicht vom Eros menschlichen Wahrheitssuchens und der dadurch erlangten Freiheit, wie hoch diese auch immer im geistigen und ethischen Bereich angesiedelt wird, sondern von der gottgeschenkten Freiheit, die den Menschen aus der tiefsten Knechtschaft seiner menschlichen Existenz befreit und ihm Anteil an der Freiheit des göttlichen Geistes, an der Herrlichkeit des göttlichen Lebens gewährt.“ Hier haben wir eine großartige Formulierung, die allerdings m. E. den Text in seiner aktuellen Zielrichtung auch mißdeutet. Die Wahrheit, die nach Joh im Evangelium liegt, will nicht „aus der tiefsten Knechtschaft menschlicher Existenz“ befreien, das tat das paulinische Evangelium, sondern konkreter, wiewohl es abstrakter formuliert ist, aus der Knechtschaft blutmäßiger Bindungen der irdisch verstandenen Kindschaft Abrahams. Mit dem „Bleiben“, und zwar „in meiner Rede“, ist das Bleiben beim Christentum gemeint und darum der Verzicht auf den Übertritt zum Judentum.

wird bei Joh himmlisch angesiedelt[425] und damit stark griechisch verstanden,[426] weil die irdisch begriffene Abrahamskindschaft das Bleiben in der Gemeinde, bei Jesus, gefährdet. Die „Wahrheit" läßt sich als Weg zum Heil irdisch nicht mehr verifizieren, weil irdische Bindungen nicht mehr ermöglichen, bei Jesus zu bleiben, der selbst die Wahrheit ist. Johannes ist genötigt, die Wahrheit himmlisch zu verstehen, weil die jüdischen Wurzeln des Christentums abgeschnitten werden.

Von hier aus ist auch das Wort verständlich: „Heilige sie in deiner Wahrheit, dein Wort ist die Wahrheit" (Joh 17,17). Heiligen heißt immer auch aus einer bestimmten Gemeinschaft herausziehen. Das Wort, das auf solche Weise heiligt, ist er selber, der fleischgewordene Logos. Wie er „Brot des Lebens" ist, ist er auch „die Wahrheit". Der Geist der Wahrheit (Joh 14,17; 16,13) ist der durch das Evangelium und die Taufe vermittelte Geist, und wer „Gott im Geist und in der Wahrheit" anbetet (Joh 4,24), der betet ihn dem Christuswort entsprechend an. Freilich kennt Joh auch die alttestamentliche Komponente des Wahrheitsverständnisses, wenn er davon spricht, daß die Christen Jesu Herrlichkeit „voller Gnade und Wahrheit" sehen (Joh 1,14), gemeint ist voller Zuwendung und Treue, oder wenn er anschließend sagt, daß die „Gnade und Wahrheit durch Jesus Christus geworden" ist (Joh 1,17), d.h. daß die Barmherzigkeit und Treue Gottes in Jesus Christus Realität wurde.

Wenn also Pilatus die Frage der Skeptiker: „Was ist Wahrheit?" stellt (Joh 18,38), dann zeigt er damit an, daß er Je-

---

[425] Nach Ibuki, Wahrheit, 115 ist Wahrheit inhaltlich „die Liebeseinheit von Vater und Sohn", „sie besteht in der Selbstoffenbarung des Vaters in Jesus" (S.359).

[426] Dagegen freilich Wilckens, Johannes, 147: „Wahrheit ist im Joh – wie im Alten und Neuen Testament insgesamt – nicht im Sinne griechischer Philosophie das eigentliche Sein eines jeden Dinges, das in oder ‚hinter' ihrem Erscheinungsbild vernünftigem Erkennen sich als ihr eigentliches Wesen zeigt. Wahrheit ist vielmehr die beständige Treue Gottes zu sich selbst … Wahr ist Gott vor allem, indem er seine Heilszusagen … verwirklicht." Das mag auch richtig sein, aber die Wahrheit kann nach Johannes nur der Glaubende erfassen, freilich nicht in einem Erkennungsakt im Sinne der Philosophie, wohl aber doch in einem inneren Vorgang des Glaubens.

sus als Verkörperung der Wahrheit und ebenso sein Wort nicht als Wahrheit annehmen kann, weil er nicht glaubt. Dementsprechend sagt Jesus: „Wer aus der Wahrheit ist, hört meine Stimme“ (Joh 18,37). Bereits vorher hatte er festgestellt: „Meine Schafe hören meine Stimme, und ich kenne sie, und sie folgen mir“ (Joh 10,27). Aus der Wahrheit sind die Christen, die auf die Wahrheit achten, Jesu Wort hören und ihr Leben darauf einstellen.[427]

Alttestamentliche und hellenistische Tradition im Wahrheitsverständnis des Johannes sind ähnlich wie bei Paulus auf eigenartige Weise verbunden. Wahrheit ist im Verständnis des vierten Evangelisten in Jesus Christus als himmlische Realität Wirklichkeit geworden und verkörpert die Barmherzigkeit und Zuwendung Gottes, beansprucht aber auch den ganzen Menschen, der zum Glauben und zum Bleiben im Glauben, noch konkreter in der Rede Jesu (Joh 8,31), in ihm (Joh 15,4.6) angehalten wird. Es ist eine Wahrheit von Gott, die seine Güte, seinen Heilswillen und damit seine Treue offenbart und gleichzeitig zu einem Leben „aus der Wahrheit“ verpflichtet.

3.5 Für den 1. Johannesbrief ist „Wahrheit“ bereits verfestigtes Evangelium im Sinne einer Lehre zum rechten Tun. Die so verstandene „Wahrheit“ bleibt in den Christen, wenn sie die Gebote Christi halten (2,4). Indem sie Liebe üben, erkennen sie, daß sie „aus der Wahrheit“ sind (3,18f.). Vom Wandel in der Wahrheit ist auch in 2Joh 4 und in 3Joh 3f. die Rede. Die „Wahrheit“, die nach 3Joh 12 Zeugnis für Demetrius ablegt, ist wohl die Wahrheit, die in den Christen wohnt, die Zeugnis ablegen. Gemeint ist hier, daß das Zeugnis der Realität entspricht, die die Christen kennen.[428] Es ist das der christlichen Rede entsprechende Verhalten gemeint. Wenn dann von der „Liebe in der Wahrheit“ gesprochen wird (3Joh 3), ist es die Liebe, die dem Evangelium entspricht. Damit leiten die Johannesbriefe zum Wahrheitsverständnis des zweiten Jahrhunderts ü-

---

[427] Ausführlich zum johanneischen Wahrheitsverständnis Söding, Wahrheit.

[428] Vgl. Klauck, Johannesbrief, 117f.

ber, wo Wahrheit und christliche Lehre miteinander identifiziert werden.

4 Folgerung

Wahrheit ist in der Bibel zunächst die Übereinstimmung von Wirklichkeit und einer Aussage über die Wirklichkeit. Darin sind sich die entscheidenden Texte einig. Ihr Gegensatz ist Lüge. Daneben ist sie Zuverlässigkeit und Aussage über den richtigen Lebensweg. Sie ist immer etwas Positives. Ein Mensch ist wahr, wenn er die Wahrheit tut, aus der Wahrheit lebt, wenn er also vom „wahren" Lebensgrund her sein Dasein hat. Die dem Menschen aufhelfende Aussage ist darum Wahrheit. Das Spezifische des NT ist, daß hier an zentraler Stelle das Evangelium zum Inbegriff der Wahrheit wird, aber nicht in seiner Aussage, sondern in seiner Zusage. In solchem Sinne ist bei Johannes Jesus selbst die Verkörperung der Wahrheit. Erst in der Spätzeit des NT wird die Aussage des Evangeliums mit der Wahrheit zusammen gesehen, Wahrheit wird zur Lehre.

Wenn aber aus dem Evangelium als Zusage eine objektive Aussage, eine Lehre wird, verändert sich das, was als Wahrheit angesehen wird, entscheidend. Denn das Evangelium ist seinem Wesen nach nur als Zusage an den Betroffenen wahr, nicht als objektive Aussage über jemanden. Man kann in Abwandlung eines berühmten Wortes sagen: „Eine Wahrheit, die es gibt, gibt es nicht." Wahrheit ist, insofern sie für das Evangelium steht, immer eng mit dem verbunden, der sie sagt und dem sie gesagt wird. Insofern ist Wahrheit für Paulus und Johannes eine Größe, die in die Pflicht nimmt, weil sie lebensgestaltend wirkt.[429]

[429] Als Relationsbegriff sieht sie Link, Wahrheit, 1839.

IX
Die Not und ihre Bewältigung[430]

Gewöhnlich wird in den theologischen Darstellungen nicht die Not, sondern das Leiden thematisiert. Leiden ist die subjektive Seite der Not, die persönliche Erfahrung der Not. Die Not selber hat etwas Objektives an sich. Sie ist nicht nur erfahrbar, sondern auch feststellbar, meßbar. Darum wird hier die Not und nicht das Leiden thematisiert und gleichzeitig danach gefragt, wie die Menschen der Bibel auf die Not reagiert, wie sie dieselbe verarbeitet haben. Bei einer Behandlung des Leidens tritt dieses Element nicht genügend in den Vordergrund.
Die Reaktion auf und die Verarbeitung der Nöte ist in den einzelnen Teilen der Bibel weitgehend gleich beschrieben. Die wenigen Unterschiede können an den entsprechenden Stellen deutlich gemacht werden. Wir haben hier einen der nicht sehr zahlreichen Gesichtspunkte, anhand derer eine biblische Gesamtkonzeption nahezu einheitlich dargestellt werden kann. Das soll so geschehen: Zunächst wird auf die Reaktionen auf Nöte geachtet, bevor deren Bewältigung einsetzt (1), dann wird von der Bewältigung unabänderlicher Nöte (2) und der Bewältigung veränderbarer Nöte (3) die Rede sein. Schließlich wird das Verhältnis der Not-Bewältigung im Alten Testament zu der im Neuen Testament beleuchtet (4).

---

430 Völlig überarbeitete Fassung eines in ThZ 40 (1984), 257-274 unter dem Titel: „Die Bewältigung der Not im Alten und Neuen Testament“ veröffentlichten Beitrages, der seinerseits auf einen Vortrag zurückgeht, der an der Sektion Theologie der Ernst-Moritz-Amdt-Universität Greifswald anlässlich der „Theologischen Arbeitstage“ im Oktober 1979 gehalten wurde.

1 Reaktionen auf große Nöte vor ihrer Bewältigung

Große Nöte können nur nach dem Ablauf einer gewissen Zeit innerlich verarbeitet und damit bewältigt werden. Der Mensch reagiert darauf spontan, ohne die Sache innerlich zu bewegen.[431]
Sechs Grundmuster der Reaktion auf große Nöte lassen sich herausstellen:

1.1 Flucht

Sie wird dort vorgenommen, wo das Herannahen der Not rechtzeitig erkannt wird, so daß noch genügend Zeit zum Aufbruch zur Verfügung steht. So flieht Lot mit seinen Angehörigen aus dem bedrohten Sodom (Gen 19,15ff.), die Israeliten werden von Jesaja angesichts des kommenden Gerichtes zur Flucht aufgerufen[432] (Jes 2,19-21). Auch ein Jesuswort rät den Christen beim Anbruch der Endereignisse zur Flucht (Mk 13,14 par.).[433]

---

[431] Bei überwältigenden Ereignissen ist eine Bewältigung nicht möglich. Bewältigung setzt eine gewiße seelische Stabilität voraus. Darum werden in diesem Abschnitt nur Reaktionen ins Auge gefasst, die vor einer Bewältigung erfolgen. Bewältigt werden kann eine überdimensionale oder völlig überraschend einbrechende Not erst im Laufe der Zeit. Es mag auch oft vorkommen, daß der jeweilige Betroffene stirbt, bevor er zur Bewältigung durchstößt. Man denke sich bloß einen Hiob, der im Gespräch mit seinen Freunden steckenbleibt und stirbt, bevor er die Antwort Gottes erfährt. Es ist allerdings für die Bibel charakteristisch, daß sie solche Situationen nur selten beschreibt. Das Wissen darum hält die Aussage fest: „Wenn der Herr die Tage nicht verkürzt, wird kein Mensch selig.“ (Mk 13,20). Zusätzlich kann auf den Schrei Jesu am Kreuz: „Mein Gott, mein Gott, warum hast du mich verlassen?“ (Mk 14,34) hingewiesen werden. Aber die Texte wurden aufgeschrieben, um Bewältigung nicht bewältigbarer Nöte anzubieten. Die Vergegenwärtigung der großen Angst und Not Jesu sollte in ähnlichen Fällen Halt und Trost vermitteln im Bewußtsein, daß Gottes Antwort nicht ausbleiben wird, wie durch die Auferstehung Jesu deutlich wurde.

[432] Weitere Belegstellen bei Gerstenberger/Schrage, Leiden, 103f.; Bach, Flucht, 15-50.

[433] Ob es sich hier um ein echtes Wort des historischen Jesus handelt, ist für unseren Zusammenhang gleichgültig. Dasselbe gilt für die weiteren Jesus- oder Prophetenworte.

1.2 Stillstandsreaktion

Sie besteht im Fasten, dem Anlegen des Trauerkleides (hebr. *saq*) und dem Bedecken des Hauptes mit Asche. Man versagt sich jede Aktivität und wartet, bis die Gerichtssituation vorüber ist. Diese Reaktion erfolgt, wenn eine Flucht nicht möglich, die Notsituation aber unabwendbar ist. Man verhält sich, als wäre man von der Erde aufgenommen. Dahinter steht die Erfahrung, daß Aktivität in einem solchen Falle schädlich ist, da sie den Betroffenen kenntlich macht. Es wird vorausgesetzt, daß im gegebenen Augenblick Rettung nur durch Verbergen vor der Allmacht erfolgen kann, denn sie ist übermächtig. Als dieser Ritus entstand, meinte man wahrscheinlich noch, daß diese Allmacht unpersönlich sei. Spätestens aber mit dem Auftreten der großen Propheten sah man in Jahwe, dem Gott Israels, selber den Bedränger. Dementsprechend wird die spontane Reaktion mit Fasten, Anlegen des *saq* und Bestreuen des Hauptes mit Asche ergänzt durch das Schreien zu Jahwe. Besonders ist dieser Ritus in der Aufforderung des Propheten Joel erhalten geblieben:

„Umgürtet euch, stimmt Totenklage an, ihr Priester,
heult, Diener des Altars.
Kommt, übernachtet im saq,
Diener meines Gottes (…)
Weiht ein Fasten,
ruft zur Versammlung …“
(Joel 1,13f.)

Das Schreien zu Jahwe konnte sich auf verschiedene Weise gestalten.

1.3 Notschrei

Dazu ruft Joel gleich anschließend auf (Joel 1,15-17). Ähnlich verstanden ist das Rufen der Niniviten zu Gott als Reaktion auf die Gerichtsankündigung des Jona (Jon 3,8). Auch einige Psalmen kennen ihn (etwa Ps 34,18; 77,2; 88,2; 107,6.28). Bei menschlicher Ungerechtigkeit ist ein solcher Schrei ein Hilferuf zu Jahwe, der die Bitte um Rettung enthält (Ex 3,7; Ri 3,9; Jes 5,7 u.ö.). Es gehört zur

Glaubensgewißheit Israels, daß Jahwe auf den Notschrei grundsätzlich mit Rettung reagiert.[434]

1.4 Bußgebet

Wird ein Bußgebet bei dem Schrei der Niniviten bloß angedeutet (Jon 3,6-9), so wird es ausführlich von Daniel berichtet (Dan 9). Gott wird hier als Richter gesehen, der gegen die einschreitet, die seinen Willen übertreten haben. Die Buße bezeugt die Unterwürfigkeit unter Gott und ermöglicht damit die Wende.

1.5 Bitte um Erbarmen[435]

Vorausgesetzt wird, daß der Beter sich keiner großen Schuld bewußt ist und dennoch hart getroffen wurde. Eine Bußhandlung erscheint also sinnlos. Aber auch eine Bitte um Beistand ist undenkbar, da Gott selbst nach dem Beter gegriffen hat. Hilfe durch Gott mußte also als Hilfe gegen Gott erwartet werden. Die alte Vorstellung von einer erdrückenden Bedrängung durch die Allmacht führt hier, auf den Gott Israels bezogen, zu einer großen inneren Schwierigkeit. Gott selbst erscheint als bedrängende Macht. Der Betroffene hat das Gefühl, durch jede Aktivität Gottes in neues, größeres Leid gestürzt zu werden. Dieser Gedanke begegnet darum nur am Rande des AT, in Ps 39 und bei Hiob. Weil Gott selbst den Betroffenen zu erdrücken scheint, kann der Leidende Gott nur um Erbarmen anflehen. Der Beter von Ps 39 berichtet am Anfang, daß er ge-

---

[434] Albertz, צעק spricht sogar davon, daß diese Gewißheit auf „Erfahrungen" beruht: „(…) daß Gott die Klage erhört (Ex 3,7; Num 20,16; Ps 34,18) (…) gründet (…) darin, daß er sich genauso wie ein Mensch rühren läßt. Dieses Faktum ist eine der wichtigsten Erfahrungen, die Israel gemacht hat. Für die Deuteronomisten ist der Zusammenhang von Klage und Erhörung das einzige Kontinuum in der vom Abfall Israels bedrohten Geschichte (Ri 3,9.15; 4,3…)".

[435] Daß diese Bitte eine ganz andere Sicht Gottes und der Krankheit voraussetzt als der Notschrei und die Bußhandlung, wird in den Kommentaren – soweit ich es überblicke – nicht beachtet. Allerdings beurteilt R. Kittel die Einstellung des Beters richtig als ein „Harren auf Gottes erbarmende Gnade", vgl. Kittel, Psalmen, 43.

raume Zeit über schwieg (V.2f.). Er wollte in seiner Bedrängnis nichts Verkehrtes tun (Stillstandsreaktion). Aber er hielt es nicht durch (V.4). Darum stimmt er die Vergänglichkeitsklage an (V.5ff.), gewißermaßen um Gott darzulegen, daß er ganz unbedeutend und klein ist, er von ihm also keinerlei Bedrohung seiner Macht zu befürchten hat. Daraufhin drückt er seine Hoffnung aus, daß Gott ihn doch noch rettet (V.8f.), versteht diese Rettung aber als Abwenden der Plage (V.11), genauer, als ein Von-Gott-in-Ruhe-gelassen-Werden. Der Beter ersehnt sich also einen Freiraum außerhalb Gottes, in dem er wieder zu sich kommen kann. Gott ist ihm nicht zu gering, seine Hilfe nicht zu klein wie für so manchen Beter der Psalmen. Er erlebt ihn als zu mächtig, als niederdrückend. Darum wünscht er sich, von Gott in Ruhe gelassen zu werden:

„Laß ab von mir, daß ich mich erquicke, bevor ich dahingehe und nicht mehr bin."
(Ps 39,14)

1.6 Die verständnislose Frage: „Warum?"

Sie begegnet am Anfang des 22. Psalms:

„Mein Gott, mein Gott, warum hast du mich verlassen?" (V.2)

Die Frage will zunächst gar nicht beantwortet werden, denn ihrem Wesen nach ist sie nicht eine intellektuelle, sondern eine existentielle Frage und kann darum nur beantwortet werden, wenn das Leid beseitigt ist. Denn sie enthält die ganze Verzweiflung[436] des Menschen, der sich nicht mehr zurechtfinden kann.[437] Wer nach dem „Warum?" des Leidens fragt, will keine belehrende Antwort, sondern Befreiung aus der Not. Dementsprechend fährt der Beter des 22. Psalms fort:

„Ich heule, aber meine Hilfe ist ferne." (V.2)

---

[436] So richtig Gunkel, Psalmen, 127.
[437] In gewißer Spannung zu dieser Aussage befindet sich die Feststellung Westermanns, Forschung, 276, die Warum-Frage habe „den Sinn des Sich-Zurechtfindens". Hier ist genauer zu differenzieren.

Und einige Verse später heißt es:

„Errette mich aus dem Maul des Löwen“. (V.22)[438]

1.7 Fazit

Es zeigt sich also, daß es verschiedene Reaktionen auf große Nöte gibt. Man kann die Flucht ergreifen oder sich vor Gott zu verstecken suchen (vgl. Gen 3,8). Solches Verstecken ist zeichenhaft als Fasten und Bestreuen des Hauptes mit Asche dargestellt. Hinzu tritt der Notschrei, die Bußhandlung und die Bitte um Erbarmen. Als letzte Reaktion ist die Warum-Frage anzusehen, die die ganze Verständnislosigkeit des Betroffenen gegenüber der Not ausdrückt und eine Wende derselben herbeisehnt.

2 Bewältigung unabänderlicher Nöte

Nöte, die nicht geändert werden können und darum hingenommen werden müssen, bilden das eigentliche Gebiet, auf dem Bewältigung erfolgt. Der Betroffene muß mit seinen Erlebnissen fertig werden, sie innerlich verarbeiten und ihnen einen Sinn abzugewinnen suchen. Die Bibel bietet sechs verschiedene Möglichkeiten eines solchen Verständnisses an.

2.1 Versuchung

An ganz verschiedenen Stellen der Bibel wird Leiden als Versuchung oder als Prüfung verstanden. Ist die Prüfung bestanden, geht der einst Leidende als Gesegneter hervor.

2.1.1 Die Einleitung zur Erzählung von Isaaks Opferung hält ausdrücklich fest, daß Gott Abraham versuchen, auf die Probe stellen wollte (Gen 22,1). Dabei deutet die Erzählung in mehr verhüllender als aussagender Weise an,

---

[438] Noch eindeutiger ist der Wunsch nach Veränderung der Lage in der Frage „wie lange?“. Vgl. dazu Jenni, מָתַי, 933. Dort weitere Literatur.

daß Gott Abraham dadurch in einen schweren inneren Konflikt brachte. Denn der Auftrag zur Opferung des Sohnes widerspricht der Verheißung reicher Nachkommenschaft. Der Gehorsam gegen Gottes augenblicklichen Befehl bedeutet also für Abraham, die Verheißung Gottes fahren zu lassen. Darin bewährt sich sein Glaube, daß er Gottes Wort als Auftrag ernst nimmt und Gottes Verheißungswort geringer achtet. Genauer, sein Glaube besteht darin, daß er dem eindeutigen Befehl Gottes Folge leistet und es Gott überläßt, seine Verheißung wahr zu machen. Nach bestandener Probe erneuert Gott die Verheißung reicher Nachkommenschaft (Gen 22,15ff.).[439]

2.1.2 Einen ähnlichen Konflikt beschreibt die Erzählung von der Versuchung Jesu. Er, der Gottessohn, wird vom Bösen verlockt, seine Gottessohnschaft zur Abänderung einer notvollen Lage (Fasten) zu gebrauchen oder gar diese Gottessohnschaft durch ein Zeichen zu demonstrieren (Mt 4,1ff.). Aber Jesus bleibt gehorsam und erreicht damit, was er sich selber nie hätte erwerben können: Die Engel dienen ihm (Mt 4,11).

2.1.3 Beide eben vermerkten Beispiele behandeln einen schweren inneren Konflikt. Die Hiobsgeschichte zeichnet ihn in seiner existentiellen Tiefe. Hiob wird nämlich nicht von außen, durch einen Auftrag oder durch eine Verlockung versucht, er wird in seiner Existenz schwer getroffen. Wie ein Held reagiert er auf die vielen Hiobsbotschaften, die ihm an einem einzigen Tag den Zusammenbruch all dessen ansagen, was ihm bis dahin das Leben lebenswert machte. Aber er stellt fest:

„Nackt bin ich von Mutterleib hervorgegangen,
nackt werde ich wieder zurückkehren.

---

439 Traditionsgeschichtlich ist der Text Gen 22,1-19 nicht einheitlich. Wir geben hier die Sicht eines dtr geprägten Redaktors wieder, der die V.15-18 einbaute, vgl. Westermann, Genesis, 434; Seebaß, Vätergeschichten I, 200. Hier und an anderen Stellen wird auf traditionsgeschichtliche Analysen verzichtet.

Jahwe hat es gegeben, Jahwe hat es genommen;
gelobt sei der Name Jahwes."
(Hi 1,21)

Sogar nachdem Krankheit ihn befallen hat, besteht er noch und äußert seiner Frau gegenüber die Worte:

„Haben wir das Gute von Jahwe angenommen und sollten das Böse nicht auch annehmen?"
(Hi 2,10)

Damit hatte die alte Rahmenerzählung Hiob als einen Menschen gezeichnet, der sich nicht von Gott abbringen läßt. Seiner Standhaftigkeit folgte einst rasch der Bericht von seinem erneuten Segen (42,7ff.). Aber der Dichter der Dialoge (Kap 3-42,6) läßt uns Hiob von einer anderen Seite kennenlernen. Nach seinem Verständnis sind die Aussagen Hiobs angesichts der Unglücksnachrichten und der Verlockung seiner Frau Antworten eines Weisen, der noch im Vollbesitz seiner geistigen Kraft die ersten Augenblicke auch größten Schmerzes und schwerster Heimsuchung meistern kann, aber dann doch innerlich zusammenbricht.[440] So läßt ihn der Verfasser kaum zufällig mit einer Selbstverfluchung (Hi 3) das Gespräch mit seinen Freunden einleiten. Wie Jeremia in seiner großen Bedrängnis (Jer 15,10), sieht Hiob angesichts solcher Not keinen Lebenssinn. Aber er wünscht nicht den Tod herbei, da er nur einem Schmachtod entgegensehen kann. Er verflucht den Tag seiner Geburt. Sein ganzes bisheriges Leben erscheint ihm als verkehrt und nicht lebenswert. Anders sehen es seine Freunde, die ihn zur Tat, zur Veränderung der Lage durch Buße drängen. Aber Hiob kann seine geringen Fehler (Hi 7,20) mit seinem gegenwärtigen großen Leid in kein

---

[440] Der Unterschied zwischen der Rahmenerzählung und den Dialogen scheint mir auch darin zu liegen, daß die Rahmenerzählung einen idealen Menschen beschreiben und als Vorbild hinstellen will, während die Dialoge einen wirklichen Menschen mit seiner kaum auslotbaren Abgründigkeit zeichnen. So ist zu vermuten, daß der Verfasser der Dialoge eigene oder beobachtete, aber jedenfalls reale Erlebnisse verarbeitet.

Verhältnis bringen.[441] Er sieht sich Gott ausgeliefert und ihm völlig preisgegeben (Hi 9,16ff.). So wünscht er bloß, Gott möge ihn für eine kurze Zeit in Ruhe lassen, damit er seinen Speichel schlucken könne (Hi 7,19) bzw. daß er fester zugreife und ihn erdrücke (Hi 6,8f.). Da er jedoch Gott nicht als erbarmungslosen, willkürlichen Tyrannen verstehen kann, bricht sein Gottesbild auseinander.[442] So ruft er Gott seinen Fürsprecher (16,21) gegen Gott seinen Bedränger (16,11f.) auf und spricht kurze Zeit darauf – vielleicht an eine Institution der Rehabilitation post mortem anknüpfend – die Gewißheit aus, daß über seinem Staube, d.h. nach seinem Tode, ein Anwalt aufsteht, der ihm Recht widerfahren läßt (19,25).[443] Das ist insofern wichtig, als nach dem Verständnis des ATs der Tod und das Begräbnis sowie der Leumund der Nachwelt zum Leben hinzu gehörten. Ein Tod in Schande, wie Hiob ihn zu erwarten hat, wirft auch ein Licht auf sein Leben.

Nachdem Hiob immer deutlicher Gott zu einer Entscheidung in seiner Sache gedrängt hat, vollzieht er den Reinigungseid (Hi 31); er beteuert also seine Unschuld und bekräftigt mit einem Eid seine Aussagen, daß er keinerlei Übel getan hat.[444] Das war in Israel vor der Herausforderung des Gottesurteils offenbar üblich.[445] Daraufhin erscheint ihm Gott und gibt ihm Antwort auf seine Lebensfragen: Allerdings fällt diese Antwort anders aus, als sie Hiob erwartet. Er muß sich belehren lassen, daß er keine Einsicht in den Weltenplan hat, Gottes Walten also nicht beurteilen kann (Hi 38ff.). An der Beschreibung der beiden wilden Tiere, Behemot und Leviatan (Nilpferd und Krokodil Hi 40,15ff.), die das Chaos repräsentieren, aber

---

441 Darin besteht die Ähnlichkeit zu Ps 39. Von Sünde ist dort V.9 die Rede.

442 In dieser Anrufung Gottes gegen Gott erreicht das Buch wahrscheinlich seinen Tiefpunkt. Daß Leiden oftmals nur in Hoffnung gegen Hoffnung durchgehalten werden kann, findet hier seinen ersten literarischen Niederschlag.

443 Auf das vielfältige und vielschichtige Problem der Auslegung von Hi 19,25 kann hier nicht weiter eingegangen werden. Vgl. die Kommentare.

444 Zur Sache vgl. Westermann, Hiob, 105f.

445 Vgl. dazu Beyerlin, Rettung, 57-61.

vor Gottes Augen spielen, kann Hiob erkennen, daß das Böse nach Gottes Willen eine begrenzte Funktion hat. Hiob mag seine Not überwältigend, erdrückend erscheinen; er erfährt, daß Gott ihr klare Grenzen gesetzt hat.[446] Der durch das Hiobbuch problematisierte Zusammenhang von Tun und Ergehen wird also durch Gottes Antwort nicht aufgehoben, er bleibt bestehen. Der Gerechte kann auch weiterhin mit Gottes Segen rechnen. Die neue Komponente besteht darin, daß Gott das Recht zuerkannt wird, den Gerechten auf die Probe zu stellen durch Nöte, die alles Faßbare überschreiten. Bewältigung besteht auch hier in der Annahme der Not und im Festhalten an Gott, in dem Begreifen der Not als Versuchung, in der man sich bewahren soll.

2.1.4 Auch die ersten Christen konnten Not in ähnlicher Weise kennzeichnen: Der Apostel Paulus schreibt den Korinthern: „Gott ist getreu, der euch nicht über euer Vermögen versuchen läßt, sondern schafft, daß die Versuchung so ein Ende nimmt, daß ihr es ertragen könnt“ (1Kor 10,13). Jesus aber ruft seine Jünger in Gethsemane auf, zu wachen und zu beten, damit sie nicht der Versuchung verfallen und versagen (Mk 14,38), während die synoptische Apokalypse versichert, Gott habe die Zeit der endzeitlichen Bedrängnis verkürzt, weil sonst niemand durchhalten kann (Mk 13,20). Bewältigung der Not erfolgt hier also so, daß die Not als Versuchung verstanden wird. Einerseits führt dieses Verständnis dazu, daß an den Leidenden appelliert wird, in der Versuchung fest zu bleiben und bei Gott zu verharren; andererseits aber wird die Gewißheit kundgetan, daß Gott die Versuchung nicht über die Kräfte der Betroffenen zuläßt.

2.2 Erhöhung

Die These, daß Gott denjenigen durch das Leiden gehen läßt, den er segnen will, wird in der Bibel verschiedentlich variiert.

---

[446] Zu dieser Deutung vgl. Keel, Ijob, 156f.

2.2.1 Sehr eindrucksvoll geschieht es in der Josephsgeschichte (Gen 37-50). In seinen Träumen erfährt Joseph, daß er eine Stellung einnehmen wird, in der er von seinen elf Brüdern, ja sogar von Vater und Mutter verehrt wird (Gen 37). Aber der Weg zu diesem Ziel ist ein steiniger. Er wird von seinen Brüdern verkauft, gerät in ägyptische Sklaverei, wird ins Gefängnis geworfen, weil er Gottes Gebot höher achtet als den Wunsch der Frau Potiphars, die ihn verführen will (Gen 39). Am Tiefpunkt angekommen, beginnt sein Aufstieg. Er deutet die Träume des Bäckers und des Mundschenks (Gen 40) und wird nach der Aufschlüsselung der Träume des Pharao zu dessen Stellvertreter ernannt (Gen 41). In dieser Stellung kann er seinen Brüdern in der Zeit der Dürre helfen und sagt rückblickend:

„Beunruhigt euch jetzt nicht und macht euch keine Vorwürfe darüber, daß ihr mich hierher verkauft habt. Denn um das Leben zu erhalten, hat Gott mich vor euch hierher gesandt."
(Gen 45,5)

2.2.2 Ähnliche Gedanken stehen hinter der Geschichte von Jakob am Jabbok (Gen 32,23-32). Es wird berichtet, daß Jakob, der sich seiner Heimat nähert, große Angst vor seinem Bruder Esau hat. Doch als er in der Nacht allein am Ufer des Jabbok weilt, ringt eine göttliche Gestalt mit ihm und renkt ihm beim Anbruch des Morgens die Hüfte aus, weil er nur so überwunden werden kann. Jakob aber läßt sich segnen. Und während er am nächsten Morgen hinkend weiterzieht, zeichnet sich der Segen bereits ab. Er erlebt, daß Esau ihm Frieden anbietet (Gen 33). Als der Überwundene, vom Leid Gezeichnete ist Jakob der Gesegnete.

2.2.3 Auf dem Boden des Tun-Ergehen-Zusammenhanges erwächst für den Beter des 73. Psalms die Gewißheit einer segensvollen ewigen Zukunft angesichts der gegenwärtigen andauernden Bedrängnis. Sie ist inhaltlich gespeist von der alten priesterlichen Vorstellung von der Gegenwart der Herrlichkeit Jahwes im Tempel, die in die Gotteswelt nach dem Tod projiziert wird:

„Ich aber bleibe stets an dir (…)
du nimmst mich endlich in Ehren an …“
(Ps 73,23f.).[447]

2.2.4 Von solchen und ähnlichen Voraussetzungen her wird Jesu Schicksal gedeutet. Schon die Leidensankündigungen halten fest: Jesu Weg zur Erhöhung führt durch das Tal des Schmachtodes am Kreuz hindurch (Mk 8,31 par).[448] Aber auch in der Emmausgeschichte wird Jesu Passion so gedeutet:

„Mußte nicht Christus solches leiden und eingehen in seine Herrlichkeit?“
(Lk 24,26)

Der angeschlossene Satz (Lk 24,27) zeigt, daß diese Deutung sich in Übereinstimmung weiß mit dem AT. Aber auch der Hymnus Phil 2 beschreibt das Heilsgeschehen als einen Weg des Christus aus der Herrlichkeit des Himmels in die irdische Existenz bis zur äußersten Grenze der Erniedrigung im Kreuzestod,[449] der alsbald die Erhöhung und Einsetzung in die Herrscherstellung folgt.

2.2.5 Aber das NT hat diese Sicht nicht allein für Jesus reklamiert, sondern ihre Gültigkeit auch für den Christen ausgesprochen. Darum steht der Christushymnus in Phil 2 in einem Zusammenhang, der die Christen zur Demut aufruft. Darum spricht Lukas davon, „daß wir durch viel Trübsal in das Gottesreich eingehen müssen“ (Apg 14,22), offensichtlich den Satz Lk 24,26 aufnehmend. Der Ruf in die Nachfolge im Anschluß an die Leidensankündigung hat das gleiche Ziel (Mk 8,34). Besonders klar aber wird diese Sicht im 1Petr ausgesprochen:

„Beugt euch unter die gewaltige Hand Gottes,
damit er euch erhöhe zu seiner Zeit.“
(1Petr 5,6)

---

[447] Vgl. Spieckermann, Heilsgegenwart, 224f.
[448] Thematisch hat sich mit dieser Fragestellung Schweizer, Erniedrigung auseinandergesetzt.
[449] Auf die Frage nach dem ursprünglichen Hymnus ist hier nicht einzugehen.

2.3 Ausblick auf eine bessere Zukunft

Die Erfahrung, daß auf Zeiten der Not Zeiten des Segens folgen und umgekehrt, hat sich in den Träumen des Pharaos und ihren Deutungen durch Joseph (Gen 41) niedergeschlagen. Joseph verkündet, daß auf sieben Jahre großer Fruchtbarkeit die gleiche Anzahl von Dürrejahren folgen wird. Doch, so muß man ergänzen, am Ende der Dürre wird es wieder Jahre reicher Ernten geben. So wechseln segensvolle und notvolle Zeiten ab. Das ist ein Vorgang, den man in der Natur immer wieder beobachten kann. Er wird zum Verständnis notvoller Zeiten herangezogen. Daraus erwächst Kraft zum Durchhalten.

2.3.1 Einen kleinen Schritt weiter führt die Erfahrung des Bauern, die sich in dem Psalmwort niedergeschlagen hat: „Die mit Tränen säen, werden mit Freuden ernten" (Ps 126,5). Man hat einst offenbar voller Trauer die Aussaat vorgenommen, weil man die Preisgabe des Saatgutes erlebte, ohne sicher zu wissen, ob die Saat aufgehen wird. Um so mehr wurde zur Zeit der Ernte gejubelt.[450] In Ps 126 hat sich diese Gepflogenheit zu einer Hoffnung verdichtet, die die gegenwärtige Notzeit durch einen Ausblick auf eine gesegnete Zukunft bewältigt.

2.3.2 Ein ähnlicher Gedanke ist in Joh 12,24 ausgesprochen:

> „Wenn das Weizenkorn nicht in die Erde fällt und erstirbt, bleibt es allein, wenn es aber erstirbt, bringt es viel Frucht."

Der Vorgang in der Natur wird direkt auf den Menschen übertragen. Das uralte „Stirb und werde",[451] hier auf Jesus angewandt, verleiht Kraft in schweren Stunden. Sinn wird unerwartet inmitten von Sinnlosigkeit proklamiert.

---

[450] Die Möglichkeit dieser Auslegung bietet Kraus, Psalmen II, 856 an.

[451] Vgl. dazu Braun, „Stirb und werde", 136-158.

2.3.3 Jesus kündigt in der Gewißheit der Nähe des Gottesreiches den Armen, Hungernden und Weinenden die Wende an und spricht sie darum „selig“ (Lk 6,20ff.). Und selbstverständlich setzt er voraus, daß Lazarus in Abrahams Schoß gelangt (Lk 16,19ff.). Arme, Leidende haben in Jesu Verkündigung die Zusage der Änderung ihres Schicksals in der nahen Gottesherrschaft erhalten.

2.3.4 Aufgrund solcher Gewißheit kann der Apostel Paulus sogar formulieren:

„Wir wissen, daß dieser Zeit Leiden
der Herrlichkeit nicht wert sind,
die an uns soll offenbart werden.“
(Röm 8,18)

Der Apostel spricht hier nicht Leidenden Trost zu, sondern umgekehrt, aus der Gewißheit einer wunderbaren Vollendung ergibt sich ihm die völlige Relativierung gegenwärtiger Notsituation. Das nahe Heil ist in seinem Bewußtsein so gewaltig, daß keine Not ihm mehr etwas anhaben kann.

2.4 Läuterung

Ganz selten begegnet in der Bibel das Verständnis des Leidens als Läuterungsprozeß.
Es ist dem AT zwar nicht unbekannt, wiewohl niemals eine Not dort nachträglich als Läuterungsgeschehen gekennzeichnet wird. Die Propheten künden bloß Läuterungsgerichte an (Jes 1,25; 48,10), während Ps 66,10 feststellt, daß Gott so prüft, wie man Silber schmilzt (vgl. Ps 17,3; Sach 13,9). Nur an einer einzigen Stelle im NT wird gegenwärtiges Leid mit dem Gedanken einer Läuterung verbunden:

„... die ihr jetzt eine kleine Zeit leiden müßt
in vielerlei Versuchungen,
damit eure Bewährung des Glaubens
köstlicher erscheine
als vergängliches, durch Feuer geläutertes Gold.“
(1Petr 1,6f.)

Dahinter steht der Gedanke: Not läßt das wahre Wesen des Christen hervortreten. Alles, was nicht zu diesem echten Kern dazugehört, fällt von ihm in der Zeit des Leidens ab, wie die Schlacken vom Metall entfernt werden.

2.5 Selbstbescheidung

Wer ein schönes, gesegnetes Leben geführt hat, kann Not ertragen, wenn er sich sagt, daß er sein Teil des Segens im Leben empfangen hat.

2.5.1 Dies antwortet der fromme Hiob seiner Frau (2,10). Bewältigung erfolgt also in ganz natürlichen Bahnen. Wartet der Bedrückte auf eine bessere Zukunft, so nimmt der bisher Gesegnete die Not als Kehrseite seines bisherigen Glückes an.[452]

2.5.2 Der Apostel Paulus hat diesen Gedanken eigentümlich variiert. Es sieht zunächst so aus, als sei Gottes Wort in seiner Krankheit ein Aufruf zur Selbstbescheidung:

„Laß dir an meiner Gnade genügen,
denn meine Kraft kommt
in den Schwachen zur Vollendung.“
(2Kor 12,9)

Gemeint ist aber: Gott setzt sich erst dort völlig mit seiner Macht durch, wo die Schwachheit des Menschen offenbar wird. Darum ist seine Gnade da ganz besonders groß, wo er seine Diener leiden läßt.[453] Diese Variation des Gedankens der Selbstbescheidung ist am Schicksal Christi orientiert: Dort, wo Christus ganz schwach war, am Kreuz, erwies sich Gottes überwältigende Macht, die ihn auferweckte (vgl. 2Kor 13,3f.).

---

[452] Die sprichwörtliche stoische Geduld ist wohl nur auf diesem Hintergrund zu verstehen. Die Stoiker konnten grundsätzlich auf ein gesichertes, gesegnetes Leben zurückblicken. Das gilt auch für den Sklaven und späteren freigelassenen Epiktet.

[453] Zum Unterschied gegenüber der stoischen Selbstgenügsamkeit und auch zum rechten Verständnis von 2Kor 12,9 vgl. Bultmann, 2. Korinther, 228-230.

2.6 Erziehung

Die Weisheit hat Not als Erziehungsmittel Gottes zu verstehen gelehrt. Vergleichbar dem Lehrer oder „Vater“, der seinen Sohn züchtigt, damit er auf dem Weg der Weisheit weiterkomme, hat man auch Gott als Erzieher angesehen, und Nöte als Züchtigungen, als Erziehungsmittel verstanden.

2.6.1 So belehrt der Weise seine Schüler:

„Die Züchtigung Jahwes, mein Sohn, verwirf nicht,
und widerstrebe nicht seiner Rüge.
Denn Jahwe weist zurecht, den er liebt,
wie ein Vater, der seinem Sohn wohl will.“
(Spr 3,11f.)

Und ähnlich ermahnt Eliphas den von Leid geplagten Hiob:

„Siehe, selig der Mann, den Gott zurechtweist.
Verschmähe nicht die Zucht Schaddais.“
(Hi 5,17)

2.6.2 Im NT ist es besonders der Hebräerbrief, der diesen Gedanken ausbaut. Hier wird sogar Jesu Leiden als Erziehungsleiden gedeutet:

„Er hat an dem, was er litt, gehorsam gelernt“.
(Hebr 5,8)

Dementsprechend wird der Christ aufgefordert, seine Not ebenso zu verstehen. Anhand des Zitates aus Spr 3,11f. tut der Schreiber seinen Adressaten in Hebr 12,5ff. kund, daß sie Kinder Gottes sind, sichtbar daran, daß Gott sie jetzt in Zucht nimmt. Darum gilt es, im Gehorsam die gegenwärtige Not durchzustehen, nur ja nicht von Gott abzufallen. Denn den Söhnen gilt die Verheißung.

2.7 Diese sechs Modelle des Verständnisses der Not sind voneinander kaum sachgemäß zu trennen. So wundert man sich nicht, wenn etwa im Hiobbuch das Verständnis der Not als Versuchung (1,6-12) neben der frommen Selbstbescheidung (2,10) steht, die Plagen Hiobs aber von einer Segenszeit abgelöst werden (42,10-16). Auch an anderen Stellen der Bibel fließen die hier etwas künstlich auseinandergehaltenen Motive zusammen. Doch wird durch diese Differenzierung deutlich, daß die Heilige Schrift eine breite Skala von Möglichkeiten anbietet, die Not in positiver Weise anzunehmen als ein Stück der guten Führung Gottes.

3 Bewältigung veränderbarer Nöte

Auch Nöte, die veränderbar sind, bedürfen einer Verarbeitung und damit einer Bewältigung. Sie ist hier verstanden als Suche nach einer rechten Lösung im Angesichte Gottes.

3.1 Anrufung Gottes als Helfer

Das AT berichtet ganz unbefangen davon, daß veränderbare Nöte beseitigt und überwunden werden. Die Josephleute, die zu wenig Land besitzen, werden angewiesen, Waldland in den Bergen zu roden (Jos 17,14-18). Rahel gibt angesichts ihrer Kinderlosigkeit Jakob ihre Dienstmagd (ähnlich wie Sara). Und indem die Magd auf ihren Knien gebiert, verspricht sich Rahel Fruchtbarkeit für sich selber (Gen 30,3). Auch in späterer Zeit hat es in Israel ganz praktische Anweisungen zur Beseitigung notvoller Situationen gegeben. Man ging mit Krankheiten zum Wundarzt (Jer 8,22), mit ungelösten Streitigkeiten vor Gericht (vgl. etwa Ruth 4) oder ließ sich von einem Weisen einen Rat erteilen (Hi 29,21-23). Doch zeigt sich innerhalb des ATs eine zunehmende Tendenz, Gott als Helfer in der Not anzusehen und somit alles Geschehen von ihm abzuleiten (vgl. Ex 15,26; 2Chr 16,12).

3.1.1 Von hier aus wird jede Aktion verdächtig, mit der Menschen sich selbst Änderungen ihrer Lage suchen, die dem Willen Jahwes nicht entsprechen. Elia tritt den ahnungslosen Boten Ahasjas mit der Frage entgegen:

„Gibt es denn keinen Gott in Israel, daß ihr hingeht, den Baal Sebub von Ekron zu befragen?“
(2Kön 1,3)

Offensichtlich hat Ahasja nichts anderes getan, als man bis dahin zu tun pflegte. Aber für Elia und seine Tradition hat ein Suchen nach Heilung, nach Beseitigung einer veränderbaren Not, ohne Jahwes Willen zu erkunden, etwas Frevelhaftes an sich. Einen Schritt weiter geht Jesaja. Er ist fest davon überzeugt, daß die von Jahwe geschaffene Situation anzunehmen ist. Menschliches Taktieren und Verstärken der Kräfte, eigentlich dem Verantwortlichen aufgetragen, ist ihm zutiefst verdächtig:

„In Umkehr und Ruhe liegt euer Heil,
im Stillesein und Vertrauen eure Stärke.
Aber ihr habt nicht gewollt,
sondern sagtet: ‚Nein!
Denn auf Rossen wollen wir fliegen‘.
Darum werdet ihr fliehen.“
(Jes 30,15f.)

3.1.2 Jeremia ruft seinerseits das Volk auf, das Joch des Königs von Babel zu tragen (Jer 27f.) und sich nicht auf den Tempel zu verlassen (Jer 7). Es könnte ihm, so meint er, wie dem Heiligtum von Silo ergehen (Jer 7,12; 26,9), d.h. er könnte zerstört werden. Das bedeutet nicht Rückzug aus der Aktivität in die Passivität, sondern Annahme des von Gott gegebenen Zustandes und ein aktives Warten auf ein neues Handeln Gottes, das – so setzt sich im Bewußtsein der prophetischen Kreise durch – von Gott zeitgerecht angekündigt wird (Am 3,7; 4,13; Jes 40,3f.).

3.1.3 Weil aber die Not zunehmend aus Gottes Hand angenommen wird, sieht man in der Klage ein Mittel, Gott zum Einschreiten zu bewegen, der Not doch ein Ende zu bereiten. Hat der Beter in einem Klagelied die Hilfe Gottes herbeigesehnt und Rettung erfahren, so stellt er sich zum Dankgebet, der *Toda,* ein. Es ist bemerkenswert, daß viele Gebete des Psalters nicht eindeutig erkennen lassen, ob ein Klagelied oder ein Dankgebet vorliegt. Ganz besonders deutlich ist das bei Ps 22 der Fall, in dem in den ersten

Versen (Ps 22,1-22) die große Klage Gott entgegengebracht wird, während der Abschluß (Ps 22,23-32) das Gotteslob in den höchsten Tönen erklingen läßt.[454] Umgekehrt zitieren Danklieder die Klage des Hilfesuchenden, wie besonders das Gebet Hiskias (Jes 38,9ff.) zu erkennen gibt. Ein Gebet wie der uns bekannte Ps 130, den wir gewöhnlich als Bußlied[455] verstehen, ist möglicherweise ein Danklied mit zitierter Klage, wenn man den Wortlaut ernst nimmt:

„Aus der Tiefe habe ich zu dir gerufen:[456]
‚Herr, höre meine Stimme,
laß deine Ohren merken
auf die Stimme meines Flehens.
Denn, wenn du Sünde anrechnest, Jah,
Herr, wer wird bestehen?‘
Doch bei dir ist Vergebung,
damit man dich fürchte.
Ich hoffte auf Jahwe,
meine Seele hoffte,
und nach seinem Wort streckte ich mich aus.
Meine Seele (wartete) auf den Herrn,
mehr als Wächter auf den Morgen,
Wächter auf den Morgen.
Harre auf Jahwe, Israel,
denn bei Jahwe ist viel Erlösung.
Und er wird Israel erlösen
von allen seinen Übertretungen.“[457]

Nimmt man die Vergangenheitsformen ernst, so zitiert der Beter in einem Danklied die Klage, die er in der Zeit der Bedrängnis formulierte (V.1-3), und gibt aufgrund der erfahrenen Hilfe, die er als Gesundung und damit als Sün-

---

[454] Man kann fragen, ob zwischen Ps 22,22 und 22,23 ein Heilsorakel an den Beter ergangen ist, (so Westermann, Loben Gottes, 54,) oder ob ein individuelles Klagelied (2-22) durch ein stark hymnisch geprägtes Danklied ergänzt wurde. So Kraus, Psalmen I, 176f.

[455] So Gunkel, Psalmen, 561. Leuenberger, Konzeptionen, 304 sieht in Ps 130 eine „kollektive Klage". Die Tatsache, daß Ps 130 dem Danklied Ps 129 folgt, läßt darauf schließen, daß auch die Redaktoren des Psalters Ps 130 in der Richtung eines Dankliedes deuteten.

[456] Zu dieser Übersetzung vgl. Janowski, Konfliktgespräche, 31.69.

[457] Seybold, Wallfahrtspsalmen, 56 hält eine Dankfeier mit Gebetszitat, an der unser Psalm gebetet wurde, für möglich.

denvergebung erlebt (V.4), nachdem er nochmals zurückblendet (V.5f.), Israel den Rat, auf Jahwe zu hoffen (V.7), weil Jahwe sein Volk retten wird von seinen Sünden und ihm damit ein Leben im Heil schenken wird, wie der Beter selbst an sich Hilfe erfuhr und damit gesegnetes Leben. Gerade diese Tatsache, daß bei einigen Psalmen keineswegs Klarheit darüber herrscht, ob ein Klagelied mit einem hoffnungsvollen Ausblick oder ein Danklied mit zitierter Klage vorliegt, zeigt an, daß die Bewältigung der Not dadurch erfolgte, daß man zunächst um Hilfe bat und nachher für die Rettung dankte, wobei im Dank die Notsituation und der Hilferuf vergegenwärtigt wurden. Nach der Rettung ging also der Beter die Not nochmals durch, er erlebte sie neu durch sein Gebet und legte sie auf diese Weise in Gottes Hand zurück. Ein solcher Beter ist durch seine Not weitergekommen. Er hat sie wirklich verarbeitet.
Etwas anders liegen die Dinge im NT. Das Gebet Jesu in Gethsemane (Mk 14,34-36) zeigt uns den Heiland im Ringen um die Annahme des ‚Kelches'. Im Gebet erfolgt, so sieht es zumindest Matthäus,[458] die Annahme des Leidensweges.

3.2 Not als Strafe

Wußte man sich schuldig, so erfolgte die Bewältigung der Not durch Buße. Man bekannte seine Sünden und erwartete von Gott die Beseitigung des Strafgerichtes. Vor diesem Hintergrund erschien der Tod eines Gerechten als Rätsel.

3.2.1 Die großen Nöte des Volkes hat Israel als „verschuldet" gedeutet. In immer neuen Bußgottesdiensten wurde die Schuld bekannt (vgl. Neh 9; Dan 9). Besonders eindrücklich geschah dies nach der Zerstörung des Tempels im Jahre 587.[459] Die fünf Klagelieder legen von den Buß-

[458] Diese Tendenz bei Mt ist seiner Abwandlung der bei Mk vorgefundenen Gebete zu entnehmen. Aus der Bitte um ein Vorübergehen des „Kelches" (Mt 26,39) wird ein zaghaftes Annehmen der Notwendigkeit (26,42) und nach dem dritten Gebet die bewußte Annahme des Leidensweges (26,45f.).
[459] Zu den exilischen Klagefeiern vgl.: Veijola, Verheißung, bes. 176-209.

gottesdiensten Zeugnis ab, die an der Stelle des ehemaligen Tempels abgehalten wurden.[460] Die gegenwärtige Not wurde so als Folge des Abfalls des Volkes von Jahwe verstanden (vgl. auch Ri 2,11ff.). Umso stärker erging im Bußgebet der Ruf an Jahwe, seinem Volk zu helfen.
Von einem solchen Verständnis aus riefen der Täufer (Lk 3,7-9) und auch Jesus zur Buße angesichts des drohenden Gerichtes Gottes auf (Lk 13,1.5).
Trat die Rettung ein, so blieb das Wissen, daß Gott die Schuld nicht ungestraft hinnimmt. Damit erscheint Not nicht mehr als ein schwarzer Punkt, den man am besten vergißt oder übergeht, sondern als ein Ereignis auf dem Wege der Führung Gottes. Der Beter oder das betende Volk verstand die Not somit als Signal Gottes, daß man vom rechten Wege abgewichen ist, und ließ sich wieder auf Gottes Heilsweg bringen.

3.2.2 Von diesem Verständnis der Not als Strafe brach allerdings am Ende der Exilszeit Israels die große Frage auf, wie das Leiden und Sterben des Gerechten verstanden werden kann. Wir sahen bereits, daß das Leiden Hiobs als Versuchung gedeutet wurde. Das war aber nur möglich, weil Hiob aus der Not als Gesegneter hervorging. Wie nun aber, wenn der Gerechte starb? Wie sollte ein solches Leiden des Gerechten verstanden werden? Die eine Möglichkeit bestand darin, daß man den Ausblick in die Zukunft in Gottes Ewigkeit verlegte (etwa Ps 73 und Dan 12,2f.). Die andere Möglichkeit war, daß man das Leiden als stellvertretende Strafe ansah. Diese Deutung ist an einer einzigen Stelle im AT erfolgt, im vierten Lied vom Gottesknecht (Jes 53).[461] Hier wird das Schicksal des Gottesknechtes als stellvertretender Straftod für die Gemeinde gedeutet.
Ähnlich verfuhr die Gemeinde der ersten Christen, als sie sich anschickte, den Tod Christi zu deuten. Sie konnte ihn nur als stellvertretendes Leiden zum Heil aller begreifen,

---

460 Der Sitz im Leben der Klagelieder ist nicht eindeutig; vgl. Smend, Entstehung, 220. Über ihre Abfassung in der Exilszeit, zumindest in der vorliegenden Gestalt, bestehen keinerlei Zweifel.
461 Hermisson, Gottesknecht, 1-24 versucht 21-23 zu zeigen, daß dieser Tod gleichzeitig eine Erkenntnis im Gottesvolk bewirkte.

aller, die zur Gemeinde hinzutraten.[462] Diese Deutung bestimmt bis auf den heutigen Tag das Verständnis der christlichen Taufe und des Abendmahls.

4 Das Verhältnis der Notbewältigung im AT zu der im NT

In weiten Teilen geht die Art der Bewältigung der Not im AT der im NT parallel. Man muß damit rechnen, daß die ersten Reaktionen auf große Not bei Israeliten und Christen gleich waren, ja bei den meisten oder gar bei allen Menschen gleich sind. Auch die sechs verschiedenen Modelle zur Bewältigung unabwendbarer Not fanden wir in beiden Teilen der Bibel. Dasselbe wird man von der Bewältigung jener Nöte sagen können, die zu beseitigen, zu überwinden sind, wiewohl betont werden muß, daß die Deutung der Not als Strafe im NT recht selten begegnet.[463]

Dennoch ist an einer Stelle ein bemerkenswerter Unterschied festzustellen: Das NT kennt eine so tiefgründige, bohrende Frage nach dem Sinn des Leidens, wie sie im Hiobbuch begegnet, nicht. An keiner Stelle des NT ist etwas davon zu spüren, daß das Gottesbild auseinander brach wie im Hiobbuch. Man könnte meinen, daß dies damit zusammenhängt, daß dem Bösen im NT eine größere Selbstständigkeit zukommt als dem Satan im Hiobbuch. Doch bliebe eine solche Deutung in der Peripherie stecken.

Der Unterschied dürfte anders zu begründen sein: Durch Jesu Tod und Auferstehung erfolgte eine Umwertung des

---

462 Ob diese Deutung in Anlehnung an Jes 53 oder zunächst davon unabhängig erfolgte, läßt sich trotz der ungewöhnlichen Fülle der Studien zu diesem Thema nicht mehr sagen. Meistens entscheiden hier die Vorverständnisse. Wohltuend ist darum die Vorsicht von Friedrich, Verkündigung, 39, der von „Berührungen" zwischen Jes 53 und Mk 10,45 spricht.

463 Immerhin ist sie an einigen Stellen des NTs anzutreffen, etwa in Lk 13,1ff. oder in 1Kor 11,30-32. Zum Problemkreis vgl. Gerstenberger/Schrage, Leiden, 197.200. Wie sehr das NT die Bahnen alttestamentlichen Denkens von Tun-Ergehen verlassen konnte, zeigt Joh 9,2f. Auf die Frage der Jünger, ob der Blinde selber gesündigt habe oder seine Eltern, antwortet Jesus, daß niemand gesündigt habe, die Krankheit solle vielmehr der Offenbarung der Werke Gottes dienen.

Leidens. Da das „Wort vom Kreuz“ die Mitte der Botschaft des Paulus ist, erscheint bei ihm das Leiden in völlig neuem Licht: Es gibt Teil an dem Leiden Christi und verstärkt damit die Gewißheit des Heils. Das ist sehr schön im 2. Korintherbrief ausgesprochen:

„Wir haben allenthalben Trübsal,
aber wir ängstigen uns nicht.
Uns ist bange,
aber wir verzagen nicht …
Wir tragen allezeit das Sterben Jesu an unserm Leibe,
damit auch das Leben Jesu an unserm Leib offenbar werde“
(2Kor 4,8-10).

Aufgrund der Tatsache, daß auf Christi Schmachtod seine Erhöhung folgte, gewinnt das Modell der Hoffnung auf eine bessere Zukunft stark an Bedeutung. Alle andern Modelle treten in den Hintergrund. Die Hoffnung wird zur Gewißheit: „Dulden wir mit, so werden wir mitherrschen“ (2Tim 2,12). Darum kann sich der Christ in der Bedrängnis sogar rühmen:

„Wir rühmen uns der Trübsale,
weil wir wissen,
daß Trübsal Geduld bewirkt,
Geduld aber Bewährung,
Bewährung aber Hoffnung.
Die Hoffnung aber wird nicht zuschanden,
denn Gottes Liebe ist ausgegossen in unser Herz…“
(Röm 5,3-5)

Der Not ist somit der letzte Stachel genommen. Und wenn sie den Christen dennoch hart bedrängt, so setzt er seine Hoffnung ganz auf Gott. Davon zeugt wiederum Paulus:

„Wir wollen euch nicht in Unwissenheit lassen, Brüder, über die Trübsal, die uns in der Landschaft Asia widerfuhr, als wir übermäßig und über die Kräfte beschwert wurden, so daß wir am Leben verzagten. So hatten wir bei uns selbst das Todesurteil empfangen, damit wir nicht auf uns selber vertrauten, sondern auf Gott, der die Toten auferweckt.“
(2Kor 1,8f.)

Die Tiefe der Noterfahrung ist hier der des Hiob gleich. Aber die Grundlage, auf welcher der Sinn derselben erkannt wird, ist eine andere, es ist Christi Tod und Auferstehung. Auf dieser Basis kann der Apostel davon sprechen, daß Sterben sein „Gewinn“ ist (Phil 1,21). Der tief Getroffene braucht keine Rechtfertigung nach dem Tode (Hi 19,25), er muß nicht auf eine Antwort Gottes warten, die ihm das Leid begreifen hilft (Hi 38,1-42,6), er muß auch nicht ein gesegnetes Leben erhalten wie Hiob (Hi 42,10-16), er weiß sich zum ewigen Leben, zur Herrlichkeit Christi erwählt. Christi Tod und Auferstehung eröffnen eine neue Zukunft auch für den, der unschuldig leidet, ja gerade für ihn. Christus ist das große Vorbild und gleichzeitig unendliche Quelle der Kraft, er ist „der Anfänger und Vollender des Glaubens“ (Hebr 12,2).

X
Leben – Tod – neues (ewiges) Leben[464]

Leben und Tod werden im Alten Testament grundsätzlich anders verstanden als im Neuen Testament. Während das AT das natürliche Leben im Blick hat, ist für das NT „Leben" ganz neu qualifiziert als das „ewige Leben", das durch Christus geschenkt wird, so daß Christus sogar als „Leben" erscheinen kann (Joh 14,6). Dementsprechend wird im NT das Leben auf dieser Welt als Vorbereitung auf die Vollendung angesehen und der Tod neu bewertet. Das „Sterben" und der irdische Tod sind im NT nur noch begrenzt thematisiert.

1 Leben und Tod im AT

Leben ist im Verständnis des AT immer ein Leben, das sich zu leben lohnt, ein heilvolles, gesegnetes Leben. Der Tod ist nicht nur der Abschluß des Lebens, sondern auch seine ständige Bedrohung. Beides, Leben und Tod, wird mit Jahwe, dem Gott Israels in Zusammenhang gebracht: Das Leben, vor allem das gesegnete Leben, wird als Gabe Gottes verstanden, der Tod wird weitgehend als Strafe Jahwes empfunden.

1.1 Das Leben als Gottes Gabe

Das Spezifikum alttestamentlicher Sicht des Lebens und des Todes ist, daß sie beide als von Gott gewirkt angesehen werden. Der Mensch ist nach dem Urteil der Bibel nicht ins „Dasein geworfen", er lebt und stirbt auch nicht ein-

---

464 Vorarbeiten zu dieser Studie sind meine beiden Artikel über „Tod" im NBL III, 885,889, sowie ThBLNT^2 II, 1236-1246.

fach, weil das nun einmal so ist, sondern weil Gott ihn ins Leben ruft und den Tod herbeiführt. Er ist somit Herr des Lebens und des Todes. Der Mensch kann sich oder anderen das Leben nicht geben und darf es anderen auch nicht nehmen.

1.1.1 Wie sehr das Leben als Gabe Gottes verstanden wird, zeigen bereits die ersten Kapitel der Bibel an. Nach Gen 2,7 bildet Gott den ersten Menschen aus Erde und haucht ihm dann den Atem ein. So wird der Mensch zu einem lebendigen Wesen,[465] das sich bewegen kann.[466] Das Leben, das noch keinerlei Begrenzung hat, ist ihm damit geschenkt. Eine solche erfolgt erst nach dem Übertritt des Gebotes Gottes. Danach soll er hart arbeiten müssen, bis er wieder zur Erde zurückkehrt, von der er genommen ist (Gen 3,19). Der Weg zum Lebensbaum, der ewiges Leben ermöglicht, wird ihm versperrt (Gen 3,22). Der Tod erscheint damit als Strafe für die Untat. Er ist im Ansatz nicht da. Der erste Mensch durfte in seiner Unschuld „vom Baum des Lebens“ essen, nur nach seinem Fehlverhalten darf er es nicht mehr; er ist zum Sterben verurteilt. Die nächste Erzählung zeigt, daß er auch das Leben seines Bruders nicht begrenzen darf. Er tut es zwar und bleibt dennoch am Leben wie Gen 4,1-16 zeigt, aber er lebt als ein Gezeichneter. Leben die Menschen der Urzeit weit über hundert Jahre (Gen 5,22), so wird das Lebensalter in Gen 6,3 auf 120 Jahre begrenzt. Dieses Alter überschreitet nur noch Aaron mit 123 Jahren (Num 33,39), Mose erreicht es gerade (Dtn 34,7). Für die Heilszeit wird wieder sehr langes Leben von mindestens hundert Jahren angekündigt (Jes 65,20), das Lebensalter, das vor der Sintflut gewährt wurde (Gen 5,7f.18-32), ist aber nicht wieder im Blick.

1.1.2 Damit das Leben länger währe, sind die Gebote gegeben, deren Einhaltung sogar verlängertes Leben zusichert (Ex 20,12; Dtn 5,16; 32,47; Spr 3,2.16). Der Gerechte

---

[465] Vgl. Schmidt, Schöpfungsgeschichte, 198f.: Einzelwesen, Individuum, Person.

[466] Zum Verständnis der Lebendigkeit als Fähigkeit sich zu bewegen, vgl. Pola, „Leben“.

erscheint wie ein Baum am Wasser gepflanzt (Ps 1,3; Jer 17,8). Ein gesegnetes Leben führt, wer sich an die Weisungen Jahwes (Jos 1,8; Ps 1,2) oder an jene der Weisheit hält (Spr 3,16), die ihm, bildlich gesprochen, zum Lebensbaum werden kann (Spr 3,18). Dementsprechend wird festgehalten: „Welcher Mensch dieselben Gebote tut, wird leben" (Lev 18,5; Neh 9,29; Ez 20,11), wobei mit „Leben" das von Jahwe gesegnete Leben gemeint ist, in Reichtum und Ehre (Spr 3,16; 8,18; Hi 29) unter Einschluß von Kinderreichtum (Gen 12,2) und Fruchtbarkeit der Felder (Gen 27,28), als Leben in dem Lande, das Jahwe seinem Volk gegeben hat (Dtn 5,30), mit der Möglichkeit, zum Gottesdienst zu gehen und Jahwe anzubeten (Ps 42,3; 84), also ein ruhiges Leben ohne große Einbrüche, ein sinnvolles, qualifiziertes Leben, das sich zu leben lohnt. Der so Gesegnete[467] stirbt alt und lebenssatt (Gen 25,8; 35,29; Hi 42,17) oder „in gutem Alter" (Gen 15,15; Ri 8,32). Er kann sich mit einer Garbe vergleichen, die zur rechten Zeit eingesammelt wird (Hi 5,16). Das war nicht das Übliche. Häufig starben die Menschen früher (Gen 25,19; Rut 1,3.5).

1.1.3 Auch im sozialen Bereich macht sich ein solches gesegnetes Leben bemerkbar:

„Wenn Jahwe Gefallen hat an eines Menschen Wegen,
bringt er auch seine Feinde zum Frieden mit ihm."
(Spr 16,7)

Ein solches Leben wird, freilich im Rückblick, von Hiob beschrieben:

„Wäre ich doch, (...) wie in den Tagen, da Gott mich behütete ...
Als noch Schaddai bei mir war
und meine Kinder mich umgaben (...)
Wenn ich hinaufging durch das Tor der Stadt
und auf dem Marktplatz meinen Platz einnahm,
sahen mich die Jungen und versteckten sich.
Die Alten standen auf und blieben stehen (...)
Man schenkte mir Gehör und harrte,

---

[467] Welche Bedeutung der Segen in Israel hat, hebt eindrucksvoll Keel, Religionsgeschichte Israels, 106f. hervor. Vgl. auch Westermann, Theologie des Alten Testaments, 88-101.

man lauschte still, um meinen Rat zu hören.
Da ich den Armen rettete, der um Hilfe rief,
die Waise auch, die keinen Helfer fand.
Der Segen des Verlorenen kam über mich,
der Witwe Herz bracht ich zum Jauchzen"
(Hi 29,2.5.7f.21.12f.).[468]

1.1.4 Schwer zu begreifen war der Tod zur Unzeit „in der Mitte des Lebens" (Ps 51,24; 102,25), ein Tod, der zu jener Zeit sehr oft vorkam. Er wird als „bitter" bezeichnet (Sir 41,1).
Ein leidvolles Leben konnte darum auch abgelehnt werden. Das zeigt die Frage: „Was soll mir das Leben?" (Gen 27,46), die vom Todeswunsch begleitet ist. Ein solcher wurde auch bei einem schwer zu ertragenden Leben ausgesprochen (1Kön 19,4; Jon 4,9). Der Wunsch, vorzeitig zu sterben, ist somit auch ein Gradmesser negativer Lebensqualität. Einen solchen artikuliert Kohelet:

„Drum pries ich die Toten, die längst gestorben sind,
glücklicher als die Lebenden, die noch leben.
Aber mehr noch als beide (preise ich) den,
der gar nicht ins Dasein gelangt ist."
(Koh 4,2f.)

1.1.5 Konnte der Leidende sein Schicksal nicht hinnehmen und sah auch keine Befreiung im Tod, hat er auch den Tag seiner Geburt (Jer 20,14-20), sogar den seiner Zeugung (Hi 3,3) verfluchen können. Den Schritt in den Freitod hat es im Israel des AT nur in äußerster Verzweiflung gegeben (1Sam 31,4; 2Sam 17,23). Man wich damit unerträglicher Schande aus.

1.1.6 Umgekehrt gibt die Nähe Gottes dem Leben neue Qualität: „Ein Tag in deinen Hallen ist besser als tausend ferne von dir" (Ps 84,2), sie kann das gewöhnliche Leben überbieten: „Deine Güte ist besser als Leben" (Ps 63,4), woraus sich der Wunsch ergibt, im Tempel anwesend zu bleiben (Ps 23,6) oder die Aufforderung, Jahwe zu suchen, um am Leben zu bleiben (Am 5,4).

---

[468] Umstellung der Verse nach Fohrer, Hiob, 401.

1.2 Der Tod als Strafe Gottes

Wie das Leben im AT als Geschenk angesehen wird, wird der Tod als Strafe verstanden. Ausgangspunkt solcher Überlegungen ist nicht der natürliche Tod, sondern die Todesstrafe. Mit dieser Deutung werden auch die Krankheiten erklärt. In der Spätzeit Israels gerät dieses Verständnis in Schwierigkeiten.

1.2.1 Die Tatsache, daß schon in ältester Zeit Jahwe als der angesehen wurde, der bei gewissen Verbrechen den Tod verlangte (Ex 21,15-17), hat dazu geführt, daß schon im Denkansatz Jahwe als Verursacher des Todes betrachtet wird (Gen 38,7.10; 1Sam 2,31). Die Todesstrafe wird zum Angelpunkt der entsprechenden Überlegungen Israels,[469] wodurch uralte Vorstellungen, daß etwa das Blut nach Rache schreit (Gen 4,10), integriert werden.

1.2.2 Die eine Voraussetzung solcher Gedanken ist, daß Jahwe selbst als einziger vom Tode nicht bedroht ist; andere Götter können von ihm dem Tod überantwortet werden (Ps 82,7). Daraus ergibt sich einerseits, daß Jahwe stärker ist als der Tod und somit auch ein Vertrag mit diesem keine wirkliche Sicherheit bietet; sie ist nur bei Jahwe zu finden (Jes 28,15). Denn er hat den Zugang auch zur Unterwelt (Am 9,2; Ps 139,8). Er wurde als Herr des Lebens und des Todes angesehen, „der tötet und lebendig macht“ (Dtn 32,39; 1Sam 2,6).

1.2.3 Die andere Voraussetzung ist darin zu sehen, daß Strafe Reaktion auf fehlerhaftes Verhalten, auf Sünde ist. Das hat zur Folge, daß ein vorzeitiger Tod als Strafe Jahwes für die Sünde gedeutet wird (1Sam 2,31f.; Hi 4,7; 22,25; 36,14). Leben und Tod entscheiden sich darum für das Gottesvolk und den Einzelnen am Einhalten der Gebote. Beachtet Israel die Gebote Jahwes nicht, wählt es damit den von Jahwe herbeigeführten Straftod (Dtn 30,15-20),

---

[469] Vgl. Rad, Theologie II, 371: „Was das Sterben selbst betraf, so galt es dem Jahweglauben als ein Geschehen, das aufs Unmittelbarste von Gott selber abhing“ (Dtn 32,39; 1Sam 2,6; Ps 88,6).

hält sich der Einzelne nicht daran, muß er sterben (Ez 18,20.24).

1.2.4 Von einem solchen Verständnis her wurde auch die Krankheit gedeutet, weil sie in den Bereich des Todes führte. Darum versprach man sich eine Wende durch Sündenbekenntnis (Ps 32; 38; 51,14f.) oder durch Hinwendung zu Jahwe im Gebet (Ps 13,4; Jes 38,9-20).

1.2.5 Mit der Deutung eines vorzeitigen Todes als Strafe für die Sünde kam man freilich zuweilen in Schwierigkeiten. Konnte man einen solchen Schicksalsschlag noch mit einem Hinweis auf verborgene Sünden zu erklären wagen, wie es Eliphas im Falle Hiobs versucht (Hi 22,5), so wurde diese Deutung dringend in Frage gestellt angesichts der je und je neu zu machenden Beobachtung, daß Übeltäter, Menschen, welche die Gebote Gottes sichtbar übertreten hatten, ein langes Leben erreichen konnten. So fragt Hiob:

„Warum bleiben Schuldige noch am Leben?
Sie werden alt, sind rüstig und gesund?"
(Hi 21,7)

Antwort gab es auf diese Frage zunächst keine. Ps 73,17-20 versucht, eine Antwort zu geben mit dem Hinweis auf eine Katastrophe, die zumindest im Ansatz endzeitliche Züge trägt.[470] Sie sollte in der apokalyptischen Literatur erhöhte Bedeutung erhalten. Ps 16,10f. rechnet mit einer Rettung aus dem Grabe.[471]

1.2.6 Die ursprünglichen Forderungen waren ganz präzise gemeint: Wer eine bestimmte Schuld auf sich nahm, mußte getötet werden. Diese Forderungen blieben aber auch, als man dafür keine Todesstrafe mehr ausübte. So konnte die Todesdrohung beim Übertreten des einen Gebotes im Pa-

---

[470] Nach Seybold, Psalmen, 284 hat der Psalmist die allgemeine Erfahrung gemacht, daß man keine Schlüsse von „partiellen und punktuellen Wahrnehmungen" ziehen sollte. Nach Kaiser, Theologie 3, 311 hat der Beter die Erfahrung des Sturzes der Gottlosen gemacht. Im Heiligtum?

[471] Vgl. Janowski, Gott des Lebens, 234.

radies bestehen bleiben (Gen 2,17; 3,3f.), auch wenn man nachher erzählte, daß die beiden zwar aus dem Paradies ausgeschlossenn wurden, die Todesstrafe aber nicht vollstreckt wurde. Man wird darum die Wendung „an jenem Tage werdet ihr gewiß sterben“ in Gen 3,3 grammatikalisch durchaus möglich mit: „an jenem Tage ergeht das Todesurteil über euch“ oder aber: „an jenem Tage seid ihr vom Tode gezeichnet“ wiedergeben.[472]

1.2.7 In der zwischentestamentlichen Zeit wird Adams Schuld als Veranlassung des Todes überhaupt gedeutet (4Esra 3,7; 7,118; sBar 23,4; von Eva bereits Sir 25,24[473]), wobei die Sache so gedacht ist, daß im Gefolge der ersten Menschen jeder wie diese sündigt und stirbt (syrBar 54,19).

1.3 Der natürliche Tod

Das Wissen darum, daß mit dem Tod nicht alles aus ist, sondern der Mensch nur in eine andere Form der Existenz tritt, hat sich in Israel durch die Jahrhunderte hindurch erhalten. Die entsprechenden Vorstellungen lassen die Erwartungen die Toten in der Endzeit betreffend verständlich werden. Weil der Mensch beim Sterben seinen Atem aushaucht, bzw. weil er durch den Verlust seines Blutes leblos wird, wird der Sitz des Lebens im Atem (Gen 2,7) oder im Blut gesehen (Lev 17,11.14). Im Einzelnen gab es verschiedene Vorstellungen.

1.3.1 Da der leblose Körper begraben wurde (Ri 10,2.5; 12,7.10.12.15 u.ö.), meinte man, daß der Gestorbene in der Unterwelt *(scheol)* nicht mehr hören und reden (2Kön

---

472 *mot t^e mutun* – ist ein Imperfekt und zeigt ein Geschehen in der Zukunft an. Gemeint ist, daß ein Geschehen in Gang gesetzt wurde, das in der Zukunft seine Erfüllung findet. Sehr allgemein Westermann, Genesis I, 305: „Das Nein zu Gott, (…) ist zuletzt ein Nein zum Leben, denn das Leben kommt von Gott.“

473 Der Weg geht über die Feststellung der Allgemeinheit der Sünde und führt zunächst zur Aussage, daß alle Weibgeborenen Sünder sind (4Esra 7,46; 8,35), um dann die Schuld Adam zuzuweisen. Zur Sache vgl. Bousset, Religion des Judentums, 405-408.

4,31) und somit auch Gott nicht loben kann (Ps 6,6; 30,10; 88,11-13). In der älteren Zeit wurden die Toten zur Voraussage von Vorgängen herbeigerufen (1Sam 28,4-25). Israel hat diesen Brauch sehr bald hinterfragt (Jes 8,19)[474] und dann abgelehnt (Lev 19,31; 20,6.27; 2Kön 21,6; 23,24), aber nicht weil er als zwecklos angesehen wurde, sondern weil er dem Jahwe-Glauben zuwiderlief. Die Toten werden „Erdgeborene" (Spr 2,18; 9,18) oder „Giganten" (Spr 21,16; Hi 26,5; Jes 14,9) genannt, ihnen wird also Existenz zugesprochen. Erst in nachexilischer Zeit wird vermerkt, daß der Tote nichts mehr weiß (Hi 14,21; Koh 9,5), sich aber bejammern kann (Jer 31,15; Hi 14,22). Auch jene, die „nicht mehr sind" (Hi 14,10; Sir 17,17), oder als „nicht mehr vorhanden" bezeichnet werden (Ps 102,16 LXX und Jes 38,14 LXX), sind nicht im Sinne späterer Philosophie zu „Nichts" geworden; sie sind bloß nicht mehr lebendig, nicht wirksam, ohne Bedeutung für die Lebendigen, in einem anderen Zustand als diese.

1.3.2 Dementsprechend erwartete man keine negative Wirkung von den Toten, wohl aber von dem gewaltsam vergossenen Blut (Gen 4,10; 37,26). Bluttat mußte darum gesühnt werden (Dtn 19,13). Wiewohl die Bluttat des Kain keinen Tod zur Folge hat (Gen 4,16), hat sich bis in die Zeit des NT hinein in Israel das Bewußtsein erhalten, daß unrecht vergossenes Blut Gottes unheimliches Gericht nach sich zieht (vgl. Mt 27,25).

1.3.3 Das Scheiden aus dem Leben konnte auch als Rückkehr in das Urelement verstanden werden (Ps 90,3). Die vielen entdeckten Hockergräber verdeutlichen, was wir Hi 1,21 entnehmen. Der Tod wurde als Rückkehr in den Mutterschoß der Erde verstanden. Nach Gen 3,19 (vgl. Sir 40,1) kehrt der Mensch zur Erde zurück, von der er genommen ist, was eine Umkehrung des Schöpfungsvorganges (Gen 2,7) darstellt, auch dort, wo gesagt wird, er werde zu Staub (Ps 30,10; 104,29; Koh 12,7).

---

[474] Vgl. dazu Adam, Jes 8,19.

1.3.4 Überlegungen, was mit dem Odem geschieht, der ausgehaucht wird (Gen 25,8; 35,29), hat es nachweislich erst in der hellenistischen Zeit gegeben. In Koh 12,7 wird erwogen, ob der Odem in die Höhe steigt oder, wie jener des Viehs, sich in der Erde verliert (3,21), und erst in SapSal 3,1 wird ausgesagt, daß die „Seelen der Gerechten in Gottes Hand“ sind. Nach 4Esr 7,32 geben bei der Totenauferstehung die „Kammern“ die Seelen zurück – ein Ansatz zur Kombination von Auferstehungs- und Unsterblichkeitserwartung. Eine andere Traditionskette rechnet nur mit einem sehr verlängerten Leben in der Zeit der gnädigen Zuwendung Gottes (Jes 65,20; Jub 23,26ff.).

1.3.5 Nicht bekannt ist dem hebräischen Text des AT der heldenhafte Tod für das Vaterland oder für einen lieben Menschen. Zwar klingt das Motiv in der Klage Davids über Absalom an: „Ach, wäre ich doch statt deiner gestorben“ (2Sam 19,1); aber erst im Zeugentod der sieben Brüder und ihrer Mutter in den Verfolgungen unter Antiochus Epiphanes begegnet uns der in der griechischen Welt öfter anzutreffende Gedanke des Sterbens für jemanden, hier in der für Israel typischen Brechung des Sterbens für den Glauben (2Makk 7; 4Makk 8-17), ein Sterben, das für das Gottesvolk Heil bringen wird (4Makk 17,22). In einem solchen Zusammenhang ist auch der Tod des Gottesknechtes zu sehen, der als Sterben „für die Vielen“ gedeutet wird (Jes 53,5f.). Der Tod erfolgt an allen diesen Stellen nicht freiwillig, die Märtyrer Israels sterben im Gehorsam, sie gehen nicht selber in den Tod.

1.4 Existenz nach dem Tod

Die Frage nach Gottes Gerechtigkeit drängt in der Spätzeit zu konkreten Erwartungen das Geschick der Toten betreffend.

1.4.1 Die natürliche Sicht des Sterbens, aber auch des geschmälerten Lebens war für Israel insgesamt in jener Zeit nicht mehr möglich, als eine andere Macht Gesetze und Lebensordnungen vorschrieb, und das Leben in Israel nicht mehr nur nach den Weisungen Jahwes verlaufen konnte.

Konnte man früher noch Krankheit mit Jahwes Gerichtshandeln zusammenbringen, so geriet man in Verständnisschwierigkeiten, wenn man einen frühzeitigen Tod bei Leuten feststellen mußte, die sich ganz Jahwe geweiht hatten. Die alten Vorstellungen von einer Weiterexistenz der Toten werden ausgebaut und konkretisiert.[475] Möglicherweise ist Jes 53,11 der älteste Beleg[476] für den Gedanken einer Aufnahme des Gerechten in die Lichtwelt,[477] ähnliches wird für die gerechten Märtyrer angekündigt, die „wie der Glanz an der Himmelsfeste" leuchten sollen (Dan 12,3).[478] Gemeint ist eine Aufnahme in die Lichtwelt Gottes und nicht eine solche in die dunkle Unterwelt. Davon hatten die alten Traditionen schon im Zusammenhang von Henoch (Gen 5,24) und Elia (2Kön 2,11f.) berichtet. Von einer anderen Voraussetzung, nämlich jener des „eigentlichen Lebens" bei Gott, wird die zeitliche Linie über den Tod hinaus ausgedehnt und eine ehrenvolle Aufnahme durch Gott nach dem Tod erwartet (Ps 73,24).[479] Auch die Ansicht, daß die Toten Gott nicht loben können, wird vom Gottesbild her neu formuliert, und es wird erwartet, daß alle Toten in der Unterwelt Gott loben werden (Ps 22,30). Endlich spricht Jes 26,19 in Aufnahme der Bildrede Eze-

---

475 Vgl. Dietrich, Leben, 94: „In exilisch-nachexilischer Zeit verstärkt sich das Bewußtsein oft sinnlosen Sterbens und ausbleibender Gerechtigkeit." „Die positiven Voraussetzungen für das Aufkommen der Auferstehungshoffnung in Israel waren die immer gehegte Überzeugung von der Weiterexistenz der Toten einerseits und der nie erloschene Glaube an die grenzenlose Liebe und Gerechtigkeit andererseits."

476 Janowski, Gott des Lebens, 223 rechnet damit, daß erst im 4. Jh. in hellenistischer Zeit die „Überschreitung der Todesgrenze thematisiert" wird. Das gilt vermutlich für die angeführten Texte Jes 25,8; 26,19; Ps 22,28-30 und Dan 12,2f. Die Frage ist, ob die Aufnahme in Gottes Lichtwelt als Überschreitung der Todesgrenze gesehen wird. Wenn das für Dan 12,2f. gilt, sollte es auch für Jes 53,11 zutreffen. Dann ist die Vorstellung älter als das 4. Jh.

477 So die Lesung der Jesajarolle in Qumran (1Q Jes[a]).

478 PsSal 3,2 vermerkt, daß das Leben der Gerechten „im Lichte des Herrn" nach der Auferstehung sein wird.

479 So das Verständnis von Kaiser, Theologie III, 312, der auch annimmt, daß V.23-26 eine spätere Einfügung in einen ursprünglichen Lehrpsalm sei.

chiels von der Auferstehung der Toten (Ez 37) von der Auferstehung der Gefallenen, „die im Staube ruhen“, und Jes 25,8 in Abwandlung des alten Gedankens vom Tode des Todesgottes (Mot), von der Vernichtung des Todes.[480] Die Erwartung einer sinnvollen Weiterexistenz nach dem Tode wird also von ganz verschiedenen Voraussetzungen her angegangen und auch verschieden artikuliert.

1.4.2 In Aufnahme griechischer Gedanken kann die Weisheit dem in der gegenwärtigen Welt gedrückten Gerechten Mut machen mit dem Hinweis, daß nach dem Tode „die Seelen der Gerechten in Gottes Hand“ sind (SapSal 3,1). Der hellenistische Unsterblichkeitsgedanke wird hier mit der vom AT her geprägten Erwartung vom verlängerten Leben für den Gerechten kombiniert, es wird von einer Bergung der Seele „in Gottes Hand“ gesprochen, in der Hand jenes Gottes, dem der Gerechte sein Leben weihte.

1.5 In der Zeit zwischen den Testamenten wird die Erwartung gepflegt, daß diese Toten auferstehen, ins Leben zurückkehren (äHen 51,1; sBar 50,2; 4Esra 7,33), die Erde und der Hades die Toten wieder hergeben, die sie aufgenommen haben, wobei die eine Richtung nur die Auferstehung der Gerechten (äHen 92,2f.), die andere die aller Toten mit folgendem Gericht (sBar 50,3) anvisiert.

1.6 Fazit: Man kann sagen, daß für den Israeliten der alttestamentlichen Zeit das Leben das höchste Gut ist. Darum ist der vorzeitige Tod anstößig und wird als Strafe gedeutet. Damit rücken Tod und Sünde nahe aneinander. Umsomehr erwarten die Gerechten Verschonung vom Tod, vereinzelt in der Form eines Seins bei Gott nach dem Tode. Dieser letzte Gedanke wird in hellenistisch geprägten Kreisen ausgebaut. Erwartet die Apokalyptik die Auferweckung der Toten, so rechnen hellenistisch geprägte Theologen mit der Unsterblichkeit der Seele. „Seele“ ist für diese Kreise das Gott gehorsame „Ich“, nicht die Vernunft. Damit treffen

[480] Zum Verständnis dieses Textes in seinem Zusammenhang und seiner Vorstellungswelt vgl. Krieg, Todesbilder.

sich Auferstehungshoffnung und Unsterblichkeitsgedanke. 4Esra 7,32 kommt einer Kombination beider nahe.

2 Leben und Tod im NT

Ausgangspunkt allen Nachdenkens der ersten Christen über Leben und Tod ist die im Judentum jener Zeit aus dem AT abgeleitete Hoffnung, daß in der Heilszeit der Tod weicht, wie auch die Überzeugung, daß mit Jesu Kommen diese Heilszeit angebrochen ist. Das natürliche Leben wird nur als Durchgangsstufe für das ewige Leben, die Teilnahme an der Herrschaft Gottes, gesehen und tritt damit fast gänzlich aus dem Blickfeld.

„Was soll ich tun, daß ich das ewige Leben erlange?" fragt der reiche Mann nach Mk und Lukas (Mk 10,17; Lk 18,18), der Jüngling nach Mt (Mt 19,16.20) und der Schriftgelehrte nach Lukas (Lk 10,25). Gesegnetes Leben auf dieser Erde im Sinne von Reichtum, Glück und Fruchtbarkeit der Felder und in der Familie ist kein Ziel mehr. Der Tod hat seinen Schrecken zwar nicht verloren, aber dieser gilt nur noch insofern die Chance verspielt wurde, die Herrschaft Gottes zu erleben. Er gilt aber in Jesu Wirken als grundsätzlich überwunden. Jesu Vollmacht über den Tod, dargestellt in den Berichten über seine Totenerweckungen und das Geschehen von Kreuz und Auferstehung, markieren die neue Sicht. Erst in der Spätzeit des NT wird wieder über Sterben und Tod im Sinne von „Lebensende" nachgedacht.[481] Aber die Ausrichtung auf das ewige Leben bleibt entscheidend.[482]

2.1 Die Leben bringende Macht Jesu

Die Evangelien sind von der Überzeugung getragen, daß Jesu Wirken die Macht des Todes gebrochen „und ein Leben und die Unvergänglichkeit gebracht hat", wie es später formuliert wird (2Tim 1,10).

---

481 Zur Sicht des Lukas s.u. und Hebr 9,27.

482 2Tim 4,8; Hebr 9,27; 13,14; Offb 14,13.

2.1.1 Jesus weckt die kurz zuvor verstorbene Tochter des Jairus (Mk 5,21-43), den zu Grabe geleiteten einzigen Sohn der Witwe aus Nain (Lk 7,11-17) und den schon bestatteten Lazarus (Joh 11,1-44) vom Tode auf und gibt sie dem Leben wieder. Dasselbe tun dann auch Petrus (Apg 9,36-42) und Paulus (Apg 20,7-12). Diese Berichte zeigen an, daß mit Jesu Wirken Gott seine Herrschaft auch über den Tod angetreten hat. Somit gilt: „Gott ist nicht ein Gott der Toten, sondern der Lebendigen“ (Mk 12,27), was in Lk 20,38 sinngemäß kommentiert wird: „Ihm leben sie alle“.

2.1.2 Die neue Sicht bringt die Sammelnotiz in Mt 11,4f./Lk 7,22f. zum Ausdruck: „Blinde sehen (…) Tote stehen auf, und den Armen wird das Evangelium verkündigt. Und selig, wer nicht Ärgernis an mir nimmt.“ Die Auferweckung der Toten steht hier neben Heilung und Verkündigung auf der gleichen Linie. Auch in ihnen wird die Kraft der Totenerweckung erfahren. Diese ist aber an Jesu Person gebunden. Darum ergeht die Aufforderung, an ihm kein Ärgernis zu nehmen, gemeint ist, den Glauben an ihn nicht fallen zu lassen.[483]

2.1.3 Darum sind jene, die sich von Jesu Botschaft nicht helfen lassen, „tot“. „Laß die Toten ihre Toten begraben, du aber gehe hin und verkündige die Gottesherrschaft“ (Lk 9,60 par.). Tot ist, wer sich von dem Evangelium nicht anrühren läßt.[484] Die Predigt der Gottesherrschaft bringt das wahre Leben, die Kraft der Totenerweckung.

2.1.4 Mit der Annahme der Botschaft Jesu ist darum die Erwartung verbunden, daß die Glaubenden die Gottesherrschaft erleben und „den Tod nicht schmecken“ werden (Mk 9,1 par.). Diese Hoffnung, einst sogar so formuliert, daß die gesamte Generation noch die Parusie erlebt (Mk 13,30), hat sich sehr lange gehalten, bis auch der Letzte dieser Menschengruppe verstarb.[485] Die Erwartung ist der Apo-

---

483 Klein, Lukasevangelium, 282.

484 Vgl. Luz, Matthäus II, 25.

485 Zur Auslegung der Meinung Joh 21,23: „Dieser Jünger stirbt nicht“ vgl. Wilckens, Johannes, 329.

kalyptik eigen (4Esra 13,17f.). Daß es menschliches Schicksal sei, zu sterben, sagt erst wieder Hebr 9,27.

2.1.5 Die Darstellung des Leidens Jesu steht dieser Sicht teilweise entgegen. Das wird besonders deutlich beim Ausspruch im Gethsemane-Gebet: „Meine Seele ist betrübt bis zum Tod“ (Mk 14,34), ein Wort, das Ps 42,6.12; 43,5 aufnimmt und damit die Betrübnis angesichts des Todes von Ps 42f. Das Problem ist die objektive Nähe des Todes, konkret das Übergeben-Werden „in die Hände der Sünder“ (Mk 14,41). Freilich wird durch die Anlehnung an die Schrift auch Jesu Frömmigkeit dokumentiert.[486]
Jesus wird hier – wie überhaupt in der Leidensgeschichte des Mk und Mt – als der leidende Gerechte gezeichnet, und zwar in seiner irdischen Verhaftung, der nicht wie Sokrates siegend aus der Welt scheidet, sondern sein Menschsein darin bewahrt, daß er den Tod, den er entmachtet hat, nun nochmals an sich selber mächtig werden läßt, damit er durch die Auferstehung endgültig besiegt werde. Er ist gleichzeitig das lebende Beispiel dafür, daß nicht der sein Leben erhält, der daran krampfhaft festhält, sondern derjenige, der in der Nachfolge um Jesu oder des Evangeliums willen das Leben zu verlieren bereit ist (Mk 8,34f.).

2.2 Die Auferweckung Jesu als Beginn des neuen Lebens

Das Bekenntnis: „Gott hat Jesus von den Toten auferweckt“ (Röm 4,24; 10,9; 1Kor 6,14) verändert den Horizont des Denkens der Nachfolger Jesu nochmals. Jetzt weiß man: Die Ewigkeit ist eingebrochen, wenn auch vorerst nur als himmlische und nicht als irdische Realität. Der Tod Jesu wird als Heilstod ausgelegt, die Auferweckung als Einsetzung in die Herrschaft.

2.2.1 Die Verkündigung des Todes Jesu als Heilstod wird konzentriert in der Formel festgehalten: „Christus starb für uns“ (Röm 5,8), „… für unsere Sünden“ (1Kor 15,3). Im Anschluß an Jes 53,5 wird Jesu Tod als Sühnetod für die Sünden angesehen, als Sterben für die „Vielen“, d.h. für

[486] Gnilka, Markus II, 259.

alle,[487] als Handeln Gottes zur Sühne aller bis dahin erfolgten Verfehlungen (Röm 3,25) und ebenso als Tod zur Aufhebung der Feindschaft und damit zur Versöhnung (2Kor 5,19-21). Das bedeutet: Durch Jesu Tod ist für die Welt eine neue Möglichkeit entstanden, sie ist grundsätzlich mit Gott versöhnt. Dies gilt als Angebot für alle. Es wird konkret für jeden Einzelnen, wenn er die Botschaft glaubend annimmt. So kann jeder Sünder ein Gerechter werden. Da Jesus den Fluchtod am Holz starb, ist jeder auch vom Fluch des Gesetzes befreit (Gal 3,13). Der Tod Jesu für die Sünden der Welt (Joh 1,29), für die Sünden der Vielen (Hebr 9,28), wird zum Tod für mich in der Annahme der Botschaft, im Glauben.

2.2.2 Als Tod, den Jesus selbst auf sich nahm,[488] ist er ein Zeichen vorbildlichen Dienstes: „(...) daß er diene und gebe sein Leben zu einer Erlösung für Viele" (Mk 10,45). Paulus spitzt diese Aussage so zu, daß Christi Tod damit alles Vergleichbare überbietet: „Christus starb für uns, als wir noch Feinde waren" (Röm 5,6-8). Und der Glaubende kann aussprechen, daß Christus sich „für mich dahin gegeben hat" (Gal 2,20). Das ist ein Zeichen unüberbietbarer Liebe: „Niemand hat größere Liebe als die, daß er sein Leben läßt für seine Freunde" (Joh 15,13), eine Liebe, die hier den „Jüngern", den Christen als Gliedern am Weinstock gilt.[489] Der Epheserbrief spricht dann davon, daß „Christus uns (bzw. die Gemeinde) geliebt hat und sich selbst für uns (bzw. für sie) gab" (Eph 5,2.25). Diesen Gedanken spricht auch der lukanische Paulus aus (Apg 20,28).[490]

---

[487] So die meisten seit Jeremias, Das Lösegeld für Viele, 228.

[488] Das Motiv der Selbsthingabe in den Tod zu Gunsten anderer ist griechisch. Es begegnet erstmals in Euripides' Alkestis, 83 und dann bei Epikur, vgl. Diog Laert X, 121. Weitere Parallelen besonders für die Hingabe für Freunde bei Stählin, φιλός, 151, 19-43.

[489] Beachtenswert ist, daß die Aussage in ekklesiologischem Kontext steht, vgl. Joh 15,1ff. Das ist auch bei der Parallele Joh 10,11 so: „Der gute Hirte gibt sein Leben für die Schafe".

[490] Lk hat ein anderes Verständnis vom Sühnetod als Paulus (vgl. Röm 3,25). Er bezieht den Sühnetod nicht auf den Einzelnen, son-

2.3 Neues Leben unter der Herrschaft Christi

Die Auferstehung Jesu ermöglicht die Teilhabe an dem im Himmel bereits vorhandenen Heil und stellt den Christen unter die Herrschaft des bei seiner Auferweckung zum Gottessohn eingesetzten Herrn (Röm 1,3f.). Das ist vor allem die Sicht des Apostels Paulus.

2.3.1 In Röm 4,25 sagt Paulus in einer formelhaften Wendung: „(…) der wegen unseren Sünden[491] dahin gegeben und wegen unserer Gerechtmachung auferweckt wurde.“ Diese Gerechtmachung erfolgt aus Glauben (Röm 5,1).[492] Der Glaube gibt Anteil an der Kraft Gottes, „der das Tote zum Leben erweckt und das Nicht-Seiende ins Sein ruft“ (Röm 4,17), d.h. an Gottes Schöpfermacht, die sich in der Totenerweckung manifestierte. Das kann so geschehen, daß Christus die Christen in seinen Tod hineinzieht, so daß der Christ sagen kann: „Ich bin mit Christus gekreuzigt“ (Gal 2,19), und daß der so „gestorbene“ Mensch als Lebender „nicht mehr sich selbst lebt, sondern dem, der für ihn gestorben und auferstanden ist“ (2Kor 5,15), im neuen Leben wandelt (Röm 6,4).

2.3.2 Größer noch ist die Wirkung der Auferstehung durch die Funktion, in die Jesus eingesetzt wurde. Der dem Tode Entnommene ist „Gottessohn in Kraft“ (Röm 1,4), „unser Herr“ (Röm 1,5). Aber diese Herrschaft erstreckt sich auch über alle Menschen, sogar über jene vergangener und kommender Geschlechter, „… die im Himmel, auf Erden und unter der Erde sind“ (Phil 2,10). Auf der Grundlage solchen Wissens vermerkt 1Petr 3,19, daß er „den Geistern im

---

dern auf die Gemeinde, vgl. Apg 20,28 und Lk 22,19f., wie es seine Zeit tat.

491 Geschlossener wäre der Gedanke, wenn man wiedergeben dürfte: „Wegen *der Vergebung* unserer Sünden“, das entspräche besser dem finalen: „wegen unserer Gerechtmachung“.

492 Gerechtmachung (Röm 4,25) und Rechtfertigung aus Glauben fallen hier zusammen. Wer glaubt, verhält sich gegenüber dem Evangelium und damit vor Gott korrekt, richtig und ist damit „gerecht“. Jesus hat die Rechtsforderung erfüllt: Röm 8,3.

Gefängnis gepredigt" hat[493] und ebenso den Gestorbenen (1Petr 4,6), also denen, die zeitlebens nicht zum eigentlichen Leben hindurch finden konnten, weil sie das Evangelium nicht vernahmen.[494] Der Faden wird also ausgezogen: Alle Generationen, auch die vergangenen, werden letztlich am Evangelium gemessen.

2.3.3 Vom apokalyptischen Hintergrund her wird die Auferstehung Jesu von Paulus als ein Akt der Erstgeburt gesehen.[495] Er formuliert in 1Kor 15,20: „Nun ist Christus von den Toten auferstanden und der Erstgeborene derer, die schlafen, geworden."[496] Die Überwindung des Todes wird in 1Kor 15,54f. als ein Verschlingen desselben, ein Vernichten seines Stachels verkündet. Der Tod ist nach 1Kor 15,26 der letzte Feind, der vernichtet wird.[497] Die endgültige Vernichtung oder „Nichtung" (vgl. Offb 21,4) wird als ein Werk des durch die Auferweckung Erhöhten gesehen (1Kor 15,26).

2.3.4 Die theologische Auseinandersetzung mit dem Problem des Todes durch Paulus und die Darstellung seiner Sicht des neuen Lebens im Geist erfolgt in Röm 5-8.

---

[493] Zur Auslegung dieser einzigartigen Aussage vgl. Brox, Der erste Petrusbrief, 168-176.

[494] Nach Goppelt, Der erste Petrusbrief ist gemeint: „Im Gericht werden alle Menschen (…) letztlich nach ihrer Stellung zum Evangelium beurteilt".

[495] Noch eindrücklicher wird aufgrund von 2Sam 22,6; Ps 18,6 in Apg 2,24 die Auferstehung Jesu als „Lösen der Geburtswehen des Todes", d.h. als Einleitung der Auferstehung aller Toten gesehen. Zum Problem des Mißverständnisses des hebräischen Textes siehe Haenchen, Apostelgeschichte, 143.

[496] Kol 1,18 erklärt dann: „damit er in jeder Hinsicht der Erste sei". Nach Mt 27,51f. ist im Tode Jesu die Auferstehung Jesu bereits vorweggenommen (Luz, Matthäus 4, 365), und Hebr 2,14 betont, daß Jesus in seinem Tod den überwunden hat, der die Macht des Todes hatte, nämlich den Teufel.

[497] Diese Vernichtung des Todes erlebt nach dem Verständnis einer späteren Zeit der Christ im Evangelium schon heute: „Christus hat den Tod vernichtet und das Leben und die Unvergänglichkeit ans Licht gebracht durch das Evangelium" (2Tim 1,10).

2.3.4.1 Der Tod ist für Paulus, wie für die jüdische Apokalyptik (sBar 54,15.19), durch einen Menschen in die Welt eingedrungen (1Kor 15,21), genaugenommen durch seine Sünde.[498] Aber einmal in der Welt, ergreift er die Macht und herrscht (Röm 5,12). Der Tod wird hier (wie in Röm 6,12-14.16) als personifizierte Sünde und als herrschende Macht verstanden.[499] Diese Herrschaft ist aber nicht als ein schicksalhafter Naturvorgang angesehen, den der Mensch einfach hinzunehmen hat, dem er sich beugen muß. Die Freiheit zu sündigen oder nicht ist dem Menschen geblieben und damit die Wahl der Verfallenheit an den Tod. Darum ist der Mensch je für sich schuldig, wenn er tut, was alle tun, auch wenn jenes Tun, was alle tun, ihn in bestimmter Weise determiniert. Der Tod „drang zu allen durch, weil[500] alle sündigten" (Rom 5,12), wiewohl sie anders hätten handeln können. Denn der Tod ist Lohn (Sold) für die Sünde, somit unvermeidbare, unausweichliche Folge der Sünde, des sündigen Tuns (Röm 6,23). Aus dieser Schuldverhaftung kann niemand aus eigener Kraft herauskommen, denn das Gesetz, das gegeben ist, um die Sünde einzudämmen, wird in den Dienst der Sünde genommen und bewirkt damit genau das Gegenteil dessen, wozu es bestimmt war (Röm 7,7-13); es wird als die „Kraft der Sünde" (1Kor 15,56) zum Todesinstrument.

2.3.4.2 An dieser Stelle wird cine Bedeutungsverschiebung im Verständnis dessen, was Tod ist und meint, erkennbar. Weil der Tod als Macht und nicht nur als „Sensenmann" begriffen wird, denkt ihn Paulus als schon im Leben des Menschen wirksam, und zwar keineswegs so, daß er wie im AT in der Krankheit seine Schatten voraus wirft, sondern so, daß er den Menschen schon zu Lebzeiten in seine Gewalt nimmt, so daß jeder, der sündigt, dem Tod verfallen ist. So kann Paulus in der Vergangenheitsform als vom bereits erfolgten Tod auch für alle Lebenden sprechen: „Ich aber starb, und es erwies sich mir gerade das Gebot, das mir zum Leben gegeben war, als Mittel zum Tod" (Röm

---

498 Vgl. sBar 23,4; 48,42; 4Esra 7,118.

499 Vgl. die Kennzeichnung des Todes als „König des Schreckens" (Hi 18,14).

500 Zum Verständnis von ἐφ' ᾧ vgl. Käsemann, Römer, 138f.

7,10). Verkürzt kann Paulus auch den alten Bund als „Dienst des Todes“ (2Kor 3,7) bezeichnen, weil die Sünde sich des Gesetzes bedient, um den Tod zu wirken.

2.3.4.3 In diesem Sinne sagt Paulus auch, daß „der Buchstabe tötet“ (2Kor 3,6). An sich ist das Gesetz „heilig“ (Röm 7,12). Aber in der Abwendung von Gott und in der Hinwendung zur Sünde zieht sich der Mensch den Tod zu, wiewohl er das Leben wählen möchte (Röm 7,19-23). Das geschieht, weil die Sünde und der Tod neue Machtverhältnisse geschaffen haben. Wo Machtverhältnisse im Dienst des Bösen stehen, ist der Mensch dazu verurteilt, ihnen zu dienen und damit den Tod zu wählen, obwohl er weiß, daß er eigentlich das Leben erstrebt. Darum kann Paulus den so beherrschten, seiner eigenen Entscheidung aber nicht beraubten Menschen ausrufen lassen: „Ich elender Mensch, wer will mich herausreißen aus dem Leibe dieses Todes?“ (Röm 7,24). Die erwartete Befreiung ist durch Jesus geschehen (Röm 7,25), durch den Gott „die Sünde im Fleische verurteilt“ hat (Röm 8,3).

2.3.4.4 Weil dieser eine Mensch aus der Schuldgemeinschaft aller Menschen ausbrach und Rechttat übte (Röm 5,18), strömt mit dem Evangelium die Gnade in die Welt und ermöglicht die Todesüberwindung. Der natürliche Tod ist zwar nicht aufgehoben – das geschieht erst in der Vollendung (1Kor 15,26), wenn auch die Schöpfung von der Herrschaft des Verderbens befreit wird (Röm 8,21). Aber der Tod hat nicht mehr die den Menschen bestimmende, bedrohliche Funktion. Für den Christen, der mit seinem Herrn „mitgestorben“, in seinen Tod „eingepflanzt“ ist (Röm 6,3.5), ist die Macht des Todes gebrochen, er hat keine Gewalt mehr über ihn, weil er über den Auferstandenen keine Macht mehr hat (vgl. Röm 6,9). Aus dem Kraftfeld „der Sünde und des Todes“ ist er in das Kraftfeld des „Geistes des Lebens“ hinüber gewechselt (Röm 8,2) und damit befreit worden. Zwar kann der Christ sich noch dem Tode zuwenden, indem er sich der „Traurigkeit dieser Welt“ hingibt, die den „Tod bewirkt“ (2Kor 7,10). Aber der rechte Christ läßt sich von dem, was dem Tode dienen will, nicht gefangen nehmen: „Ich bin mit Christus gekreuzigt. (Ich) lebe, aber nicht ich, sondern Christus lebt in mir …“ (Gal 2,19; vgl. Röm 8,5-14); er lebt dem, der für ihn

gestorben und auferstanden ist (2Kor 5,14), und somit nicht mehr sich selber, sondern dem Herrn, und stirbt dem Herrn (Röm 14,7-9).
Somit stellt für den Christen der natürliche Tod kein Problem mehr dar: „Mir ist das Leben Christus und Sterben mein Gewinn (…) ich habe Lust hinzuscheiden und bei Christus zu sein" (Phil 1,21-23). Zwar wird dem Tod eine gewisse Machtfunktion weiterhin eingeräumt, aber sie ist für den Christen nicht mehr bedrängend: „(…) weder Tod noch Leben (…) noch eine andere Kreatur kann uns scheiden von der Liebe Gottes …" (Röm 8,38f.). Der Apostel weiß, daß er wie Christus in den Tod gegeben wird, „damit die Kraft Jesu an unserem sterblichen Fleische offenbar werde" (2Kor 4,11). Er ruft die Thessalonicher, die Tote zu beklagen haben und schwer damit fertig werden, daß diese nicht bis zur Parusie übriggeblieben sind, auf, sich damit zu trösten, daß sich für diese kein Nachteil ergibt, weil aus dem Glauben(sbekenntnis) von Jesu Tod und Auferstehung (1Thess 4,14) und aus dem Herrenwort (1Thess 4,15f.) hervorgeht, daß die Toten mit den Lebenden zusammen dem Herrn entgegen geführt werden. Härter, ganz im Sinne alttestamentlichen Denkens, hat er den Tod einiger in Korinth beurteilt, nämlich als Strafe für falsches, unbrüderliches Verhalten in der Gemeinde (1Kor 11,30). Er sah hier die Sünde und damit den Tod in die Gemeinde einbrechen.
Das Leben ist somit für Paulus als natürliches Leben „Leben im Fleisch" (Gal 2,20) und dann doch Leben „im Glauben des Gottessohnes", d.h. an den Gottessohn (Gal 2,20), Leben für den Herrn (Röm 14,8), dessen Sinn und Ziel Christus ist (Phil 1,21), ein Leben, das in der „Neuheit des Geistes" (Röm 7,6) geführt werden kann und unter dem Imperativ steht, verwirklicht zu werden (Röm 6,4), ein Leben, das damit rechnen kann, in das ewige Leben einzumünden, ein Leben, das nach einer Verwandlung stattfinden kann (1Kor 15,51).

2.4 Ewiges Leben in der Gegenwart für die Glaubenden

Der Evangelist Johannes hat noch konsequenter als Paulus Jesus als den Herrn über den Tod gesehen. Unglauben und Tot-Sein liegen bei ihm ganz nahe beieinander. Damit hat der natürliche Tod keinerlei Bedeutung mehr. Das ewige Leben ist bereits jetzt Gegenwart. Die Schüler des großen Lehrers betonen wieder die endzeitliche Dimension des ewigen Lebens.

2.4.1 Das wird in der Lazarus-Erzählung (Joh 11) zum Ausdruck gebracht: Jesus, der weiß, daß Lazarus krank ist (11,3f.), geht erst nach Bethanien, nachdem Lazarus gestorben ist (Joh 11,11), und weckt den nach der Aussage seiner Schwester in Verwesung befindlichen Lazarus (Joh 11,39) zum Leben auf (Joh 11,43f.). Der Ruf „Lazarus, komm heraus“ (Joh 11,43), ist der Ruf ins Leben wie bei den Endereignissen und damit zugleich das Wort, das den ungläubigen, toten Menschen zum Glauben und somit zum Leben ruft (Joh 5,24f.). Darum heißt es:

> „Ich bin die Auferstehung und das Leben. Wer an mich glaubt, wird leben, auch wenn er stirbt; und wer da lebt und glaubt an mich, der wird nicht mehr sterben.“
> (Joh 11,25)

Der Glaubende bleibt also auch als Gestorbener für Jesus ein Lebender und kann nicht eigentlich sterben. Er hat den Tod und das Gericht mit seiner Entscheidung, auf Jesu Wort zu hören, hinter sich gelassen (Joh 3,18f.), er „ist aus dem Tode zum Leben hindurch gedrungen“ (Joh 5,24), und schmeckt den Tod nicht mehr (Joh 8,51).

2.4.2 Dazu steht freilich in kaum ausgleichbarer Spannung die Aussage, daß Jesus die Toten erst „am jüngsten Tage“ aus den Gräbern auferweckt (Joh 5,28f.; 6,39.40.54). Der 1Joh sieht das Leben weniger in Jesus, sondern im Wort des Lebens gegenwärtig (1,4), womit gemeint ist, daß nicht im Hören des Wortes, sondern in dessen Applikation in der Bruderliebe der Durchbruch vom Tode zum Leben erfolgt (1Joh 3,14). Die dort einmalig im NT begegnende Tod-Sünde (1Joh 5,16) meint die Tat, die dazu führt, daß der Täter aus der Gnade Gottes herausfällt und der Macht des Todes endgültig preisgegeben wird.

2.5 Richtiges Leben und Sterben mit Ausblick zum Heil

Lukas ist der einzige Schreiber des Neuen Testamentes, der Gedanken über das irdische Leben und den natürlichen Tod ausspricht. Dominant ist natürlich auch für ihn die Erwartung des ewigen Lebens bei Gott.

2.5.1 Simon und Hanna in Lk 2,25-38 erscheinen als Menschen, die sich Gott gegenüber richtig verhalten haben und darum nicht nur lang, sondern so lange leben dürfen, bis sie Gottes „Rettung" erlebt haben. An den beiden Mitgekreuzigten aber zeigt Lk auf, wie man recht oder falsch leben und damit auch sterben kann. Der eine ergreift die Chance der Buße in letzter Minute, versteht seinen Tod als Strafe für seine Schuld, nimmt ihn an und bittet Jesus, seiner zu gedenken (Lk 23,41f.). Die Todesstunde wird hier als letzte Möglichkeit beschrieben, sein Leben in Ordnung zu bringen. Nach Jesu Verheißung (Lk 23,43) wird dieser Mann ins Paradies aufgenommen. So stirbt auch Stephanus richtig, auch wenn er einen grausamen Tod stirbt. Er sieht den Himmel offen (Apg 7,56) und kann wie Jesus für seine Mörder und um die Aufnahme seines Geistes durch Gott bitten (Apg 7,59; vgl. Lk 23,34.46).

2.5.2 Der andere Mitgekreuzigte hingegen, der nur die Erhaltung seines natürlichen Lebens im Blick hat und von Jesus ein entsprechendes Wunder erwartet, verfehlt sein Leben im Sterben. Seine letzten Worte werden als „Lästerung" verstanden (Lk 23,39f.). Das falsche Verhalten des Judas endet in einem schrecklichen Tod (Apg 1,18-20). Das Drohwort Jesu gegenüber dem, der ihn verrät (Lk 22,22), wird damit erfüllt. Ein vergleichbarer Tod wird auch dem angekündigt, der „diese Kleinen zum Abfall bringt" (Lk 17,2). Als unerwarteter, verfrühter Gerichtstod erreicht er auch den reichen Grundbesitzer (Lk 12,20); ja sogar das Volk kann von solch einem Tod ereilt werden, so daß es sich wünscht, die Hügel mögen es bedecken (Lk 23,27-31), d.h. es möge dem Zugriff Gottes entkommen.

2.5.3 Das erwartete „ewige Leben" kann bei Lukas in doppelter Weise gesehen werden, einmal als „Auferstehung der Gerechten“ (Lk 14,14; Apg 24,15) und dann als Eingang in das Paradies (23,43) direkt nach dem Tod. Darum kann Jesus (Lk 23,36), es kann Stephanus (Apg 7,59) seinen „Geist in Gottes Hände“ befehlen.[501]

2.6 Erfahrung der Todesmacht und Warten auf die Ewigkeit

In der Offenbarung des Johannes erscheint der Tod wieder – vergleichbar der jüdischen Apokalyptik – als eine das Leben bedrohende Macht. Das gegenwärtige Leben, auch jenes im Glauben, ist nahezu wertlos. Jetzt muß eine Zeit des Leidens durchgestanden werden. Von der Kraft des Glaubens, die neues Leben auf dieser Erde gestaltet, ist kaum etwas zu spüren. Es zählt nur der Ausblick auf das kommende ewige Leben.

2.6.1 Es ist zwar bekannt, daß Christus in seiner Auferstehung diese Macht eingegrenzt hat, er hat „die Schlüssel des Todes und der Hölle“ (Offb 1,18), aber diese Erkenntnis wird nicht auf die gegenwärtige Zeit des Leidens bezogen, sondern auf zukünftige Ereignisse am Ende der Tage. Standhalten in Treue bis zum Tod (Offb 2,10) ist jetzt das Ziel; es werden jene gelobt, die „ihr Leben nicht geliebt (haben), bis hin zum Tod“ (Offb 12,11), d.h. die den Zeugentod starben. Die so Abgeschiedenen werden selig gesprochen, „denn ihre Werke folgen ihnen nach“ (Offb 14,13). Die anderen, die nicht durchhalten, müssen mit einem zweiten Tod rechnen (Offb 20,6.13f.), mit einer ewigen Vernichtung nach der Auferweckung aller Toten. Konkret ist also für diese Christen die Macht des Todes durch Christus nur insofern gebrochen, als sie die begründete Hoffnung haben können, daß sie von Christus zum Heil geführt werden, wenn sie den irdischen Tod gewaltsam erleiden. Darum findet man in der Offenbarung des Johannes den ständigen Aufruf „zu überwinden“ (Offb 2,7.11.17.26) und damit das eigentliche Leben bei Gott zu finden.

---

[501] Näheres dazu bei Klein, Lukasevangelium, 711f.

2.6.2 Das ewige Leben wird ganz zukünftig gesehen und erwartet als ein Leben unter einem neuen Himmel, auf einer neuen Erde (Offb 21,1), in einem vom Himmel herabkommenden Jerusalem (Offb 21,2), wo Gott wieder unter seinem Volk wohnen wird (Offb 21,3).

3 Zusammenfassung

In Israel konnte der irdische Tod bei einem gesegneten, erfüllten Leben ganz natürlich als Abschluß des Lebens angenommen werden. Vom Straftod her aber versteht Israel zunehmend den Tod als Folge von Untat und Sünde und erwartet darum Rettung aus dem Tod durch Gott. Für die Endzeit wird von den Propheten ein sehr langes Leben verkündigt. Ewiges Leben nach dem Tod bei Gott erscheint nur ganz sporadisch als Möglichkeit.

Im Neuen Testament wird die Erfahrung der Macht Jesu über Sünde und Tod zum Grunderlebnis. Für die Glaubenden ist das „ewige Leben" heute schon möglich, ein neues Leben, das in der irdischen Existenz durchgehalten werden soll und dann in die Ewigkeit einmündet. Nicht das irdische, natürliche Leben steht damit im Mittelpunkt, sondern die Gegenwart des neuen und die Verheißung des ewigen Lebens, dem sich die Gläubigen entgegenstrecken.

Literatur

Adam, K.-P., ‚Wendet sich nicht ein Volk an seine Götter, zugunsten der Lebenden an die Toten?' (Jes 8,19). Unterwelt und Totenbefragung im Jesajabuch und in 1Samuel 28, in: *Hartenstein, F.* u.a. (Hg.), Schriftprophetie, FS J. Jeremias, Neukirchen-Vluyn 2004, 103-120

Albertz, R., Art. צעק *ṣ*^{c}*q* schreien, THAT II, 568-575

Albertz, R., Art. Mensch II (NT), TRE 22, 464-474

Albertz, R., Religionsgeschichte Israels in alttestamentlicher Zeit/Bd. 1+2 (GAT 8), Göttingen 1992

Alt, A., Kleine Schriften zur Geschichte des Volkes Israel I, München ^{2}1959

Alt, A., Ursprünge des altisraelitischen Rechts, in: *Ders.*, Kleine Schriften zur Geschichte des Volkes Israel I, München ^{2}1959, 278–333

Augustin, M., Der schöne Mensch im Alten Testament und im hellenistischen Judentum (BEATAJ 3), Frankfurt (M)/Bern/New York 1983

Avemarie, F., Die Tauferzählungen der Apostelgeschichte, Theologie und Geschichte (WUNT 139), Tübingen 2002

Bach, R., Die Aufforderung zur Flucht und zum Kampf im alttestamentlichen Prophetenspruch (WMANT 9), Neukirchen-Vluyn 1962

Bächli, O., Zur Aufnahme von Fremden in die altisraelitische Kultgemeinde, in: *H. J. Stoebe* (Hg.), Wort – Gebot – Glaube. Beiträge zur Theologie des Alten Testaments, FS W. Eichrodt (AThANT 59), Zürich 1970

Baldermann, I. (Hg.), Einheit und Vielfalt biblischer Theologie, Jahrbuch für Biblische Theologie 1, Neukirchen-Vluyn 1986

Baltzer, K., Deutero-Jesaja (KAT X,2), Gütersloh 1999

Barr, J., Ein Mann oder die Menschen? Zur Anthropologie von Genesis 1, in: *Mathys, H-P.* (Hg.), Ebenbild Gottes – Herrscher über die Welt. Studien zu Würde und Auftrag des Menschen (BThS 33). Neukirchen-Vluyn 1998, 75 - 93

Barton, E./Wolter, M. (Hg.), Die Einheit der Schrift und die Vielfalt des Kanons (BZNW 118), Berlin 2003

Bauer, B., Kritik der Geschichte der Offenbarung 1,1. Die Religion des Alten Testamentes in der geschichtlichen Entwicklung ihrer Prinzipien dargestellt, Berlin 1838

Bauer, G. L., Biblische Theologie des Neuen Testaments, I-IV, Leipzig 1800-1802

Bauer, G. L., Theologie des Alten Testaments oder Abriß der religiösen Begriffe der alten Hebräer, Leipzig 1796

Baur, F. Chr., Vorlesungen über neutestamentliche Theologie 1864, Neudruck Darmstadt 1973

Becker, E.-M., ΕΙΣ ΘΕΟΣ und 1Kor 8. Zur frühchristlichen Entwicklung und Funktion des Monotheismus, in: *Popkes, W./Brucker, R.*, Ein Gott und ein Herr. Zum Kontext des Monotheismus im Neuen Testament (BThSt 68), Neukirchen-Vluyn 2004, 65-99

Becker, J./Luz, U., Die Briefe an die Galater, Epheser und Kolosser (NTD 8/1), Göttingen [18]1998

Becker, J., Das Evangelium nach Johannes, Bd. 1 (ÖTK 4/1), Gütersloh [3]1991

Becker, J., Luz, U., Die Briefe an die Galater, Epheser und Kolosser (NTD 8/1), Göttingen 1998

Berger, K., Art. Geist/Heiliger Geist/Geistesgaben, III (NT), TRE 12, 178-196

Bernhardt, K.-H., Art. היה – hājāh, ThWAT II, 402-409

Beyerlin, W., Die Rettung der Bedrängten in den Feindpsalmen der Einzelnen auf institutionelle Zusammenhänge untersucht (FRLANT 99), Göttingen 1970

Beyerlin, W., Herkunft und Geschichte der ältesten Sinaitradition, Tübingen 1961, 161-163

Blum, E., Die Komposition der Vätergeschichte (WMANT 57), Neukirchen-Vluyn 1984

Blumenthal, C., Was sagt 1Thess 1.9b-10 über die Adressaten des 1 Thess? Literarische und historische Erwägungen, NTS 51 (2005), 96-105

Boecker, H.-J., Altes Testament, Neukirchen-Vluyn 1983

Boecker, H.J., Redeformen des Rechtslebens im Alten Testament (WMANT 14), Neukirchen-Vluyn 1964

Bornkamm, G., Das Bekenntnis im Hebräerbrief, in: *Ders.*, Studien zu Antike und Urchristentum (BevTh 28), München [3]1970, 188-203

Botterweck, G. J., Art. גוי, ThWAT I, 965-971

Bousset, W., Die Religion des Judentums im späthellenistischen Zeitalter (HNT 21), Tübingen [4]1966

Braulik, G., Studien zum Buch Deuteronomium (SBA 24), Stuttgart 1997, 11-27

Braun, H., Das „Stirb und werde“ in der Antike und im Neuen Testament, in: *Braun, H.*, Gesammelte Studien zum Neuen Testament und seiner Umwelt, Tübingen 1962

Brox, N., Der erste Petrusbrief (EKK XXI), Zürich/Einsiedeln/Köln/Neukirchen-Vluyn 1979
Bultmann, C., Der Fremde im antiken Juda. Eine Untersuchung zum sozialen Typenbegriff „ger“ und seinem Bedeutungswandel in der alttestamentlichen Gesetzgebung (FRLANT 153), Göttingen 1992
Bultmann, R., Der zweite Brief an die Korinther (KEK), Göttingen 1976
Bultmann, R., Die Bedeutung des Alten Testaments für den christlichen Glauben, in: *Ders.*, Glauben und verstehen I, Tübingen 1954, 313-336
Bultmann, R., Exegetica, Aufsätze zur Erforschung des Neuen Testaments, Tübingen 1967
Bultmann, R., Theologie des NT, Tübingen [1]1948-1953; [9]1984

Childs, B.S., Biblical Theology of the Old and New Testament. Theological Reflection on the Christian Bible, Philadelphia 1992 = *Ders.*, Die Theologie der einen Bibel/1, 2Bde., Freiburg/Basel/Wien 1994 (Nachdruck 2003)
Childs, B.S., Biblische Theologie und christlicher Kanon, in: *Baldermann, I.* u.a., Zum Problem des biblischen Kanons, JBTh 3 (1988), 13-27
Childs, B.S., Introduction to the Old Testament as scripture, London 1979
Childs, B.S., Old Testament Theology in a canonical context, London 1985
Christ, F., Jesus Sophia. Die Sophia-Christologie bei den Synoptikern (AThANT 57), Zürich 1970
Crüsemann, F., Die Tora. Theologie und Sozialgeschichte des alttestamentlichen Gesetzes, München 1992
Crüsemann, F., Art. Heiligkeitsgesetz, NBL II, Zürich/Düsseldorf 1995, 93-96

Dautzenberg, G., Art.Gewissen III (NT), RGG[4] III, 901-902
Dietrich, W./Link, C., Die dunklen Seiten Gottes, Neukirchen-Vluyn 1995
Dietrich, W., Der rote Faden im Alten Testament, EvTh 49 (1989), 232-250
Dietrich, W., Leben beiderseits der Todesgrenze. Israels Ringen um den Auferstehungsglauben als Chance für uns, in: *Ders.*, Theopolitik. Studien zur Theologie und Ethik des Alten Testaments, Neukirchen-Vluyn 2002, 84-97
Dobschütz, E. von, Die Thessalonicherbriefe (KEK X), Göttingen [7]1909 (Nachdruck 1974)
Donner, H., Jesaja lvi.1-7: Ein Abrogationsfall innerhalb des Kanons – Implikationen und Konsequenzen, VT.S 36 (1985), 81-95

Ebeling, G., Was heißt "Biblische Theologie"?, in: *Ders.*, Wort und Glaube, Tübingen ^{3}1967, 69-89

Eckstein, H.-J., Gerechtigkeit Gottes – δικαιοσύνη θεοῦ, bei Paulus, in: *Ders.*, Der aus Glauben Gerechte wird leben. Beiträge zur Theologie des Neuen Testaments, BVB 5, Münster 2003

Eichrodt, W., Theologie des Alten Testaments Bd. 1, Stuttgart/Göttingen ^{7}1962 und Bde. 2-3, Stuttgart/Göttingen ^{5}1964

Fabry, H.-J., Die frühjüdische Apokalyptik als Reaktion auf Fremdherrschaft. Zur Funktion von 4Q246, In: *Kollmann, B.*, Antikes Judentum und frühes Christentum (BZNW 97), Berlin 1999, 84-98

Finsterbusch, K., Die Thora als Lebensweisung für Heidenchristen. Studien zur Bedeutung der Thora für die paulinische Ethik (StUNT 20), Göttingen 1996

Fischer, I., Tora für Israel – Tora für die Völker. Das Konzept des Jesajabuches (SBS 164), Stuttgart 1995

Fohrer, G., Das Buch Hiob (KAT XVI), Gütersloh 1963

Fohrer, G., Das Buch Jesaja, 3. Band Kapitel 40-66 (ZBK 19,3), Zürich/Stuttgart 1964

Frevel, C./Wischmeyer, O., Menschsein (NEB, Themen 11), Würzburg 2003

Friedrich, G., Der erste Brief an die Thessalonicher, in: *Becker, J./Conzelmann, H./Friedrich, G.*, Die Briefe an die Galater, Epheser, Philipper, Kolosser, Thessalonicher und Philemon (NTD 8), Göttingen 1976, 203-251

Friedrich, G., Die Verkündigung des Todes Jesu im Neuen Testament (BThSt 6), Neukirchen-Vluyn 1982

Friedrich, G., Ein Tauflied hellenistischer Judenchristen, ThZ 21 (1965), 502-516

Fritz, V., Das Buch Josua (HAT I/7), Tübingen 1994

Gabler, J. Ph., Von der richtigen Unterscheidung der biblischen und der dogmatischen Theologie und der rechten Bestimmung ihrer beider Ziele, in: *Strecker, G.*, Das Problem der Theologie des Neuen Testaments, Darmstadt 1975, 32-45

Gerstenberger, E./Schrage, W., Leiden (Bibl. Konfrontationen 1004), Stuttgart/Berlin/Köln/Mainz 1977

Gerstenberger, E., Art. חמד *ḥmd* begehren, THAT I, 579-581

Gerstenberger, E., Art. אוה *'wh* wünschen, THAT I, 74-76

Gese, H., Erwägungen zur Einheit der biblischen Theologie, in: *Ders.*, Vom Sinai zum Zion. Alttestamentliche Beiträge zur biblischen Theologie (BevTh 64), München 1974, 11-30

Gesenius, W., Hebräisches und Aramäisches Handwörterbuch über das Alte Testament, Leipzig 1962, unveränderter Nachdruck der 1915 erschienenen 17. Auflage

Glueck, N., Das Wort Hesed. Im alttestamentlichen Sprachgebrauch als menschliche und göttliche gemeinschaftsgemässe Verhaltensweise (BZAW 47), Berlin ²1961

Gnilka, J., Das Evangelium nach Markus II (Mk 8,27-16,20) (EKK II/2), Zürich/Einsiedeln/Köln, Neukirchen-Vluyn 1979

Gnilka, J., Paulus von Tarsus. Apostel und Zeuge (HThK S VI), Freiburg/Basel/Wien 1996

Gnilka, J., Theologie des Neuen Testaments (HThK, Supplement 5) Freiburg/Basel/Wien 1994

Goppelt, L., Der erste Petrusbrief (KEK XII/1), Göttingen ⁸1978

Goppelt, L., Typos. Die typologische Deutung des Alten Testaments im Neuen (BFChTh II/43), Gütersloh 1939 (Nachdruck Darmstadt 1966)

Gräßer, E., „Ein einziger Gott" (Röm 3,30). Zum christologischen Gottesverständnis des Paulus, in: *Lohfink, N.* (Hg.), „Ich will euer Gott werden". Beispiele biblischen Redens von Gott. Mit Beiträgen von N. Lohfink, J. Jeremias u.a. (SBS 100), Stuttgart 1981, 175-205

Gräßer, E., Der zweite Brief an die Korinther I. Kapitel 1,1-7,16 (ÖTK 8/1), Gütersloh 2002

Grätz, S., Zuwanderung als Herausforderung. Das Rutbuch als Modell einer sozialen und religiösen Integration von Fremden im nachexilischen Judäa (EvTh 65), Gütersloh 2005, 294-309

Graupner, A., Vergeltung oder Schadenersatz? Erwägungen zur regulativen Idee alttestamentlichen Rechts am Beispiel des ius talionis und der mehrfachen Ersatzleistung im Bundesbuch (EvTh 65), Gütersloh 2005, 459-477

Groß, W., Gen 1,26.27; 9,6. Statue oder Ebenbild Gottes? Aufgabe und Würde des Menschen nach dem hebräischen und dem griechischen Wortlaut, JBTh 15 (2000), 11-38

Groß, W., Zukunft für Israel. Alttestamentliche Bundeskonzepte und die aktuelle Debatte um den Neuen Bund (SBS 176), Stuttgart 1998

Grundmann, W., Das palästinensische Judentum im Zeitraum zwischen der Erhebung der Makkabäer und dem Ende des jüdischen Krieges, in: *Leipoldt, J./Grundmann, W.*, Umwelt des Urchristentums I. Darstellung des neutestamentlichen Zeitalters, Berlin 1967, 143-291

Grünwaldt, K., Art. Δικαιοσύνη, ThBLNT² I, 729-739

Gundlach, R., Der Pharao und sein Staat. Die Grundlegung der ägyptischen Königsideologie im 4. und 3. Jahrtausend, Darmstadt 1998

Gunkel, H., Die Psalmen (Göttinger Handkommentar zum Alten Testament 2/2), Göttingen ⁵1929

Gunkel, H., Einleitung in die Psalmen. Die Gattungen der religösen Lyrik Israels (Göttinger Handkommentar zum Alten Testament, Erg.-Bd. 1), Göttingen 1928

Gunneweg, A.H.J., Biblische Theologie des Alten Testaments. Eine Religionsgeschichte Israels in biblisch-theologischer Sicht, Stuttgart/Berlin/Köln 1993

Habicht, C., Historische und legendarische Erzählungen: 2. Makkabäerbuch (JSHRZ I/3), Gütersloh 1976

Haenchen, E., Die Apostelgeschichte (KEK III), Göttingen [12]1959

Hahn, F., Gerechtigkeit Gottes und Gerechtigkeit des Menschen, in: *Ders.*, Studien zum Neuen Testament II. Bekenntisbildung und Theologie in urchristlicher Zeit (WUNT 192), Tübingen 2006, 299-312

Hahn, F., Gerechtigkeit Gottes und Rechtfertigung des Menschen nach dem Zeugnis des Neuen Testaments, EvTh 59 (1999), 335-346

Hahn, F., Studien zum Neuen Testament II. Bekenntnisbildung und Theologie in urchristlicher Zeit (WUNT 192), Tübingen 2006

Hahn, F., Taufe und Rechtfertigung. Ein Beitrag zur paulinischen Theologie in ihrer Vor- und Nachgeschichte, in: *Friedrich, J.*, (Hg.), Rechtfertigung, FS E. Käsemann, Tübingen/Göttingen 1976, 95-124

Hahn, F., Theologie des Neuen Testaments 1/2 Bd. 1: Die Vielfalt des Neuen Testaments. Theologiegeschichte des Urchristentums Bd. 2: Die Einheit des Neuen Testaments. Thematische Darstellung, Tübingen 2002

Hahn, F., Art. υἱός – hyios, EWNT III, 912-937

Hahn, F., Zum Verständnis von Röm 11,26a: „... Und so wird ganz Israel gerettet werden.“, in: *Ders.*, Studien zum Neuen Testament II. Bekenntnisbildung und Theologie in urchristlicher Zeit (WUNT 192), Tübingen 2006, 379-390

Halbe, J., Das Privilegrecht Jahwes Ex 34,10-26. Gestalt und Wesen, Herkunft und Wirken in vordeuteronomischer Zeit (FRLANT 114), Göttingen 1975

Hardmeier, C., Die Weisheit der Tora (Dtn 4,5-8). Respekt und Loyalität gegenüber JHWH allein und die Befolgung seiner Gebote – ein performatives Lehren und Lernen, in: *Hardmeier, C.*, Freiheit und Recht, FS F. Crüsemann, Gütersloh 2003, 224-254

Haufe, G., Der erste Brief des Paulus an die Thessalonicher (ThHK 12,I), Leipzig 1999

Haufe, G., Die Mysterien, in: *Leipoldt, J./Grundmann, W.*, Umwelt des Urchristentums II. Texte, Berlin 1967, 101-126

Hausmann, J., „Ihr sollt mein Volk sein und ich will euer Gott sein.“ Die Rede vom Volk Gottes als biblische Kategorie, in: *Hübner, H.*, Biblische Theologie, Neukirchen-Vluyn 1999, 105-123

Hegermann, H., Der Brief an die Hebräer (ThHNT 16), Berlin 1988

Hengel, M., Der Sohn Gottes. Die Entstehung der Christologie und die jüdisch-hellenistische Religionsgeschichte, Tübingen 1975

Hengel, M., Judentum und Hellenismus. Studien zu ihrer Begegnung unter besonderer Berücksichtigung Palästinas bis zur Mitte des 2. Jh. v. Chr. (WUNT 10), Tübingen 1969

Hentschel, G., Elia und der Kult des Baal, in: *Haag, E.* (Hg.), Gott, der Einzige. Zur Entstehung des Monotheismus in Israel (QD 104), Freiburg 1985, 54-90

Hermisson, H.-J., Israel und der Gottesknecht bei Deuterojesaja, ZThK 79 (1982), 1-24

Herrmann, S., Geschichte Israels in alttestamentlicher Zeit, München 1973

Himbaza, I., Le Décalogue et l'histoire du texte. Études des formes textuelles de Décalogue et leurs implications dans l'histoire du texte de l'Ancien Testament (OBO 207), Göttingen 2004

Hirschberg, P., Das eschatologische Israel. Untersuchungen zum Gottesvolkverständnis der Johannesoffenbarung (WMANT 84), Neukirchen-Vluyn 1999

Hoffmann, P., Studien zur Frühgeschichte der Jesus-Bewegung (Stuttgarter biblische Aufsatzbände 17), Stuttgart 1994

Hofius, O., Rechtfertigung aus Glauben als Thema biblischer Theologie, JBTh 2 (1987), 79-105

Horn, F.W., Der Verzicht auf die Beschneidung im frühen Christentum, NTS 42 (1996,4), 479-505

Hossfeld, F.-L./Kindel, E.-M., Art. קָהָל, ThWAT VI, 1204-1219

Hossfeld, H.L. (Hg.), Wieviel Systematik erlaubt die Schrift? Auf der Suche nach einer gesamtbliblischen Theologie (QD 185), Freiburg/Basel/Wien 2001

Hübner, H. (Hg.), Biblische Theologie. Entwürfe der Gegenwart (BThSt 38), Neukirchen-Vluyn 1999

Hübner, H., Biblische Theologie des NT I, Prolegomena, Göttingen 1990

Hübner, H., Biblische Theologie und Biblische Theologien des Neuen Testaments, in: *Ders.*, Biblische Theologie als Hermeneutik, Gesammelte Aufsätze, Göttingen 1995

Hübner, H., Wahrheit und Wort: Heidegers „Vom Wesen der Wahrheit“ und Wahrheit im Johannesevangelium, in: *Mrazek, J./Roskovec, J.* (Hg.), Testimony and Interpretation. Early Christology in its Judeo-Hellenistic millieu, FS P. Pokorny (JSNT SS 272), London 2004, 203-222

Hübner, H., Warum Biblische Theologie?, in: *Hübner, H.* (Hg.), Biblische Theologie. Entwürfe der Gegenwart (BThSt 38), Neukirchen-Vluyn 1999, 9-39

Hübner, H., Wer ist der biblische Gott? Fluch und Segen der monotheistischen Religion (BThSt 64), Neukirchen-Vluyn 2004

Hunziker-Rodewald, R., Hirt und Herde. Ein Beitrag zum alttestamentlichen Gottesverständnis (BWANT/8. Folge 15/115), Stuttgart/Berlin/Köln 2001

Ibuki, Y., Wahrheit im Johannesevangelium (BBB 39), Bonn 1972

Janowski, B., Art. Biblische Theologie, RGG^4 1, 1544-1549
Janowski, B., „Biblische Theologie". Formale und materiale Aspekte, in: *Ders.*, Beiträge zur Theologie des Alten Testaments 2. Die rettende Gerechtigkeit, Neukirchen Vluyn 1999, 185-295
Janowski, B., Der Gott des Lebens, Beiträge zur Theologie des Alten Testaments III, Neukirchen-Vluyn 2003
Janowski, B., Der Mensch im alten Israel. Grundfragen alttestamentlicher Anthropologie, ZThK 102,2 (2005), 143-175
Janowski, B., Konfliktgespräche mit Gott. Eine Anthropologie der Psalmen, Neukirchen-Vluyn 2003
Janowski, B., Verstehst du auch, was du liest? Reflexionen auf die Leserichtung der christlichen Bibel, in: *Hossfeld, H.L.* (Hg.), Wieviel Systematik erlaubt die Schrift? Auf der Suche nach einer gesamtbliblischen Theologie (QD 185), Freiburg/Basel/Wien 2001, 150-191
Jenni, E., Art. מָתַי *mātaj* wann?, THAT I, 933-936
Jepsen, A., Art. אָמַן VI, אמת ämät, ThWAT I, 333-341
Jeremias, J., Das Lösegeld für Viele (Mk. 10,45), in: *Ders.*, Abba. Studien zur neutestamentlichen Theologie und Zeitgeschichte, Göttingen 1966, 216-229
Jeremias, J., Der Begriff „Baal" im Hoseabuch und seine Wirkungsgeschichte, in: *Ders.*, Hosea und Amos. Studien zu den Anfängen des Dodekapropheton (FAT 13), Tübingen 1996, 86-103
Jeremias, J., Die Reue Gottes. Aspekte alttestamentlicher Gottesvorstellung (BThSt 31), Neukirchen-Vluyn [2]1997
Jeremias, J., Neutestamentliche Theologie. Erster Teil: Die Verkündigung Jesu, Gütersloh 1971
Jervell, J., Die Apostelgeschichte (KEK III), Göttingen 1998
Johnson, B./Ringgren, H., Art. צדק sadaq, ThWAT VI, 898-923

Kaiser, O., Der Gott des Alten Testaments. Theologie des Alten Testaments 1: Grundlegung (UTB 1747), Göttingen 1993
Kaiser, O., Der Gott des Alten Testaments. Theologie des Alten Testaments 2: Jahwe, der Gott Israels, Schöpfer der Welt und des Menschen (UTB 2024), Göttingen 1998
Kaiser, O., Der Gott des Alten Testaments. Theologie des Alten Testaments 3: Jahwes Gerechtigkeit (UTB 2392), Göttingen 2003
Karrer, M., Der Brief an die Hebräer, Bd. I, Kapitel 1,1-5,10, Gütersloh 2002
Karrer, M., Jesus Christus im Neuen Testament (GNT Erg 11), Göttingen 1998
Käsemann, E., An die Römer (HNT 8,1), Tübingen 1973
Käsemann, E. (Hg.), Das Neue Testament als Kanon. Dokumentation und kritischen Analyse zur gegenwärtigen Diskussion, Göttingen 1970

Kedar-Kopfstein, B., Art. סָרִיס saris, ThWAT V, 948-954

Keel, O., Das Vergraben der „fremden Götter“ in Gen XXXV 4b, VT XXIII (1973), 395-336

Keel, O., Die Welt der orientalischen Bildsymbolik und das Alte Testament. Am Beispiel der Psalmen, Zürich/Einsiedeln/Köln/Neukirchen-Vluyn ^{4}1984

Keel, O., Jahwes Entgegnung an Ijob: eine Deutung von Ijob 38-41 vor dem Hintergrund der zeitgenössischen Bildkunst (FRLANT 121), Göttingen 1978

Keel, O., Religionsgeschichte Israels oder Theologie des Alten Testaments, in: *H.L. Hossfeld* (Hg.), Wieviel Systematik erlaubt die Schrift? Auf der Suche nach einer gesamtbliblischen Theologie (QD 185), Freiburg/Basel/Wien 2001, 88-109

Kittel, R., Die Psalmen. Übersetzt und erklärt (KAT 13), Leipzig $^{3-4}$1922

Klauck, H.J., Der zweite und dritte Johannesbrief (EKK 23/2), Zürich/Neukirchen-Vluyn 1992

Klein, H./Roloff, J., Art. Tod, I (AT), NBL III, 885-889

Klein, H., Art. Tod, ThBNT^{2} II, 1236-1246

Klein, H., Bewährung im Glauben. Studien zum Sondergut des Evangelisten Matthäus (BThSt 26), Neukirchen-Vluyn 1996*Klein, H.*, Das Lukasevangelium (KEK I/3), Göttingen 2005

Klein, H., Die Annahme der Andersartigen: Lk 6,36-46 im Verständnis des Lk und seiner Leser, in: *Bieringer, R.*, Luke and his readers, FS A. Denaux (BEThL 182), Leuven 2005, 131-149

Klein, H., Die Aufnahme Fremder in die Gemeinde des Alten und des neuen Bundes, ThB 12 (1981), 21-34

Klein, H., Die Christologie in der Kinheitsgeschichte des Matthäus am Beispiel von Mt 1,18-25, in: *Mrazek, J.* (Hg.), Testimony and Interpretation. Early Christology in Ist Judeo-Hellenistic Millieu, FS P. Pokorny (JSNT SS 272), London/New York 2004, 159-170

Klein, H., Leben – neues Leben. Möglichkeiten und Grenzen einer Gesamtbiblischen Theologie des Alten und Neuen Testaments, in: *Merk, O./Bovon, F.* (Hg.), Schriftauslegung als theologische Aufklärung. Aspekte gegenwärtiger Fragestellungen in der neutestamentlichen Wissenschaft, Gütersloh 1984, 76-93

Klein, H., Leben neu entdecken. Entwurf einer biblischen Theologie, Calwer Taschenbibliothek 23, Stuttgart 1991

Klein, H., Lukasstudien (FRLANT 209), Göttingen 2005

Klein, H., Natur und Recht. Israels Umgang mit dem Hochzeitsbrauchtum seiner Umwelt, ThZ 37 (1981), 3-18

Klein, M., „Ein vollkommenes Werk“ Vollkommenheit, Gesetz und Gericht als theologische Themen des Jakobusbriefes (BWANT 139), Stuttgart 1995

Klein, R., Leseprozess als Bedeutungswandel. Eine rezeptionsästhetisch orientierte Erzähltextanalyse der Jakobserzählungen im Buch Genesis (ABG 11), Leipzig 2002

Koch, D.-A., Crossing the Border: The „Hellenists“ and their Way to the Gentiles, Neotestamentica 9 (2005), 289-312

Koch, K., Art. צדק *ṣdq* gemeinschaftstreu, heilvoll sein, THAT II, 507-530

Köckert, M., Elia. Literarische und religionsgeschichtliche Probleme in 1Kön 17-18, in: *Oeming, M.*, Der eine Gott und die Götter. Polytheismus und Monotheismus im antiken Israel (AThANT 82) Zürich 2003, 111-144

Köckert, M., Leben in Gottes Gegenwart. Zum Verständnis des Gesetzes in der priesterschriftlichen Literatur, JBTh 4 (1989), 29-61

Köhler, L., Theologie des Alten Testaments, Tübingen ³1953

Kooten, G.H. van, Cosmic christology in Paul and the Pauline School. Colossians and Ephesians in the context of Graeco-Roman cosmology, with a new synopsis of the Greek texts (WUNT 2/171), Tübingen 2003

Kratz, R., Die Komposition der erzählenden Bücher des Alten Testaments Grundwissen der Bibelkritik (UTB 2157), Göttingen 2000

Kraus, H.J., Die biblische Theologie. Ihre Geschichte und Problematik, Neukirchen-Vluyn 1970

Kraus, H.J., Psalmen I (Ps 1-80) (BK 15/1), Neukirchen-Vluyn ³1966

Kraus, H.J., Psalmen II (Ps 60-150) (BK 15/2), Neukirchen-Vluyn ⁶1989

Kraus, W., Zwischen Jerusalem und Antiochia. Die „Hellenisten“, Paulus und die Aufnahme der Heiden in das endzeitliche Gottesvolk (SBS 179), Stuttgart 1999

Krawczack, P., „Es gibt einen Gott, der Richter ist auf Erden“ (Ps 58,12b). Ein exegetischer Beitrag zum Verständnis von Psalm 58 (BBB 132), Berlin/Wien 2001

Krieg, M., Todesbilder im Alten Testament oder: „Wie die Alten den Tod gebildet“ (AThANT 73), Zürich 1988

Kuhn, K. G., Art. προσήλυτος, ThWNT VI, 727-745

Kümmel, W.G., Das Neue Testament. Geschichte der Erforschung seiner Probleme (OA III/3), München ²1970

Landmesser, C., Wahrheit/Wahrhaftigkeit, II (NT), TRE 35, 340-345

Lang, B., Die Jahwe-allein-Bewegung, in: *Lang, B.* (Hg.), Der einzige Gott. Die Geburt des biblischen Monotheismus, München 1981

Lang, B., Die Jahwe-allein-Bewegung. Neue Erwägungen über die Anfänge des biblischen Monotheismus, in: *Oeming, M./Schmid, K. (Hg.)*, Der eine Gott und die Götter. Polytheismus und Monotheismus im antiken Israel (AThANT 82) Zürich 2003, 97-110

Leeuwen, C. van, עֵד *‘ēd* Zeuge, THAT II, 209-221

Leuenberger, M., Konzeptionen des Königtums Gottes im Psalter. Untersuchungen zur Komposition und Redaktion der theokratischen Bücher IV-V im Psalter (AThANT 83), Zürich 2004

Limbeck, M., Vom rechten Gebrauch des Gesetzes, JBTh 4 (1989), 151-169

Lindemann, A., Der erste Korintherbrief (HNT 9/I), Tübingen 2000

Link, H.G., Art. Wahrheit, ThBLNT^2 II, 1834-1844

Lipinski, E., Art. קָנָה, ThWAT VII, 63-71

Lipinski, E., Art. סְגֻלָּה, ThWAT V, 749-752

Lohfink, N., Beobachtungen zur Geschichte des Ausdrucks עַם יְהוָה, in: *Ders.*, Studien zur biblischen Theologie (SBA 16), Stuttgart 1993, 99-132

Lohfink, N., Kennt das Alte Testament einen Unterschied von „Gebot“ und „Gesetz“? Zur bibeltheologischen Einstufung des Dekalogs, JBTh 4 (1989), 63-89

Lohfink, N., Unsere großen Wörter. Das Alte Testament zu Themen dieser Jahre, Freiburg/Basel/Wien 1977

Lohfink, N., Zur Geschichte und Diskussion über den Monotheismus in Israel, in: *Haag, E.* (Hg.), Gott, der einzige. Zur Entstehung des Monotheismus in Israel (QD 104), Freiburg 1985, 9-25

Lohse, E., Der Brief an die Römer (KEK IV), Göttingen 2003

Lohse, E., Die Briefe an die Kolosser und an Philemon, (KEK IX/2), Göttingen 1968

Lüdemann, G., Art. συνείδησις, EWNT III, 721-725

Luz, U., Das Evangelium nach Matthäus (EKK I/1), Zürich ^{5}2002; (I/2), Zürich 1990; (1/3) Zürich 1997; (I/4) Zürich 2002

Luz, U., Thesen zur Christologie des Matthäus, in: *Breytenbach, C./Paulsen, H.* (Hg.), Anfänge der Christologie, FS F. Hahn, Göttingen 1991, 221-235

Marinkowič, P., „Geh in Frieden“ (2Kön 5,19) Sonderformen legitimer JHWHverehrung durch ‚Heiden‘ in ‚heidnischer’ Mitwelt, in: *Feldmeier, R.*, Die Heiden. Juden, Christen und das Problem der Fremden (WUNT 70), Tübingen 1994, 3-21

Merk, O., Art. Bibelwissenschaft II (NT), TRE 6, 375-409

Merk, O., Art. Biblische Theologie II (NT), TRE 6, 455-477

Merk, O., Biblische Theologie des Neuen Testaments in ihrer Anfangszeit. Ihre methodischen Probleme bei Johann Philipp Gabler und Georg Lorenz Bauer und deren Nachwirkungen, Marburger theologische Studien 9, Marburg 1972

Merk, O., Theologie des Neuen Testaments und Biblische Theologie, in: *Ders.*, Wissenschaftsgeschichte und Exegese. Gesammelte Aufsätze zum 65. Geburtstag (BZNW 95), Berlin 1998

Meyer, R., Art. περιτέμνω, ThWNT VI, 72-83

Meyer-Benfey, H., Die Religion des Aischylos, in: *Ders.*, Welt der Dichtung. Dichter der Welt. Adel der Menschwerdung, Hamburg/Wandsbek 1962, 58-70

Müller, H. P., Art. קָהָל *qāhāl* Versammlung, THAT II, 609-619

Müller, P., Gottes Kinder. Zur Metaphorik der Gotteskindschaft im neuen Testament, JBTh 17 (2002), 141-161

Neitzel, H., Eine alte crux interpretum im Jakobusbrief 2,18, ZNW 73 (1982), 286-293

Neumann-Gorsolke, U., Mit Ehre und Hoheit hast du ihn gekrönt (Ps 8,6b). Alttestamentliche Aspekte zum Thema Menschenwürde, JBTh 15 (2000), 39-65

Niederwimmer, K., Theologie des Neuen Testaments. Ein Grundriß, Wien 2004

Nielsen, E., Deuteronomium (HAT I/6), Tübingen 1995

Noth, M., Überlieferungsgeschichtliche Studien. Die sammelnden und bearbeitenden Geschichtswerke im Alten Testament, Tübingen ^{3}1967

Oeming, M., Gesamtbiblische Theologien der Gegenwart. Das Verhältnis von AT und NT in der hermeneutischen Diskussion seit Gerhard von Rad, Stuttgart/Berlin/Köln/Mainz 1985

Oeming, M., Verstehen und Glauben. Exegetische Bausteine zu einer Theologie des Alten Testaments (BBB 142), Berlin 2003

Oepke, A., Art. γυνή, ThWNT I, 776-790

Otto, E., Theologische Ethik des Alten Testaments (ThW 3,2), Stuttgart/Berlin/Köln 1994

Perlitt, L., Bundestheologie im Alten Testament (WMANT 36), Neukirchen 1969

Pfeiffer, H., der Baum in der Mitte des Gartens. Zum überlieferungsgeschichtlichen Ursprung der Paradieserzählung (Gen 2,4b-3,24). Teil 2: Prägende Traditionen und theologische Akzente, ZAW 113 (2001), 2-16

Pola, T., Was ist „Leben" im Alten Testament, ZAW 116 (2004), 251-252

Popkes, W., Der Brief des Jakobus (ThHK 14), Leipzig 2001

Preuß, H. D., Theologie des Alten Testaments I, Jahwes erwählendes und verpflichtendes Handeln, Stuttgart/Berlin/Köln 1991

Preuß, H. D., Theologie des Alten Testaments II, Israels Weg mit Jahwe, Stuttgart/Berlin/Köln 1991

Rad, G. von, Das fünfte Buch Mose. Deuteronomium (ATD 8), Göttingen ^{2}1968

Rad, G. von, Theologie des Alten Testaments Bd. I. Die Theologie der geschichtlichen Überlieferungen Israels, München ^{2}1958

Rad, G. von., Theologie des Alten Testaments Bd II. Die Theologie der prophetischen Überlieferungen Israels, München ^{4}1965

Radl, W., Das Evangelium nach Lukas. Kommentar. Erster Teil: 1,1-9,50, Freiburg/Basel/Wien 2003

Räisänen, H., Neutestamentliche Theologie? Eine religionswissenschaftliche Alternative (SBS 186), Stuttgart 2000

Reicke, B., Art. Gerechtigkeit, BHH I, 548f

Rendtorff, R., Die Bundesformel. Eine exegetisch-theologische Untersuchung (SBS 160), Stuttgart 1995

Reventlow, H. Graf, Hauptprobleme der Biblischen Theologie im 20. Jahrhundert, Erträge der Forschung 203, Darmstadt 1983

Roloff, J., Art. ἐκκλησία, EWNT I, 998-1011

Roloff, J., Die Apostelgeschichte (NTD 5), Göttingen [17]1981

Roloff, J., Die Kirche im Neuen Testament (GNT 10), Göttingen 1993

Rüger, H-P., Μαμωνας, ZNW 64 (1973), 127-131

Ruszkowski, L., Volk und Gemeinde im Wandel. Eine Untersuchung zu Jesaja 56-66 (FRLANT 191), Göttingen 2000

Sauer, G., Jesus Sirach - Ben Sira (ATD Apokryphen 1), Göttingen 2000

Sauer, G., Art. אַף *'af* Zorn, THAT I, 220-224

Schabert, J., Der Mensch als Ebenbild Gottes in der neueren Auslegung von Gen 1,26, in: *Baier, W.* (Hg.), Weisheit Gottes – Weisheit der Welt I, FS Kardinal Ratzinger, St. Ottilien 1987, 241-258

Schabert, J., Formgeschichte und Exegese von Ex 34,6f und seiner Parallelen, Bib. 38 (1957), 130-150

Schlatter, A., Der Glaube im Neuen Testament, Stuttgart [5]1963

Schlier, H., Biblische und dogmatische Theologie, in: *Strecker, G.*, Das Problem der Theologie des Neuen Testaments (WdF 367), Darmstadt 1975, 426-437

Schmid, H.H., Gerechtigkeit als Weltordnung. Hintergrund und Geschichte des alttestamentlichen Gerchtigkeitsbegriffes, Tübingen 1968

Schmid, K., Die Unteilbarkeit der Weisheit. Überlegungen zur sogenannten Paradieserzählung Gen 2f. und ihrer theologischen Tendenz, ZAW 114 (2002), 21-39

Schmidt, W.H., Die Schöpfungsgeschichte der Priesterschrift. Zur Überlieferungsgeschichte von Genesis 1,1-2,4a und 2,4b-3,24 (WMANT 17), Neukirchen-Vluyn [3]1973

Schmidt, W.H., Werk Gottes und Tun des Menschen: Ansätze zur Unterscheidung von „Gesetz und Evangelium“ im Alten Testament, JBTh 4 (1989), 11-28

Schmithals, W., Theologiegeschichte des Urchristentums. Eine problemgeschichtliche Darstellung, Stuttgart/Berlin/Köln 1994

Schmitt, H.-C., ‚Reue Gottes‘ im Joelbuch und in Exodus 32-34, in: *Hartenstein, F.* (Hg.), Schriftprophetie, FS J. Jeremias, Neukirchen-Vluyn 2004, 297-305

Schnackenburg, R., Das Johannesevangelium 1.Teil. Einleitung und Kommentar zu Kap. 1-4 (HThK IV/1), Freiburg/Basel/Wien [4]1979

Schnackenburg, R., Der Brief an die Epheser (EKK X), Zürich/Einsideln/Köln/Neukirchen-Vluyn 1982

Schnackenburg, R., Die Person Jesu Christi im Spiegel der vier Evangelien (HThK S. 4), Freiburg/Basel/Wien 1993

Schnelle, U., Das Evangelium nach Johannes (ThHK 4), Leipzig ³2003
Schottroff, W., Art. ידע *jd‘* erkennen, THAT I, 682-701
Schrage, W., Der erste Brief an die Korinther I (1Kor 1,1-6,11), (EKK VII/1), Zürich 1991
Schrage W., „Ekklesia“ und „Synagoge“. Zum Ursprung des urchristlichen Kirchenbegriffs, ZThK 60 (1963), 178-202
Schrage, W., Kreuzestheologie und Ethik im Neuen Testament. Gesammelte Studien (FRLANT 205), Göttingen 2004
Schrage, W., Vorsehung Gottes? Zur Rede von der Providentia Dei in der Antike und im Neuen Testament, Neukirchen-Vluyn 2005
Schreiner, J., Der eine Gott Israels – das Heil aller?, in: *Zenger, E. (Hg.)*, Der eine Gott Uisraels (Gesammelte Schriften zur Entstehung und Theologie des Alten Testaments/Josef Schreiner III), Würzburg 1997, 11-29
Schreiner, J., Theologie des Alten Testaments (NEB Erg. 1), Würzburg 1995
Schreiner, S., Gesalbter und König. Titel und Konzeptionen der königlichen Gesalbtenerwartung in frühjüdischen und urchristlichen Schriften (BZNW 105), Berlin/New York 2000
Schüngel-Straumann, H., Die Frage der Gottebenbildlichkeit der Frauen, in: *Oeming, M.* (Hg.), Theologie des Alten Testaments aus der Perspektive von Frauen (BVB 1), Münster 2003, 63-76
Schweizer, E., Art. σῶμα, ThWNT VII, 1024-1091
Schweizer, E./Meyer, R., Art. σάρξ, ThWNT VII, 96-151
Schweizer, E., Erniedrigung und Erhöhung bei Jesus und seinen Nachfolgern (AThANT 28), Zürich 1955
Schweizer, E., Art. υἱός, ThWNT VIII, 334-395
Scoralick, R., Gottes Güte und Gottes Zorn. Die Gottesprädikationen in Ex 34,6f und ihre intertextuellen Beziehungen zum Zwölfprophetenbuch (HBS 33), Freiburg/Basel/Wien/Barcelona/Rom/New York 2002
Seebaß, H., Art. נֶפֶשׁ – *næfæš*, ThWAT V, 531-555
Seebaß, H., Genesis II, Vätergeschichten I (11,27-22,24), Neukirchen-Vluyn 1997
Seebaß, H., Genesis II. Vätergeschichte II (23,1-36,43), Neukirchen-Vluyn 1999
Seeberg, A., Der Katechismus der Urchristenheit (TB 26), München 1966
Seybold, K., Art. Erwählung, II (AT), RGG⁴ II, 1478-1481
Seybold, K., Die Psalmen (HAT I/15), Tübingen 1996
Seybold, K., Die Wallfahrtspsalmen. Studien zur Entstehungsgeschichte von Psalm 120-134 (BThST 3), Neukirchen-Vluyn 1978
Smend, R., Die Entstehung des Alten Testaments (ThW 1), Stuttgart/Berlin/Köln/Mainz 1978
Smend, R., Lehrbuch der alttestamentlichen Religionsgeschichte, Freiburg 1893

Smend, R./Luz, U., Gesetz (Bibl. Konfr. 1015), Stuttgart 1981
Soden, H. Frh. von, Sakrament und Ethik bei Paulus, in: *Rengstorf, K. H.* (Hg.), Das Paulusbild in der neueren deutschen Forschung (WdF XXIV), Darmstadt 1964, 338-379
Söding, T., Davidssohn und Gottessohn. Zur paulinischen Christologie von Röm 1,3f, in: *Dobbeler, A. von* u.a., Religionsgeschichte des Neuen Testaments, FS K. Berger, Tübingen/Basel 2000, 325-356
Söding, T., Die Wahrheit des Evangeliums. Anmerkungen zur johanneischen Hermeneutik, EThL 77 (2001), 318-355
Söding, T., Einheit der Heiligen Schrift? Zur Theologie des biblischen Kanons (QD 211), Freiburg/Basel/Wien 2005
Spieckermann, H., Heilsgegenwart (FRLANT 148), Göttingen 1989
Stählin, G., Art. ἀποκόπτω, ThWNT III, 851-855
Stählin, G., Art. φιλός, ThWNT IX, 151-169
Stegemann, H., Die Essener, Qumran, Johannes der Täufer und Jesus. Ein Sachbuch, Freiburg/Basel/Wien ^{2}1993
Steins, G., Art. שַׁדַּי I – šaddaj, ThWAT VII, 1083-1104
Stolz, F., Einführung in den biblischen Monotheismus, Darmstadt 1996
Strecker, G., Das Problem der Theologie des Neuen Testaments (WdF 367), Darmstadt 1975
Strecker, G., Der Weg der Gerechtigkeit. Untersuchung zur Theologie des Matthäus (FRLANT 82), Göttingen 1962
Strecker, G., Theologie des Neuen Testaments, Berlin/New York 1996
Stuhlmacher, P., Biblische Theologie des Neuen Testaments I. Grundlegung: von Jesus zu Paulus, Göttingen 1997
Stuhlmacher, P., Der Brief an die Römer (NTD 6), Göttingen 1989
Stuhlmacher, P., Der Brief an Philemon (EKK 18), Zürich/Einsiedeln/Köln/Neukirchen-Vluyn 1975
Stuhlmacher, P., Klage und Dank. Exegetische und liturgische Überlegungen zu Römer 7, JBTh 16 (2001), 55-72
Stuhlmacher, P., Wie betreibt man Biblische Theologie?, BThS 24, Neukirchen-Vluyn 1995

Tanner, K., Art. Gesetz, Wörterbuch des Christentums, Zürich 1988, 410-411
Theissen, G./Merz, A., Der historische Jesus. Ein Lehrbuch, Göttingen 1996
Theißen, G., Die Religion der ersten Christen. Eine Theorie des Urchristentums, Gütersloh 2000
Theißen, G., Jesus als Gewalttäter (Mt 11,12f; Lk 16,6). Der Stürmerspruch als Selbststigmatisierung einer Minorität, in: *Jervell, J./Hellholm, D.*, Mighty minorities? Minorities in early Christianity - Positions and Strategies (Studia theologica 49,1), FS J. Jervell, Oslo u.a. 1995, 183-200

Thrall, M.E., A critical and exegetical commentary on the Second Epistle to the Corinthians I. Introduction and commentary on II Corinthians I - VII (ICC), Edinburgh 1994

Thüsing, W., Die neutestamentlichen Theologien und Jesus Christus. Grundlegung einer Theologie des Neuen Testaments. I: Kriterien aufgrund der Rückfrage nach Jesus und des Glaubens an seine Auferweckung, Düsseldorf 1981

Thüsing, W., Die neutestamentlichen Theologien und Jesus Christus. Grundlegung der Theologie des Neuen Testaments. II: Programm einer Theologie des Neuen Testaments mit Perspektiven für eine Biblische Theologie, Münster 1998

Thüsing, W., Die neutestamentlichen Theologien und Jesus Christus. Grundlegung der Theologie des Neuen Testaments. III: Einzigkeit Gottes und Jesus-Christus-Ereignis, Münster 1999

Vanoni, G., „Du bist doch unser Vater" (Jes 63,16). Zur Gottesvorstellung des Ersten Testaments (SBS 159), Stuttgart 1995

Vatke, W., Die biblische Theologie Wissenschaftlich dargestellt. Die Religion des alten Testaments nach den kanonischen Büchern entwickelt, Berlin 1835

Vaux, R. de, Das Alte Testament und seine Lebensordnungen II, Freiburg/Basel/Wien [2]1966

Veijola, T., Das 5. Buch Mose, Deuteronomium. Kapitel 1,1-16,17 (ATD 8.1), Göttingen 2004

Veijola, T., Verheißung in der Krise. Studien zur Literatur und Theologie der Exilzeit anhand des 89. Psalms (AASF B/220), Helsinki 1982

Vielhauer, P., Geschichte der urchristlichen Literatur. Einleitung in das Neue Testament, die Apokryphen und die Apostolischen Väter, Belin/New York 1975

Vögtle, A., Der Judasbrief. Der zweite Petrusbrief (EKK XXII), Solothurn 1994

Wehnert, J., Die Reinheit des „christlichen Gottesvolkes" aus Juden und Heiden. Studien zum historischen und theologischen Hintergrund des sogenannten Aposteldekretes (FRLANT 173), Göttingen 1997, 245-255

Weinel, H., Biblische Theologie des Neuen Testaments. Die Religion Jesu und des Urchristentums, GThW 3,2, Tübingen 1911

Weippert, M., Tier und Mensch in einer menschenarmen Welt. Zum sog. dominium terrae in Genesis 1, in: *Mathys, H.-P.* (Hg.), Ebenbild Gottes – Herrscher über die Welt, Neukirchen-Vluyn 1998, 35-55

Weiß, B., Lehrbuch der Biblischen Theologie des Neuen Testaments, Berlin 1868/[5]1888

Weiß, H.-F., Der Brief an die Hebräer (KEK XIII), Göttingen [15]1991

Wengst, K., Bedrängte Gemeinde und verherrlichter Christus. Der historisch Ort des Johannesevangeliums als Schlüssel zu seiner Interpretation (BThS 5), Neukirchen-Vluyn 1981

Westermann, C., Das Buch Jesaja. Kapitel 40-66 (ATD 19), Göttingen ²1970

Westermann, C., Das Loben Gottes in den Psalmen, Göttingen ⁴1968

Westermann, C., Der Aufbau des Buches Hiob. Mit einer Einführung in die neuere Hiobforschung v. Jürgen Kegler (CThM A/6), Stuttgart ²1977

Westermann, C., Forschung am AT, Gesammelte Studien (TB 24), München 1964

Westermann, C., Genesis I: 1-11 (BK I/1), Neukirchen-Vluyn 1974

Westermann, C., Genesis II: 12-36 (BK I/2), Neukirchen-Vluyn 1981

Westermann, C., Theologie des Alten Testaments in Grundzügen (GAT 6), Göttingen 1978

Wilckens, U., Das Evangelium nach Johannes (NTD 4), Göttingen 1998

Wilckens, U., Theologie des Neuen Testaments I: Geschichte der urchristlichen Theologie. Teilbd. 1: Geschichte des Wirkens Jesu in Galiläa, Neukirchen-Vluyn 2002

Wilckens, U., Theologie des Neuen Testaments I: Geschichte der urchristlichen Theologie. Teilbd. 2: Jesu Tod und Auferstehung und die Entstehung der Kirche aus Juden und Heiden, Neukirchen-Vluyn 2003

Wilckens, U., Theologie des Neuen Testaments I: Geschichte der urchristlichen Theologie. Teilbd. 3: Die Briefe des Urchristentums: Paulus und seine Schüler, Theologen aus dem Bereich judenchristlicher Heidenmission, Neukirchen-Vluyn 2005

Wildberger, H., Art. אמן *'mn* fest, sicher, THAT I, 177-209

Wolff, C., Der erste Brief des Paulus an die Korinther (ThHK 7), Berlin 1996

Wolff, H.W., Anthropologie des Alten Testaments, Gütersloh ⁷2002

Wrede, W., Über Aufgabe und Methode der sogenannten Neutestamentlichen Theologie, Göttingen 1897, in: *Strecker, G.* (Hg.), Das Problem der Theologie des Neuen Testaments (WdF 367), Darmstadt 1975, 81-54

Zenger, E., Einleitung in das Alte Testament, Stuttgart/Berlin/Wien ³1995

Zimmermann, M. u. R., „Heilige Hochzeit" der Gottessöhne und Menschentöchter? Spuren des Mythos in Gen 6,1-4, ZAW 111 (1999), 327-352

Bibelstellen (Auswahl)

BAHAR YILMAZ
PASCAL VOGGENHUBER

YOGA SIDDHIS

Der geheime Weg zu Sensitivität und Medialität

WILHELM HEYNE VERLAG
MÜNCHEN

FSC
www.fsc.org
MIX
Papier aus verantwortungsvollen Quellen
FSC® C014496

Verlagsgruppe Random House FSC® N001967
Das für dieses Buch verwendete
FSC®-zertifizierte Papier *Holmen Book Cream*
liefert Holmen Paper, Hallstavik, Schweden.

Taschenbucherstausgabe 06/2015

Umschlaggestaltung: Guter Punkt, München, unter Verwendung
von Motiven von © My Good Images/shutterstock
Redaktion: Dr. Diane Zilliges
Illustrationen: te•ha grafik, draenn@gmail.com
Herstellung: Helga Schörnig
Satz: Leingärtner, Nabburg
Druck und Bindung: GGP Media GmbH, Pößneck
ISBN 978-3-453-70280-6

www.heyne.de

Inhalt

Anleitung zum Buch

Liebe Leserin, lieber Leser, vielleicht ist dies das erste Yoga-Buch, das du in deinen Händen hältst, und möglicherweise hast du Yoga bis zum heutigen Tag weder körperlich noch geistig erfahren. Es kann jedoch sein, dass du schon in mit Menschen überfüllten Räumen mit Yoga zum Schwitzen gekommen bist oder durch die Yoga-Meditation innere Erlebnisse und Begegnungen mit dir selbst hattest. Ich möchte dich dazu ermutigen, voller Zuversicht und Vertrauen zu dir selbst die Übungen aus diesem Buch umzusetzen. Sie sind, egal ob du yogaerfahren bist oder nicht, für jeden Menschen ausführbar und haben einen unmittelbaren Effekt auf dein Wohlbefinden und nicht zuletzt auch auf deine über die »normalen« Sinne hinausreichende Wahrnehmung. Übernatürliche Kräfte, die sogenannten Siddhis, stecken in jedem Einzelnen von uns. Zu ihrer Entdeckung und Erweckung müssen wir sie nur wie einen Muskel, den wir lange Zeit vernachlässigt haben, trainieren und wieder einsetzen.

Auch wenn du bereits auf dem Weg des Yoga bist, wirst du in diesem Buch viel Neues für dich und deine spirituelle Praxis, den Sadhana, entdecken und dein Yoga vertiefen und intensivieren können. Yoga kann mindestens so spannend, packend und erlebnisreich sein wie das Leben selbst. Du wirst staunen, welch unerwartete Dinge auf dich zukommen werden und wie sich dein Leben verändert. Ich freue mich, dass wir uns gefunden haben, und noch mehr darüber, dass ich dir dabei helfen kann, Yoga für dich zu entdecken. Denn: Hast du Yoga einmal kennengelernt, wird dein Leben nie wieder das gleiche sein wie vorher! Yoga verändert deine Wahrnehmung, deinen Geist, deinen Körper – Yoga verändert dich.

Ich bitte dafür um Verständnis, dass ich der besseren Lesbarkeit halber darauf verzichtet habe, bei allen Angaben immer die weibliche und die männliche Form zu verwenden, sondern mich auf die übliche männliche Schreibweise beschränkt habe.

Bahar Yilmaz

Vorwort von Pascal Voggenhuber

Ich möchte zu Beginn dieses Buch berichten, wie es überhaupt dazu kam. Zuerst muss ich dabei ein bisschen über mich und Bahar erzählen, damit man das Zustandekommen besser versteht. Ich arbeite als *Psychic Medium.* Ein Medium ist ein Mensch, der Kontakt zu Verstorbenen und Geistführern herstellen kann. Seit meiner frühen Kindheit habe ich sensitive Fähigkeiten, ich sah von klein auf die Aura, das Energiefeld von Menschen und konnte mit Verstorbenen kommunizieren. Heute übe ich solche Fähigkeiten, die ich in Ausbildungen verfeinerte und vertiefte, beruflich aus.

Jeder, der mich länger kennt, weiß, dass ich persönlich nicht so viel mit Yoga anfangen konnte und lieber Bahar zuschaute, als dass ich es selbst praktizierte. Für mich war Yoga nichts anderes als eine Art von Sport, der auch noch extrem schwierig aussieht. Es gab bei uns zu Hause ein Yoga-Zimmer, in dem Bahar täglich für sich praktizierte, und es kam oft vor, dass ich mal reinschaute, um sie etwas zu fragen. Doch meistens musste ich zuerst ihren Kopf suchen unter all den Knoten, die ihr Körper gerade machte. Anfangs war ich manchmal richtig geschockt und fühlte mich darin bestätigt, dass Yoga nur gefährlich und ungesund sein könnte. Heute weiß ich, dass Asanas, die Körperübungen, nicht das ganze Yoga ausmachen. Yoga ist viel mehr als nur diese Körperpositionen, doch damals war mein Bild vom Yoga eben anders.

Bahar und ich haben in der Schweiz mittlerweile ein spirituelles Center aufgebaut, in dem wir beide unterrichtet haben, Bahar hauptsächlich im Bereich Meditation, Pranayama, Trance Healing und Yoga und ich in den Bereichen Sensitivität, Medialität, Meditation und Psychic Spine Alignment nach Pascal Voggenhuber®.

Doch wie kam es nun zu diesem Buch? Ich bilde bei uns im Center auch sensitive und mediale Berater aus, und eines Tages kam Bahar zu mir und fragte, ob sie an der Ausbildung teilnehmen könnte. Schon sehr bald fiel mir auf, dass Bahar die Übungen, die wir machten, um die Hellsinne und außersinnlichen Fähigkeiten zu trainieren, viel schneller beherrschte und vor allem viel klarere und bessere Resultate erzielte als etliche Schüler, die schon relativ lange bei mir in der Ausbildung waren. Zuerst dachte ich, es liegt wohl an meiner rosaroten Verliebtheitsbrille, doch sehr bald stellte ich fest, dass dies nicht der Fall war. Das Ganze gab mir ein Rätsel auf und ich studierte die Aura von Bahar. Dabei fiel mir auf, dass die Stellen, die für die sensitiven bzw. medialen Fähigkeiten stehen, bei ihr sehr ausgeprägt waren. Doch ich brachte das noch nicht in Zusammenhang mit dem Yoga. Später stellte ich allerdings immer wieder fest, dass Bahars Yoga-Schülerinnen oder

-Schüler in meinen Ausbildungen oder in Seminaren meist ebenfalls diese deutlich überdurchschnittlichen Fähigkeiten besaßen.

So blieb es nicht aus, dass ich einen Zusammenhang zum Yoga herstellen musste. Als ich Bahar darauf ansprach, reagierte sie so, als wäre dies das Natürlichste der Welt: Alle großen Yoga-Meister hatten übersinnliche Fähigkeiten, und bei vielen waren sie durch Yoga hervorgerufen worden, wie sie mir versicherte. Jetzt kamen mir plötzlich viele Geschichten von Yoga-Meistern und ihren besonderen Fähigkeiten in den Sinn. Mein Interesse an Yoga war geweckt. Ich begann, Bahar beim Praktizieren zu beobachten. Ich schaute, was mit ihrer Energie und ihrer Aura passierte und wie sich diese während des Übens veränderten. Was ich wahrnahm, war unglaublich: Es gab Übungen, die klar zeigten, dass man damit die übersinnlichen Fähigkeiten regelrecht trainieren kann. Für mich als Hellsichtigen war es überaus spannend zu erfassen, welche Wirkungen gewisse Yoga-Übungen auf das Energiefeld hatten. Yoga faszinierte mich immer mehr.

Nach stundenlangen Beobachtungen und Besprechungen entstand die Idee für dieses Buch. Ich fragte Bahar, ob es möglich sei, Übungen speziell für Yoga-Siddhis zu entwickeln. Sie bejahte, und so begann unsere Zusammenarbeit. Bahar steuerte ihr unglaubliches Wissen über Yoga bei, und ich beobachtete mit meinen Hellsinnen, was genau bei den Übungen passierte. Sie stellte so achtzehn Übungen zusammen, die dazu dienen, die Yoga-Siddhis zu erwecken. Bahar fasste das

Ganze zu einem Buch zusammen, zu dem ich neben diesem Vorwort zwei Kapitel beisteuern konnte (»Die Entwicklung der Hellsinne« und »Die Geistige Welt und ihre Bewohner«).

Heute hältst du dieses Buch nun in der Hand. Wir hoffen, dass es dich auf deinem Weg begleiten kann. Bahar hat insbesondere darauf geachtet, dass jeder diese Übungen praktizieren kann, gleich wie alt oder wie sportlich er ist. Sogar ich kann diese Übungen ohne Probleme machen, und das will etwas heißen.

Uns war von Anfang an bewusst, dass Yoga-Siddhis ein »heißes Thema« sind und wir in der Yoga-Szene vielleicht auf Widerstand, ja sogar auf Ablehnung stoßen. Doch alle wahren Yogis, alle wahren Yoginis, die sich Zeit für das Buch nehmen und eventuell sogar die alten Quellen studieren, werden sehen, dass Vorurteile fehl am Platz wären. Denn Yoga-Siddhis werden genau so oft falsch verstanden und missbraucht wie das Wort Liebe – und doch stellen sie einen Kern von Yoga dar! Daher wünsche ich dir, dass du dir diesen Kern erschließen kannst.

Yoga und Übersinnliches

In unserer Welt ist es selbstverständlich, dass der Mensch einzig und allein mithilfe der fünf Sinnesorgane Informationen aus seiner Umwelt aufnimmt und so mit ihr in Kontakt tritt. Dies ist unsere gewöhnliche Wahrnehmung des weltlichen Geschehens, und diese bestimmt nicht nur die empfundene Beschaffenheit der Dinge, sondern auch das Gefühl für die eigene Person. Erfahrungen, Eindrücke, Prägungen sowie Denk- und Verhaltensmuster verfärben immerzu das Wahrgenommene, die Dinge verlieren dabei ihre wirkliche Erscheinung, ihr wahres »Sein«. Das, was sich als letztendliche Information in uns verfestigt, ist nur ein Abbild des scheinbaren Seins. Der Mensch beginnt, auch sich selbst in Relation zu seinen Gedanken, Gefühlen und Erfahrungen zu sehen, und vergisst mit der Zeit das wahre Wesen seines Selbst. Gleichzeitig baut er eine immer dickere Mauer um sich her auf, die ihn nicht nur gefühlsmäßig, sondern auch energetisch von seiner Umwelt und dem Kosmos trennt. Dabei bräuchte er nur kurz innezuhalten, die Augen zu schließen und zu spüren, dass er weitaus mehr ist als eine Ansammlung von Knochen und Fleisch.

Die Quantenphysik spricht längst davon, dass alles miteinander verkettet ist und es keine Entität von einem »Ich« oder einem Individuum gibt. Dieser Gedanke rüttelt stark an unserem Welt- und Menschenbild, das von Egoismus, Eigennutzgedanken und Isolation geprägt ist. Wie viele Menschen gibt es, die sich selbst in einem Kind oder einem Bettler erkennen können und mit der Welt wahrhaft mitfühlen? Genau dies ist die Herausforderung, die das Yoga uns stellt: Wir sollten beginnen, in erster Linie uns selbst zu spüren und zu sehen und im nächsten Schritt in jedem Augenpaar, in das wir blicken, uns selbst zu erkennen. Tatsächlich ist es so, dass man selbst in den Augen eines Gegenübers gespiegelt wird. Jedoch bedarf es dazu Mut, jemandem wirklich in die Augen zu blicken. Ein Kernansatz der Yoga-Philosophie beinhaltet das Wissen, dass Mensch und Kosmos den gleichen Aufbau haben und aus den fünf Elementen Erde, Wasser, Luft, Feuer und Äther bestehen. So erhält der Ausspruch »Wie innen so auch außen« eine besondere Bedeutung.

Der gewöhnliche Mensch ist einem verzerrten Bild von seiner Umgebung ausgesetzt. Im Yoga wird dieses scheinhafte Sein als Maya bezeichnet. Im hinduistischen Pantheon ist Maya die Göttin der Illusion und Zauberei. Sie war es, die das Universum erschuf und die Dinge sich manifestieren ließ. Auch ist es Maya, die beispielsweise dem Wasser die Eigenschaften nass und unfassbar verleiht. Ohne sie wären jegliche Dinge eigenschaftslos. Oft wird sie mit einem Spinnennetz oder einem Schleier dargestellt, beides sind symbolhaft ihre Werkzeuge, mit denen sie den Menschen in ihren Bann zieht. Maya hindert den Menschen daran, sich selbst in seiner rein göttlichen Form *(atman)* und somit auch in seinem Eins-Sein mit dem Göttlichen *(brahman)* zu sehen. Das bedeutet, dass Maya besiegt werden muss, wenn wir die Befreiung von mentalen Verstrickungen *(moksha)* erlangen wollen. Wie kommt man aber nun dahin, jenseits vom Denken und von den eigenen Prägungen klar und unbefleckt wahrzunehmen? Oder besser gesagt: Wie schafft es die Yogini oder der Yogi, eine direkte Wahrnehmung der objektiven Welt zu erlangen und somit tiefer in den Lauf der Dinge und in die Menschen zu blicken?

Zwei verschiedene Ansätze können zum Ziel, zu dieser Befreiung aus der Illusion führen. Ein Weg leitet sich von der traditionellen Perspektive des Yoga ab und soll im Folgenden »die richtige Wahrnehmung« genannt werden, der andere ist ein revolutionärer Ansatz der sogenannten Sensitivität. Auf dem Weg der »richtigen Wahrnehmung« ist es das Ziel, das eigene Ego völlig aus dem Prozess von Wahrnehmen plus Bewerten/Beurteilen zu entfernen, und zwar so weit, bis nur noch die Wahrnehmung an sich bleibt und dem Wahrgenommenem nichts von den inneren Vorstellungen und Urteilen übergestülpt wird. Dieser Weg ist in den Yoga-Sutras des Gelehrten Patanjali beschrieben. Patanjali spricht über Gedankenwellen bzw. Vorurteile *(vrittis)*, die sich im Bewusstsein *(citta)* des Menschen verfangen und seine Wahrnehmung verzerren können. In einem Leitsatz seines Werkes beschreibt er den Zweck des Yoga folgendermaßen: *Yoga citta vritti nirodha*, »Yoga ist das Zur-Ruhe-Kommen der Gedankenwellen.«

Es entstehen ungeahnte Eindrücke, wenn man es schafft, die geistige Aktivität zu stoppen. Dies sind oftmals nur kurze Augenblicke, in denen man ganz in den Moment eintaucht und Innen- und Außenwelt miteinander verschmelzen. Nur ist es sehr schwer, diesen gedankenleeren Zustand über einen längeren Zeitraum zu halten. Abhilfe kann der zweite Weg verschaffen. Der Ansatz der Sensitivität geht davon aus, dass die fünf Sinne mit Hellsinnen ergänzt werden können. Die Hellsinne können als Hilfsmittel dafür verstanden werden, Eindrücke zu empfangen, die mit den gewöhnlichen Sinnesorganen *(indriyas)* nicht zu erlangen sind. Ein geschulter Einsatz der Hellsinne verhindert es, dass sich unser Ego über die fünf Sinne in den Weg stellt und behauptet, zu wissen, wie etwas zu sein hat und wie nicht. Diese Wahrnehmung auf der Basis unseres Egos hindert uns daran, unsere Welt in ihrer Ganzheit zu erfahren und mitsamt den verschiedensten energetischen Schwingungen, Gefühlen, Zuständen oder telepathischen Informationen zu erfassen. Wir nehmen die Umwelt nur in ihrer maya-verhafteten Form wahr, wir stecken sozusagen im Spinnennetz der Göttin Maya fest. Der Einsatz der Hellsinne lässt uns jedoch hinter den Schleier des Materiellen blicken und erkennen, dass die feinstoffliche Welt real und existent ist. Mithilfe der sensitiven Wahrnehmung beginnen wir, das Spiel der

Göttin Maya zu durchschauen und die Dumpfheit in unserer Wahrnehmung aufzuheben.

Ich lade dich herzlich ein, mit mir gemeinsam deine Reise hin zu deinem inneren, vollen Potenzial anzutreten. Auf dieser Reise werden dir nicht nur Yoga-Meister aus der Geistigen Welt begegnen, sondern du wirst auch dein wahres eigenes Selbst kennenlernen. Dieser Weg zur Selbstfindung wird nicht nur deine sensitiven und medialen Talente zum Vorschein bringen, sondern dich auch zu mehr Wohlbefinden und innerem Frieden führen. Denn auf diesem Weg trittst du mit deinem Selbst in Verbindung. Und dabei wünsche ich dir viel Spaß!

Verschwiegenes im Yoga

Sich aktiv der Entwicklung der Siddhis, der sogenannten übersinnlichen Kräfte, zu widmen, gilt in der Welt des Yoga als ein Weg, der nur zum Scheitern führen kann. Schon Patanjali warnte im dritten Kapitel seiner Yoga-Sutras (Vibhuti-Pada, 51) davor, diese Kräfte für eigennützige Zwecke zu missbrauchen. Denn dann wären sie nur noch Zerstreuungen des unruhigen Geistes *(vrittis)* und somit sehr hinderlich auf dem Weg zum Erreichen des letzten Zieles im Yoga, der Erleuchtung. Dennoch ist es nicht abzustreiten, dass diese übersinnlichen Kräfte auf dem Weg des Yoga auftauchen, und es ist auch nicht zu verleugnen, dass ein ethisch gesunder Umgang mit den Siddhis auf dem spirituellen Weg sehr förderlich sein kann.

Ein wichtiger Punkt sollte dabei jedoch nicht außer Acht gelassen werden: Wenn man mit egozentrierter Anstrengung nach übersinnlichen Kräften trachtet, werden sie sich einem niemals auftun. Vielmehr ist es notwendig, sich auf einen selbstlosen Weg zur letztendlichen Wahrheit zu machen und die Siddhis zu einem selbst kommen zu lassen, anstatt ihnen nachzujagen. In der Yoga-Sikha-Upanischad (1.156, nach Michel, 2007), einem philosophischen Text des Hatha-Yoga, steht geschrieben, dass Siddhis auf ein meisterliches Entwicklungsstadium auf dem spirituellen Weg hindeuten und dass ihre Unterdrückung wie Fesseln für denjenigen sind, der sich vom Schein der Dinge befreien möchte. Zu vergleichen ist dies mit einer Vorbereitung für einen sportlichen Wettkampf mit dem Ziel, am Ende als Sieger das Rennen zu machen. Während der Vorbereitungen wird man körperliche Kraft, Ausdauer und gestärkte innere Widerstandskraft entwickeln. Dies sind sozusagen Nebenziele, die sich jedoch durch ihr vorheriges Erreichen positiv auf das Endziel, und zwar den Sieg über die Mitstreiter, auswirken werden. Und genauso verhält es sich mit den Siddhis. Sie kommen im Zuge spiritueller Praxis zum Vorschein und sollten gepflegt und trainiert werden, ohne dass man jedoch das Endziel, und zwar die Erleuchtung, Moksha, aus den Augen verlieren darf. Sie mögen zum Zeitpunkt der Erleuchtung völlig bedeutungslos werden, sind jedoch bis dahin umso wichtiger, ja sogar erforderlich und hilfreich. Der Energiekörper beginnt, sich auf sensitiven Empfang umzustellen und sich an die höheren Schwingungen des Feinstofflichen anzupassen. Dieser Weg mag allein schwer zu beschreiten sein, doch tatsächlich ist es so, dass wir nie allein sind, wenn wir unsere spirituelle Praxis beginnen und weiterverfolgen. Da sind nicht nur unsere Lehrerinnen und Lehrer im Diesseits, die in unser Leben treten, um uns ein Stück zu begleiten, sondern auch unsere Geisthelfer und Geistführer, die uns helfen. Diese Wesen aus der Geistigen Welt unterstützen uns in unserem Vorhaben, uns selbst näherzukommen und unsere Umwelt ungefiltert wahrnehmen zu können. Unsere Entwicklung geht Hand in Hand mit der Entwicklung eines jeden geistigen Wesens einher, egal ob es im Moment auf der Erde inkarniert ist oder sich bereits im Jenseits befindet. Hier schließt sich der Kreis und wir finden das absolute kosmische Eins-Sein wieder. Vielleicht hast du sogar die Tatsache, dass du nun dieses Buch in deinen Händen hältst, deinen Begleitern aus der Geistigen Welt zu verdanken. Mit jedem Schritt in deiner spirituellen Entwicklung gehen auch sie mit dir mit. Dein Fortschritt ist auch ihrer.

Auch ich fand meinen Weg zum Yoga mithilfe meines Geistführers. Zu dem Zeitpunkt, als ich ihm das erste Mal begegnete, praktizierte ich bereits Meditation. Östliche Weisheiten und vor allem der Hinduismus hatten mich von klein auf fasziniert. Jedoch hatte ich noch nie etwas von Geistführern oder der Geistigen Welt gehört oder erfahren. Das Gebiet des Übersinnlichen war für mich weitaus unbekannt. Nun saß ich, wie fast täglich, auf meinem Meditationskissen und versuchte, meine Gedanken an einem Punkt zusammenzuführen. Vor meinem inneren Auge erschien wie aus dem Nichts ein Augenpaar. Wunderschöne, dunkelbraune Augen starrten mich mit einem eindringlichen Blick an, und mein gesamter Körper fühlte sich wie von diesem Blick durchdrungen an. Ich bekam es mit der Angst vor dem Unbekannten zu tun, versuchte aber dennoch, still in der Meditation zu verharren. Nachdem ich mich an dieses Bild gewöhnt hatte, begann ich das Feld um die Augen herum wahrzunehmen. Ich konnte einen älteren Mann mit grau-weißen Haaren, gekleidet in einen weißen Sari, vor mir sitzen sehen. Wir befanden uns in der Natur, nahe an einem Bächlein mit Bäumen und Wiese rundum. Etwas weiter abseits gelegen erblickte ich einen Tempel, der sich prachtvoll in die Höhe erhob. Nun konnte ich auch mich selbst wahrnehmen, wie ich an diesem Ort saß und gebannt zu dem Mann vor mir blickte. Das Erste, was mir in den Sinn kam, war, nach seinem Namen zu fragen. Ohne dass er die Lippen bewegte, konnte ich ihn in meinem Geist zu mir sprechen und seinen Namen sagen hören. Er sagte, er sei Pramesh und wolle mich für einige Zeit begleiten. Auf einen Schlag verdunkelte sich alles vor meinem inneren Auge und das Schauspiel in mir hatte ein Ende. Als ich die Augen wieder aufschlug, erschien mir das, was ich gesehen hatte, wie ein Traum, der sich jedoch so echt und real anfühlte, dass ich mich kaum vom Erlebten loslösen konnte. Noch einige Tage war ich im Geist mit diesem Mann beschäftigt und konnte das Geschehene weder nachvollziehen noch einordnen. Immer wieder kreisten dieselben Fragen in meinem Kopf herum: »Hatte ich mir das alles eingebildet?«, »War es ein Traum oder eine Art Fantasiereise?«, »Wo bin ich gewesen und wer ist Pramesh?«

Es vergingen einige Tage. Ich setzte meine Meditationspraxis fort, ohne dass mir Pramesh wieder begegnete. Es sollte meine erste Begegnung mit Pascal sein, die all meinen Fragen eine Antwort gab. Auf Drängen meiner Schwester nahm ich einen Sitzungstermin für ein Aura-Reading bei Pascal wahr. Obwohl ich solchen Dingen gegenüber sehr skeptisch war, ließ ich mich dennoch darauf ein und war zugegebenermaßen sehr aufgeregt, welche Dinge über mich zum Vorschein kommen würden. Die Sitzung übertraf alle meine Vorstellungen über eine derartige Beratung, und den krönenden Abschluss lieferte Pascal, als er mich fragte, ob es richtig sei, dass ich meinem Geistführer erst vor Kurzem in der Meditation begegnet wäre. Fast hätte ich seine Behauptung verneint, da fiel mir Pramesh ein, in dessen Augen ich blicken durfte. Pascal fragte mich nun, ob ich wissen wolle, wie mein Geistführer heiße. Ich bejahte dies, zumal das nun der ultimative Beweis dafür sein würde, dass wir beide von ein und derselben Person sprachen. Ein kalter Schauer lief mir über den Rücken, als Pascal den Namen meines Geistführers nannte. Es war der Name Pramesh, den Pascal aussprach, ich war vollkommen sprachlos und zutiefst berührt. Wie konnte Pascal, den ich damals das erste Mal in meinem Leben sah und der rein gar nichts über mich wissen konnte, diesen Namen, den ich in der Meditation erhalten hatte, aus dem Nichts heraus nennen? Wie hatte es Pramesh geschafft, sich ihm mitzuteilen? Vollkommen verwirrt und gleichzeitig vom Gedanken, einen indischen Sadhu als Geistführer zu haben, fasziniert, verließ ich den Sitzungsraum und trat in ein neues Leben hinein.

Von diesem Tag an begann ich, den Kontakt zu Pramesh bewusst zu pflegen. Er begegnete mir noch etliche Male in der Meditation und wurde zu meinem Lehrer. Ich durfte vieles von ihm lernen und begann, Yoga wahrhaft zu begreifen. Viele meiner Gedanken in diesem Buch habe ich der Inspiration durch Pramesh zu verdanken. Ich bin voller Dankbarkeit und Vertrauen mit ihm verbunden. Während ich diese Zeilen schreibe, weiß ich, dass er nicht fern ist und mich in meinem Herzen immerzu begleitet.

Von etwas Ähnlichem sprechen auch die überlieferten Texte der Yoga-Philosophie, wenn die Rede auf den Guru, den Meister oder »den, der Licht bringt und das Dunkel vertreibt«, kommt. Im alten Indien wurden die geheimen Praktiken des Yoga nur durch persönliche Schulung von einem Guru erlernt. Man verbrachte etliche Jahre zusammen mit dem Meister, bis alle Geheimnisse der spirituellen Praxis dem Schüler offenbart waren. Es steht sogar geschrieben, dass es unmöglich ist, ohne eine »meisterliche« Führung auf dem Weg des Yoga voranzuschreiten. Für den heutigen Menschen mag der Begriff »Guru« einen bitteren Beigeschmack haben und mit negativen Aspekten wie Unterwerfung und Strenge behaftet sein. Auch scheint es schon allein an der Umsetzung zu scheitern, wenn ein Schüler eine persönliche Verbindung zum Yoga-Lehrenden aufbauen möchte. Dies würde aufseiten beider, also des Schülers und der Yoga lehrenden Person, verlangen, dass Zeit und Hingabe ans Yoga geopfert werden. Es gibt nur sehr wenige Beispiele von Yoga unterrichtenden Menschen, die sich nur dem Yoga widmen und ihre Existenz ganz auf diesem Weg aufbauen. Dies würde es jedoch erfordern, wenn man zu einem spirituellen Lehrer für Menschen werden möchte.

Genauso wie der Mensch sich jeden Moment verändert und im Wandel ist, ist es auch die Welt. Menschen befassen sich heutzutage immer mehr mit spirituellen Themen und fangen an, die inneren Mauern zwischen sich und der Geistigen Welt zu durchbrechen. Dies dürfte nun dazu führen, dass es einer körperlichen Manifestation des Meisters nicht mehr bedarf und sich der Guru im Inneren mit dem Yogi oder der Yogini verbindet. Einer der früheren Yoga-Meister, Yajnavalkya, schreibt in der Brhadaranyaka-Upanischad (nach Michel, 2007) über den »inneren Lenker« *(antaryamin)*: Wenn der Yogi innere Klarheit, Ruhe und Stabilität gefunden hat, kann er eine Verbindung zu seinem »inneren Lenker« aufbauen, so findet er die Essenz der Yoga-Praxis für sich. Dies hört sich ganz nach einer Verbindung zu einem Geistführer oder Geisthelfer an, die uns auch in unserem Inneren lenken und uns auf dem spirituellen Pfad begleiten. Der Mensch beginnt dadurch, den Halt immer mehr in seinem Inneren zu suchen als im Außen. Der leibhaftige Guru wäre nämlich nichts anderes als ein äußerer Halt, der einem natürlich dazu verhelfen kann, dass man sich selbst findet. Also, wieso nicht den Weg direkt ins Innere nehmen, anstatt den kleinen Umweg über das Außen zu machen?

Die Entwicklung der Hellsinne: Sensitivität, aussersinnliche Wahrnehmung und Medialität

Von Pascal Voggenhuber

Ich möchte im Folgenden einige wichtige Begriffe erklären, die oft ganz unterschiedlich interpretiert werden. Ich komme vom typischen englischen Spiritualismus und gebrauche diese Begriffe auch nach dessen Prinzipien. Es geht mir nicht darum, jemandem den englischen Spiritualismus näherzubringen, sondern darum, dass wir hier möglichst dieselbe Sprache sprechen. Du wirst sehen, dass du viele Begriffe bereits kennst, aber ihre Bedeutung noch nicht genau verstanden hast oder dass du sie anders interpretieren würdest. Ich will damit nicht sagen, dass meine Interpretation richtig ist. Damit du dieses Buch vollständig verstehen und nutzbringend für dich anwenden kannst, ist es aber einfach wichtig, dass du verstehst, wie wir diese Begriffe verwenden.

Der erste Begriff, auf den ich eingehen möchte, ist *Sensitivität.* Ich verstehe darunter das »Lesen« von

Informationen mithilfe der außersinnlichen Wahrnehmung (ASW), das Erkennen von Objekten, die nur zum Teil auch für unsere physischen Sinne klar erfassbar sind. Sensitivität heißt, dass ich mithilfe meiner Hellsinne alles über Objekte erfahren kann, die ich nicht in jedem Fall zugleich auch berühren, sehen oder mit meinen anderen physischen Sinnen wahrnehmen kann. Zum Beispiel kann ich die Aura von einem Menschen sensitiv »lesen«. Seinen Körper kann ich mit meinen physischen Sinnen klar wahrnehmen, ich kann ihn berühren, riechen, sehen oder gar schmecken. Mithilfe meiner Hellsinne und meiner ASW kann ich jedoch zudem seine energetische Ausstrahlung, seine Aura, wahrnehmen und dadurch Dinge in Erfahrung bringen, die für meine physischen Sinne verborgen bleiben. Somit werden mir Informationen aus der Vergangenheit und der Gegenwart sowie einige Aspekte der Zukunft offen dargelegt. Ich kann mithilfe der Sensitivität in dem Energiefeld von anderen Menschen lesen wie in einem »verborgenen Buch«.

Doch kann ich mit der Sensitivität noch weit mehr: Ich kann auch aus den Gegenständen, die eine Person berührt hat, die ganze Geschichte dieses Menschen abrufen. Denn wenn wir einen Gegenstand berühren, bleibt immer ein Teil unserer Energie auf ihm zurück und ist dort für alle Ewigkeit gespeichert. Habe ich meine Sensitivität gut geschult, lese ich von dem Objekt einfach die Informationen über die Person ab. Man nennt das auch Psychometrie. Oft verwenden Sensitive diese Technik bei Lebensberatungen, Standortbestimmungen oder auch bei der Aufklärung von Verbrechen. Es gibt einige Länder, die es durchaus in Betracht ziehen, bei der Klärung von Verbrechen mit Sensitiven zusammenzuarbeiten. Dabei kann ein Sensitiver die Energie vom Tatort lesen und dadurch beschreiben, was dort vermutlich geschehen ist oder was man bei der »normalen« Spurensicherung übersehen haben könnte.

Jeder Mensch hat sensitive Fähigkeiten, doch nicht jedem sind diese bewusst und die meisten von uns haben sie nicht trainiert. Doch wir alle haben schon einmal die Stimmung eines Raumes »gelesen«, auch wenn dies oft unbewusst stattfand. Wer war nicht schon mal bei Freunden eingeladen und hat bemerkt, dass vorher in dem Raum gestritten worden sein musste, weil die Luft zum Schneiden dick war. So etwas oder etwas Ähnliches haben wir alle schon erlebt. Oder wir treffen auf einen Fremden und irgendetwas in uns warnt uns vor dieser Person. Wir ignorieren das meistens, aber früher oder später bemerken wir dann, dass diese Person uns betrogen oder belogen hat. Noch ein Beispiel, das wir sicher alle ganz gut kennen: Wenn wir in einem Fahrstuhl, einem Bus, im Zug oder an einem sonstigen Ort sind, wo ganz nah um uns herum viele Menschen stehen, kommt es oft vor, dass wir einen starken Druck auf der Lunge fühlen und Mühe mit der Atmung haben. Obwohl wir keine Platzangst haben und nichts offensichtlich Unangenehmes in der Nähe ist, kann uns die Energie von anderen Menschen Atemnot bereiten. Auch das bedeutet lediglich, dass wir mit unserer Sensitivität auf außersinnliche Weise etwas wahrnehmen.

Je mehr wir die ASW trainieren und unsere Hellsinne beachten, desto klarer können wir die Energien lesen und verstehen. ASW und auch Sensitivität sind im Grunde nichts anderes als eine Fremdsprache – und es nützt nichts, Dinge nur wahrzunehmen, sondern wir müssen sie auch verstehen und richtig deuten können. Da diese Dinge den meisten Menschen verborgen sind, merken sie gar nicht, dass sie selbst über eine mehr oder weniger ausgeprägte Sensitivität und ASW verfügen.

Der nächste Begriff, den ich erklären möchte, ist *Medialität.* Auch dieser Begriff wird oft falsch verstanden. Schon allein deswegen finde ich es wichtig, dass wir ihn hier kurz anschauen. Ein Medium ist ein Kanal zwischen der Geistigen Welt und den lebenden Menschen. Oft aber wird das Medium mit einem Sensitiven verwechselt. Wenn ein Medium seine medialen Fähigkeiten benutzt, kommuniziert es entweder mit Geistführern, Verstorbenen, Meistern, Engelwesen oder sonstigen Bewohnern der Geistigen Welt. Ein Medium hat immer auch sensitive Fähigkeiten, doch nicht jeder Sensitive hat auch mediale Fähigkeiten. Oft verwechseln wir aber Sensitivität und Medialität, obwohl der Unterschied aus meiner Sicht etwas sehr Wichtiges ist. Denn es handelt sich um zwei grundlegend verschiedene Dinge. Schließlich ist es ein großer Unterschied, ob ich eine Botschaft von einem Geistführer oder einem verstorbenen Meister bekomme oder ob ich eine Information aus der Aura von jemandem lese. Obwohl ich sowohl für die Sensitivität als auch für die Medialität meine Hellsinne oder meine ASW gebrauche, ist die Quelle, aus der ich die Information hole, eine andere.

Doch was sind nun diese Hellsinne? Mithilfe der Hellsinne kann ich außersinnliche Informationen wahrnehmen. Wir alle haben Hellsinne, doch meistens sind wir uns dessen nicht bewusst oder haben sie noch nicht bewusst entwickelt. Sowohl Sensitivität als auch Medialität und Hellsinne gehören zu den Yoga-Siddhis oder können durch die Übungen in diesem Buch erweckt werden. Es gibt fünf Hellsinne und noch andere Möglichkeiten der ASW, die ich später speziell erwähnen möchte. Zuerst die fünf Hellsinne. Es sind:

1. Hellsehen
2. Hellhören
3. Hellfühlen
4. Hellriechen
5. Hellschmecken

Diese fünf Hellsinne gibt es sowohl objektiv als auch subjektiv. Diese Unterscheidung wird nicht oft gemacht, doch ich persönlich finde sie wichtig. Denn gerade, weil viele Menschen das nicht unterscheiden, bemerken sie gar nicht, dass sie einige dieser Hellsinne schon besitzen und sie nur noch weiter trainieren müssten. Gleich, ob wir sensitiv oder medial arbeiten, benutzen wir dafür dieselben fünf Hellsinne. Der einzige Unterschied ist, wie schon erwähnt, die Quelle der Information.

Die Energien dieser Quellen schwingen auf unterschiedlichen Niveaus. Meistens ist es für uns viel einfacher, Schwingungen auf der sensitiven Ebene wahrzunehmen, da wir die Anlage der Sensitivität oft schon in uns haben. Es ist wie beim Klavierspielen: Alle können es lernen, doch nicht jeder hat das Talent zum Konzertpianisten.

Die mediale Schwingung ist um einiges feiner, und es ist daher auch schwieriger, mit der Geistigen Welt in Kontakt zu treten. Die Übungen in diesem Buch helfen uns, unsere Schwingung zu erhöhen und dadurch einen besseren Zugang zu höheren, feineren Energien zu finden. So wird es uns mit der Zeit leichter fallen, in Kontakt mit der Geistigen Welt zu kommen.

Doch zurück zu den Hellsinnen. Als Erstes möchte ich das *Hellsehen* erklären. Es ist wohl auch der bekannteste Hellsinn. Ihn gibt es sowohl objektiv wie auch subjektiv; objektiv bedeutet, dass man zum Beispiel Verstorbene oder Geistführer so klar sieht, dass man nicht mehr unterscheiden kann, ob es sich um eine noch lebende Person handelt oder die Gestalt schon in der Geistigen Welt ist. Man hat das Gefühl, dass man diese Person ganz klar mit den physischen Augen sieht. Ein anderes Beispiel, das ich gerade erlebt habe, während ich an diesem Abschnitt schreibe: Ich blickte aufs Meer und sah auf einmal ein Schiff. Das ist nichts Ungewöhnliches, doch auf einmal versank das Schiff, es ging unter. Ich geriet kurz in Panik, bis ich erkannte, dass ich dies hellsichtig wahrnahm, und zwar sensitiv.

Dieses Ereignis des Schiffsuntergangs lag schon einige Jahre zurück. Ich habe einfach die Energie gelesen, die noch vorhanden war. Da ich zuerst dachte, es würde wirklich passieren, und das Gefühl hatte, dass ich es mit meinen physischen Augen gesehen hatte, bezeichnet man ein solches Erlebnis als objektive Hellsichtigkeit. Auch wenn man zum Beispiel außen um Menschen herum klar etwas sieht, so als wäre ein Energiefeld um die Person aufgemalt, ist das objektiv.

Doch wo liegt jetzt der Unterschied zum subjektiven Erleben? Ganz einfach: Bei der subjektiven Wahrnehmung handelt es sich um innere Bilder; man kann klar erkennen, dass dies jetzt nicht im Außen geschieht. Wenn ich zum Beispiel einen Verstorbenen subjektiv hellsichtig wahrnehme, ist das so, als ob ich eine Erinnerung habe, doch ich erkenne mit ein bisschen Übung rasch, dass es sich nicht um eine wirkliche Erinnerung handelt, sondern um eine subjektive hellsichtige Eingebung. Subjektive hellsichtige Eingebungen hast du bestimmt schon gehabt, aber du konntest sie nicht als solche erkennen und hast sie dann wahrscheinlich als Erinnerung, Wunsch oder als Einbildung abgetan. Wenn man objektiv hellsichtig etwas wahrnimmt, ist es ganz klar und lässt keinen Zweifel offen. Bei der subjektiven Wahrnehmung kann es sehr gut sein, dass man lange nicht unterscheiden kann, was eine ASW und was Einbildung ist. Doch je mehr man auf seine ASW achtet, desto klarer wird es.

Ich kann natürlich auch subjektiv hellsichtig sehen, wo und wie ein Schiff untergegangen ist. Das würde dann so sein, als ob plötzlich eine Erinnerung in mir auftauchen und mir innere Bilder zeigen würde, die ich aber nie erlebt oder sonst wie gesehen habe. Statt im Außen sehe ich es im Inneren. Es gibt auch Menschen, die symbolische Bilder wahrnehmen und – wenn sie diese zu deuten gelernt haben – klare Rückschlüsse daraus ziehen können. Das würde ich auch ins subjektive Hellsehen einordnen.

Der nächste Hellsinn ist das *Hellhören*. Hier ist die Unterscheidung zwischen der objektiven und der subjektiven Form sehr leicht. Objektives Hellhören ist so, als würde man zum Beispiel hören, wie jemand aus der Geistigen Welt mit einem spricht wie eine lebende Person. Das allerdings ist ein Talent, das kaum jemand besitzt. Auch kann man Musik oder nur einzelne Worte oder Geräusche objektiv hellhörend wahrnehmen. Viele Menschen sind mir begegnet, die mir zwar erzählten, dass sie die Gabe des Hellhörens besitzen würden, doch bei keinem war das objektiv der Fall, sondern meist (wenn überhaupt) war es subjektiv.

Das subjektive Hellhören ist kaum zu unterscheiden von unserer Gedankenstimme, deswegen ist es auch sehr schwer zu erkennen, woher die Information kommt, die man hörend wahrnimmt. Nehme ich sie medial wahr, kommt sie also von einem Bewohner der Geistigen Welt, oder höre ich auf der sensitiven Ebene Geräusche? Oder sind es nur meine eigenen Gedanken und Wünsche, die zu mir sprechen? Deswegen ist es auch so wichtig, dass man nicht nur seine Siddhis oder sein Hellsinne entwickelt, sondern sich auch selbst weiterentwickelt. Je weniger Ängste, Sorgen, Blockaden, Muster und Ego-Angelegenheiten mir im Weg stehen, desto klarer werde ich meine Hellsinne nutzen und die Informationen unterscheiden können. Ohne Selbsterkenntnis ist es nur sehr schwer möglich, die Wahrnehmungen der Hellsinne klar von der eigenen Fantasie zu unterscheiden. Deswegen habe ich auch keine Sorge, hier an einem Buch darüber mitzuwirken, wie man die Siddhis erweckt, denn das wird ohnehin nur jenen möglich sein, die sich auf den Weg zu sich selbst machen. Wer sich übersinnliche Fähigkeiten einfach schnell-schnell aneignen will, um sein Ego zu befriedigen, wird keinen Erfolg haben. Nur wer sich wahrhaftig auf den Weg macht, wird belohnt werden.

Der nächste Begriff ist das *Hellfühlen*. Auch hier kann man zwischen der objektiven und der subjektiven Form unterscheiden. Wenn ich zum Beispiel jemanden berühre, der Schmerzen hat, oder mich einfach auf denjenigen einstimme, kann ich an meinem eigenen Körper fühlen, wo und wie der Schmerz ist, so als wäre er wirklich bei mir physisch vorhanden – das ist objektives Hellfühlen. Es vollzieht sich auf der sensitiven Ebene. Wenn ich den Schmerz aber nicht physisch fühle, sondern nur so ein Gefühl habe, als ob ich Schmerzen hätte, ist es ein subjektives Hellfühlen.

Hellfühlig sind aus meiner Sicht die meisten Menschen von Geburt an. Es ist auch jener Hellsinn, der am meisten unterschätzt wird. Die meisten Leute wollen

Hellsichtigkeit erlernen, doch es ist um einiges einfacher und vor allem um einiges präziser, das Hellfühlen zu trainieren. Mit Hellfühligkeit kann ich im Grunde fast alle Informationen bekommen. Ich kann zum Beispiel fühlen, ob die Wohnung einer Person groß, klein, hell, alt oder neu ist. Oder ob die Person in einem Ein- oder Mehrfamilienhaus wohnt. Ich kann sogar fühlen, in welchem Stock sie wohnt. Beim Hellfühlen gibt es keine Grenzen. Man kann auch Farben erfühlen, und oft wird mit der Zeit das Hellfühlen in subjektive hellsichtige Bilder übersetzt. Gerade unsere Hellfühligkeit benutzen wir täglich, doch oft ist uns das einfach nicht bewusst. Zum Beispiel fühlen wir meist, ob eine Person vertrauenswürdig oder unseriös ist. Na ja, leider ignorieren wir das Gefühl dann häufig. Mit dem Yoga-Siddhi-Training wirst du deine Hellsinne immer bewusster wahrnehmen und auch immer mehr darauf vertrauen können.

Hellriechen und *Hellschmecken* möchte ich zusammen erklären, da es zwei Hellsinne sind, die für mich von nicht so großer Bedeutung sind. Hier ist der Unterschied zwischen objektiv und subjektiv auch schnell erklärt. Objektiv ist, wenn ich das Gefühl habe, dass ich mit meiner Nase oder mit meinem Mund Düfte oder Geschmacksrichtungen physisch wahrnehme. Wenn man zum Beispiel plötzlich physisch das Parfüm riechen kann, das eine verstorbene Person verwendet, dann redet man vom objektiven Hellriechen. Oder wenn ich einen Verstorbenen wahrnehme und auf einmal das

Gefühl habe, als hätte ich geraucht, wenn mein Mund also physisch nach Rauch schmeckt, ist es ebenfalls eine objektive Wahrnehmung der Hellsinne des Hellriechens bzw. Hellschmeckens. Habe ich jedoch nur das Gefühl von Rauch im Mund, dann wäre es subjektiv. Auch diese beiden Hellsinne sind bei den meisten Menschen vorhanden oder können sich mit der Entwicklung zeigen, doch ich persönlich arbeite mit ihnen nicht so intensiv.

Nun gibt es noch spezielle ASW, auf die ich ebenfalls kurz eingehen möchte. Es sind:

- Hellwissen
- Intuition und Bauchgefühl
- Inspiration

Hellwissen ist etwas, das sich aus meiner Sicht erst nach einer gewissen Zeit einstellt. Denn es braucht sehr viel Vertrauen in die eigenen Hellsinne, dass man Hellwissen überhaupt erkennen und wahrnehmen kann. Beim Hellwissen lässt sich nicht mehr sagen, woher ich die Information bekommen oder mit welchen Hellsinnen ich sie wahrgenommen habe – ich *weiß* eine Antwort einfach. Man kann beim Hellwissen auch nicht wahrnehmen, ob man etwas auf der sensitiven oder auf der medialen Ebene wahrgenommen hat. Man liest dann die Informationen zum Beispiel nicht mehr hellsichtig aus der Aura eines Menschen, sondern man weiß einfach: Das ist die Lösung oder die

Antwort. Es ist ganz klar, ohne dass man weiß, warum man es weiß. Da man hierzu, wie erwähnt, viel Vertrauen in seine übersinnlichen Fähigkeiten braucht, bemerkt man das Hellwissen oft erst nach Jahren des Trainings.

Immer wieder werde ich gefragt, was der Unterschied zwischen *Intuition* und *Bauchgefühl* ist und ob es eine sensitive oder eine mediale Fähigkeit darstellt. Ich mache keinen Unterschied zwischen Intuition und Bauchgefühl, für mich ist es dasselbe. Und es ist klar der Sensitivität zuzuordnen. Außerdem würde ich sogar sagen, dass es subjektives Hellfühlen ist, das nennt man eben auch Bauchgefühl, da man die Information über das Solarplexus-Chakra empfängt. Deswegen fühlt man die Information dann oft im Bauch.

Bei *Inspiration* handelt es sich hingegen klar um Medialität. Sie wird oft mit Hellwissen verwechselt, doch meist ist bei der Inspiration klar wahrnehmbar, mit welchen Sinnen man die Information erhalten hat. Klar ist bei der Inspiration auch die Quelle: Es ist immer ein Bewohner der Geistigen Welt, zum Beispiel ein Verstorbener, ein Geistführer, Helfer, Engel oder irgendein anderes Geistwesen.

Yoga-Sadhana: die Bedeutung der inneren spirituellen Praxis

Das Heilmittel

Dein Heilmittel ist in dir,
aber du hast nicht einmal
eine Ahnung davon.
Dein Leid ist auch in dir,
aber du siehst es nicht.
Du glaubst, du seiest ein kleiner Körper,
jedoch ist das ganze Universum,
verdichtet, in dir.
Du bist ein so offenes Buch,
mit dessen Buchstaben
die geheimen Sachen ins Licht treten.
Du bedarfst des Äußeren nicht;
die Schriften, geschrieben in deinem Herzen,
berichten dir von allem.

Hazrati Ali

Auch wenn diese Zeilen nicht aus dem Yoga stammen, sondern der Sufi-Tradition entspringen, machen sie deutlich, welch immense Kraft wir im Inneren besitzen, die uns heil bzw. ganz werden lassen kann. Die Suche nach Befreiung oder Erleuchtung im Außen ist zum Scheitern verurteilt. Allein die Erkenntnis, dass wir alles in uns tragen, was uns heilt, führt zur Loslösung von Leiden und Schmerz. Kränkungen und schmerzhafte Verhaftungen entstehen einzig und allein aus dem Grund, dass wir uns mit unserer körperlichen Verletzbarkeit identifizieren.

Die letztendliche Wahrheit über unser Wesen kommt in diesen drei Worten aus dem Sanskrit in ihrer reinsten Form zum Ausdruck: *tat tvam asi*, »Das bist du.« Dahinter steckt die Erkenntnis der untrennbaren Einheit zwischen der individuellen Seele, Atman, und der Ur- oder All-Seele, Brahman. Dies ist das Ziel des yogischen Erkenntnisweges, des *Jnana-Marga*. Es lösen sich alle Hindernisse, die eine Wahr-Nehmung unmöglich machen, augenblicklich auf, wenn sich die in einem Körper inkarnierte Seele daran erinnert, dass sie ein und dieselbe ist wie die Urseele bzw. Brahman. Die Illusion, ein isoliertes Wesen zu sein, löst sich mit der Erkenntnis der Einheit schlagartig auf. Diese Philosophie wurde vor allem vom indischen Gelehrten Shankara (etwa 8. Jahrhundert n. Chr., hier nach Feuerstein, 2008) in seiner »Nicht-Zweiheits-Lehre«, dem Advaita Vedanta, zum Ausdruck gebracht. Wie in einem Rosengarten der gemischte Duft von verschiedenen Rosensorten sich als eine Duftkomposition dem Geruchssinn bemerkbar macht und die einzelnen Rosensorten nicht mehr im Einzelnen wahrnehmbar sind, so ist es auch mit dem Atman, der individuellen Seele, das ins Brahman eingeht.

Vielleicht fragst du dich nun, was das alles mit übersinnlichen Kräften zu tun hat. Diese Frage ist absolut berechtigt, zumal es auch sensitive und mediale Beraterinnen und Berater gibt, die ohne jeden spirituellen oder philosophischen Hintergrund arbeiten. Bei der Entwicklung übersinnlicher Kräfte darf nicht außer Acht gelassen werden, die eigene spirituelle Praxis auf Erkenntnis der Einheit hinter allem hin auszurichten. Ohne diese Ausrichtung bleibt jegliches Bemühen ohne einen höheren Sinn und im Gefängnis ichbezogener Wünsche. Denn geht man davon aus, dass die Allmacht im Absoluten liegt und man eins mit dieser ist, erhält man selbst auch einen Zugang zu außergewöhnlichen Kräften und unterschiedlichsten Ebenen der Wahrnehmung und der übersinnlichen Erfahrung. Außerdem kann man sich selbst in allem wiedererkennen und somit auch die Welt in sich erblicken.

So wird es eine mühelose Sache, sich in Menschen, Orte, ja sogar in Verstorbene, in geistige Wesen hineinzuspüren und sich mit ihnen geistig zu verbinden. Denn sie sind nichts anderes als »Menschen«, die ihre körperliche Hülle abgestreift haben und nun nur noch mit ihrer geistigen Hülle weiterleben. Dadurch erhöht sich ihre Schwingung und sie werden für uns lebende Menschen mit den physischen Augen nicht mehr sichtbar. Erst das Einschalten der »inneren Augen« und des

»inneren Gehörs« lässt zu, dass wir mit ihnen in Kontakt treten. Oft gerät es in Vergessenheit, dass auch die geistigen Wesen meist Menschen waren und nicht einfach »Wesen« sind. Diese Menschen haben auch in der Geistigen Welt weiterhin ihre Persönlichkeit und ihre Erinnerung an vergangene Ereignisse. Somit kann man sensitiv bzw. medial arbeitend diese Informationen geistig aufnehmen.

Ein weiterer wichtiger Punkt kommt hier zum Tragen, wenn wir über die Einheit bzw. über die Erkenntnis des eigenen Selbst in allem sprechen. Letztendlich ist es nämlich diese Erkenntnis, die uns daran hindert, in welcher Art und Weise auch immer Dinge zu tun, die Menschen des Dies- oder Jenseits in irgendeiner Art und Weise wehtun oder sie schädigen könnten. Dies wäre nämlich so, als täten wir uns selbst ein Leid an.

Aus all dem lässt sich etwas Grundlegendes schließen. Verfolge in deinem Yoga-Sadhana, deiner spirituellen Praxis, stets diese Ziele und halte deine Intention auf diese Punkte ausgerichtet:

- Übe mit voller Hingabe an dich selbst und dein inneres eigenes Geistwesen!
- Schenke der Geistigen Welt stets deinen Respekt und deine Liebe, denn genauso begegnen auch ihre Bewohner dir.
- Sei dir deiner gedanklichen und inneren Kraft bewusst und wisse, dass du vieles in der Welt bewirken kannst, wenn du dich in der Einheit von allem sichst und spürst.

Die Tradition des Yoga-Sadhana geht viele Jahrhunderte zurück und hatte in der hier beschriebenen Form seinen Ursprung im alten Indien. Auch hier entfaltete sich mit der Zeit die Vielfalt hinter der Einheit und es entwickelten sich viele unterschiedliche Schulen und philosophischen Systeme. So änderte sich auch immer wieder die Herangehensweise an die Spiritualität und die Art der Integration ins persönliche Leben. In den Überlieferungen sind diese verschiedenen Facetten bis heute spürbar.

Yoga-Siddhis in den Überlieferungen

Es wurden im Laufe der Zeit verschiedenste Ansätze in der Yoga-Tradition entwickelt, um dem Menschen die Erfahrung des Eins-Seins zu vermitteln. Überlieferte Yoga-Texte aus verschiedenen Schulen und Philosophien können dabei bis heute als Wegweiser dienen und auch uns die Geheimnisse rund um die Siddhis und ihre Meister näherbringen.

Letztendlich befindet sich der spirituell Suchende auf einem gefährlichen Terrain, wenn er sich auf die Reise ins Innere macht. Denn dort wird er auch vielen vielleicht schon längst vergessenen Erinnerungen, Eindrücken und alten Mustern begegnen, die ihn von seinem Weg abbringen könnten. So liefert allein die yogische Tradition Indiens unterschiedlichste Ansätze, um die Suche so zu gestalten und mit einer entsprechenden Intention zu durchtränken, dass dem Sucher geholfen wird. Wenn ihm etwas, was auch immer es sei, auf seiner spirituellen Reise im Wege steht, wird er in den Traditionen Mittel und Hinweise finden, wie er mit dem Hindernis umgehen kann.

Hinter der Vielfalt in der entsprechenden Literatur

verbirgt sich jedoch stets die identische Intention des Yoga-Sadhana: sich selbst finden und im eigenen Selbst alles Sein und Gott sehen. Je nach Region und traditionellem Hintergrund haben sich unterschiedlichste Wege der Selbstsuche entwickelt, und es waren die spirituellen Meister, die allein oder in der Versammlung mit anderen Gurus und Sadhus ihrer Spiritualität Ausdruck verliehen und sie an ihre Schüler weitergaben. So überlebte dieses heilige Wissen über Jahrhunderte hinweg und erreichte auch den Menschen unserer heutigen Welt. Es wurden bereits viele Philosophen und Autoren des Westens in den Bann indischer Spiritualität gezogen, und bis heute hat sie ihre Anziehungskraft auf die Menschheit nicht verloren. Immer wieder werden alte Texte Indiens (neu) übersetzt und kommentiert, der spirituell Interessierte kann heute aus einer reichen Quelle schöpfen.

Im Folgenden findest du eine Auswahl literarischer Kostbarkeiten kurz beschrieben, die insbesondere auf die Welt des Übersinnlichen Bezug nehmen. Denn diese Welt war und ist für die indische Spiritualität eine Wirklichkeit und hat genauso wie die Welt des Augenscheinlichen einen Platz in der spirituellen Praxis.

Tantra: Eins-Sein in der Dualität

Das Tantra soll hier seine Erwähnung finden, da es eine philosophisch-mystische Richtung im Yoga ist, die die phänomenale Welt des Übersinnlichen akzeptiert und davon ausgeht, dass übersinnliche Fähigkeiten der Yogini oder dem Yogi helfen können, die spirituellen Ziele schneller zu erreichen. Angst und Scheu vor dem Übersinnlichen gibt es hier nicht. Zu beachten ist allerdings, dass von gewissen tantrischen Kreisen diese Kräfte auch missbraucht wurden, was das Tantra in Verruf brachte. Bevor näher darauf eingegangen werden soll, wollen wir das Tantra selbst genauer beleuchten.

Tantra kann als eine recht unorthodoxe Form des Yoga bezeichnet werden, die sich vor allem einen mystisch-ekstatischen Zugang zu Befreiung und Erleuchtung verschafft hat. Die tantrische Tradition beruht auf den Tantras, religiösen Texten, die zwischen dem 5. und 8. Jahrhundert entstanden sind. In ihnen kommt zum Ausdruck, dass der Tantriker, also derjenige, der sich in seiner spirituellen Praxis nach den Tantras richtet, sein Bewusstsein zur höchsten Erleuchtung nur dann erheben kann, wenn er unterschiedliche Freuden empfindet und die durch das Vergnügen freigesetzten Energien für seine spirituelle Befreiung nutzt. Oft wird hierbei auch von Siddhi gesprochen, das als »Verwirklichung« bzw. »Befreiung übersinnlicher Kräfte« übersetzt werden kann und zudem für eine übersinnliche Fähigkeit selbst gebraucht wird. Die tantrische Auffassung akzeptiert die Welt der übersinnlichen Phänomene, während viele Schulen anderer Yoga-Strömungen gegenüber diesen Themen ängstlich gesinnt sind. Laut Tantras könne man mit der Ausübung der Siddhis spirituelle Ziele rascher erreichen und auch die spirituelle Weiterentwicklung von anderen Wesen unterstützen.

In der westlichen Welt wird der Begriff Tantra oftmals mit sexuellen Praktiken in Verbindung gesetzt. In Indien nennen die Menschen den Tantriker einen Hexenmeister, der mit Ritualen Verwünschungen, aber auch Heilungen geschehen lässt. Beide Vorstellungen entsprechen nicht ganz der eigentlichen Form des Tantra. Das Tantra entwickelte sich bereits im 1. Jahrhundert n. Chr. und beeinflusste ausgehend von Nordindien zahlreiche Schulen, darunter auch den Buddhismus und Jainismus. Auch Yoga blieb nicht unberührt vom Tantra. Das Hatha-Yoga beispielsweise, das hauptsächlich die Körperübungen und Atemtechniken zum Gegenstand hat, ist dem Tantra entsprungen.

Während seiner Ausbreitung kristallisierten sich mit der Zeit zwei verschiedene Richtungen im Tantra heraus, der Weg der rechten Hand *(dakshina-marga)* und der Weg der linken Hand *(vama-marga)*. Diese Wege unterscheiden sich vor allem in der Interpretation der Symbolsprache der Tantras, der religiösen Texte. Hierin ist oftmals von der Vereinigung des weiblichen und männlichen Prinzips die Rede, die der Weg der rechten Hand als einen symbolischen Ausdruck für die Vereinigung mit dem göttlichen Prinzip auffasst. Der Weg der linken Hand hingegen nimmt die Ausführungen sehr wörtlich und sieht in den Tantras Beschreibungen von Ritualen, um die sexuelle Energie zu kontrollieren. Hinduistische Ernährungs- und Reinheitsgebote werden außer Acht gelassen.

Der Weg der rechten Hand sieht vor allem den Symbolgehalt hinter den tantrischen Überlieferungen. Hier geht es vor allem um religiöse Rituale und verschiedene Meditations- und Atemformen, um innerlich das Eins-Sein mit dem göttlichen Prinzip zu spüren. Letztendlich geht es nämlich darum, Shiva und Shakti in sich zu verbinden. Shakti ist das weibliche Prinzip und die kosmische Urkraft. Shiva stellt den männlichen Gegenpol dar, der die Transzendenz des Weltlichen und das Jenseitige repräsentiert. Shiva ist an sich Einheit und kann sich einzig und allein durch Shakti offenbaren. Das bedeutet, dass Gott bzw. Shiva sich in allen weltlichen Manifestationen zeigt, und zwar in Form der weiblichen Schöpfungskraft, Shakti. Daraus ergibt sich eine wesentliche Schlussfolgerung: Wenn man sich der Shakti bewusst und mit ihr verbunden ist, erhält man auch Einblicke in das Shiva-Bewusstsein. In Shiva sind alle Informationen enthalten, und der Zugriff darauf kann als ein Siddhi, eine übersinnliche Fähigkeit, bezeichnet werden.

In der Tat wird an vielen Stellen der Tantras von übersinnlichen Kräften gesprochen, so auch im Yoga-Bija von Siddha Guru Goraknath. Goraknath gilt als einer der Begründer des Hatha-Yoga und behandelt in seinem Werk verschiedene Fragen zum Thema Shiva/ Shakti. Auch die Yoga-Siddhis finden Erwähnung. Ich möchte einige Passagen hierzu aus seinem Werk zitieren:

> »Der Sadhaka (einer, der Sadhana übt), der seine Sinne unter Kontrolle hat, und auch den Geist, den Intellekt, die Begierde und die Wut, hat auch das

ganze Universum unter Kontrolle, weder Kleines noch Großes kann ihn schädigen« (Yoga-Bija, 49).

»Der Körper eines Yogi ist aus seinem Willen heraus geformt. Niemand kann ihn unterwerfen und er ist unabhängig und unsterblich. Mühelos durchwandert er alle drei Welten« (Yoga-Bija, 53).

»Die Kräfte eines Yogi sind so unglaublich, dass ein gewöhnlicher Mensch sich diese gar nicht vorstellen kann. Er kann nach seinem Willen verschiedene Formen annehmen. Er kann auch nach seinem Willen verschiedene Formen wieder aufheben. All seine Sinne sind vollkommen unter seiner Kontrolle« (Yoga-Bija, 54).

Hier scheint zum Ausdruck gebracht worden zu sein, dass der Yogi durch die vollkommene Beherrschung seiner fünf äußeren Sinne psychische Kräfte erlangt, die ihn dazu befähigen, Dinge zu materialisieren oder aufzulösen. Dies hört sich ganz danach an, als könne er im Bewusstsein von Shakti nun seine eigene Realität erschaffen und ganz im Gleichklang mit dem Makrokosmos leben. Dies ist eines der philosophischen Kernthemen, wie man es im Tantra finden kann. Tantriker gehen davon aus, dass der Mensch mit allem, was er ist und tut, dem Makrokosmos entspricht. Er ist sozusagen in alles eingebettet und in der Lage, aus sich heraus die Welt zu verändern, allein dadurch, dass er seinen Mikrokosmos, sich selbst, ändert. Dies ist sehr mit Sensitivität verwandt. Auch dabei benötigt man ein Bewusstsein des Verbundenseins, um sich überhaupt in Menschen oder Situationen hineinspüren zu können.

Während das Yoga-Bija zum Tantra rechter Hand gezählt wird, werden die sechs magischen Handlungen *(shat-karmas)*, die mit den Siddhis verwandt zu sein scheinen, vor allem im Tantra linker Hand erwähnt. Hier eine kurze Aufzählung:

1. »Friede« *(shanti)*: Hiermit wird vor allem die Anrufung von Frieden für ein oder mehrere Wesen durch Einsatz von magischen Ritualen und mithilfe von heiligen Silben, den Mantras, und geometrischen Figuren, den Yantras, bezeichnet.
2. »Unterwerfung« *(vashikarana)*: Dies bringt die Fähigkeit zum Ausdruck, andere Menschen und Lebewesen sich selbst unterwürfig zu machen.
3. »Anhalten« *(stambhana)*: Diese magische Fähigkeit bewirkt, dass entweder eine Person oder eine Situation völlig zum Stillstand gebracht und gelähmt werden kann.
4. »Auslöschung« *(uccatana)*: Diese Handlung befähigt dazu, ein Lebewesen über geografische Grenzen hinweg zu zerstören.
5. »Verursachung von Zwietracht« *(vidveshana)*: Dies ist die Fähigkeit, Streitigkeiten zwischen Menschen hervorzurufen.
6. »Töten« *(marana)*: Die Fähigkeit, jemanden aus der Ferne zu töten.

Diese Shat-Karmas, mit Ausnahme des Ersten, gehören alles andere als zu den edlen Formen von übersinnlichen Kräften und wurden hier nur der Vollständigkeit halber angeführt. Im weiteren Verlauf des Buches wird nicht darauf eingegangen, da es sich hier offensichtlich um schwarzmagische Praktiken handelt, die keinem höheren Ziel wie der Gott- oder Selbstverwirklichung dienlich sind. Wie nämlich bereits angemerkt sind die übersinnlichen Fähigkeiten nur dann heilbringend, wenn sie dem göttlichen Plan nicht im Wege stehen. Diese Shat-Karmas können keineswegs zum göttlichen Plan hinzugezählt werden. So wurden denn auch im Laufe der Zeit diese Kräfte von Tantrikern missbraucht und zu wenig edlen Zwecken verwendet, das Tantra geriet immer mehr in Verruf. Dabei basiert die eigentliche Philosophie des Tantra auf der Annahme, dass sture Enthaltsamkeit und Askese das Herz des Menschen verhärten und es für ihn unmöglich machen, Zugang zum Absoluten zu erhalten.

Die Upanischaden: Geheimes Wissen

Die religiösen Texte der Veden sind in einer Zeit des Priestertums im alten Indien entstanden. Sie sind Ausdruck göttlicher Offenbarung und wurden von den Sehern, den Rishis, der damaligen Zeit »gehört« und lange Zeit nur mündlich überliefert. Das Ende des Veda stellen die Upanischaden dar, die auch Vedanta, das »Ziel« oder das »Ende des Veda«, genannt werden.

Somit gelten auch die Upanischaden als göttliche Offenbarungen und wurden über Jahre hinweg nur mündlich vom Meister an den Schüler übergeben. Die Upanischaden sind vedische Geheimlehren und waren nicht für die breite Öffentlichkeit gedacht. *Upanischad* bedeutet »sich nahe zu jemandem niedersetzen« als Ausdruck dafür, dass Schüler und Meister eng beieinandersaßen, als das Geheimwissen vermittelt wurde.

Die Upanischaden haben weder einen Autor noch entstanden sie in einer bestimmten Zeitspanne. Somit gibt es heute zahlreiche Upanischaden. In der Yoga-Sikha-Upanischad wurden Elemente des Yoga und des Vedanta verbunden und Bezug auf verschiedene Yoga-Schulen genommen. Hierin lassen sich auch Hinweise auf Yoga-Siddhis finden. In den Zeilen 1.151 bis 1.155 ist eine Aufteilung der übersinnlichen Kräfte in künstliche *(kalpita)* und spontane *(akalpita)* vorgenommen worden. Die Ersteren werden durch Rituale, Elixiere, Mantras und Mudras ausgelöst, spontane Kräfte hingegen entstehen aus dem »Selbst«, dem Atman, heraus (nach Feuerstein, 2008). Diese Form nennt man *svatantrya*, »aus dem Selbst heraus gewoben«. Diese Art von übersinnlichen Kräften dient einem höheren Ziel und ist dem göttlichem Prinzip gewidmet. Denn das Atman, aus dem diese Kräfte entspringen, ist mit dem Brahman, dem göttlichen Prinzip, verbunden, sie sind sogar von Grund auf ein und dasselbe.

Svatantrya bedeutet, dass man das eigene Selbst so tief ergründen kann, dass sich im Atman das Brahman offenbart. Somit kommt hier auch zum Ausdruck, dass die übernatürlichen Kräfte nicht nur auf einem spirituellen Weg der Gotteserfahrung entstehen, sondern auch bewusst durch rituelle Handlungen erzeugt werden können. Nur scheint auch hier durchzuleuchten, dass die künstlich erzeugten Kräfte keinem höheren Ziel wie der Heilung von Mensch und Welt dienlich sein können. Spontane Erweckungen hingegen entstehen allein aus dem göttlichen Atman heraus, auch wenn es manchmal dafür einen äußeren Meister braucht. Beispielsweise kann die Kundalini-Energie, welche die im menschlichen Körper manifestierte Shakti ist, durch eine Berührung oder einen Blick des Gurus erweckt werden. Diese Erweckung führt oftmals zu inneren, aber auch äußeren Phänomenen der Übersinnlichkeit. Auch wenn diese Erfahrungen ihren Auslöser, den Meister, im Außen haben, entsteht doch das, was geschieht, von innen her.

Yoga-Siddhis im Yoga-Bhashya

Im Yoga-Bhashya (3.45, vgl. Feuerstein, 2008) findet man eine weitere Aufteilung der übersinnlichen Kräfte, die oftmals auch als die sogenannten klassischen Siddhis gelten: Dies sind »Verkleinerung« *(animan)*, »Vergrößerung« *(mahiman)*, »Levitation« *(laghiman)*, »Ausdehnung« *(prapti)*, »unwiderstehlicher Wille« *(prakamya)*, »Meisterschaft« *(vashitva)*, »vollkommene Meisterschaft« *(ishitritva)* und »Erfüllung aller Wünsche« *(kamavasayitva)*. Der Symbolgehalt der klassischen

Siddhis ist sehr bedeutsam, und es bedarf einer näheren Untersuchung der einzelnen Kräfte, um einen tieferen Einblick ins Spektrum des Yoga-Übersinnlichen zu erlangen. Das Yoga-Bhashya ist eine Art Kommentar zu einem der wichtigsten Werke der Yoga-Literatur, den Yoga-Sutras von Patanjali. Im nächsten Abschnitt schauen wir uns die einzelnen Siddhis daher gemäß diesem Werk näher an, wobei ich mich vor allem auf Vivekanandas Buch *Raja-Yoga* stütze. Dabei werden wir auch die hier nur kurz erwähnten acht klassischen Siddhis ausführlicher beleuchten.

Patanjalis Yoga-Sutras: Vibhuti-Pada

Yoga scheint über die Jahrhunderte hinweg eine Schnittstelle zwischen Religion und Philosophie dargestellt zu haben. Man findet in den religiösen Texten der Veden, in den mystisch-philosophischen Ansätzen der Upanischaden und zu einem späteren Zeitpunkt auch in rein philosophischer Form in den Yoga-Sutras des Patanjali viele Hinweise darauf. Patanjali erschuf in seinem Werk eine der sechs im Hinduismus als klassisch anerkannten Philosophie-Schulen. Diese sechs Schulen *(darshanas)* entstanden relativ parallel um den Zeitraum des 2. Jahrhunderts v. Chr. und des 2. Jahrhunderts n. Chr. und beeinflussten sich mehr oder wenig gegenseitig. Patanjalis Yoga-Sutras zählen bis zum heutigen Tag zur wesentlichen Literatur der Yoga-Geschichte. Seine Leitsätze in Form der Sutras sind die

Grundpfeiler der Yoga-Philosophie und dienen den Praktizierenden als praktikable Leitsätze, um die eigene spirituelle Entwicklung voranzutreiben. In seinem Werk behandelt Patanjali Themen wie ethische Grundlagen des Yoga *(yama* und *niyama)*, Atembeherrschung *(pranayama)*, Körperhaltungen *(asanas)* und verschiedene Stufen der inneren Versenkung bis hin zum Samadhi.

Die drei Stufen der Meditation sind Kernpunkte des dritten Kapitels, in dem Patanjali auch die übersinnlichen Fähigkeiten nicht auslässt. Das dritte Kapitel nennt sich Vibhuti-Pada. Obwohl Vibhutis an keiner Stelle des Kapitels erklärt werden, kann davon ausgegangen werden, dass hiermit die übersinnlichen Kräfte gemeint sind. Sie treten zum Vorschein, wenn sich der Mensch mit seiner göttlichen Essenz identifiziert und durch spirituelle Praxis den Staub auf seiner Seele wegwischt, um den Glanz seines Selbst, des Atman, zu erblicken. Dieses Kapitel gilt bis heute als eines, das dem fortgeschrittenen Yogi vorbehalten ist. Jedoch findet man auch dort Konzentrationsübungen, die selbst von einem Yoga-Anfänger praktiziert werden können. Vielleicht machen es uns körperliche Bedingungen unmöglich, in Körperhaltungen das Yoga zu erfahren. Unser Geist kann mit etwas Übung verschiedenste Formen annehmen und vielfältigste Dimensionen erreichen. Jeder ist durch geistige Schulung in der Lage, Erkenntnis über das »wahre Sein der Dinge« zu erlangen. Es braucht jedoch die Erfahrung des Gebundenseins im Alltagsbewusstsein, bevor diese Erkenntnis eintreffen kann. Alles, was wir durch den Tag hindurch erleben und wahrnehmen, wird durch verschiedenste Aktivitäten des Geistes, durch Irrtümer und Vorstellungen verfälscht. Diese werden Samskaras genannt, darunter fallen auch frühere Erfahrungen, Erlebnisse und innere Eindrücke, die sich in tieferen Schichten des Geistes verfestigen. Die Wahrnehmung dieser inneren Abdrücke führt letztendlich dazu, dass der Mensch seine Gebundenheit an diese auch auflösen kann. Es kann nur etwas aufgehoben werden, dessen man sich bewusst wird. Dies bedeutet, dass der Geist gesammelt und die gedanklichen Bewegungen beruhigt werden müssen, bevor es zu einer Bewusstwerdung kommen kann. Darauf geht Patanjali ein und spricht in den ersten Sutras des Vibhuti-Pada vom »Licht wahrer Erkenntnis« *(prajna)*, das schrittweise (3.6) erlangt werden kann, wenn die drei Praktiken der Bündelung geistiger Aktivität *(samyana)* geübt werden. Diese nennen sich Dharana, Dhyana und Samadhi.

Mit Dharana wird die Ein-Punkt-Konzentration bezeichnet, bei welcher der geistige Fokus auf ein äußeres Objekt oder einen Meditationsgegenstand gelenkt wird (3.1). Dieses äußere Objekt kann ein Symbol, ein Bild, ein Mantra oder ein Klang sein. Durch die Konzentration darauf werden die Gedanken gesammelt und beruhigt. Auch fallen darunter Atemübungen, die man mit voller Konzentration auf den Atem praktiziert, aber auch Körperhaltungen, in denen man bewusst mit der gedanklichen Energie in der Stellung ist. Dharana gilt somit als der Anfang jeglicher Yoga-

Praxis. Ohne Konzentration auf die Sache wird die Sache sinnlos.

Im Zustand des Dhyana hingegen wird die Konzentration vom Objekt gelöst, der innere Fokus und die geistige Stille bleiben jedoch erhalten (3.2). Hier geht es also darum loszulassen. Loslassen bedeutet jedoch nicht, das Treiben der Gedanken wieder beginnen zu lassen, sondern die innere Stille von jeglichem Gegenstand zu lösen, sodass nur reine Ruhe bleibt. Dies kann beispielsweise für das Pranayama folgendermaßen geschehen: Die Atemübung wird weiterhin praktiziert, es findet jedoch mehr und mehr eine Lösung vom äußeren Geschehen des Atems statt, man spürt die innere Stille, die der Atem hinterlässt. Letztendlich löst sich die Form des Fokus auf, und man tritt in Samadhi, in die Meditation ein (3.3), wenn auch der innere Fokus endet und einzig und allein die gedankliche Leere bleibt. Dies erfordert jedoch die Kraft, gegen das Hin und Her der gedanklichen Energie *(srava-arthata)* antreten zu können und innere Sammlung *(ekagrata)* zu erfahren (3.11).

Durch die Praxis dieser geistigen Schulung erlangen wir die Fähigkeit, hinter die äußere Fassade von Dingen und Situationen zu blicken. Probleme oder unangenehme Situationen können allein schon dadurch gelöst werden, dass man ihre wahre Ursache erkennt und damit das Unwissen besiegt. Das Licht der Erkenntnis *(prajna)* erhellt nicht nur unser Wissen über die Dinge der Welt, sondern auch über uns selbst. Wir beginnen zu verstehen, weshalb wir uns in manchen Situationen entmutigt, beängstigt oder machtlos fühlen und dass all diese Gefühle aufgrund dessen entstehen, weil wir unseren göttlichen Kern und seine Unverletzlichkeit vergessen. In der Erkenntnis der inneren Prozesse beginnen sich die übersinnlichen Fähigkeiten zu entwickeln, denn nur, wer den Mut hat, sich selbst ins Herz zu blicken, wird auch den Mut haben, das wahre Sein der Dinge zu durchschauen. Dies mag vielleicht wie eine Art psychohygienische Anleitung klingen, in der Tat ist es so, das Patanjali mit seinen Versen viel auf geistige Gesundheit und inneres Wohlbefinden eingegangen ist.

Er kann auch als der Erste bezeichnet werden, der eine genaue Anleitung zur Entstehung, Entwicklung und Erscheinung der Siddhis geliefert hat. Daher wollen wir nun einige wichtige Verse des dritten Kapitels seines Werkes diesbezüglich genauer betrachten.

(3.21) *Unsichtbarkeit:* Das Licht, das vom eigenen Körper ausgestrahlt wird, wird willentlich unterbrochen und fällt somit nicht ins Auge der gegenüberstehenden Person.

Patanjali erklärt hier, wie der Yogi durch geistige Konzentration befähigt wird, das Licht, das von seinem Körper reflektiert wird, zu unterbrechen. Bekanntermaßen können Dinge über das Auge nur dann wahrgenommen werden, wenn Licht auf sie fällt. Wird dies jedoch aus irgendeinem Grund unterbrochen, erscheinen die Dinge für uns als unsichtbar. Der indische Heilige Ramalinga, der etwa in der zweiten Hälfte des 19. Jahrhunderts lebte, dürfte darin Meister gewesen sein, diese Unterbrechung zu praktizieren. Denn man erzählt sich in Indien davon, dass auf Gruppenfotos anstelle des Meisters stets nur dunkle Flecken zu sehen waren. Er galt als sehr bescheiden und führte diesen Effekt darauf zurück, dass er seinen Körper verwandelt und sich selbst in der Einheit allen Seins aufgegeben hatte.

Patanjalis Vers kann gleichzeitig auch in dem Sinne gedeutet werden, dass Unsichtbarkeit ein Zeichen dafür ist, nicht mehr von dieser Welt zu sein und das Materielle verlassen zu haben. Das Überschreiten der materiellen Welt gilt als ein wichtiger Schritt in der Entwicklung der Sensitivität. Der Glaube an das Feinstoffliche geht zwangsläufig einher mit dem Glauben an die Koexistenz von Materiellem und Nichtmateriellem. Hier ist nicht die Verleugnung des Körpers oder der Realität gemeint, sondern eine Verschiebung der Wahrnehmung in Richtung weiterer, tieferer Dimensionsschichten. Das Jenseits und das Diesseits existieren zur gleichen Zeit am gleichen Ort und können durch eine sensitive oder mediale Person wahrgenommen werden. Es eröffnen sich tiefer liegende Beziehungen zwischen Situationen und Personen im eigenen Leben, wenn man beginnt, den eigenen Horizont zu erweitern. Dies wird im nächsten Vers zum Ausdruck gebracht.

(3.22) *Kenntnis über den Tod:* Dies drückt die Fähigkeit aus, Kenntnis über das eigene Karma und seine Auswirkungen auf Glück oder Unglück und auf den eigenen Tod zu erlangen.

Hier greift Patanjali den Begriff Karma, den er bereits im zweiten Kapitel seines Werkes (II.12) erläutert hatte, wieder auf. Demnach häufen wir aufgrund von Unwissenheit, Egoismus, Anhänglichkeit, Abneigungen und Verhaftetsein ans Leben Karma an. Dieses Karma unterteilt sich in drei verschiedene Arten: gegenwärtiges Karma, das in der jetzigen Inkarnation gelebt und abgebaut wird; neues Karma, das in der jetzigen Inkarnation erschaffen, aber in einer oder mehreren anderen Inkarnationen abgebaut wird, und gespeichertes Karma, das bereits vorliegt und sich erst in kommenden Inkarnationen offenbaren wird. Das Karma sucht ständig nach Gelegenheiten, um an die Oberfläche zu gelangen, sei es durch irgendwelche Geburtsumstände oder durch Lebenssituationen. So kann das Karma mit jeder Inkarnation abgebaut werden, und wenn denn nicht neues Karma angehäuft wird, nähert man sich so dem Ziel der Erleuchtung. Dort angelangt gibt es keine Wiedergeburt mehr, das Selbst, Atman, hat sich verwirklicht und erkannt, dass jegliches Karma aufgrund einer falschen Identifizierung mir einer Individualseele anstatt mit der All-Seele, Brahman, entstanden ist.

Das Konzept des Karma mag sich anhören wie eine Vorprogrammierung des eigenen Lebens, jedoch ist es so, dass jeder den freien Willen hat, sein Karma positiv zu leben und somit aus jeder Situation Kraft und Sinn zu schöpfen. Der kürzeste Weg hin zur Erleuchtung und zur Befreiung von jeglichem Karma ist die Erlangung der Erkenntnis darüber, dass wir in unserer Essenz göttlich sind und keinerlei Karma an uns anhaften kann.

Nur wenn wir es zulassen, dass Körper, Sinne und die äußere Welt uns beherrschen, beginnen wir auch das Karma anzunehmen und nach seinen Regeln zu leben. Aus dem karmischen Kreislauf auszubrechen, bedeutet, zu erkennen, was wir wirklich sind: von Grund auf göttliche und erfüllte Wesen. Das waren wir schon immer und werden es immer sein. Es ist mehr eine Art Sich-wieder-daran-Erinnern als eine bloße Erkenntnis.

Ein Yogi, der ernsthaft eine geistige Schulung *(samyana)* praktiziert, beginnt immer mehr die Spuren und Abdrücke des Karma in den Schichten seines Bewusstseins zu erkennen und Lebenssituationen zu verstehen. Er beginnt zu erahnen, in welche Richtung sich die Dinge in seinem Leben entwickeln werden. Er erhält den Durchblick dafür, wie seine gedanklichen Muster, die im Grunde genommen nichts anderes als karmische Fußstapfen sind, sein Leben beeinflussen und lenken. Mit dieser Erkenntnis beginnt sich der Schleier der Unwissenheit über Leben, Zukunft und Tod aufzulösen und die anstehenden Trends im Leben werden absehbar. Im Rahmen einer seriösen sensitiven Lebensberatung ist es genau das, was ein hellsichtiger Therapeut wahrnimmt: die karmisch bedingten zukünftigen Geschehnisse, die sich im Energiefeld des Klienten abzeichnen.

(3.23) *Innere Haltung:* Mit Anwendung der geistigen Schulungspraktiken, Samyana, auf tugendhafte seelische Eigenschaften wie Freundlichkeit und Mitgefühl entwickelt sich emotionale Stärke.

Auch hier findet sich ein Bezugspunkt zu einem vorherigen Kapitel aus Patanjalis Werk wieder, und zwar zum ersten Kapitel (I.33). Dort steht geschrieben, dass Freundlichkeit, Mitgefühl, Freude und Gleichmut empfehlenswerte Eigenschaften für einen Yogi sind. Diese Eigenschaften erhalten nun in diesen Versen des dritten Kapitels eine tiefere Bedeutung. Sie sind von essenziellem Belang für die Entfaltung der inneren Kraft *(bala)*, die benötigt wird, um auf dem spirituellen Pfad voranzukommen. Gegensätzliche Gefühle wie Neid, Eifersucht, Gier, Angst vor Verlust, Wut, Hochmut etc. vergeuden Lebensenergie, die man jedoch unbedingt benötigt, um die volle Kraft im Inneren erfahren zu können. Bala wird erzeugt, wenn wir voller Mitgefühl und Freude uns selbst und unseren Mitmenschen begegnen.

(3.24) *Innere Stärke:* Samyana macht den Yogi stark wie ein Elefant und verleiht ihm innere Stärke.

Die Meditation auf ein inneres oder äußeres Objekt führt durch regelmäßige Praxis dazu, dass man sich selbst immer mehr im Meditationsobjekt findet. So mag es nicht verwundern, dass in vielen Naturvölkern religiöse Zeremonien in Verbindung mit tierhaften Erscheinungen oder Tieropfern abgehalten wurden. Vor allem Tiere wie Elefanten und Löwen strahlen enorm viel Energie aus, über die der Mensch sein eigenes Energiereservoir anzapfen kann, sobald er sich selbst im Tier sieht und sich mit ihm identifiziert. Wir sind das, was wir denken, zu sein. Patanjali bestätigt dies in diesen Versen.

(3.25) *Wissen über die feinstoffliche Form der Dinge:* Dem, der Samyana praktiziert, offenbaren sich die subtilen, verborgenen und weit entfernten Eigenschaften der Dinge.

Hier wird klar vom hellsichtigen Wahrnehmen von Energiefeldern und Auras gesprochen. Durch innere Sammlung wird es dem Yogi möglich, seine Übersinne einzusetzen und somit die feinstoffliche Natur der Dinge, auch über Distanzen hinweg, wahrzunehmen. Es können Orte und Personen sensitiv erspürt werden, und es offenbaren sich die wahren Gegebenheiten in den äußeren Erscheinungen.

(3.26, 3.27 und 3.28) *Wissen über das Universum und Sternenkonstellationen:* Es kann durch die Samyana-Praxis Wissen über den Kosmos und die Gestirne erlangt werden.

Dies kann mit dem Hellwissen gleichgesetzt werden. Es kommt zum Ausdruck, dass die Wahrnehmung des Yogi sich nicht nur auf die Erde beschränkt, vielmehr ist er auch dazu befähigt, seinen Geist so sehr auszudehnen, dass er das Universum energetisch berühren und fühlen kann.

(3.29) *Wissen über das Innere des Körpers:* Der Samyana-Übende erlangt nicht nur Wissen über das Außen, sondern kann auch durch den Fokus auf das Nabhi-Chakra bzw. den Solarplexus das Innere des eigenen Körpers erspüren und erfahren.

Im Solarplexus manifestieren sich die Tatkraft des

Menschen und der Sinn für sein weltliches Dasein. Der menschliche Körper ist der materielle Repräsentant dafür, zu welcher Lebensaufgabe der Mensch geboren wurde. Die körperliche Konstitution eines jeden ist darauf ausgerichtet, dem Selbst und seiner Verwirklichung dienlich zu sein. Nun ist es leider so, dass der Mensch sich im Spiel der Welt immer mehr von seinem Körper entfernt und ihn oftmals gar nicht mehr spüren kann. Natürliche Triebe wie Schlafen und Essen finden nur dann Beachtung, wenn sie in den Alltag integriert werden können, und nicht, wenn sie sich melden. Oder es kommt dazu, dass die inneren Bedürfnisse überinterpretiert und übersättigt werden. So findet eine zunehmende Verfremdung zwischen Körper und Seele statt: Sie leben wie zwei Fremde im gleichem Boot, die keine gemeinsame Sprache finden, um miteinander zu kommunizieren.

Durch die Meditation auf den Solarplexus, das Manipura-Chakra, gewinnt der Yogi sein Gefühl für den Körper wieder. Dies gilt auch als Voraussetzung dafür, sich der feinstofflichen Welt öffnen zu können. Denn ohne eine Verwurzelung des Menschen im eigenen Inneren können sich die übersinnlichen Kräfte nicht entfalten.

Vergleichbar ist dies mit einem Baum, der keine Wurzeln hat und somit keine Nährstoffe aus dem Boden ziehen kann, um die Blätter und Blüten zu versorgen. So ist es auch mit einem Menschen, der seine körperliche Existenz missachtet und gegen die Regeln einer gesunden Lebensführung lebt.

(3.30) *Ende von Hunger und Durst:* Durch den Fokus auf die Kehlgrube *(kantha-kupa)* hat der Yogi die Macht, Hunger und Durst zu beenden.

In der Kehlgrube liegt eines der wichtigsten Energiezentren für den medialen Kontakt zur Geistigen Welt, das Vishuddhi-Chakra. Dieses Hals-Chakra ist der Ort der dies- und jenseitigen Kommunikation, die Verbindungsstelle zwischen dem Inneren und dem Äußeren, aber auch die Projektionsstelle innerer Begierden nach außen. Wir drücken über unseren Hals nicht nur unsere Gedanken aus, sondern sind energetisch gesehen darüber auch in einem ständigen emotionalen Austausch mit unserer Umwelt. Dieser Vers ist ein Hinweis dafür, dass durch die Meditation auf dieses Chakra innere Muster von seelischen oder geistigen Lebensgewohnheiten durchbrochen werden können. Zwar sind natürlich Hunger und Durst lebensnotwendige Bedürfnisse, die gestillt werden sollten, dennoch gibt es auch unzählige Berichte über Meister, die diese Selbsterhaltungstriebe überwunden haben und über Tage, ja sogar Jahre hinweg ohne Wasser und Brot leben konnten oder können.

Versteht man den Vers jedoch in seiner symbolhaften Bedeutung, kommt man schnell darauf, dass es auch hier darum geht, körperliche Grenzen als nichtig anzuerkennen. Wir wissen alle, wie stark Gefühle von Durst oder Hunger sein können und wozu wir in extremen Lebenssituationen, in denen wir diese Triebe nicht befriedigen können, in der Lage wären. Durch geistige Schulung ist es jedoch zu schaffen, eine derart immense innere Kraft zu entwickeln, dass sinnliche Begierden kontrolliert und eingedämmt werden können. Dies führt dann dazu, dass man die kosmische Energie, das Prana, als die eigentliche Energiequelle anzuerkennen und bewusst mit ihr in Kontakt zu treten beginnt.

(3.31) *Innere Festigkeit:* Durch Samyana auf den sogenannten Schildkrötenkanal wird der Körper des Yogi bewegungslos.

Der Schildkrötenkanal ist einer unserer größten Energiekanäle und befindet sich unterhalb des Kehlkopfs in der leicht ausgehöhlten Mitte des Brustbereichs. In der Yoga-Philosophie wird davon ausgegangen, dass wir aus mehreren Körpern, den Koshas, bestehen – wir werden darauf noch eingehen. Einer dieser Körper ist der Vitalkörper, der sich aus der Qualität der kosmischen Lebensenergie heraus bildet. Sein wichtigstes Energiereservoir liegt in diesem hier von Patanjali genannten Schildkrötenkanal. Die Schildkröte symbolisiert mit ihrem festen Panzer den Schutz, den dieser äußerst wichtige Energiekanal dem Menschen bietet. Durch die Meditation auf diesen Energiekanal wird dem Yogi Klarheit und innere Stabilität verliehen. Auch mag Patanjali hier auf eine bestimmte Technik des Pranayama hindeuten, mit der die Atmung stabilisiert wird. Geist und Atmung sind aufs Engste miteinander verwoben, und somit ist es möglich, über den Atem auch die gedanklichen Wellen *(vrittis)* zur Ruhe zu bringen.

(3.32) *Anblick der Meister, der Siddhas:* Durch den Fokus auf das Licht am Scheitelpunkt des Kopfes erblickt man vollendete Meister.

Am Scheitelpunkt liegt das siebte Chakra als die Verbindungsstelle zur spirituellen Welt. Über dieses Chakra kann man Verbindung zu den Aufgestiegenen Meistern aufnehmen. Die Siddhas sind die Meister des Yoga, die die geistige Schulung völlig gemeistert und vollkommener Siddhis habhaft geworden sind. Dieser Vers mag auch auf den inneren Meister oder vielleicht sogar auf den eigenen Geistführer, wie wir das in diesem Kontext nennen würden, hindeuten. Auch ich hatte meine erste Begegnung mit meinem Geistführer in der Meditation und kann bestätigen, dass die Verbindung zum Geistführer am deutlichsten zu spüren ist, wenn man die Sinne nach innen richtet und sich sammelt.

(3.33) *Intuition:* Die übersinnlichen Kräfte können sich wie durch einen Blitzstrahl spontan ergeben.

Mit diesem Vers weist Patanjali darauf hin, dass auch eine spontane Erweckung der übersinnlichen Kräfte vorkommen kann, ohne dass man eine spirituelle Praxis geübt hat oder in Versenkung war. In gewissem Maße ist dies als Hellfühlen oder Intuition zu bezeichnen. Man braucht, um blitzartige Gefühle von innerem Wissen oder Intuition zu erlangen, weder in der Meditation zu sein noch eine bestimmte Übung auszuführen. Oft kommt es vor, dass sich ein Hellfühlen von Situationen, Menschen oder Objekten spontan einstellt, ohne dass dies willentlich herbeigeführt worden wäre. Diese spontanen intuitiven Eindrücke entstehen jedoch vor allem bei Menschen, die sich generell um ihre sensitive Entwicklung bemühen.

(3.34) *Erkenntnis des Bewusstseins:* Allein durch den Fokus auf das Herz kann die wahre Natur des Bewusstseins erkannt werden.

Citta wird als das Bewusstsein des Menschen bezeichnet, das sich auf drei verschiedenen Ebenen manifestieren kann: zum einen über die sinnliche Wahrnehmung und das Alltagsbewusstsein, zum anderen über den Traum und drittens über den Tiefschlaf. Das Alltagsbewusstsein ist die Form des Bewusstseins, in der wir uns den größten Teil unseres Lebens befinden. Diese Art von Bewusstsein kennzeichnet sich dadurch, dass der Mensch sich seiner selbst und seiner Welt auf eine gewisse Art und Weise bewusst wird. Hier kommt vor allem der zeitliche Faktor zum Tragen, denn jegliches Leiden und jegliches Unwissen über die wahre Natur der Erscheinungen entsteht dadurch, dass wir uns an Dingen festhalten und das Vergehen der Zeit als etwas Schmerzhaftes empfinden. Um diesen Schmerz und das Leiden, das durch die Verhaftung an das Materielle entsteht, zu unterdrücken, entwickelt der Mensch für sich Mechanismen, die ihm die Wahrheit verschleiern und somit erträglicher machen. Zum einen ist es Unbewusstheit *(avidya)*, im Sinne eines Lebens in Verdrängung der wahren Tatsachen, zum anderen ist es die Befriedigung von Trieben und Begierden, um die Sinne abzustumpfen und ein Gefühl von (allerdings unwahrem, falschem) Glück zu erzeugen. Auch die Ansammlung von Reichtümern und materiellem Wohlstand *(artha)* führt dazu, dass das Alltagsbewusstsein stabiler und man mit dem augenscheinlichen Leiden der Welt nicht konfrontiert wird. Neben diesen Dingen gibt es noch ein Letztes, das das Alltagsbewusstsein stärkt, und zwar der Glaube an eine Ordnung hinter all den Dingen, das Dharma. Auch das ist jedoch letztendlich genauso wie Unbewusstheit, Triebbefriedigung und äußerer Reichtum eine Verblendung und führt dazu, dass wir unsere wahre göttliche Natur, die mit allem verbunden ist, vergessen. Natürlich könnte man in der Welt leben, indem man ständig (falsches) Glück anhäuft und Leiden zu vermeiden versucht, aber was wäre dies anderes, als Zielen nachzueifern, die nur kurzzeitige Erfüllung bringen? Der Weg des Yoga ist für all diejenigen, die aus dem Kreislauf von falschem Glück und Leiden aussteigen wollen, die sich für wahres Glück, das nur im Inneren zu finden ist, entscheiden.

Es gibt neben dem Alltagsbewusstsein, dem Traum und dem Tiefschlaf noch eine vierte Form. Diese vierte Bewusstseinsebene *(turiya)* kann nur dann erreicht werden, wenn wir den Fokus nach innen auf das Herz richten. Hier ist nicht das anatomische, sondern das energetische Herz, das Anahata-Chakra, gemeint. Durch regelmäßige Herzmeditation erlangt man die Fähigkeit, in die verschiedenen Bewusstseinsebenen einzusteigen und auch diese vierte zu erreichen. Dort angelangt wird man nichts außer reinem Bewusstsein, unbefleckt von weltlichen und egobezogenen Dingen, vorfinden. Es ist das absolute Bewusstsein jenseits von Denken und Körperidentifizierung. In der Mandukya-Upanischad findet sich eine nähere Erläuterung zu diesem Zustand (nach Michel, 2007). Demnach erkennt sich Atman im Wach-Sein nach außen und im Schlaf nach innen hin. Im Tiefschlaf findet eine unbewusste Auslöschung des Selbst statt, während Gleiches im vierten Bewusstseinszustand bewusst geschieht.

Ihren Ausdruck finden diese verschiedenen Bewusstseinsebenen in der heiligen Silbe Om, letztlich A-u-m. »A« steht für das Wachbewusstsein, »u« für das Traumbewusstsein und »m« für den Tiefschlaf. Gemeinsam ergeben sie die Silbe Om, die für den vierten Bewusstseinszustand steht.

(3.35) *Wissen vom Selbst:* Erfahrungen des Diesseits entstehen durch ein falsches Verständnis von wahrer Freude des Selbst *(sattva)* und dem eigenen wahren Selbst *(atman).* Diese Welterfahrung bezieht sich auf das Individuum. Atman, das wahre Selbst wird jedoch dann erkannt, wenn die innere Sammlung *(samyana)* auf die Interessen des wahren Selbst und nicht auf die Interessen des Individuums gerichtet wird.

Patanjali geht mit diesem Leitsatz auf verschiedene Konzepte der Yoga-Philosophie ein, um in der Begegnung mit weltlichen Sinneserfahrungen die Standpunkte des Selbst, Atman, und das sogenannte Sattva, die Freude und Ausgeglichenheit, einzugehen. Grundsätzlich wird zwischen drei Eigenschaften der Natur, drei Gunas, unterschieden: Tamas (Trägheit), Rajas (Unruhe), Sattva (Freude, Frieden). Die Erfahrung des Sattva kommt jedes Mal zum Ausdruck, wenn das Individuum sich an etwas erfreut. Dabei geht es davon aus, dass die Freude durch ein Objekt oder eine Situation ausgelöst wurde. Dem ist aber nicht so. Freude rührt immer von Sattva her. Sattva ist die wahre Freude des Selbst. Freude entsteht durch das Selbst, nicht durch äußere Gegebenheiten. Dieser Leitsatz kann auch in folgendem Sinne verstanden werden: Eine Verbindung und ein Leben in Harmonie mit dem höheren Selbst führt dazu, dass individuelle Begrenzungen und Hindernisse als nicht existent erkannt und dadurch automatisch aufgelöst werden. Das volle Potenzial des Selbst kommt zum Vorschein. Der Mensch erhält seine Macht über Freude und Leid wieder, indem er erkennt, dass die äußere Welt weder für das eine noch für das andere verantwortlich sein kann. Alles entspringt aus dem Inneren.

(3.36) *Übersinnliche Kräfte:* Es entstehen plötzliche intuitive Wahrnehmungen auf der Basis von Hören, Fühlen, Sehen, Riechen und Schmecken.

Ist nun einmal das wahre Wesen des Selbst, Atman, das mit dem göttlichen Prinzip, Brahman, eins ist, erkannt, können verborgene Kräfte ans Licht treten und entwickelt werden, wie beispielsweise übersinnliches Hören, Fühlen, Sehen, Schmecken und Riechen. Patanjali weist ganz deutlich darauf hin, dass diese Kräfte sich nicht aufgrund individueller oder Ego-Wünsche entwickeln, sondern nur durch Hingabe und Glaube an das Selbst. Im nächsten Leitsatz zeigt er, dass diese Kräfte für das weltliche Bewusstsein förderlich sind, jedoch im Zustand der Erleuchtung *(samadhi)* jegliche Bedeutung und Relevanz verlieren (3.37). Bezogen auf die verschiedenen Bewusstseinsebenen können diese im Wachen eingesetzt werden, werden sich aber im oben beschriebenen vierten Zustand *(turiya)* als nicht hilfreich erweisen.

(3.38) *Austritt aus dem Körper (Seelenwanderung):* Durch Auflösung der Bindung an den Körper kann das Bewusstsein auf einen anderen Menschen übergehen.

Dies kann im Sinne der Empathie interpretiert werden. Ist der Mensch nicht ständig in seine eigenen Gedanken, Begierden und Angelegenheiten verstrickt, wird er sich auch mehr auf andere einlassen und mit ihnen fühlen können. Nimmt man jedoch an, dass es hier um tatsächliche Seelenwanderung von einem zum anderen Körper oder von einem zum anderen Ort geht, könnte man diese Fähigkeit gleichsetzen mit der, die im Tirumantiram (Vers 668) bzw. im bereits besprochenen Yoga-Bhashya neben sieben anderen übersinnlichen Kräften erwähnt wurde: Prapti. Es werden insgesamt acht große übersinnliche Fähigkeiten des Yogi im Yoga-Bhashya (3.45, nach Feuerstein, S. 571) genannt, diese stellen die sogenannten klassischen Siddhis dar:

1. Animan (»Verkleinerung«): Hier kommt die Fähigkeit zum Ausdruck, die materielle Welt völlig zu meistern und sich zu der Größe eines Atoms zu verkleinern. Animan ist ein Hinweis dafür, dass man sich so eng mit dem Feinstofflichen verbindet, dass man selbst dessen Eigenschaften annimmt.
2. Mahiman (»Vergrößerung«): Diese Fähigkeit ist im Sinne einer mentalen Ausbreitung zu deuten, in welcher der feinstoffliche Körper sich weitet und über den physischen Leib hinauswächst. Dies könnte man auch als eine Art von Bewusstseinserweiterung beschreiben.
3. Laghiman (»Levitation«): Dies ist ein Ausdruck dafür, dass man das Materielle besiegt und das Feinstoffliche völlig übernommen hat, sodass die geistige Kraft sich aus den Verstrickungen der Maya erhebt und man über dem weltlichen Geschehen steht. Weiterhin ist die Levitation ein Hinweis auf die Beherrschung der Elemente Raum und Luft. Durch die Lösung von diesen wird der Körper »leicht«.
4. Prapti (»Ausdehnung«): Der geistigen und feinstofflichen Kraft sind weder geografische noch physische Grenzen gesetzt. Diese Fähigkeit der Ausdehnung ermöglicht es dem Yogi, weite Entfernungen geistig zu überschreiten, vergleichbar mit der telepathischen Fähigkeit. Patanjalis Vers zur Seelenwanderung weist also deutliche Parallelen zu diesem vierten klassischen Siddhi auf. Es tut sich automatisch die Frage auf, welchen Einfluss die Dimension Zeit auf die genannte Seelenwanderung hat. Denn

hier wird von einer zeitlich versetzten Seelenwanderung, einer Art Reinkarnation gesprochen, was diesem Vers eine noch tiefere Bedeutung verleiht. Durch innere Praxis würde es dem Yogi möglich sein, sein nächstes Leben in eine bestimmte Richtung zu lenken, welche sicherstellt, dass er seiner Selbstverwirklichung näherkommt. Vorhandenes Karma kann somit erkannt und aufgelöst werden, das Selbst findet eine karmisch nahezu unbefleckte Wiedergeburt.

5. Prakamya (»unwiderstehlicher Wille«): Auch dies ist ein Ausdruck dafür, dass der Yogi es schafft, sich die Materie zu unterwerfen. Durch seine sensitive Wahrnehmung kann er sich in Gegenstände, Gewässer und Lebewesen hineinversetzen. Durch den starken Willen erreicht er jedes Ziel, das er sich setzt.
6. Vashitva (»Meisterschaft«): Dies ist die Fähigkeit, alle weltlichen Elemente zu durchschauen und bewusst mit ihnen umgehen zu können. Alle naturgegebenen Prozesse im Dies- und Jenseits erklären sich dem Yogi wie von selbst, seine Wahrnehmung ist durchleuchtet. Diese Fähigkeit ist mit dem Hellwissen gleichzustellen.
7. Ishitritva (»göttliche Herrschaft«): Ist dieses Siddhi erlangt, gibt es rein gar nichts mehr, was dem Yogi auf feinstofflicher Ebene verborgen bleibt. Wie Brahman erblickt er die Welt in ihrem wahren Licht.
8. Kamavasayitva (»Erfüllung von [allen] Wünschen«): Alles, was man will, kann sich nun aufgrund des

starken Willens in der materiellen Welt manifestieren. Diese Wünsche laufen jedoch niemals dem göttlichen Willen zuwider und dienen der Selbst-Verwirklichung und dem Heil aller Lebewesen.

Diese acht übersinnlichen Kräfte sind die klassischen Siddhis, die erst nach der Zeit der Sutras von Patanjali so beschrieben wurden. Ihr Bezug zu den Sutras ist jedoch nicht zu leugnen. Nun aber wieder zurück zu den Leitsätzen Patanjalis, die weitaus mehr als eine reine Aufzählung übersinnlicher Kräfte sind.

(3.39 und 3.40) *Lebensatem:* Durch die Beherrschung des sogenannten aufsteigenden Atems *(udana)* gewinnt der Yogi die Kraft, sich von »Wasser, Schlamm und Dornen« zu lösen und zu schweben, durch die Beherrschung des mittleren Atems *(samana)* gewinnt er die intensive Ausstrahlung seines Lichts nach außen.

Hier wird zum ersten Mal im dritten Kapitel der Sutras auf den Atem eingegangen, dem im Yoga sehr große Bedeutung zukommt. Es wird zwischen verschiedenen Arten des Atems unterschieden, die wiederum jeweils unterschiedliche Formen des Prana ausdrücken und einige übersinnliche Fähigkeiten auslösen können, wenn sie entsprechend kontrolliert werden. Die kosmische Lebensenergie, das Prana, wird in fünf Unterkategorien unterteilt. Eine davon wird dem Kopf- und Halsbereich zugeordnet: Udana. Durch die Yoga-Praxis kann das Prana in diesen Bereich gelenkt werden, es findet eine Art Energieausgleich statt, was sich auf die Hellsinne wie Hellsehen, Hellhören, Hellriechen und Hellschmecken auswirkt.

Es kann davon ausgegangen werden, dass mit »Wasser, Schlamm und Dornen« Emotionen, Gewohnheiten und egobezogene Wünsche gemeint sind. Im Vers 3.40 wird erneut auf den mittleren Bereich des Körpers (Solarplexus) eingegangen, der unter anderem ein Reservoir für die Aura-Energie darstellt. Somit kann der Yogi durch Fokussierung auf die Mitte das Licht seiner Aura verstärken.

(3.41) *Göttliches Gehör:* Durch das Eins-Sein von Ohr und Äther entsteht Hellhören.

Mit diesem Leitsatz scheint Patanjali ganz klar auf das Hellhören hinzuweisen, das durch Meditation über den Zusammenhang zwischen Ohr und Raum erlangt werden kann. Raum *(akasha)* ist eines der fünf Naturelemente neben Luft, Feuer, Erde und Wasser. Ohne diesen Raum hätte jeglicher Schall keine Möglichkeit, sich auszubreiten und ans Ohr zu gelangen. Durch die Lösung des Hörsinns vom Gehörorgan setzt das Hellhören ein. Der Ort, über den man die Geräusche nun wahrnimmt, verschiebt sich an eine andere Stelle des Bewusstseins, das physische Ohr wird ausgeschaltet, und Akasha als Vermittler zwischen Ohr und Geräusch verliert seine Funktion. Man hört mit dem Gehörsinn außerhalb des anatomischen Ohres, sozusagen mit dem inneren Ohr. So wie wir auf der physischen Ebene Organe der Sinneswahrnehmung besitzen, so gibt es auch auf tieferen Wesensebenen energetische Extensionen dieser Sinnesorgane, über die man ein weitaus größeres Spektrum an Eindrücken empfangen kann als über die physischen Sinnesorgane.

(3.42) *Astral-Reisen:* Dem Yogi wird durch das Samyana auf den Zusammenhang zwischen Körper und leerem Raum und der Identifizierung des Körpers mit Baumwolle die Fähigkeit zuteil, durch den Raum zu reisen.

Hier wird wiederum auf eines der traditionellen Siddhis (in diesem Fall auf Laghima) hingewiesen, die oben bereits ihre Erwähnung fanden. Ähnlich wie beim Hellhören handelt es sich hier um das Verstehen des Zusammenhangs zwischen dem Physischem und dem Raum. Ohne Akasha gäbe es keinen Ort, an dem das Materielle in Erscheinung treten könnte. Durch die Lösung vom Element Raum hebt sich augenblicklich auch das Materielle auf. Patanjali versuchte, dies mit dem Vergleich des Körpers mit Baumwolle zu umschreiben: Der Körper fühlt sich in der Erkenntnis der tieferen Zusammenhänge so leicht und durchdringbar wie Baumwolle an. Dieses bedarf einer intensiven Verbindung zwischen Bewusstsein und Raum. Mit geistiger Schulung zu diesen Zusammenhang verliert die Schwerkraft immer mehr ihre Bedeutung für den Körper und man erlangt die Fähigkeit, so wie gedankliche Energie von Ort zu Ort zu wandern. Dies ist Ausdruck dafür, dass durch geistige Sammlung die Materie überwunden werden kann.

(3.43) *Austritt aus dem Körper:* Während des körperlosen Wanderns sind die gedanklichen Bewegungen nicht fassbar und werden als etwas außerhalb des Körpers empfunden. Dadurch löst sich allmählich der Schleier vor dem lichtvollen Licht.

Der Yogi kann durch seine spirituelle Praxis, Sadhana, befähigt werden, dass er nicht nur imaginär aus dem Körper hinaustritt, sondern den Körper mit seinem Bewusstsein tatsächlich verlässt. Es löst sich mit der Zeit die Bindung zum Ego, und die gedanklichen Energien werden nicht mehr als ichbezogen, sondern einfach als Energie wahrgenommen. Laut der Yoga-Philosophie sind es unsere Wünsche, Begierden und Sehnsüchte, die das wahre Sein unseres Selbst verdunkeln. Die Erkenntnis des Selbst tritt ein, wenn man beginnt, die Identifikation mit der materiellen Ebene aufzulösen.

Dieser Vers erinnert aber auch an ein Astralwandern, und tatsächlich kann von Yoga-Meistern berichtet werden, die zeitgleich an zwei Orten sein konnten, an einem physisch, am anderen psychisch präsent.

(3.44) *Herrschaft über das Fein- und Grobstoffliche:* Durch die Konzentration auf die Essenz der fein- und grobstofflichen Elemente, wird dem Yogi offensichtlich, wozu diese dienen und wie sie miteinander verbunden sind.

Hier geht es vor allem um das intuitive Begreifen der den Menschen umgebenden Dinge, weniger um das intellektuelle Verstehen. Diese Dinge existieren auf grob- und feinstofflichen Ebenen verteilt. Über die Sinnesorgane *(indriyani)* nehmen wir die grobstoffliche Welt wahr, jedoch hat genau diese auch eine feinstoffliche Form. Die Naturwissenschaft bestätigt, dass Materie Energie in Bewegung ist. Der Yogi sieht hinter allem ein göttliches Prinzip, das an allen Vorgängen beteiligt ist, alles durchflutet und in Schwingung bringt. Erst durch das intuitive Begreifen dieses Prinzips wird dem Yogi die Erfahrung der beschriebenen Verkleinerung, der körperlichen Vollkommenheit und der anderen traditionellen Siddhis zuteil.

(3.47) *Tiefer Einblick in die Sinne:* Nun, da die Elemente beherrscht sind, gilt es, die eigene Wahrnehmung zu schärfen, die eigene Essenz, das Ego und seine Anhaftungen an die Welt und den tiefen Sinn des Daseins zu begreifen. Dies gelingt durch das Samyana auf die Prozesse der Wahrnehmung. Ist auch dieser Schritt getan, kann man ohne die Hilfe der Sinne leben und die Natur zur Gänze beherrschen (3.48, 3.49).

(3.50) *Absolute Befreiung:* Durch das Nicht-Verhaftetsein an die entwickelten übersinnlichen Kräfte tritt die absolute Befreiung ein. Dies mag wohl der schwierigste Schritt auf dem Weg zur Selbstverwirklichung sein, denn so faszinierend die Siddhis auf weltlicher Ebene auch sein mögen, sie stellen eine weitere egobehaftete Bindung an das Hier und Jetzt dar und sind letztlich hinderlich auf dem spirituellen Weg. Für die absolute Befreiung braucht es den Mut, stets auf diese

Siddhis verzichten zu können. Siddhis treten auf dem spirituellen Weg auf, sollten aber nicht als Ziel der spirituellen Praxis angesehen werden. Gefährliche Verstrickungen könnten aufkreuzen, wenn man sich seinem stolzen Ego widmet. Davor warnt Patanjali im Vers 3.51. Dies bedeutet aber gleichzeitig, dass übersinnliche Kräfte an sich nicht schlecht sind. Allein unsere Einstellung und Beziehung zu ihnen und ihre unrichtige Verwendung können einen dunklen Schleier über sie legen.

(3.52) *Zauber des Jetzt* (kshana): Durch den Fokus auf den jetzigen Augenblick löst sich für den Yogi die Unterscheidung einzelner Augenblicke von einer Zeitabfolge auf und er erlangt vollkommene Weisheit über die Einheit der Dinge.

Zeit gilt als eines der Konzepte des kosmischen Spiels *(lila)* der Maya, der weltlichen Illusion, die der Yogi auf dem Weg zur Verwirklichung des Selbst aufzugeben hat. Tatsächlich gibt es nur das Jetzt, das jedoch unser Verstand nicht zu erfassen in der Lage ist. Wir leben in einer für uns absolut kontinuierlichen Welt der zeitlichen Abfolgen, ohne die einzelnen Momente geistig begreifen zu können. Wir sprechen vom »Werden«, nicht vom »Sein«, von der Vergangenheit oder der Zukunft, aber nicht von der Gegenwart. Dies hat zur Folge, dass das Atman, das immer nur im Jetzt ist und niemals in der Vergangenheit oder Zukunft zu spüren ist, niemals zum Vorschein kommen kann. Der jetzige Moment hat einzig und allein die Kraft, das

Licht des wahren Selbst zum Vorschein zu bringen. Das Jetzt hat weder einen Anfang noch ein Ende und lässt uns gleichzeitig erspüren, wie sich Ewigkeit anfühlt. Wer im Jetzt ist, stirbt nie!

(3.53) *Inneres Wissen der Unterscheidung*: Zwei Dingen, die einander ähnlich und zusammenhängend sind, werden als zwei unterschiedliche Dinge wahrgenommen, da ihr Ursprung, ihre Eigenschaften und ihr Ort erkannt werden.

Dinge können sich auf materieller Ebene komplett ähneln, es kann sein, dass ein Unterschied mit den physischen Augen nicht sichtbar ist. Mit dem Hellsehen jedoch können unterschiedlichste Facetten von Gegenständen wahrgenommen werden, vom Ursprung bis hin zu Merkmalen, die augenscheinlich nicht zu sehen sind. Dieser Leitsatz von Patanjali beinhaltet einen tiefer liegenden Sinn: Es ist hier die Rede davon, zwei Dinge, die sich vollkommen gleichen, durch inneres Wissen unterscheiden zu können. Dies bezieht sich auch auf das Selbst, Atman, im Menschen. Wir sehen mit unseren physischen Augen nur unser äußeres Erscheinungsbild, dabei ist unser göttlicher Kern stets auch sicht- und wahrnehmbar. Er offenbart sich dem, der Samyana übt.

(3.54) *Zeit- und raumlose Erkenntnis:* Das Wissen, das aus Unterscheidung hervorgeht, ist befreiend, ohne zeitliche Abfolge und alle Zustände und Zeiten einschließend.

Jeder Leitsatz aus Patanjalis Werk dient dazu, zwischen dem Wesentlichen und dem Unwesentlichen in allen Erscheinungsformen der Welt zu unterscheiden. Dies zieht sich durch unser ganzes Leben hindurch und wir beginnen zu begreifen, was der spirituellen Entwicklung dienlich und was ihr nicht dienlich ist. Der Kontakt zum Übernatürlichen ist selbstverständlich interessant und faszinierend. Er sollte jedoch nie als das Ziel von Yoga angesehen werden.

(3.55) *Vollkommene Befreiung:* Sind Dasein und Selbst von gleicher Reinheit, tritt die vollkommene Befreiung ein.

Das Ego-Dasein mit all seinen weltlichen Verstrickungen nimmt die Reinheit der inneren Essenz im Selbst an, je mehr man den geistigen Fokus auf Atman richtet. Der Schatten über dem Atman entfernt sich und die Sicht auf das lichtvolle Selbst wird klar. Dies ist die absolute Befreiung, dies ist die Erleuchtung. Allein die Erkenntnis davon, dass der Mensch in seiner Essenz vollkommen ist, verwandelt ihn in ein vollkommenes Wesen. Eigentlich bräuchte es weder eine spirituelle noch eine meditative Praxis, wäre da nicht das Ego, das über viele Inkarnationen hinweg genährt wurde und es immer wieder schafft, die Oberhand über unsere Gedanken und Gefühle zu erlangen. Es wäre jedoch auch ungeschickt, das Ego zu unterdrücken oder gar zu versuchen, es auszublenden. Denn damit würde ihm nur noch mehr Kraft verliehen. Das Ego sollte sich beachtet fühlen und gleichzeitig vom inneren Selbst beherrscht werden. Dann verliert man nie das Bewusstsein für das göttliche Prinzip hinter allem und somit das Gefühl für die wahre Erscheinung der Dinge.

Es wird auch im letzten Sutra des dritten Kapitels, des hier besprochenen Vibhuti-Pada, deutlich, dass Patanjali als letztes Ziel des Yoga die Erleuchtung ansieht. Er hat jedoch das ganze Kapitel auch den übernatürlichen Kräften gewidmet und scheint dieses Gebiet sehr ernst genommen zu haben. Fraglich ist, ob Vibhuti-Pada dazu dienen sollte, dass der Yogi diese Fähigkeiten erkennen und sich davor hüten sollte, in diese zu verfallen oder ob dieses Kapitel eine Art Anleitung zur Entwicklung dieser Kräfte ist. Liest man jedoch auch zwischen den Zeilen, kann man Patanjalis Bewunderung für diese Kräfte erkennen und davon ausgehen, dass er selbst Erfahrungen auf diesem Gebiet gemacht hatte.

Im anschließenden Kapitel schreibt Patanjali über den Ursprung der Siddhis, die angeboren sein oder auch durch Einnahme von bestimmten Pflanzen hervorgerufen werden können. Auch können Mantras, intensive Übungspraxis oder geistige Versenkung Siddhis entwickeln. Einige Kräfte können aus früheren Leben in eine neue Inkarnation getragen worden oder auch durch Kräuter hervorgerufen sein, wobei Letzteres nur zu niederen und letztlich unbrauchbaren Siddhis führt. Auch scheint es möglich zu sein, durch Klang Siddhis zu erwecken oder zu entwickeln, vorausgesetzt, es besteht eine Empfänglichkeit dafür.

Schließlich ist es die persönliche spirituelle Praxis, die es jedem ermöglicht, das eigene Potenzial voll zu entfalten. Unschwer ist auch zu erkennen, dass Patanjali seine Sutras für den bereits erfahrenen Yogi geschrieben hat, denn er spricht über einzelne Ansätze der Yoga-Philosophie, die im alten Indien nicht jedermann bekannt waren.

Wir wollen nun in den nächsten Kapiteln auf einige der Hauptthemen wie Chakras und Koshas eingehen, nicht zuletzt um Patanjalis Text in einen für uns heute besser nachvollziehbaren Kontext einzubinden.

Koshas: Hüllen des Menschen

Der Mensch wird nach dem Wissen der Veden als eine Einheit aus Körper, Geist und Seele verstanden. Die Veden sind die ältesten heiligen Schriften des alten Indien (etwa 3000 v. Chr. entstanden). Sie gelten als zeitlos und ewig. In ihnen werden unterschiedlichste Themen angesprochen, so auch der Mensch und die Komponenten, aus denen er besteht. Zur Zeit der Entstehung der Veden waren Priester zugleich auch Ärzte, und zwar nicht nur für den Körper, sondern auch für Geist und Seele. So lag es nicht fern, dass man sich Gedanken darüber machte, wie der Mensch zusammengesetzt ist und »funktioniert«. Der Mensch trägt unterschiedlichste Facetten seines Wesens in sich und besteht aus weit mehr als nur aus Knochen, Haut und Fleisch. Schon allein der Atem ist ein kleines Wunder für sich, weder fassbar noch sichtbar, aber für unser Überleben von absoluter Wichtigkeit.

Die sogenannten Seher im alten Indien, die Rishis, fanden in ihrer meditativen Versenkung fünf verschiedene Körper bzw. Hüllen, aus denen der Mensch zusammengesetzt ist. Diese Hüllen werden Koshas genannt. Mit einem Zwiebelmodell lässt sich das sehr schön beschreiben, jede Schicht stellt eine Hülle dar und jede dieser Hüllen repräsentiert einen fein- oder grobstofflichen Aspekt der menschlichen Daseinsform. Diese Hüllen können auch als Manifestationen unserer eigentlichen Essenz, des Atman, bezeichnet werden. Sie bilden sich aus der Verschmelzung zwischen Atman und der Natur *(prakriti)* und stellen gleichzeitig auch die Verbindung zum göttlichen Prinzip, zu Brahman, her. Denn im gleichen Maße wie im Menschen finden sich diese fünf Hüllen auch in der Natur wieder. Dort erscheinen sie als Erde, Wind, Mond, Sonne und Äther bzw. Raum. Um einen Einblick in den energetischen Aufbau des Menschen zu erhalten, wollen wir nun die einzelnen Koshas behandeln.

Die erste Hülle wird als Annamaya-Kosha (»die aus Nahrung erzeugte Hülle«) bezeichnet und stellt die gröbste, die körperliche Hülle dar, auf der beispielsweise die Ansatzstellen der Vitalpunkte (Marmas, siehe unten) des Körpers zu finden sind. Bei der Geburt in die materielle Welt muss die Seele einen grobstofflichen Körper *(sthula-sharira)* annehmen, der aus den fünf großen Elementen *(mahabhutas)* besteht. Mit dem Tod, wenn sich die Seele vom Körper trennt, geht diese erste Hülle in die Erde ein und verschmilzt wieder mit den fünf Elementen der Natur (Wasser, Feuer, Erde, Luft und Äther).

Auch diese Hülle ist ein Ausdruck des göttlichen Prinzips, jedoch nur in seiner dichtesten Form und völlig entfremdet von seinem ursprünglichen Wesen.

Genauso wie es ein Fahrzeug braucht, um den Fahrer zu befördern, verhält es sich auch mit dem physischen Körper und der Seele. Ohne ihr Fahrzeug, den Körper, kann die Seele nicht in die materielle Welt eintreten. Diese grobstoffliche Hülle kann durch angemessene Ernährung, Körperhaltungen, die Asanas, und durch yogische Reinigungstechniken, Kriyas, vitalisiert und in eine harmonische Form gebracht werden.

In der Natur kommt diese Hülle in Form von Erde, Pflanzen, Bäumen etc. in Erscheinung. Somit können wir diese Hülle auch ernähren, indem wir uns in der Natur aufhalten und bewusst Kontakt zu Mutter Erde aufnehmen. Das Wachbewusstsein spielt dabei eine große Rolle, da es die Sphäre dieses Koshas ist.

Es folgen nach außen hin drei weitere Hüllen, die als Astralkörper *(linga-sharira)* bezeichnet werden können. Der eben besprochene physische Körper ist in den Astralkörper eingebettet.

Die erste Schicht des Astralkörpers ist das Pranamaya-Kosha (»die aus Lebenskraft – Prana – bestehende Hülle«), die energetische bzw. die Vitalhülle. Dort findet man nicht nur die schon genannten energetischen Vitalpunkte (Marmas) und die Energiekanäle (Nadis), sondern auch wichtige Energie- bzw. Transformationszentren (Chakras). Wie schon im Namen ersichtlich besteht dieser Körper hauptsächlich aus der kosmischen Lebensenergie Prana und stellt sich wie ein feinstoffliches Skelett dar. Auch wird diese Hülle von den verschiedenen Prana-Arten, den sogenannten

Vayus (siehe ab Seite 94), beherrscht, und sorgt dafür, dass alle Körper von Prana durchtränkt werden. Durch Atem- und spezielle Aufladeübungen kann diese Hülle energetisiert und von Energieblockaden oder -stauungen befreit werden.

Manomaya-Kosha ist die Gedanken- und Emotionshülle, die aus Gedanken, Willenskräften, Wünschen und Emotionen besteht. Sie ist die Steuerungsstelle für die sinnliche Wahrnehmung des Egos und reguliert unser Wissen über äußere und innere Welten. Hier werden alle jemals gedachten Gedanken, gefühlten Emotionen, Freude, Furcht und Schmerz abgespeichert. Auch unser Unterbewusstsein liegt hier verborgen. Selbstloser Dienst am Menschen und am Göttlichen, liebevoller Umgang mit sich selbst und bewusstes positives Denken bringen diese Hülle ins Gleichgewicht. Das Gesetz der Anziehung greift hier besonders stark. Jeder positive Gedanke zieht über diesen Körper entsprechend Positives an, und genauso verhält es sich mit jedem anders ausgerichteten Gedanken auch. Somit kann jede geistige Aktivität energetisch in diesem Körper wahrgenommen werden, sie wirkt dann auf die anderen Körper ein. Der Mond ist das Äquivalent in der Natur zu diesem Körper. Als Symbol für Gefühle und das Unterbewusstsein stellt er die mystisch verborgene Seite im Menschen dar, wohingegen die Sonne das Symbol für die nächste Schicht des Astralkörpers ist.

Als die Hülle der Erkenntnis wird Vijnanamaya-Kosha bezeichnet. Hier werden Vernunft, Urteilskraft und Werturteile lokalisiert. *Vijnana* bedeutet »höheres Wissen«, das man über das Studium spiritueller Texte, den Umgang mit spirituellen Lehrern und dic Meditation erlangen kann. Dies ist somit die höchste Kontrollinstanz im Geist, die zwischen sinnvollem und sinnlosem Handeln unterscheidet. Wie die Sonne in der Natur alles erhellt und aufdeckt, so ist diese Hülle das geistige Instrument dafür, dunkle und verborgene Stellen im Inneren zum Vorschein zu bringen und mit dem göttlichen Prinzip zu harmonisieren.

Nun verlassen wir die Ebene der Naturelemente, wenn wir uns mit dem Kausal- bzw. Ursachenkörper *(karana-sharira)* beschäftigen. Diese letzte Hülle ist die der Glückseligkeit – Ananadamaya-Kosha. In ihr sind alle unsere Begierden und Wüsche, karmischen Aktionen und Reaktionen gespeichert. Hier werden die Grundlagen dafür festgesetzt, wie sich das Gesetz von Ursache und Wirkung auf die nächste Geburt auswirken wird. Jeder Gedanke, alle Emotionen und inneren Regungen werden auf der Kausal- und Astralebene entworfen und haben die Tendenz, sich auf der energetischen und materiellen Ebene zu manifestieren. Dies führt nicht nur zu Veränderungen auf der körperlichen, sondern auch auf der energetischen Ebene. Je nach Beschaffenheit und Intensität der Gedanken und Gefühle nimmt der Körper harmonische oder unharmonische Formen an. Hier liegt somit der Ursprung von Krankheit und Gesundheit. Liebe, Glaube und Intuition nähren den Glückseligkeitskörper und bringen ihn zum Strahlen. Beim Tod, wenn sich Astral- und Kausalköper vom physischen Körper trennen, lebt dieser Kausalkörper in astralen Ebenen weiter. Alle Informationen des Jenseits sind in ihm enthalten, daher läuft hierüber auch die Kommunikation mit geistigen Wesen wie Verstorbenen oder Geistführern ab. Auch kann die letzte Hülle als das Alles oder Brahman bezeichnet werden. Diese Hülle ist für denjenigen, der nur an die äußere Erscheinungsform der Dinge glaubt, nicht existent, für andere jedoch ist sie alles.

Nach den Upanischaden (Taittiriya-Upanischad, hier nach Michel, 2007) ist Brahman die wirkliche Realität *(satyam)*, die ungespaltene Erkenntnis *(jnanam)* und unendlich *(anantam)*. Eine Frage aus den Upanischaden bringt all dies deutlich zum Ausdruck. Dort heißt es: »Wer erreicht nach dem Tod Brahman? Der, der die Erkenntnis (vom wahren Sein) erlangt hat, oder der, der die Erkenntnis nicht erlangt hat?« Die Antwort auf diese Frage lautet, dass derjenige Brahman erreicht, der Brahman im Jetzt und Hier erkennt. Brahman ist seiend und nicht seiend zugleich, die Essenz hinter allem. Das Paradoxe an der Erkenntnis ist jedoch, dass der Glaube, dass Brahman erkannt werden kann, besiegt werden muss, um ins Brahman eingehen zu können. Denn sieht man sich selbst als vom Brahman getrennt, können Atman, das wahre Selbst, und Brahman niemals ein und dasselbe sein.

Wie wir gesehen haben, bestehen wir aus weit mehr als nur aus dem Körperlichen. Dennoch identifizieren sich viele Menschen während ihres Erdenlebens vollständig mit dem Körper und der Rolle, die sie im Alltag spielen. Ihr Selbstbewusstsein und ihren Wert bestimmen sie in Abhängigkeit von materiellen Dingen und vergessen dabei, dass sie eine Seele haben und ein Geistwesen, eingepackt in einen Körper, sind. Dieses Geistwesen ist voll unendlicher Glückseligkeit, unsterblich und ewig.

Jeder Mensch ist in der Lage, sich in die Koshas hineinzuspüren und mit seinen Gefühlen und Gedanken sorgsam umzugehen, im Bewusstsein, dass diese Auswirkungen auf seine unterschiedlichen Körper haben. Die Praxis lehrt Folgendes: Je bewusster die Verbindung zu den eigenen Koshas ist, desto leichter fällt es, sich sensitiv auf Menschen, Orte und anderes einzuspüren oder sogar mit Verstorbenen zu kommunizieren. Es scheint eine Art Energie- und Informationsaustausch zwischen den Koshas stattzufinden, das heißt, jegliche Information eines Koshas wirkt sich auf die darunter- bzw. darüberliegenden Hüllen aus. Das würde auch bedeuten, dass beispielsweise ein gesundes Körpergefühl und Essverhalten sich unmittelbar auf alle Koshas auswirkt. Unser emotionaler Zustand beeinflusst beispielsweise unsere Gesundheit, unsere Gesundheit unsere Vitalität usw. Zu Lebzeiten des Menschen herrscht eine Abhängigkeit zwischen den Koshas, nur beim Tod trennt sich die erste Hülle von den übrigen, während Ananadamaya-Kosha ihr Sein in anderen Dimensionen fortsetzt.

Vor allem durch die Schulung des Atems wird die Vermittlerrolle zwischen dem Pranamaya-Kosha und den darunter- und darüberliegenden Koshas unterstützt.

Die Vitalhülle kann somit als eine wichtige Verbindungsstelle zwischen den Ebenen der Materie und des Geistes verstanden werden. Sensitive bzw. mediale Botschaften, die auf der Ebene des ersten Koshas empfangen werden, können nur dann »richtig« interpretiert und gedeutet werden, wenn die Verbindung zwischen Materiellem und Geistigem gegeben ist. Gleichzeitig ist die Vitalhülle unsere Zapfstelle für das Prana, die kosmische, universelle Lebensenergie. Diese Energie kann je nach individueller Wahl für Ego-Wünsche und Begierden eingesetzt oder einem höheren, göttlichen Ziel gewidmet werden. In der hinduistischen Mythologie ist es der Affengott Hanuman, der seine Energie dem Göttlichen in Form von Sita und Rama widmet und seine Sinne beherrscht. Er begegnet voller Neugier und Begeisterung der Welt und kann als eine ideale Form des Pranamaya-Kosha verstanden werden. Er strotzt nur so vor Vitalität und setzt diese innere Kraft für das Gute ein.

Durch die Techniken des Yoga durchlaufen die Koshas eine Art von Reinigungsprozess und werden in einen ausbalancierten Zustand, Sattva, versetzt, in dem weder das Prinzip der Trägheit, Tamas, noch der Überaktivität, Rajas, dominiert. In diesem Sattva-Zustand erfüllen die Koshas ihre Aufgabe, als Ausdrucksmittel für Atman zu dienen, am besten. Denn das Atman gilt als das wahre Wesen des Menschen und nicht der Körper, den wir fälschlicherweise meist als unser Ich oder Selbst bezeichnen.

Um die feinstofflichen Körper zu erspüren, können

wir beginnen, uns sowohl im Alltag als auch auf unserer Yoga-Matte immer wieder auf die verschiedenen Koshas einzustimmen. Am besten begegnen wir jedoch unserer göttlichen Intuition, wenn wir innerlich still und zur Ruhe gekommen sind. Dann haben wir Kontakt zum Glückseligkeitskörper, der mit allen anderen Glückseligkeitskörpern und nicht zuletzt auch mit Brahman verbunden ist.

Prana-Vayus: die energetischen Winde

»Prana ist die unendliche, allgegenwärtig sich manifestierende Energie des Universums. Aus Prana entwickelt sich alles, was wir Kraft nennen«, heißt es bei Shri Tirumalai Krishnamacharya. Um mit unterschiedlichen Energiequalitäten und -frequenzen arbeiten und diese wahrnehmen zu können, müssen wir die Urenergie kennen und verstehen lernen, wie sie in unserem eigenen Körper und im Kosmos fließt. Diese Urenergie wird im Yoga Prana, die kosmische Lebensenergie, genannt. Ohne sie wären wir keine Sekunde am Leben. Es gibt lebende Beweise dafür, dass die menschliche Existenz auch ohne Nahrung möglich ist, und selbst das Zurückhalten des Atems bringt bei einer geschulten Atemkontrolle das menschliche Herz nicht zum Stehen. Wenn jedoch der Mensch kein Prana mehr aufnehmen und transformieren kann, hört er augenblicklich auf zu leben. Prana ist das, was uns am Leben erhält. Es fließt durch unsere Energiekanäle, die Nadis, und gelangt darüber an jede Stelle des leiblichen und energetischen Körpers. Alle unsere Fähigkeiten werden von Prana erhalten, ohne dieses wäre weder eine sinnliche noch eine übersinnliche Wahrnehmung möglich. Es lohnt also, den bewussten Umgang mit Prana zu lernen.

Es gibt jedoch nicht nur Prana als eine Form spiritueller Energie, sondern auch die Kundalini, die sich ihren Weg durch den Sushumna-Energiekanal bahnen kann – wir werden darauf eingehen. Im Gegensatz dazu ist Prana in den Energiekanälen Ida und Pingala zu Hause und verbreitet sich von dort in den weiteren Lebenssystemen aus. Nach alter Tradition geschieht diese Energieverbreitung auf unterschiedliche Art und Weise. Dem Prana wurden Unterkategorien zugeordnet, mit denen das ganze Universum, aber auch unser System von Seele, Körper und Geist arbeitet. Grundsätzlich wird zwischen fünf Richtungen bzw. lebenswichtigen Winden, den Vayus, unterschieden, in denen das Prana im Körper fließt.

Prana-Vayu bewegt sich vom Zwerchfell aufwärts in Richtung der Kehle und wird auch als die aufsteigende Energie verstanden. Dieses Vayu reguliert die Herz- und Atemfrequenz und nennt sich daher »Vorwärtsatem« oder »Aushauch«. Mit ihm wird auch die Aufnahme von Nahrung, Sinneseindrücken und positiver Vitalenergie gesteuert. In manchen Yoga-Texten liest man jedoch, dass Prana-Vayu den ganzen Körper von der großen Zehe über Nabel und Herz bis zur Nasenspitze durchdringt. Prana-Vayu sollte nicht mit dem Prana an sich verwechselt werden, das mehr ein Oberbegriff für die verschiedenen Prana-Formen ist.

Während sich Prana-Vayu tendenziell aufwärts bewegt, strömt sein Gegenspieler Apana-Vayu vom Nabel bis zu den Füßen. Diese Form von Prana ist zuständig für jegliche Ausscheidungsprozesse im Körper und wird auch »Abwärtsatem« genannt. Die Kehle, die hinteren Rippen, Eingeweide, Geschlechtsorgane und die Beine liegen im Einflussbereich des Apana-Vayu. Auf geistig-emotionaler Ebene dient es auch dazu, negative emotionale oder traumatische Erfahrungen loslassen und beseitigen zu können. Vor allem bei Menschen, die Mühe damit haben, sich zu entspannen, sich selbst oder auch anderen zu vergeben und loszulassen, erfüllt dieses Vayu seine Aufgabe nicht vollständig, es ist nicht in Balance.

Da Prana-Vayu und Apana-Vayu sehr empfindsam gegenüber Veränderungen reagieren und sehr schnell aus dem Gleichgewicht geraten können, gibt es eine Ausgleichsenergie für diese beiden: Samana-Vayu, es assimiliert und verdaut. Diese Energie befindet sich genau zwischen Prana-Vayu und Apana-Vayu, es hat sein Reich im Bereich zwischen Zwerchfell und Nabel und bewegt sich in pulsierenden Bewegungen von außen zur Mitte hin. Hier finden sowohl der Ausgleich zwischen Prana-Vayu und Apana-Vayu als auch die Verdauung und die Nahrungsverarbeitung statt. Auch Sinneseindrücke und Erfahrungen auf geistig-seelischer Ebene werden hier umgesetzt. Der Solarplexus, das wichtigste Energiezentrum für die Sensitivität, wird von Samana-Vayu sehr stark beeinflusst. Dies führt zwangsläufig dazu, dass eine Störung in diesem

Vayu zu einer Beeinträchtigung der sensitiven Wahrnehmung führt.

Während Samana-Vayu die sensitiven Eindrücke aufnimmt und verarbeitet, ist es das nächste Vayu, das die sensitiven Botschaften formt und zum Ausdruck bringt. Diese vierte Prana-Richtung nennt sich Udana-Vayu und fließt von der Kehle aus zur Stelle zwischen den Augenbrauen. Der sprachliche Ausdruck sowie Schluck- und Hustenreize werden von hier aus gesteuert. Die von Udana-Vayu beeinflussten Organe sind Herz, Hals, Gaumen und Schädel; zudem sind Transformation, Wachstum, Begeisterung und Entwicklung zentrale Themen des Udana-Vayu. Es ist energetisch mit dem Hals-Chakra verbunden, welches das wichtigste Energiezentrum für die Medialität darstellt. Von hier aus kann der Kontakt zur Geistigen Welt hergestellt werden. Gleichzeitig ist Udana-Vayu auch dafür verantwortlich, dass sensitive Botschaften richtig und nachvollziehbar ausgedrückt werden. Somit sollte Udana-Vayu von jedem medial arbeitenden Menschen beherrscht werden können.

Während alle bisher genannten Prana-Vayus ihre Funktionsstellen in einem gewissen Bereich am Körper haben, ist Vyana-Vayu nicht auf eine bestimmte Stelle beschränkt. Es bezeichnet die letzte Bewegungsrichtung des Prana, es fließt vom Zentrum aus in alle Richtungen und bringt Prana in jede Zelle des Körpers, steuert des Weiteren den gesamten Kreislauf und übernimmt Transportfunktionen jeglicher Art. Nährstoffe, Wasser und Sauerstoff werden weitergeleitet, aber auch

Gedanken und Emotionen in Bewegung gebracht. Auf der körperlichen Ebene ist Vyana-Vayu am besten im Herz und in den Lungen zu spüren, wobei es sich deutlich weiter ausdehnt als bis zu den körperlichen Grenzen. Menschen, die fähig sind, andere zu berühren und zu inspirieren, zeichnen sich durch ein intensives Vyana-Vayu aus, da sie sich bewusst auch energetisch mit ihren Mitmenschen zu verbinden wissen. Dieses Vayu birgt dabei auch Gefahren. Beispielsweise kann ein überaktives Vyana-Vayu dazu führen, dass man den Boden unter den Füßen verliert und der eigene Standpunkt verloren geht. Davon betroffene Menschen kann man sehr leicht manipulieren, sie haben meist keine eigene Meinung und sind sogenannte Mitläufer.

Stets sind alle Prana-Vayus von enormer Wichtigkeit. Erst die Balance aller macht den Menschen gesund, glücklich und mit allen Sinnen, einschließlich den Übersinnen, wach und klar. Für die Entwicklung der Sensitivität und Medialität ist es ausschlaggebend, wie weit man mit den verschiedenen Formen des Prana arbeiten und sie im eigenen Körper-Geist-Seele-System spüren kann. Beispielsweise zeichnet sich ein guter sensitiver Berater dadurch aus, dass er das Vyana-Vayu so weit auszudehnen weiß, dass er sich ganz in den Klienten hineinspüren kann, ohne jedoch die eigene Mitte im Sinne des Samana-Vayu zu verlieren. Auch ein medialer Berater sollte mit den verschiedenen Formen von Prana zurechtkommen, denn nur dann kann er mit Gewissheit sagen, ob die Botschaften, die er an die Klienten weitergibt, mit Udana-Vayu aus der Geistigen Welt zum Ausdruck gebracht werden, oder ob er mit Samana-Vayu aus seinem Bauchgefühl heraus Informationen an den Klienten weitergibt.

Wie wir gesehen haben, können die einzelnen Formen von Energie unterschiedliche Funktionen übernehmen, sie erhalten somit unser Körpersystem. Jedoch braucht es noch zwei weitere Hilfsmittel, um diese Energien in konkrete Richtungen zu bringen und es überhaupt zu ermöglichen, dass Energie aufgenommen und transportiert werden kann. Zum einen ist das bereits mehrfach erwähnte Atman, das göttliche Selbst, die Voraussetzung dafür, dass sich Prana-Vayus manifestieren und zum Ausdruck bringen können. Genau an diesem Punkt wird jedoch auch die Bedeutung der Chakras deutlich, auf die im Anschluss an die Kundalini eingegangen werden soll.

Kundalini: Transzendenz und Kraft

Indische Spiritualität lässt sich in zwei gegensätzlich verlaufende philosophische Hauptströme unterteilen. Zum einen gibt es die Bewegung der Schulen des Vedanta, des Buddhismus, des Jainismus und des Yoga, die eine weltentsagende und asketische Form der Spiritualität lehren. Zum anderen existiert aber der das Weltliche bejahende Strom, der sich im Tantra und im Bhakti-Yoga ausdrückt, zu welchem auch das Vijnana-Bhairava zählt. Dies ist ein äußerst faszinierender Text des tantrisch-kashmirischen Shivaismus, in dem der Körper als Hilfsmittel zur Erleuchtung geschätzt wird, mit dessen Hilfe auch eine spontane Erleuchtung geschehen kann. Es dreht sich hierbei wie zum Tantra bereits beschrieben alles um die Vereinigung zweier kosmischer Prinzipien, Shiva und Shakti. Beide verbinden sich mithilfe der Kundalini.

Die Kundalini, dargestellt als im Becken zusammengerollte Schlange, ist die göttliche Schöpferkraft im Menschen und die Niederkunft der Shakti-Energie auf der weltlichen Ebene. Gelingt es, dass die Kundalini über die Mittellinie des Körpers, den Sushumna-Kanal, aufsteigt, die Chakras in Einklang miteinander bringt und sich mit Shiva im Himmel trifft, wird Erleuchtung erlangt. In einem Vers der Vijnana-Bhairava (30) heißt es: »Indem man [jedes Zentrum] übersteigt, wird man befreit [...]«.

Im Gegensatz zum Prana im Körper, das sich vor allem in den Energiekanälen Ida und Pingala befindet, liegt die Kundalini, wenn sie noch ungeweckt ist, eingerollt wie eine Schlange am Beckenboden: ein Sinnbild für die verborgene, göttliche Urkraft im Menschen. Solange sie schläft, versperrt sie mit ihrem Kopf das Eingangstor zum Göttlichen *(brahmadvara).* Wir nehmen unsere Göttlichkeit, solange wir uns der Kundalini nicht bewusst sind, nicht wahr.

Im Gegensatz zu den Schulen der Upanischaden, die Brahman in das Herz verlagern, ist es vor allem ein Merkmal der Hatha-Yoga-Schule, dass sie die göttliche Urkraft am Beckenboden liegend darstellt. Hier steckt die Vorstellung dahinter, dass Shiva, die reine und ruhende göttliche Transzendenz, sich auf die Erde niederlässt, um das Materielle und auch den Körper des Menschen zu erschaffen. Bei seiner Niederkunft verwandelt er sich in Shakti, die der Materie Form gibt. Am Ende der Schöpfung wird Shiva zur Kundalini, die nur darauf wartet, erweckt zu werden, um den Sushumna-Kanal aufzusteigen und mit Shiva wieder vereint zu sein.

Der Mensch ist unerlöst, wenn er in Dualitäten (Shiva/Shakti) und in Unbewusstheit über seine verborgene Göttlichkeit lebt. Dualität bedeutet auch, dass er von einer Trennung zwischen Materie und Feinstofflichem ausgeht. Dies bindet ihn wiederum noch stärker an die Materie. Lebt er jedoch im Bewusstsein der feinstofflichen und der Geistigen Welt, hat er gleichzeitig einen Schritt in Richtung Loslösung von der augenscheinlichen Welt und hin zur Erweckung der Kundalini gemacht. Mit deren Erweckung beginnt die Yoga-Praxis eine tiefere Dimension der Erfahrung zu erlangen. Durch ihren Aufstieg durch den Sushumna-Kanal beginnt nun der Prozess der Erweckung der Energiezentren, der sogenannten Chakras.

Chakras und Marmas

Chakras sind feinstoffliche Energiezentren, die im Prana-Körper ihren Ansatz haben und sowohl auf den materiellen als auch auf den Emotionskörper wirken. Diese Zentren kann man sich wie Transformatoren von Energie vorstellen, die Lebensenergie aufnehmen und im Körper durch rotierende Bewegungen verteilen. Es sind Stationen, die energetische Impulse aus höheren Ebenen in tiefer liegende weiterleiten, aber auch umgekehrt. Ein ständiger Austausch ist im Gange. Dies wird nicht zuletzt auch in dem Wort Chakra deutlich, das übersetzt »Wirbel« oder »Rad« bedeutet. Dabei hat jedes einzelne Chakra sein eigenes lebensthematisches Verantwortungsgebiet.

Hellsichtig betrachtet stellen sich die Chakras in unterschiedlichen Farben, Formen und individuellen Rotationssystemen mit dynamischer Eigenbewegung entlang der Mittellinie des Körpers dar. Diese Mittellinie ist einer der Hauptenergiekanäle, Sushumna, der vom Basiszentrum, dem untersten Energiepunkt, bis zum höchsten Punkt am Scheitel verläuft und an dem alle sieben Chakras angeordnet sind. Gleichzeitig verlaufen etliche Nadis, also Energiekanäle, zu den Chakras hin, kreuzen sich dort und verteilen sich im ganzen Körper. Rein energetisch gesehen spielen die Chakras somit eine überaus bedeutende Rolle. Chakra-Harmonie ist aber auch ausschlaggebend dafür, wie weit sich ein Mensch auf der Erde daheim fühlt, sich in Worten und Gefühlen ausdrücken kann und sich mit den Lebewesen und mit sich selbst verbunden fühlt. Auch spielen die Chakras eine große Rolle, wenn es darum geht, mediale oder sensitive Talente zu entwickeln, aber dazu im Verlauf des Kapitels noch mehr.

Es finden sich insgesamt sieben Haupt-Chakras mit vielen Neben-Chakras im menschlichen System, wobei den ersten fünf Chakras die Elemente Erde, Wasser, Feuer, Luft und Äther zugeordnet werden. Das sogenannte Dritte Auge und das Kronen-Chakra haben kein entsprechendes Gegenelement auf der materiellen Ebene und sind die Energiezentren, die die größte Bedeutung für unser spirituelles Wachstum innehaben. Nun wollen wir kurz auf jedes Chakra eingehen und speziell die Bedeutung für die Yoga-Siddhis beleuchten. Es wird bewusst auf die Erklärung von Farbe und Form der Chakras verzichtet, da sich hellsichtig betrachtet eine dogmatische Festlegung auf ihr Erscheinungsbild nicht machen lässt.

MULADHARA, WURZEL-CHAKRA (*MULA:* »WURZEL«; *ADHARA:* »STÜTZE«)

Wie schon am Namen des Chakras zu erkennen ist, handelt es sich hierbei um ein Energiezentrum, das die Grundlage im Energiesystem darstellt. Es ist die Basis dafür, dass wir überhaupt existieren und mit dem eigenen Energiereservoir arbeiten können. Dieses Chakra gibt uns Halt und nicht zuletzt auch die Möglichkeit, mit all den Erfahrungen, die wir bei der Erweckung der Kundalini machen werden, klarkommen zu können. In diesem Chakra kann auch die Unbewusstheit für das eigene Göttliche verborgen liegen. Symbolisch wird dies dadurch dargestellt, dass die Kundalini mit ihrem Kopf das Tor zum Göttlichen versperrt.

Energetisch gesehen strahlt das Wurzel-Chakra in den ganzen Beckenbodenbereich, in die Hüften bis hinab über die Beine in die Füße. Jegliche Ausscheidungsprozesse werden von ihm beeinflusst. Triebe wie die der Selbsterhaltung und Fortpflanzung sind Themen des Basiszentrums. Hier liegen auch unsere innersten Ängste wie die vor Tod, Krankheit und Verlust verborgen. Eine Dysbalance in diesem Chakra kann zu Trägheit, Passivität, Selbstzerstörung und Materialismus führen. Zur Entwicklung von Yoga-Siddhis ist es von größter Wichtigkeit, dieses Chakra zu stabilisieren. Meist wird das Wurzel-Chakra wie ein Tabuthema behandelt und als ein »niedrig schwingendes« Energiezentrum abgetan. Dabei ist jegliche spirituelle Entwicklung ohne ein ausbalanciertes Wurzel-Chakra unmöglich. Es versorgt unseren Körper mit der nötigen Energie, um erdentauglich zu sein und unserem göttlichen Kern durch den Körper Ausdruck zu verleihen. Ein Gefühl, nicht geerdet zu sein, oder auch Verdauungsstörungen können von einem unausgeglichenen Wurzel-Chakra herrühren.

SVADHISTHANA, SAKRAL-CHAKRA (*SVA:* »SELBST«; *ADHISTHANA:* »FUNDAMENT«)

Hier liegt unser Halt in unserem eigenen Selbst verborgen. Ähnlich wie das Wurzel-Chakra hat auch dieses Energiezentrum mit Stabilität zu tun, die Stabilität hier ist jedoch vor allem auf Gefühle und Emotionen bezogen. Das Sakral-Chakra liegt auf körperlicher Ebene betrachtet ungefähr drei Finger unterhalb des Bauchnabels bzw. auf Höhe des Kreuzbeins und wirkt sich insbesondere auf die Geschlechtsorgane und den Unterleib aus. Jeglicher Austausch und Transport von Körperflüssigkeiten liegt im Wirkmechanismus des Sakral-Chakras, zumal diesem auch das Element Wasser zugeordnet ist. Von hier holen wir uns die Antriebskraft für das Leben, die Freude und auch die sexuelle Energie. Gleichzeitig trägt es alle unsere Gefühle in sich und beherbergt damit auch blockierte Kräfte und Emotionen. Ein gestörtes Körpergefühl kann mit einer Disharmonie in diesem Zentrum zusammenhängen, das nicht zuletzt für die Sensitivität sehr bedeutend ist. Denn nur der, der sich selbst spüren kann, kann sich auch in andere Menschen, Orte und Situationen hineinspüren und sie verstehen. Es geht somit Hand in Hand, dass ein Ungleichgewicht im Sakral-Chakra dazu führt, dass die Intuition blockiert und der sensitive Zugang zum Außen verhindert wird.

MANIPURA, SOLARPLEXUS-CHAKRA (*MANI:* »EDELSTEIN«; *PURA:* »STADT«, »ÜBERFLUSS«)

Das Manipura-Chakra ist die innere Sonne im Menschen. So wie die Sonne in der Natur das Leben, Blühen und Strahlen überhaupt möglich macht, versorgt das Manipura-Chakra den Menschen mit Energie und Vitalität. Der Solarplexus liegt im Magenbereich und hat somit auf die Verdauung einen Einfluss. Außerdem befinden sich die Leber, die Bauchspeicheldrüse und die Gallenblase im Wirkbereich des Solarplexus. Da auch das Zwerchfell, der wichtigste Atemmuskel im Körper, genau auf Höhe dieses Chakras liegt, wird die Atmung von diesem Energiezentrum beeinflusst.

In der Mitte des Körpers liegend dient es zudem dazu, die zwei entgegengesetzten Ströme von Prana, das heißt Apana-Vayu und Prana-Vayu, zu regulieren und mögliche Dysbalancen auszugleichen. Man spricht hierbei auch davon, dass die Kraft dieses Chakras jegliche Dualität aufzulösen vermag und unterscheidendes Denken transzendiert. Dies macht auch Sinn, denn das Manipura-Chakra ist das wichtigste Zentrum für die Sensitivität. Über die Ausdehnung der Manipura-

Energie wird es einem erst möglich, sensitiv wahrzunehmen. Dies erfordert nämlich, dass man die individuellen Grenzen auflöst und sich auf die Erfahrung von jemand anderem, einem Ort oder einer Situation einlässt. Ist jemand völlig verschlossen gegenüber dem Außen, wird es ihm niemals möglich sein, über die eigenen Grenzen hinaus zu spüren und somit die eigene Sensitivität zu entwickeln. Gefühle wie Eifersucht, Abneigung oder Neid können nicht entstehen, wenn wir in unserem Gegenüber Gott erkennen. Dies zu üben, ist eine der Möglichkeiten, das Manipura-Chakra auszugleichen. Unsere innere Sonne strahlt, wenn wir beginnen, unsere Unwelt zu bejahen, zu segnen und zu lieben.

ANAHATA, HERZ-CHAKRA
(*AN:* »NICHT«; *AHATA:* »ANGESCHLAGEN«; DAHER DAS »NICHT-ANGESCHLAGENE«)

Das Herz-Chakra befindet sich auf der körperlichen Ebene auf Höhe der Brustwirbelsäule in der Brustmitte. Einflussbereiche sind das Herz-Kreislauf-System, das Herz, die Atmung und das gesamte Immunsystem. Liebe, Frieden und ehrliches Mitgefühl sind die Hauptthemen des Herz-Chakras. Ein ausgeglichenes Anahata ist die Voraussetzung dafür, jegliches Tun der Liebe unterzuordnen. Es ist unser Anahata-Chakra, das uns zu unserem vollen Potenzial aufblühen lässt. Ein ausgeglichenes Herz-Chakra drückt sich in Großzügigkeit, Mitverantwortung und Überschreiten der Dualität aus, wohingegen Dysbalancen zu übermäßiger Selbstliebe und Selbstüberschätzung sowie Besitzanspruch führen können.

In Liebe können wir uns mit allem verbinden, mit der Geistigen Welt ebenso wie mit allen lebenden Wesen, dies lehrt uns das Anahata-Chakra. Das Herz-Chakra nimmt außerdem noch einen speziellen Platz ein, da man hier zum ersten Mal der Göttlichkeit der Welt gewahr werden und Gott selbst im eigenen Inneren in Form des Lautes Om vernehmen kann. Dieser Ton nennt sich »klangloser Klang« *(anahata-shabda)*, denn er kommt nicht zustande, indem man zwei Dinge aneinanderstößt oder das Om spricht, wofür es Luft aus den Lungen und dem Mund braucht. Dieser Klang entsteht aus sich heraus, es ist der Klang des Göttlichen, der im Herzen vernommen werden kann.

Vishudda, Hals-Chakra (»gereinigt«, »geläutert«)

Die Energie des Hals-Chakras strahlt in den gesamten Hals- und oberen Nackenbereich und wirkt auf die Funktion der Schilddrüse. Den Hals passieren Nahrung und Luft, somit gilt er als eine Verbindungsstelle, die die gesamte Energietransformation aufrechterhält. Im Hals-Chakra liegt vor allen Dingen die Kreativität verborgen, über die sich der Mensch ausdrücken möchte. Kommunikation und mentale Vorstellungskraft sind die Hauptthemen dieses Chakras. Gleichzeitig ist es das wichtigste Chakra für die Medialität. Der Kontakt zu Verstorbenen, Engeln, Geistführern und anderen Geistwesen wird über den Hals hergestellt. Meist macht sich dies auf körperlicher Ebene durch einen Zug oder Druck am Hals bemerkbar. Ein ausgeglichenes Hals-Chakra versorgt den Menschen mit Inspiration und geistiger Lebendigkeit. Blockaden in diesem Bereich können hingegen zu übermäßigem Stolz, Habsucht, Isolation und Verwirrung führen.

AJNA, STIRN-CHAKRA (»BEFEHL«, »AUFTRAG«)

Das Stirn-Chakra hat seinen Namen womöglich der Tatsache zu verdanken, dass Gurus über das Stirn-Chakra die spirituelle Verbindung zum Schüler aufnahmen und dieser darüber seine spirituelle Aufgabe erhielt. Das Stirn-Chakra liegt in der Kopfmitte, genau dort, wo die Zirbeldrüse platziert ist. Diese Drüse, die sich unmittelbar in der Mitte des Großhirns befindet, hat eine wichtige Funktion, wenn es um das Hellsehen geht. Diese Stelle des Gehirns wird auch als »Auge Shivas«, das »Auge der Weisheit«, bezeichnet. Richtet man den Fokus auf die Mitte der Stirn, ohne mit den Augen dorthin zu schielen, bekommt man sofort ein Gefühl für die Zirbeldrüse. Indische Mystiker sehen in ihr das sechste Chakra, das Ajna-Chakra oder Dritte Auge, über das man die feinstoffliche Welt wahrnehmen kann. Auch der französische Philosoph Descartes sagte, dass die Zirbeldrüse der Sitz der

Seele die Verbindungsstelle zwischen dem Geist und der Materie sei.

Die Zirbeldrüse liegt an der Schnittstelle zweier Linien. Eine verläuft von einem Punkt zwischen den Augenbrauen zum Atlas (dem ersten Halswirbel), die andere von einem Ohr zum anderen. Sie besteht aus einem Gewebe, das sich beim Fötus am Gaumen bildet und mit dem Älterwerden zum Zentrum des Gehirns wandert. Dies könnte womöglich auch der Grund sein, weshalb man bei der Meditation oftmals aufgefordert wird, die Zunge an den Gaumen zu rollen. Eine stimulierende Massage auf dem Dritten Auge kann bewirken, dass sich die Wahrnehmungsbreite der Augen verändert. Laut Albert Einstein ist alle Materie nur ruhende Energie, und alles für unser Auge Sichtbare kann nur gesehen werden, da sich die Energie aufgrund einer bestimmten Frequenz verdichtet. Unser Auge nimmt nur Dinge wahr, die in einem bestimmten Frequenzbereich schwingen, und tun die Dinge das nicht, erscheinen sie uns als unsichtbar. Das würde bedeuten, dass all jenes, das außerhalb dieser Frequenz schwingt und sich somit auch nicht als Materie verdichten kann, kein Licht reflektiert, über das man es physisch wahrnehmen könnte. Das Sehen mit dem Dritten Auge, letztlich der Zirbeldrüse, würde es jedoch ermöglichen, Dinge außerhalb der »normalen« Frequenz zu erfassen.

Wie kann man nun die Zirbeldrüse aktivieren? Man fand heraus, dass die Zirbeldrüse mit der Zeit immer mehr schrumpft. Dies mag damit zusammenhängen, dass wir uns nicht mehr, wie unsere Vorfahren, in dunklen Räumen oder Höhlen aufhalten. Das Hormon Melatonin wird von der Zirbeldrüse nur dann produziert, wenn keinerlei Licht von außen auf den Körper fällt. Sind wir jedoch ständig äußeren Lichtquellen ausgesetzt, wird die Melatonin-Produktion gedrosselt und die Zirbeldrüse wird allmählich inaktiv. Wissenschaftliche Untersuchungen haben ergeben, dass die Melatonin-Produktion bei Kindern wesentlich höher ist als bei Erwachsenen. Unschwer zu erkennen ist zugleich auch, dass Kinder für die feinstoffliche Welt viel empfänglicher sind und häufig von für Erwachsene nicht wahrnehmbaren Naturgeschöpfen und »unsichtbaren« Freunden erzählen.

Neben der Zirbeldrüse hat das Ajna-Chakra Einfluss auf das Gehirn, das Nerven- und Hormonsystem, die Augen und im Zusammenspiel mit dem Hals-Chakra auf die Ohren. Ein ausgeglichenes Drittes Auge schafft eine innere Weisheit und entwickelt große geistige Erkenntniskraft, Weitsicht. Auch dies bedeutet, dass dem Menschen Dinge und Wesen sichtbar werden, die mit den anatomischen Augen nicht zu sehen sind.

Sahasrara, Scheitel-Chakra
(*Sahasra:* »tausend«; *ara:* »Blütenblatt«)

Das Scheitel-Chakra liegt am höchsten Punkt des Schädels und strahlt in den gesamten Kopf hinein. Dieses Chakra stellt in der Tat den krönenden Abschluss der Chakra-Reihe dar, denn es ist der Ort der absoluten kosmischen Einheit und des göttlichen Bewusstseins. Hier wird reine Transzendenz repräsentiert. Fühlt man sich ins Chakra hinein, scheinen jegliche Grenzen auf der materiellen Ebene ihre Relevanz zu verlieren; es tritt die Erkenntnis ein, dass es Materie nicht gibt, genauso wenig wie Raum und Zeit. Einzig und allein das, was ist, ist das Sein, in seiner unberührten und wundervollen Form.

Wenn die schöpferische Urenergie Shakti in Form der Kundalini erweckt wird, durchstößt sie alle Chakras und verbindet sich in diesem letzten Chakra mit Shiva – die Erleuchtung wird erlangt. So wichtig das Scheitel-Chakra für die spirituelle Entwicklung ist, so schwierig ist es, dieses Energiezentrum aktiv in Balance zu bringen. Es ist oftmals viel mehr eine spontane Erweckung, die das Scheitel-Chakra harmonisiert, als eine bewusste Arbeit mit ihm. In Indien redet man auch davon, dass es der göttlichen Gnade bedarf, um die Erleuchtung zu erlangen.

Die Marmas

Über die Chakras hinaus besitzt das menschliche Geist-Körper-System noch weitere energetische Punkte, die sogenannten Marmas. Sie sind an den feinen Energiekanälen, den Nadis, angeordnet und dienen als Sammelstellen von Prana. Daher sind sie im ganzen Körper verteilt. In der Sushruta-Samhita (etwa 1000 v. Chr.) werden 107 Energiepunkte genannt, die über

Berührung, Massage und Bewusstwerdung aktiviert werden können.

Die Marmas speichern gleichzeitig auch seelische und geistige Informationen ab und sind auf der körperlichen Ebene wahrzunehmen. Sie wirken in gleichem Maße nach außen und nach innen. Im Inneren sind sie die Steuerzentrale der Energien, im Außen dienen sie als Fühler, über die man energetisch die Umwelt wahrnehmen kann. Es befinden sich viele Marmas in unseren Händen, und über diese kann man beispielsweise die Aura von Menschen oder Tieren erspüren. Die Haupt-Marmas liegen jedoch in der Körpermitte. Das Sthapani-Marma liegt im Zentrum des Kopfes und ist eng mit dem Stirn-Chakra verbunden, während das Hridaya-Marma im Brustraum liegt und sowohl mit dem Solarplexus als auch mit dem Herz-Chakra verbunden ist. Basti hingegen wird dem Sakral-Chakra zugeordnet, das im Unterbauch zu finden ist.

Neben diesen Haupt-Marmas gibt es noch weitere Vitalpunkte, die für die Sensitivität und Medialität relevant sind. Besondere Bedeutung kommt dem erwähnten Sthapani und dem Nabhi-Marma zu, wenn man sich mit dem Yoga-Siddhis beschäftigt. Das Sthapani-Marma liegt wie gesagt im Zentrum des Kopfes und kann über die Berührung der Stirnmitte aktiviert werden. Dort liegt unser seherisches Bewusstsein verborgen, über das auch die Seher im alten Indien Macht hatten und so ihre Prophezeiungen fanden. Ein aktives Sthapani-Marma schafft Weit- und Klarsicht und eröffnet das Tor zu inneren Visionen der näheren Zukunft. Während das Sthapani-Marma mehr auf der unterscheidenden Intelligenz aufbaut, ist es das Nabhi-Marma, das der Intuition zugeordnet werden kann. Nabhi liegt auf Höhe des Bauchnabels und ist sozusagen die Mitte unseres Körpers. Dieser Punkt gilt auch als Stelle der Zusammenkunft von unzähligen Marmas und Nadis, er hat somit eine ganz besondere Bedeutung für die Aufnahme, Verarbeitung und den Transport von Prana. Außerdem kontrolliert Nabhi den Solarplexus und stellt den Energieausgleich in diesem Chakra her, wenn dies nötig ist (in Anlehnung an Schrott, 2009).

Die Yoga-Praxis

Nun haben wir viel Theoretisches und Philosophisches rund um das Thema Yoga-Siddhis erfahren. Dies bliebe jedoch völlig bedeutungslos, wenn wir es versäumen würden, es in die Praxis zu überführen und zu integrieren. Die Yoga-Praxis erhält eine völlig neue und tiefere Dimension, wenn man sich der Philosophie und der spirituellen Ansätze dahinter bewusst wird. Diese sind nämlich wie Wegweiser auf dem spirituellen Weg. Die Erkenntnis von all dem bedeutet aber nicht gleichzeitig Erleuchtung oder spirituelle Erfüllung. Vielmehr gilt es nun, das, was man erkannt hat, für sich zu interpretieren und mit dem eigenen Gefühl zu durchtränken. Das heißt, nun geht es auch darum, alles Gehörte und Gelesene loszulassen und der eigenen Erfahrung den Weg frei zu machen. Denn nur so wirst du etwas über die Tiefen deines spirituellen Ichs und über dich selbst erfahren. Dies ist die Voraussetzung dafür, dass du deine Mitmenschen und alles, was um dich herum geschieht, zunehmend sensitiv und medial begreifen und erfassen kannst.

Ich möchte, bevor du mit der Yoga-Praxis beginnst,

noch auf ein paar Punkte hinweisen, die absolut ausschlaggebend dafür sind, ob dein Yoga-Weg ein Weg der (Gottes-)Liebe ist oder nicht. Den Yoga-Siddhis nachzueifern, dabei aber das wahre und wesentliche Ziel der Erleuchtung aus den Augen zu verlieren und stattdessen nach der Erfüllung egozentrierter Wünsche zu trachten, würde dir das Wunderbare und Heilsame dieser Praxis niemals offenbaren. Vielmehr solltest du dich auf den Weg der selbstlosen Liebe machen und stets im Bewusstsein behalten, dass jeder Schritt, der dich deinem Ziel der Erleuchtung näherbringt, auch der Menschheit zugutekommt. Denn wir sind alle verbunden, auch wenn wir das oftmals nicht wahrhaben wollen oder können. Bitte habe Geduld mit dir und werde dir bewusst, dass die Yoga-Siddhis »nur« ein Hinweis auf einen bestimmten meisterlichen Entwicklungsgrad sind, wie es auch im Yoga-Sikha-Upanischad (1.156) heißt, und dich nicht zu einem besseren Menschen machen. Erst der bewusste und verantwortungsvolle Umgang mit diesen Kräften macht eine Meisterin, einen Meister aus dir.

Denke daran, den Mittelweg zu wählen: Du solltest diese übersinnlichen Kräfte, die sich bei dieser Art des Yoga vermehrt zeigen können, nicht unterdrücken, denn dann werden sie zu Fesseln auf deinem spirituellen Weg. Du solltest sie aber auch nicht überbewerten oder überstrapazieren. Letztendlich sind wir alle Geistwesen in einem materiellen Körper, und wieso wir auf diese Weise leben, hat einen Sinn und Zweck. Es ist ein Geschenk, als Mensch eine Art Zwischenwesen zu sein, das Erderfahrungen macht und sich zugleich entscheiden kann, wie es seine Lebenszeit verbringt. Entweder in völliger Verstrickung mit Maya, der Illusion des Scheinhaften, oder im Bewusstsein des Übersinnlichen. Wie auch immer wir uns entscheiden, wir werden alle von Wesen aus der Geistigen Welt begleitet und können auf sie zählen.

Deine Übungspraxis

Bevor du mit dem Üben des Siddhi-Yoga beginnst, gibt es noch ein paar Dinge, die du beachten solltest, um deine Praxis erfolgreich und wohltuend gestalten zu können. Es empfiehlt sich, dass du dir einen Raum oder eine Ecke bereitest, wo du dein Yoga üben kannst. Dies sollte ein Ort sein, an dem du dich zurückziehen kannst und der ganz dir und deiner spirituellen Praxis gewidmet ist. Orte können sich mit einer energetischen Information aufladen, also achte darauf, dass an diesem Ort nichts anderes als deine Yoga-Praxis stattfindet. Ein Altar mit einer Kerze, Blumen, Bildern oder Gegenständen, die dir lieb sind, können diesen Raum zu einer heiligen Stätte, zu deinem Tempel machen. Ein Foto von einem Guru, der dir nahesteht und mit dem du dich verbunden fühlst, kann deinen Altar schmücken. Du solltest dieses Foto allerdings nur dann aufstellen, wenn es in dir Gefühle der Demut, des Vertrauens und der Freude auslöst. Ein Guru-Foto aufzustellen, nur weil das so gemacht wird und weit verbreitet ist, macht keinerlei Sinn.

Schaff dir eine schöne Atmosphäre. Dies wird es dir

erleichtern, in eine »andere Welt« außerhalb des Alltags und in die Tiefen deiner Praxis abzutauchen. Eine Yoga-Matte, ein Sitzbänkchen, ein Meditationskissen, eine Decke und ein Stuhl sollten griffbereit sein. Eventuell helfen dir anfangs auch Yoga-Hilfsmittel wie Blöcke und Gurte, um die Haltungen für dich komfortabel zu gestalten. Zieh dich, wenn es dir möglich ist, immer zur gleichen Zeit an diesen Ort zurück, und nach einer Weile wirst du von ganz allein den natürlichen Wunsch entwickeln, zu dieser Zeit an deinen Ort der inneren Praxis zu gehen. Dies kann anfangs die Kontinuität deines Übens immens unterstützen.

Vor dem Yoga solltest du keine Mahlzeit zu dir genommen haben, am besten ist es, mit wirklich leerem Magen zu üben. Dies sorgt dafür, dass sich jegliche Energie, die du in dir hast, auf deine Praxis richten kann und nicht für die Verdauung verwendet wird. Auch wird es dir dann viel leichter fallen, den Atem tiefer gehen zu lassen, da die Bewegungsweite des Zwerchfells, einer der wichtigsten Atemmuskeln im Körper, bei leerem Magen nicht eingeschränkt ist. Trage bequeme Kleidung, die dich nicht einengt und die angenehm auf der Haut liegt.

Auch der Duft von einem Räucherstäbchen kann dich in eine meditative Stimmung versetzen und es deinem Geist erleichtern, mit dem Fokus nach innen zu gehen. Dies wird auch einfacher, wenn du auf Musik verzichtest. Musik ist nämlich nichts anderes als eine äußere Ablenkung und kann den Geist zerstreuen. Empfehlenswert kann es jedoch sein, eine Klang-CD laufen zu lassen, auf der beispielsweise das OM oder Klangschalen zu hören sind. Diese Klänge begünstigen die innere Praxis.

Natürlich ist es dir überlassen, wie oft und wie lange du dein Yoga praktizierst, solltest du jedoch Erfolge auf deinem spirituellen Weg erzielen wollen, empfiehlt es sich, regelmäßig zu üben. Sehr sporadisches Üben ist natürlich weniger wirksam als regelmäßiges und kontinuierliches Praktizieren. In der Regelmäßigkeit steckt der Schlüssel zu deinem vollen Potenzial.

Die Sitzhaltung

Oft werde ich bezüglich der Sitzhaltung während einer Meditation oder Atemübung befragt, auf die ich hier auch eingehen möchte. Jede Sitzhaltung, in der du aufrecht, bequem und bewegungslos über einen gewissen Zeitraum hinweg verweilen kannst, ist für dein Yoga dienlich. Dabei muss es keineswegs der berühmte Lotossitz sein, den du einnimmst. Es macht keinerlei Sinn, dass du dich körperlichen Schmerzen aussetzt. Hier sind verschiedene Möglichkeiten, die du je nach Beweglichkeit und Übung wählen kannst:

Sitzen auf einem Stuhl

Das Sitzen auf einem Stuhl eignet sich hervorragend für Anfänger und lässt eine tiefe und ruhige Meditation zu. Es gibt nur ein paar Dinge, die beachtet werden sollten: Die Beine bilden einen rechten Winkel und die Wirbelsäule ist aufgerichtet. Achte darauf, dass du die Sitzbeinknochen auf dem Stuhl spüren kannst; vielleicht ist es nötig, dass du die Gesäßhälften etwas seitlich nach außen ziehst, um die Sitzbeinknochen ganz auf der Unterlage zu spüren. Lass die Schultern völlig entspannt sein.

Sitzen auf einem Meditationskissen

Hier gibt es große Unterschiede, je nachdem wie das Meditationskissen aussieht. Du kannst das Kissen zwischen deine Knie nehmen, während deine Fußrücken auf der Erde liegen. Dies ist eine Art Fersensitz, bei dem du auf einem Kissen anstatt auf den Fersen sitzt. Oder du nimmst auf dem Kissen einen Schneidersitz ein. Beide Knie sinken seitlich in Richtung Boden und die Unterschenkel sind gekreuzt. Wenn du den Schneidersitz etwas modifizieren möchtest, kannst du den sogenannten angenehmen Sitz, Sukhasana, einnehmen, in dem du die Knie ebenfalls seitlich sinken lässt, die Füße aber voreinander am Boden ablegst. Achte darauf, dass deine Sitzhaltung bequem ist und dass keinerlei Verspannung im Nacken- oder Schulterbereich entsteht. Du sollst dich auf deine innere Praxis konzentrieren können und dich nicht mit Schmerzen plagen.

Sitzen auf dem Boden

Das Sitzen ohne jegliche Hilfsmittel eignet sich nur für Menschen, die bereits Yoga-Erfahrung haben. Es gibt verschiedene Sitzstellungen, eine davon ist der Diamantsitz, Virasana, bzw. der Fersensitz. Dieser schafft vor allen Dingen eine aufrechte Haltung im Oberkörper und ist eine Wohltat für Knie und Beine. Für geübte Menschen eignen sich natürlich auch der halbe Lotossitz bzw. der Lotossitz. Während beim halben Lotossitz nur ein Fuß auf dem anderen Oberschenkel abgelegt wird, werden beim vollen Lotossitz beide Füße auf den Oberschenkeln abgelegt. Es empfiehlt sich, den Lotossitz von einem Yoga-Lehrer überprüfen zu lassen und ihn keinesfalls auszuführen, wenn Schmerzen in den Knien entstehen.

Achtzehn Yoga-Siddhi-Übungen

Die folgenden Yoga-Übungen haben sich als besonders wirksam bei der Entwicklung der Siddhis erwiesen. Es empfiehlt sich, sie regelmäßig in der hier angegebenen Folge als eine Serie zu üben.

Übung 1: Belebe deine Marmas

Nimm einen bequemen Sitz ein, in dem du mühelos für einige Momente die Wirbelsäule aufrecht halten kannst und deine Schultern entspannt bleiben können. Leg nun beide Handflächen auf deine Stirn, sodass die Fingerspitzen Richtung Scheitel zeigen. Spüre, wie die Wärme deiner Hände in deinen Kopf und bis zum Dritten Auge im Kopfzentrum dringt. Richte deinen inneren Blick mit geschlossenen Augen dorthin und lass den Atem ganz ruhig über die Nase weiter fließen. Verweile so für vier bis fünf Atemzüge.

Dann leg deinen rechten Daumen auf die Stirnmitte und zeichne mit etwas Druck acht Kreise im Uhrzeigersinn auf diesen Bereich des Dritten Auges. Nun leg deine linke Handfläche flach auf dem Nabel ab und beginne im Uhrzeigersinn ohne

Druck den Bauch auszukreisen. Wiederhole dies achtmal. Löse nun die Hand vom Bauch und leg die Handflächen am Nacken ab. Spüre auch hier, wie die Wärme deiner Hände in den Hals- und Nackenbereich strahlt und sich das Hals-Chakra entspannt.

Wirkung: In einem Abschnitt der Gheranda-Samhita (Kapitel 1.34–35) heißt es, dass man mit dem rechten Daumen die Höhlung an der Stirn reiben solle, um den Schleim dort zu lösen und somit das Dritte Auge zu öffnen. Dabei wird der Energiekanal dort gereinigt und »das göttliche Gesicht«, das Hellsehen kommt zum Vorschein. Auch befindet sich an dieser Stelle das Sthapani-Marma, das man als Ort des Seher-Bewusstseins, des Rishi-Bewusstseins oder der Weitsicht, der Vision bezeichnen könnte. Diese Übung kann man auch täglich nach dem Erwachen, dem Essen und am Ende des Tages machen, um das Bewusstsein zu erweitern und die Hellsichtigkeit zu entwickeln.

Das zweite Marma, das mit dieser Übung belebt wird, ist das Nabhi-Marma, das energetisch mit dem Solarplexus verbunden ist. Dieser Vitalpunkt auf der Höhe des Bauchnabels fördert unsere Intuition und das Bauchgefühl. Zuletzt wird das Hals-Chakra aktiviert, indem die Hände auf dem Nacken abgelegt werden. Durch die Aktivierung des Nabhi-Marmas sind sie bereits mit Prana angefüllt. Dieses Prana kann nun in den Hals fließen, den energetischen Ort für die Kommunikation mit der Geistigen Welt.

Übung 2: Die volle Yoga-Atmung

Noch immer im Sitz legst du nun deine rechte Handfläche auf der Brustmitte am Brustbein ab und deine linke Handfläche am Bauch, ungefähr auf Höhe des Bauchnabels. Verbinde dich geistig mit deinem energetischen Herz und deinem Sakral-Chakra und lass das Prana über deine Hände in den Körper hineinfließen. Nimm dein klopfendes Herz und die sanfte Bewegung des Atems im Bauch wahr. Lass die Luft über deine Nase in den Bauch und von dort aus nach oben in die Brust fließen. Versuche, während der Ausatmung zuerst die Luft aus dem Bauch und erst dann aus dem Brustkorb nach außen zu bringen. Das ist die volle Yoga-Atmung.

Nun öffne während der Ausatmung ganz sanft die Lippen und lass die Luft mit einem Ha-Laut nach außen strömen. Der Einatem geschieht über die Nase, der Ausatem kraftvoll über den Mund. Anfangs wird es dir vielleicht schwerfallen, den Atem vom Bauch in die Brust zu lenken. Deshalb fokussiere dich zu Beginn mehr auf einen tiefen und regelmäßigen Atem.

Wiederhole diese Atemtechnik anfangs bis zu zehnmal und steigere die Anzahl auf zwanzig Atemzüge, wenn du regelmäßig über einen gewissen Zeitraum praktiziert hast.

Wirkung: Unsere Hände dienen uns nicht nur dazu, im Alltag tätig zu werden, sondern sind auch unsere sensitiven Fühler für die Außenwelt. In dieser Übung geht es darum, sich selbst in liebevoller Geste zu berühren und Kontakt zu sich selbst herzustellen. Dies ist unweigerlich nötig, wenn man die eigene Welt erspüren möchte. Nur wer sich selbst fühlt, kann in sich eine Vorstellung darüber haben, wie sich jemand anderes oder allgemein Energie anfühlen kann. Der Ha-Atem wirkt auf der energetischen Ebene befreiend für Hals- und Herz-Chakra. Gleichzeitig werden dabei die Atmungsorgane gereinigt. Der Ha-Laut vermag Verspannungen auf der körperlichen und seelischen Ebene wegzutragen und lässt ein Gefühl von Freiheit entstehen.

Übung 3: Shank-Mudra und Ujjayi-Atem

Nun forme mit beiden Händen das Shank-Mudra. Umfasse hierfür den linken Daumen mit den Fingern deiner rechten Hand. Die Spitze des rechten Daumens berührt die Fingerkuppe des linken Mittelfingers. Bringe die Hände vor deinen Hals. Spüre dich in deinen Atem hinein und beachte, wie die Luft in dich einströmt und wieder ausströmt. Während der Ausatmung, die weiterhin mit dem Ha-Laut verbunden ist, bleiben deine Lippen nun jedoch geschlossen, die Zunge liegt entspannt am Gaumen. Du wirst einen rauschenden Ton im Hals vernehmen. Vielleicht kannst du dieses Rauschen auch während der Einatmung entstehen lassen. Der Atem hört sich nun wie das Meer an. Dies ist die Ujjayi-Atmung. Denke daran, den Atem nicht zu erzwingen und im Hals- und Nackenbereich entspannt zu bleiben. Der

Atem fließt, und du wirst bemerken, wie sich ganz automatisch Ein- und Ausatem ausdehnen.

Wirkung: Mudras, die heiligen Handgesten, sind ein Bestandteil sehr alter Geheimlehren. Man spricht den Mudras enorme Kräfte zu. Oftmals wird sogar gesagt, dass sie weitaus mehr im Energiesystem auslösen können als Körperübungen. Zwar kann man natürlich nicht erwarten, dass allein durch die spezielle Formung der Finger geheime Kräfte aktiviert werden, dennoch ist es mit innerem Glauben und geistiger Kraft möglich, Mudras wirkungsvoll werden zu lassen. Das hier geübte Shank-Mudra wirkt reinigend und klärend auf das Hals-Chakra und verstärkt somit auch die Wirkung der Ujjayi-Atmung.

Die beschriebene Atemübung nennt sich auch Drei-Stufen-Atmung. Die Atmung intensiviert sich und die gesamte Atemkapazität kann ausgeschöpft werden. Atemwahrnehmung und geistiger Fokus verstärken sich. In Verbindung mit dem rauschenden Ton wird die Atmung hörbar und somit greifbarer. Die Ujjayi-Atemtechnik bewirkt eine innere Erwärmung und spricht den Solarplexus an. Dadurch wird der ganze Organismus wach, der Körper stellt sich auf Aktivität

ein. Der Solarplexus ist das wichtigste Energiezentrum, wenn es darum geht, sensitive Fähigkeiten zu erwecken. Somit werden in dieser Übung beide Haupt-Chakras für Medialität und Sensitivität angesprochen, hinzu kommt die allgemeine Vitalisierung aller Chakras.

Übung 4: Herzöffnung

Komm nun in den Vierfüßlerstand, indem du deine Hände direkt unter den Schultern absetzt und die Knie hüftbreit geöffnet unter die Hüften stellst. Deine Handflächen und Finger sind weit geöffnet und die Fingerspitzen graben sich regelrecht in den Boden. Dies ist die Ausgangsposition für die Herzöffnung. Streck nun dein linkes Bein auf Höhe des rechten Knies seitlich aus und leg die Fußsohle auf der Erde ab. Die Fußspitzen zeigen nach vorn und der ganze Fuß ist gut geerdet. Achte darauf, dass deine rechte Hand direkt unter deiner rechten Schulter liegt, löse die linke Hand vom Boden und bringe den Arm über die Seite senkrecht nach oben zum Himmel. Die linke Handfläche ist nach links gerichtet. Der Blick sollte, wenn dein Nacken es zulässt, nach oben in Richtung linke Hand gehen, wenn nicht, dann schaust du nach links. Versuche jedoch, den Blick ruhig zu halten, und vermeide es, mit den Augen umherzuwandern.

Lass deine ganze geistige Energie an einem Punkt zusammenkommen. Spüre in die Öffnung im

Brustbereich hinein und lass den Atem bequem weiterfließen, vielleicht immer noch mit dem rauschenden Ujjayi-Ton. Versuche wahrzunehmen, wie es durch die Drehung in der Körpermitte, der Sammelstelle des Prana, in dir wärmer zu werden beginnt und du mehr und mehr in dir und deiner Mitte ankommst.

Nach fünf bis acht Atemzügen kannst du die linke Hand sinken lassen und die Seite wechseln. Versuche die Haltung auf der Gegenseite genauso lange zu halten, sodass beide Körperseiten ausgeglichen sind. Fällt es dir auf einer Seite schwerer, in der Haltung zu verweilen, bleibst du auf dieser ein wenig länger in der Position.

Nachdem die Übung auf beiden Seiten ausgeführt wurde, kannst du dich in die Kindhaltung, Balasana, begeben: Öffne die Knie im Vierfüßlerstand ungefähr mattenweit und lass dich mit dem Becken auf die Fersen sinken. Lass beide Arme weit nach vorn gestreckt und beide Handflächen auf der Erde. Wenn es dir möglich ist, leg deine Stirn am Boden mit ab und lass den Brustkorb tiefer in Richtung Erde sinken.

Wirkung: Diese Übung fördert das Gefühl für den Körper und die Balance. Die Brustwirbelsäule wird flexibel, es entsteht Weite im Brustkorb. In der Kindhaltung am Ende ist zu spüren, wie das Prana in den Brustbereich aufsteigt und das Herz-Chakra belebt. Denn durch die Dehnung wird das Nabhi-Marma aktiviert, das die Sammelstelle für das Prana ist. Wie bereits beschrieben fördert die Aktivierung von Nabhi die Intuition. In dieser Haltung kommt noch hinzu, dass eine Verbindung zwischen Bauch und Herz geschaffen wird, sodass jegliches sensitive Empfinden zuerst von der Herzenergie durchtränkt wird, bevor es über das Halszentrum zum Ausdruck kommt. Somit ist sichergestellt, dass nichts, was wir aus dem Bauchgefühl heraus machen, gegen den göttlichen, universellen und heilbringenden Willen verstößt.

Übung 5: Spiel mit den Winden

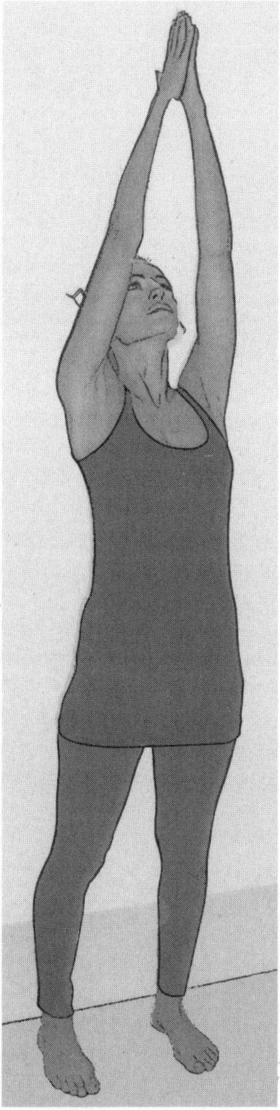

Nachdem du einige Atemzüge in der Kindhaltung verweilt hast, kannst du nun langsam wieder in den Vierfüßlerstand kommen und dich von dort zum Stehen aufrichten. Setz deine Füße ungefähr schulterbreit auseinander auf den Boden. Dreh die Handflächen nach außen und lass mit der Einatmung die Arme gestreckt über die Seiten nach oben schweben, bis sich die Hände über deinem Kopf treffen. Löse die Hände mit der Ausatmung und lass den Oberkörper nach vorn und unten in Richtung Erde sinken. Die Arme gehen gebeugt mit, die Handflächen zeigen nach oben. Am Ende der Ausatmung hängt der Oberkörper mitsamt dem Kopf und den Armen nach unten. Versuche, in dieser Haltung völlig loszulassen.

Mit der Einatmung tauchst du wieder auf und bringst die Arme über die Seiten nach oben, die Handflächen treffen sich am Scheitel-Chakra. Mit der Ausatmung lässt du dich wieder nach unten sinken. Achte darauf, dass beim Hochkommen die Knie etwas gebeugt sind und du dich mit gestreckter Wirbelsäule aufrichtest. Vermeide es, den Rücken zu runden. Wiederhole dies achtmal oder je nach Empfinden bis zu sechzehnmal.

Wirkung: Diese Übung ist wie ein Tanz mit den verschiedenen Bewegungsrichtungen des Prana. Es werden Apana-, Vyana- und Samana-Vayu aktiviert, das Prana beginnt sich auszudehnen. Die kraftvolle und bewusste Atmung bewirkt, dass sogar die feinsten Nadis von Prana durchströmt werden. Alle Chakras werden belebt und du erfährst Erdung und Öffnung zur gleichen Zeit und im gleichen Ausmaß.

Übung 6: Der Lotos öffnet sich

Komm zurück in den Stand, die Füße nah zusammen. Um diese Übung rücken- und knieschonender zu gestalten, kannst du mit den Fersen auf einen Yoga-Block steigen, während Zehen und Fußballen auf dem Boden bleiben. Nun lass dein Becken mit der Ausatmung nach unten sinken, während sich die Knie beugen. Bring gleichzeitig die Hände auf Brusthöhe in das Lotos-Mudra, indem du die Handwurzeln aneinanderlegst und die Spitzen der Daumen und der kleinen Finger einander berühren lässt. Die restlichen Finger sind wie Blütenblätter geöffnet und die Hände bilden eine Art Schale. Mit der Einatmung streckst du die Beine wieder durch und führst die Hände in das Anjali-Mudra über deinen Kopf: Dafür legst du die Handflächen flach aufeinander,

während sich die Finger berühren und die Fingerspitzen nach oben zeigen.

Nun lass den Atem das Tempo dieser Übungsabfolge vorgeben. Mit dem Impuls der einströmenden Luft sinkst du mit dem Becken nach unten und die Hände kommen vor das Herz ins Lotos-Mudra. Während du ausatmest, lässt du die Hände zusammenkommen und schiebst sie über deinen Scheitel. Die Beine strecken sich dabei. Wiederhole diese Folge je nach Befinden acht- oder bis zu sechzehnmal. Beende die Übung, indem du ganz ruhig zum Stehen kommst, ohne Block, die Füße etwa hüftbreit auseinander. Beuge die Unterarme in einem rechten Winkel und dreh die Handflächen nach oben. Spüre, wie sich deine Hände und dein Körper jetzt anfühlen. Spüre das Prana, die Bewegung in deinen inneren Räumen im Geist und im Körper. Lass dir ein wenig Zeit dafür.

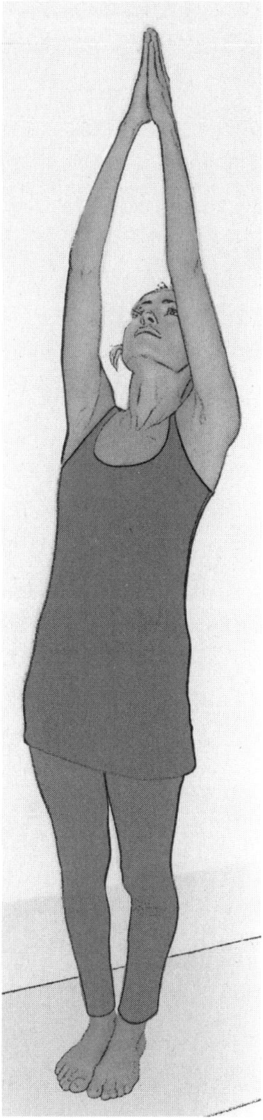

Wirkung: Der sich öffnende Lotos, auch Utkatasana genannt, ist eine sehr kraftvolle und energetisierende Körperhaltung, die direkt auf den Solarplexus einwirkt. Unsere innere Sonne wird erweckt, es kommt zu einer angenehmen Erwärmung im Körper. In Verbindung mit dem Atem gewinnt diese Haltung noch mehr Kraft und das Prana verteilt sich im ganzen Körper-Geist-Seele-System.

In Verbindung mit den Mudras bekommt diese Übungsabfolge eine deutlich größere Tiefe. Das Lotos-Mudra ist das Symbol für Versöhnung, Liebe und Schönheit. Genauso wie der im Schlamm verwurzelte Lotos vermag unser Herz entgegen aller Widrigkeiten im Leben zu strahlen und aufzublühen. Dieses Mudra verbindet uns mit dem energetischen Herzen und lässt unsere innere Schönheit zum Vorschein kommen. Gleichzeitig können in unsere Hände dabei auch all die himmlischen Gaben sinken, mit denen wir tagtäglich beschenkt werden, ohne es zu wissen. Wir werden von der Geistigen Welt inspiriert, nur haben wir dies meist vergessen. Voller Dankbarkeit nehmen wir nun diese Gaben an, indem wir die Hände im Anjali-Mudra verschließen und über den Kopf führen. Dies ist die Gruß- oder Gebetsgeste, aber auch gleichzeitig das Symbol für das absolute Eins-Sein hinter dem Schleier der Dinge, das Eins-Sein der individuellen Seele und Gottes, Atman und Brahman. Diese Erkenntnis durchströmt uns vom Scheitel-Chakra ausgehend.

Übung 7: Demut und Ergebung

Stell nun die Füße hüftbreit auf dem Boden auf und richte dich von den Füßen bis zum Scheitel vollkommen in deiner Mitte aus. Mach dir zu Beginn deiner Yoga-Praxis nicht allzu viele Gedanken darüber, wo deine Mitte ist und wie du sie findest. Allein deine gedankliche Einstimmung auf »die Mitte« wird dich zentrieren. Achte darauf, dass Fersen und Fußballen geerdet sind.

Nun setz beide Hände an den Hüften ab und sinke mit der Ausatmung und leicht gebeugten Knien mit dem Oberkörper nach vorn zum Boden hin. Lass das Becken nach vorn kippen und zieh gleichzeitig die Sitzbeinknochen nach oben und auseinander. Versuche dabei, mit der Bauchdecke ganz nahe an die Oberschenkel zu kommen. Am Ende der Ausatmung löse die

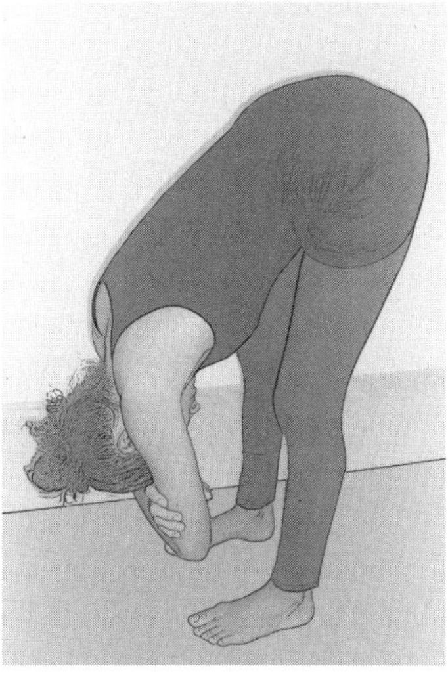

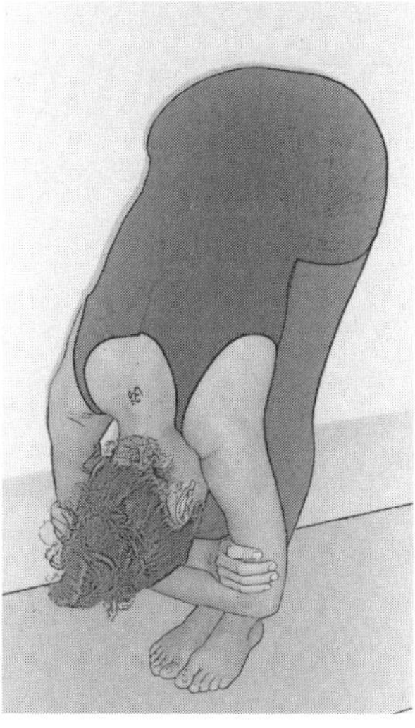

Hände von den Hüften und fasse die Ellenbogen, sodass sich die Unterarme kreuzen. Lass den Kopf mitsamt den Armen nach unten sinken und überlass das Gewicht des Oberkörpers der Schwerkraft. Die Knie bleiben gebeugt, es sei denn, du bist in der Vorwärtsbeuge schon geübt und hast keine Mühe dabei, die Beine zu strecken.

Nun beginne ganz sanft und langsam mit dem Oberkörper hin- und herzuschwenken, ohne jeglichen Druck und Zwang. Lass zu, dass sich dein Körper auf deinen Atem einschwingt, bring ihn durch die Atembewegungen im Bauch und Brustraum zum Schwingen nach rechts und links. Bleib für vier bis sechs Atemzüge so.

Wirkung: Uttanasana, wie dieses Asana auch heißt, ist eine der effektivsten Übungen, um den Kopf freizubekommen. Oft kann auch die Vorstellung helfen, dass alle unnötigen Gedanken vom Kopf in die Erde abfließen und der Kopf leer wird. In dieser Haltung ist der Kopf unter dem Herzen. Dies ist eine versteckte Geste dafür, dass wir dem Herzen die Kontrolle übergeben, die normalerweise der Kopf übernimmt. Dies kann sehr befreiend und kühlend auf den Menschen wirken. Den Verstand beiseiteschieben und die Gedanken zur Ruhe kommen lassen, ist unbedingt notwendig, um sich auf andere Wesen und die Geistige Welt einzulassen. Gleichzeitig nehmen wir über diese Haltung eine Beziehung zur Erde auf und verbinden uns mit allen erdgebundenen Lebewesen.

Die Vorwärtsbeuge beruhigt zudem den Atem und dehnt die gesamte Rückseite des Körpers. Die Wirbelsäule, der wichtigste Kanal für die Weiterleitung des Prana, streckt sich. Der Prana-Fluss dort wird aktiviert, denn die Energiebahnen liegen entlang der Wirbelsäule: Sushumna in ihrem Zentrum, Ida links von der Wirbelsäule und Pingala rechts davon. Diese Bahnen sind dafür verantwortlich, dass die Chakras und Marmas mit Energie versorgt werden.

Übung 8: Befreiung und Bewegung

Nachdem du für einige Atemzüge in der Vorwärtsbeuge verweilt hast, kannst du nun die Knie etwas tiefer beugen, sodass du beide Handflächen neben den Außenseiten der Füße flach auf dem Boden ablegen kannst. Die Fingerspitzen sind nach vorn ausgerichtet. Setz nun ein Knie nach dem anderen hinter dir ab, bring die Hüften genau darüber und die Handgelenke direkt unter die Schultern – du kommst also wieder in den Vierfüßlerstand. Achte darauf, dass die Handteller weit offen und die Finger gespreizt sind. Schiebe Finger und Fingerspitzen fest gegen den Boden und belaste vor allem Daumen und Zeigefinger. Stell nun mit dem Einatmen die Fußspitzen auf und zieh die Sitzbeinknochen in Richtung Himmel; der Bauch lässt sich

nach unten aushängen, die Schulterblätter wandern zueinander, während das Brustbein sich nach vorn öffnet. Leg den Kopf ganz leicht in den Nacken, ohne diesen zu verkrampfen. Nun atme in dieser Stellung über den Mund mit einem Ha-Laut aus.

Atme ein, leg die Fußrücken ab, lass das Becken zurückkippen und die Wirbelsäule ganz rund werden. Der Kopf hängt völlig entspannt zwischen den Armen nach unten.

Stelle mit der Ausatmung die Fußspitzen wieder auf und komm in die Gegenhaltung. Du kannst dabei gern den Blick mit offenen Augen nach oben zwischen die Augenbrauen richten.

Wiederhole diese fließende Übungsfolge acht- bis zehnmal, bevor du in die Kindhaltung kommst, wie du sie bereits zur Entspannung nach Übung 4 eingenommen hast.

Wirkung: Diese Übungsfolge wirkt auf zahlreichen energetischen Ebenen und kann allein praktiziert schon zu Veränderungen im Körper-Geist-Seele-System führen. Durch den Ha-Laut und die kraftvolle Ausatmung wird das Udana-Vayu aktiviert, das Kreativität und Ausdruckskraft fördert. Da das Udana-Vayu energetisch mit dem Hals-Chakra verbunden ist, wird hier auch das Medialitätszentrum angesprochen. Zugleich wird mit dem Ausatmen der Bereich des Beckenbodens gedehnt und geöffnet, was dazu führt, dass die Beckenbodenmuskeln in der Gegenbewegung besser kontrahieren können. Das Wurzel-Chakra in diesem Bereich wird stimuliert. Richtet man bei der Einatembewegung den Blick nach oben zwischen die Augenbrauen, wird auch das Dritte Auge, das Ajna-Chakra, geklärt.

Während der Ausatmung werden durch die Rundung in der Wirbelsäule die Chakras im Bauchbereich stimuliert und die sammelnde Energie *(samana)* wird wie ein Feuer entfacht. Wie wir bereits gesehen haben, gewinnt die Yogini oder der Yogi durch die Beherrschung des sogenannten aufsteigenden Atems *(udana)* die Kraft, sich von »Wasser, Schlamm und Dornen« zu lösen und zu schweben, und durch die Beherrschung des Atems zur Mitte hin eine intensive Ausstrahlung des inneren Lichts nach außen. Wenn in Patanjalis Sutras (3.39 und 3.40) von Dorn und Schlamm die Rede ist, können wir davon ausgehen, dass dies symbolisch gemeint ist. Es können persönliche Gewohnheiten oder innere Muster angesprochen sein, die uns daran hindern, über unsere scheinhafte Welt hinauszublicken. Durch die bewusste Arbeit mit dem Samana-Vayu beginnt der Mensch zu strahlen. Man kann sagen, dass es im Solarplexus eine Art Reservoir für eine Aura- oder Vitalenergie geben muss, die durch die Übung erweckt werden kann.

Übung 9: Frieden – Om

Für die bereits praktizierte Kindshaltung öffne wieder ungefähr mattenweit die Knie und lass die Fußrücken auf dem Boden aufliegen. Die großen Zehen berühren sich. Die Arme sind gestreckt und die Handflächen liegen etwa schulterbreit geöffnet flach auf der Erde. Lass die Unterarme nun auch auf den Boden sinken, sodass der gesamte obere Rücken und die Schultern sich entspannen. Versuche, das Becken völlig loszulassen, das Gewicht sinkt auf die Fersen. Der Atem beginnt nun von ganz allein, in den Rücken zu fließen. Bleib für einige Atemzüge so, während du innerlich mit jedem Ausatmen die Silbe Om sprichst.

Wenn du Mühe haben solltest, das Gesäß auf den Fersen und die Stirn auf dem Boden zu halten, kannst du dir unterhalb der Stirn einen Block legen. So wird es dir leichter fallen, Kopf und Becken der Erde zu übergeben.

Wirkung: Die Kindshaltung soll nicht nur als Ruhepause dienen, in der der Körper sich für einen Moment entspannt. Es geht vor allem darum, sich selbst den inneren Raum und die Möglichkeit einzugestehen, sich den Dingen, so wie sie sind, zu ergeben und sie anzunehmen. Diese Haltung ist eine Geste dafür, dass man mit dem Strom des Prana, mit dem Leben mitfließt und allmählich ein inneres Wissen darüber erlangt, wie sich die Dinge zukünftig verhalten könnten. Anstatt sich gegen das Spiel der Maya zu wehren und zu sträuben, spielt man mit ihr mit, jedoch immer mit dem inneren (Hell-)Wissen und der Gewissheit, dass wir von Schein und Illusion umzingelt sind, solange wir uns nur auf die gewöhnlichen Sinne verlassen. Es gibt jedoch auch die Welt des Geistigen und des Feinstofflichen. Würden wir sie leugnen, wäre es fast so, als würden wir leugnen, dass wir atmen. Denn genauso wie der Atem sind auch die Geistige Welt und das Feinstoffliche mit den gewöhnlichen Sinnen nicht zu erfassen. Man kann sie fühlen und erspüren, vor allem in Momenten, in denen wir innerlich still werden; genau dann erleben wir auch den Atem. Noch etwas ist der Geistigen Welt und dem Atem gemein: Beide sind auf ihre Art und Weise ein Mysterium für uns.

Übung 10: Erweckung

Komm nun langsam nach oben in den Vierfüßlerstand zurück und leg deine Hände ungefähr zehn Zentimeter weiter vorn ab. Schieb dein Becken mit nach vorn, sodass die Hüfte nun ein Stück vor den Knien ist. Die Schultern sind über den Handgelenken. Nun beuge die Arme eng am Körper nach hinten an und leg den Brustkorb zwischen den Händen und dem Bauch auf dem Boden ab. Deine Hände liegen jetzt ganz eng links und rechts am Brustkorb. Achte darauf, dass die Ellenbogen nach hinten gerichtet sind und zieh die Schulterblätter etwas zueinander. Deine Fußrücken sind hüftbreit geöffnet und haben Bodenkontakt.

Mit der Einatmung wölbt sich der Oberkörper nach oben, während der Kopf ganz leicht in den Nacken geht. Dies ist die Kobrahaltung, Bhujangasana. Mit der Ausatmung legst du den Brustkorb wieder ab und lässt die Stirn den Boden vor dir berühren. Beachte, dass die Beine angespannt und die Füße auf

der Erde bleiben. Mit der nächsten Einatmung stellst du hinter dir die Fußspitzen auf und schiebst dich mit der Kraft der Hände, der Arme und des Bauches nach oben auf die Knie und von dort weiter zurück auf die Fersen. Nun liegen deine Fußrücken am Boden und das Gesäß sinkt nach unten, die Arme strecken sich weit nach vorn: Du bist wieder in der Kindshaltung angekommen.

Mit dem nächsten Einatemimpuls gehst du erneut in den Vierfüßlerstand und machst die gleiche Übungsfolge wie beschrieben nochmals. Ganz wichtig ist es dabei, dass du mit dem Atem arbeitest und dir aus ihm den Impuls für die nächste Bewegung holst. Wenn du noch am Anfang deiner Praxis stehst, wird es dir vielleicht schwerfallen, Atem und Bewegung zu koordinieren. Mit etwas Übung wirst du es jedoch in Kürze schaffen, dass du ein Gefühl für das Prana im Körper erhältst und über den Atem mit ihm arbeiten kannst.

Wirkung: Diese Abfolge von Asanas spricht Körper, Geist und Seele in gleichem Maße an. Auf körperlicher Ebene wird der Brustmuskel zugleich gedehnt und gestärkt. Außerdem braucht es die Kraft in der Mitte und in den Armen, um vom Boden wieder nach oben in den Vierfüßlerstand zurückkommen zu können. Diese Abfolge verbindet uns mit der inneren Geste des Mutes und des Vertrauens auf die innere Kraft. Manchmal braucht es blindes Vertrauen auf das Wirken des göttlichen Prinzips im eigenen Inneren, um den spirituellen Weg gehen und sich selbst begegnen zu können.

Energetisch betrachtet werden Wurzel- und Herz-Chakra am meisten aktiviert, zwischen diesen beiden wird eine Verbindung aufgebaut. Die Kobra lässt uns ein Gefühl von Freiheit im

Herz erfühlen, während Balasana, die Kindshaltung, uns mit den Wurzeln und Mutter Erde verbindet. Es braucht immer beide Pole, um mit inneren Kräften des Göttlichen, die durch Yoga hervorgerufen werden können, bewusst umgehen zu können. Wenn wir einen Weg des Kopfes oder der Gier und Habsucht gehen, Ersteres ein unerlöstes Thema des Stirn-, das andere eines des Wurzel-Chakras, werden wir niemals unserem Herzen näherkommen und wahre Erfüllung erfahren. Im Herzen liegt unsere göttliche Essenz verborgen. Genau dorthin sollte unser spiritueller Weg uns führen.

Übung 11: Ida-Pingala-Atem

Nun leg dich mit der gesamten Vorderseite deines Körpers auf dem Boden ab und streck beide Arme nach vorn aus. Leg die Handflächen aufeinander, sodass die Außenkanten deiner Hände den Boden berühren und die Handrücken nach links und rechts gerichtet sind. Kreuze die Daumen übereinander oder leg sie aneinander und bring die Stirn zwischen den Armen auf den Boden. Ergib dich für einen Moment ganz der Schwerkraft und lass bewusst den Atem durch den Körper hindurchfließen. Spüre dabei, wie sich der Rücken nach oben wölbt und dein Körper sich sanft im Rhythmus des Atems bewegt. Gib diesem Gefühl noch etwas mehr nach und bewege dein Becken mit minimalen Bewegungen hin und her.

Nun konzentriere dich beim Einatmen auf das rechte Nasenloch und stell dir vor, dass die eingeatmete Luft in Form eines Lichtstrahls über das rechte Nasenloch durch deine Nase hindurch, die Mitte deines Kopfes berührend, rechts neben deiner Halswirbelsäule und rechts an der gesamten Wirbelsäule entlang zum Steißbein fließt. Mit der Ausatmung richte deinen geistigen Fokus darauf, dass der eingeatmete Lichtstrahl vom Steißbein aus links neben deiner Wirbelsäule entlang nach oben, links neben der Halswirbelsäule entlang und wieder das Kopfzentrum berührend über das linke Nasenloch nach außen

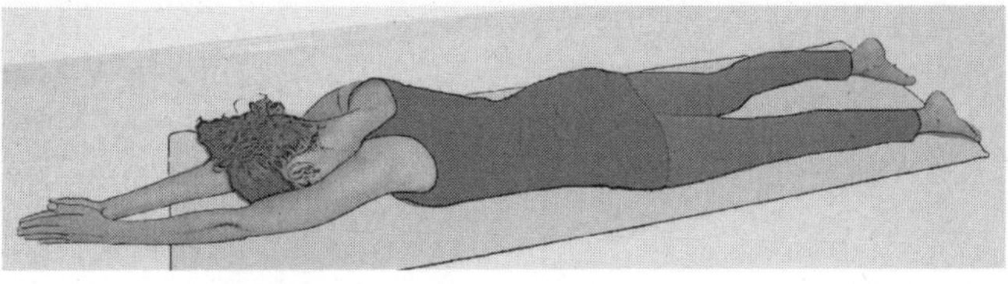

gelangt. Wiederhole diesen Atemzyklus etwa vier- bis achtmal. Eventuell werden sich mit der Zeit natürliche Atempausen (nach der Ein- bzw. der Ausatmung) einstellen. Dies ist völlig normal und sollte dich nicht beunruhigen. Beachte aber unbedingt, dass diese Atempausen nicht gezwungenermaßen entstehen, sondern spontan auftreten.

Wirkung: Die Nadis bilden ein energetisches Netzwerk im feinstofflichen Körper und versorgen ihn mit der nötigen Energie. Es gibt drei Haupt-Nadis, von denen zwei in dieser Übung geöffnet und gesäubert werden. Pingala-Nadi entspringt dem Wurzel-Chakra, läuft rechts neben der Wirbelsäule vorbei zum rechten Nasenloch. Hier herrschen die Sonnenenergie und die männliche Kraft. Ida-Nadi hingegen verläuft links neben der Wirbelsäule und mündet in das linke Nasenloch. Dieses Nadi ist verbunden mit der Mondenergie und schöpft seine Kraft aus dem weiblichen Aspekt. Hellsichtig betrachtet berühren sich diese beiden Nadis in der Mitte des Kopfinneren, dort, wo die Zirbeldrüse liegt. Dieses Pranayama bewirkt nicht nur eine Harmonisierung der Prana-Ströme in den Nadis, sondern versorgt auch unser Drittes Auge mit frischem Prana.

Übung 12: Verbindung zum Wasser

Nun bring wieder Bewusstsein in deinen gesamten Körper, lass den geistigen Fokus von den Zehen bis zum Scheitel hin fließen. Heb die Beine und Füße vom Boden ab, sodass sie über der Erde schweben. Schieb dabei dein Schambein nach unten und löse beim nächsten Einatmen auch den Oberkörper und die Arme vom Boden. Lass die Arme seitlich in einem Halbkreis neben den Körper gehen, während du ausatmest. Nun bring mit der Einatmung, während Beine und Brustbereich immer noch vom Boden gelöst sind, die Arme wieder nach vorn und mit der Ausatmung neben deinen Körper. Stell dir vor, du schwimmst, nur dass es nicht Wasser ist, was dich umgibt, sondern das Prana, durch das sich deine Arme bewegen. Vielleicht schließt du auch

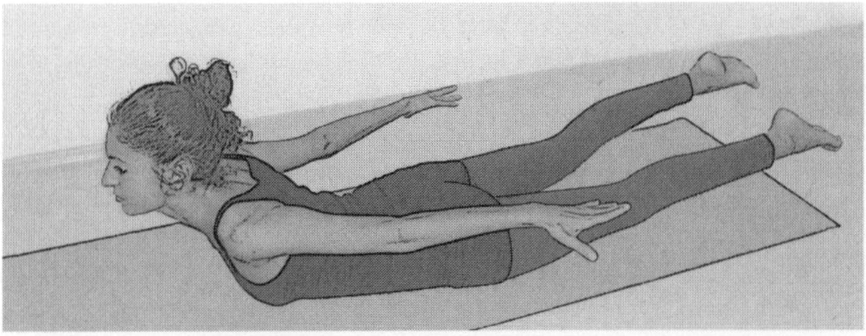

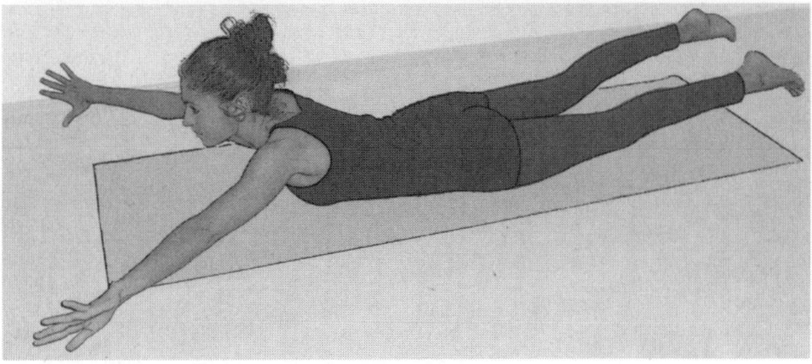

deine Augen und lässt die Arme nun genau die Bewegungen machen, die sich für dich gut und im Fluss anfühlen. Lass dich mit dem Strom des Prana fließen und spüre, wie deine Mitte den Boden berührt, wie du dich von dort aus ausbalancierst und im Rhythmus des Prana atmest. Bleib so lange in diesem Fluss, wie es sich für dich gut anfühlt.

Wirkung: Hier lassen wir das eingeatmete Prana sich in allen Nadis des Körpers verteilen und verbinden uns in tieferen Ebenen des Seins mit der Energie des Kosmos. Das Samana- und das Vyana-Vayu sind die Prana-Ströme, die dabei aktiviert werden. Man erfährt auf der geistigen Ebene ein Gefühl der Verbundenheit mit allem, was einen umgibt, und gleichzeitig das Gefühl für die Mitte.

Übung 13: Beleben und loslassen

Komm über die Seite auf den Rücken und bring deine Arme neben den Körper. Atme tief durch die Nase ein, halte den Atem für einen Moment an und löse währenddessen Kopf, Schultern, Arme, Beine und Füße vom Boden, sodass in deiner Mitte Spannung entsteht. Spüre die Kraft im ganzen Körper und richte deinen Fokus auf die Körpermitte. Der Atem wird dabei weiterhin gehalten und das Kinn Richtung Brustbein angezogen. Zieh auch die Schultern etwas nach vorn, sodass der Brustbereich enger wird.

Nun lass mit dem Ausatmen völlig los, sodass alle Körperteile, die den Boden verlassen hatten, wieder Richtung Erde sinken. Wenn es sich für dich stimmig und gut anfühlt, kannst du dabei auch über den Mund ausatmen. Versuche mit dem nächsten Ausatem den ganzen Körper loszulassen und bemerke dabei, wie du, je mehr du loslässt, umso tiefer atmen und dich mit frischem Prana anfüllen kannst. Wiederhole diese Übungsabfolge vier- bis achtmal oder vielleicht öfters, wenn es sich gut für dich anfühlt. Danach solltest du dir unbedingt Zeit geben nachzuspüren, vor allem in die Bereiche deines Halses und des Bauchs.

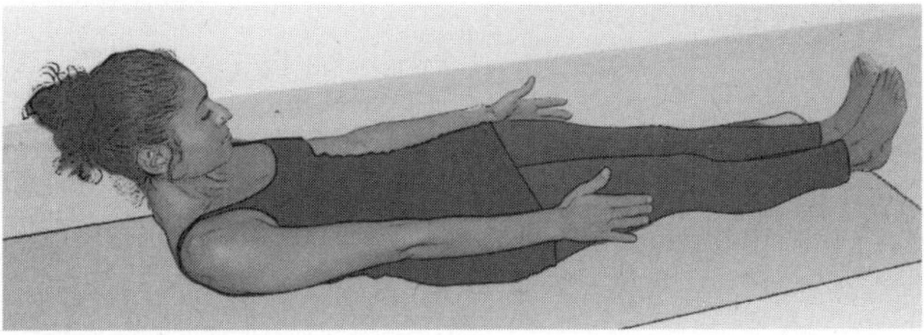

Wirkung: Samana-Vayu ist, wie bereits beschrieben, mit dem Solarplexus verbunden, dem Energiezentrum, über das wir unsere Sensitivität aktivieren und stärken können. Diese Übung bringt genau in dieses Zentrum die Kraft hinein und lässt das Prana dort stärker fließen. Gleichzeitig lernen wir hier auch das Loslassen. Der Mensch des Westens beherrscht das Anspannen und Aktivieren viel besser als das Loslassen. Dabei liegt in der Fähigkeit, Dinge loslassen zu können, der Weg zum inneren Potenzial verborgen. Loslassen setzt auch inneres Vertrauen in das Göttliche in einem selbst voraus. Überprüfe also vor allem bei dieser Übung, ob du wirklich loslässt und deinen Körper in den Boden sinken lässt oder ob es Stellen in deinem Körper gibt, wo du festzuhalten versuchst.

Neben dem Solarplexus wird hier auch das Hals-Chakra aktiviert, denn wir erzeugen eine gewisse Enge im Halsbereich, indem wir das Kinn nach unten zum Brustbein ziehen. Dadurch kann frisches Prana an diese Stelle fließen, sobald wir die Enge mit dem Ausatem wieder auflösen.

Übung 14: Hingabe

Beuge deine Knie und stell die Füße hüftbreit geöffnet auf, sodass die Knie sich hüftbreit über den Fersen befinden. Streck beide Arme auf Höhe der Schultern auf dem Boden aus und lass die Handflächen nach unten zeigen. Hebe ganz leicht das Becken vom Boden weg und lass mit der Ausatmung die Beine zur rechten Seite sinken, während sich der Kopf etwas nach links dreht. Verweile in dieser Haltung für vier bis acht Atemzüge und halte deinen Fokus darauf, die Schultern auf der Erde zu lassen und weder im Hals noch im Nackenbereich zu verkrampfen. Du spürst eine angenehme Rotation in der Wirbelsäule. Beobachte deinen Atem und lass mit jeder Ausatmung die Knie und die Schultern mehr Richtung Erde sinken.

Nun wechsle die Seite, indem du zuerst die Füße und Knie wieder in die Mitte zurückbringst und für einen kurzen Moment den Rücken auf dem Boden spürst. Dann lass die Beine nach links sinken und dreh den Kopf zur rechten Seite. Genieße wie-

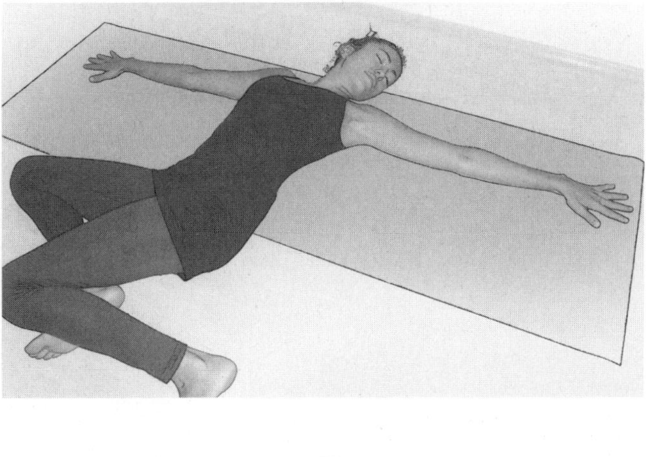

derum für vier bis acht Atemzüge die Haltung und lass mit deiner inneren Vorstellung den Atem durch die Wirbelsäule fließen. Zum Schluss kommst du wieder in die Ausgangsposition zurück und stellst die Füße hinter dem Becken auf. Spüre für einen Moment nach.

Wirkung: Auch diese Übung aktiviert das Halszentrum und den Solarplexus und bringt das Prana dort zum Glühen. In der Tat ist es so, dass durch diese Übung das Feuer dort entfacht wird. Da beide wichtige Chakras für die Medialität und Sensitivität sind, kann ihre Ausgeglichenheit die sensitiven und medialen Fähigkeiten fördern. Nur sollte dabei bedacht werden, dass das Herzzentrum auch eine wichtige Funktion hat: Als unser mit allem verwobenes energetisches Herz verbindet es uns in all unserem Tun und Sagen mit dem Göttlichem und somit mit jedem anderen Lebewesen. Also achte darauf, dass du in dieser gedrehten Haltung den Brustbereich nicht einengst, sondern dort ein Gefühl von Öffnung und Freiheit erzeugst.

Übung 15: Fühle dein Selbst

Stell die Füße, während du noch immer in der Rückenlage bist, ungefähr mattenweit auseinander und lass die Knie in der Mitte zusammensinken. Leg beide Hände auf dem Bauch ab, und zwar so, dass Daumen und Zeigefinger eine Art Viereck um den Bauchnabel herum bilden und sich ihre Spitzen berühren. Nun lass deine Schultern vollständig in den Boden sinken und beginne mit einer tiefen, aber dabei sehr ruhigen Bauchatmung. Spüre, wie sich mit der Einatmung die Finger voneinander entfernen und wie sie sich mit der Ausatmung einander wieder annähern. Nimm wahr, wie der Bauch sich im Rhythmus deines Atems bewegt. Lass zu, dass dein Atem dich immer tiefer sinken lässt und du immer mehr Gewicht an den Boden abgibst.

Wirkung: Hier nehmen wir Verbindung auf zu allen unbewussten und bewussten Gefühlen, Emotionen und Empfindungen, die im Sakral-Chakra abgespeichert wurden. Durch die bewusste

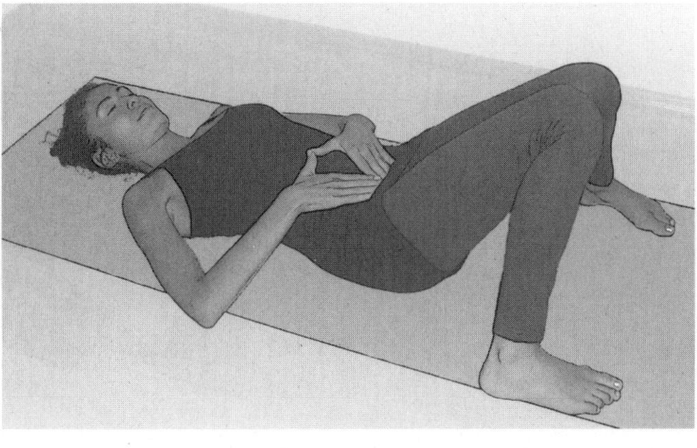

Bauchatmung kommen diese Dinge auf eine sanfte Art und Weise zum Vorschein, sie werden durch den Atem direkt verarbeitet. Der Ausatem wirkt dabei befreiend und lässt uns vergangene Erlebnisse ins Universum entlassen. Oft sind es ganz alte Dinge, die wir in uns abgespeichert haben und unnötigerweise mit uns schleppen. Dies verschleiert nicht nur unsere sensitive und mediale Wahrnehmung, sondern lässt uns mit der Zeit dumpf und ausgelaugt aussehen. Diese Übung ist nicht zuletzt auch eine hervorragende Vorbereitung für die im Folgenden beschriebene Meditation.

Übung 16: Anblick der Siddhas

Nimm eine bequeme Sitzhaltung ein, in der du für die nächsten zehn bis zwanzig Minuten aufrecht sowie innerlich und äußerlich still verharren kannst. Es ist wichtig, dass die Wirbelsäule aufgerichtet ist und du keinerlei Spannung in den Beinen oder Hüften empfindest. Genauere Beschreibungen einzelner Sitzvarianten findest du im Kapitel »Die Sitzhaltung«.

Lass deine Augen auf einem Punkt schräg vor dir auf der Erde ruhen. Lass deinen Blick so fixiert und konzentriert sein, als würdest du dich mit den Augen in den Boden hineinbohren wollen. Wahlweise kannst du den Blick auch auf ein Kerzenlicht richten. Versuche gar nicht oder so wenig wie möglich zu blinzeln. Nach einiger Zeit werden deine Augen müde werden. Wenn du diesen Impuls spürst, kannst du die Augen zugehen lassen und nun vor deinem inneren Auge in der Mitte deiner Brust ein hell strahlendes Licht aufscheinen lassen. In deiner Vorstellung kann dies ein funkelnder Stern oder eine kleine glühende Sonne sein, die sich in deiner Brustmitte befindet. Behalte deinen geistigen Fokus dort und versuche, all deine Gedankenkraft dafür einzusetzen, dieses Licht zu erblicken. Verweile für einige Augenblicke mit deinem Fokus dort.

Nach einer gewissen Zeit wirst du bemerken, dass das Licht wie von selbst beginnt, zu vibrieren und sich aufwärts zu bewegen. Verfolge mit deinem inneren Auge das Licht, wie es durch deinen Hals hindurchwandert, in deinen Kopf steigt und genau die Mittellinie in deinem Kopfzentrum passiert, bis es am höchsten Punkt deines Scheitels zum Stehen kommt. Nun lass dort all die gedankliche Energie zusammenkommen. Tu dies mit so viel Kraft und innerem Willen, bis das Licht beginnt, heller und weiter zu strahlen. Das Licht wächst über den Scheitel hinaus in alle Dimensionen hinein. Nun sind dein ganzer Kopf und der Raum um den unmittelbaren Kopfbereich herum von Licht durchflutet. Du kannst das Licht sich so weit ausdehnen lassen, wie du möchtest. Lass dir dafür Zeit und versuche deinen ganzen physischen Körper vom Licht erfassen zu lassen. Auch der Raum um dich herum ist erhellt. Vielleicht empfindest du ein sanftes Kribbeln und Vibrieren am Körper und in der Luft um dich herum. Verweile in deinem Licht so lange, wie es sich für dich gut anfühlt. Es werden sich nach einer gewissen Zeit und Übung vor deinem inneren Auge Bilder von Geistführern und Meistern ergeben. Möchtest du das nicht, kannst du dies im Geiste, bevor du in die Meditation gehst, aussprechen. Vielleicht hast du aber schon Bekanntschaft mit dem einen oder anderen geistigen Wesen gemacht. Diese kannst du, bevor du in die Meditation gehst, anrufen und einladen, mit dir zu meditieren. Es können zudem innere Klänge, Bilder und Botschaften auftreten, dies muss aber nicht sein. Oftmals braucht es eine Zeit des geduldigen und selbstlosen Übens, bis sich konkrete Erscheinungen ergeben.

Wirkung: In Anlehnung an Patanjalis Werk (3.32: Durch den Fokus auf das Licht am Scheitelpunkt des Kopfes erblickt man vollendete Meister.) soll diese Meditation die spirituelle Verbindung zur Geistigen Welt herstellen und fördern. Wir bauen das Licht zuerst am Herz-Chakra auf, um sicherzustellen, dass wir mit dem Herzen verbunden bleiben. Während das Licht aufsteigt, werden das Hals- und das Stirn-Chakra berührt, sie erfahren somit eine Schwingungserhöhung. Denn allein der Gedanke an Licht erzeugt eine erhöhte Schwingung. Letztendlich kommt das Licht am höchsten Punkt des Kopfes an. Am Scheitelpunkt liegt das siebte Chakra, die Verbindungsstelle zur spirituellen Welt, über die man Verbindung zu den Aufgestiegenen Meistern, aber auch zu den eigenen Geistführern aufnehmen kann. Siddhas werden vor allem Meister des Yoga genannt, die ihre innere Praxis, das Samyana, völlig gemeistert haben und vollkommener Siddhis habhaft geworden sind. Meiner Meinung nach kann das Wort sehr weit gefasst werden und mir scheinen auch heilige Menschen, die vielleicht nie etwas mit dem traditionellen Yoga zu tun hatten, Yoginis oder Yogis zu sein. Das bedeutet, dass es keineswegs sein muss, dass man indische Sadhus oder Gurus erblickt, sondern es können verschiedenste geistige Wesen sein, die in unterschiedlichsten Kulturen inkarniert waren.

Übung 17: Sitting in the Power – Sitzen mit und für die Geistige Welt

Nun löse dich von jeglichen inneren Bildern und komm mit deinem Fokus zum Atem zurück. Spüre die Luft, die über deine Nase ein- und ausströmt, und lass deinen Geist mehr und mehr ins Hier und Jetzt zurückkommen.

Leg deine geistige Intention nun darauf, dich mit deinem Geistführer zu verbinden. Du wirst in wenigen Augenblicken einen Zug am Hinterkopf oder vielleicht einen Druck im Brust- oder Halsbereich spüren. Diese Empfindung kann bei jedem individuell unterschiedlich sein, sie ist ein Zeichen dafür, dass du dich mit der Geistigen Welt verbindest. Sobald du die Verbindung spürst, kannst du geistig von dieser Empfindung ablassen und nun einfach alles in dich hineinfließen lassen, was aus der Geistigen Welt kommt. Das können heilende Schwingungen, Informationen, Bilder, Klänge, aber auch physikalische Phänomene sein. Beispielsweise kann es vorkommen, dass deine Hand bewegt wird oder sich die Temperatur im Raum verändert oder Geräusche entstehen. Denke daran, es gibt nichts zu befürchten. Die Geistige Welt würde nie etwas tun, was dir Schaden zufügen könnte. Oftmals sind diese Phänomene ein Zeichen dafür, dass eine Art Anpassung, ein Attunement zwischen dir und der Geistigen Welt stattfindet. Lass es geschehen und genieße es, so lange du möchtest, in der Kraft zu sitzen und deine Beziehung zu deinen geistigen Freunden zu intensivieren.

Wirkung: »Sitting in the power« ist eine der schönsten Methoden, um sich mit der Geistigen Welt zu verbinden und von ihr Botschaften oder Heilung zu empfangen. Die Geistige Welt wartet ungeduldig darauf, dass Menschen sich öffnen und sie mit ihnen in Kontakt treten kann. Auch wenn viele Bewohner der Geistigen Welt Verstorbene sind, geht ihre spirituelle Entwicklung weiter, und das Hand in Hand mit unserer.

Übung 18: Atmen mit der Erde

Löse nun deine Sitzhaltung auf und leg dich auf den Bauch. Bring ein Ohr auf den Boden, während deine Arme etwas abgespreizt vom Körper auf der Erde liegen. Deine Handflächen sind zum Himmel gerichtet und die Ellenbogen zu den Seiten hin leicht gebeugt. Nun beginne in den Bauch zu atmen und spüre, wie sich mit der Einatmung der Rücken nach oben wölbt und du mit der Ausatmung tiefer in Richtung Erde sinkst. Es fühlt sich so an, als würde die Erde mit dir mitatmen. Bei jedem Einatmen zieht sich der Boden zurück, und es ist, als würde eine Mulde entstehen. Bei jedem Ausatmen ist es, als würde sich die Erde nach oben wölben und dich stützen, um es dir etwas mehr zu ermöglichen, dich ganz der Schwerkraft zu übergeben. Spüre mit jedem Einatmen etwas mehr den Boden unter deinem Körper und gib mit jedem Ausatmen etwas mehr von all dem ab, was sich in dir gestaut oder angesammelt haben mag.

Wirkung: Diese Atemtechnik verbindet dich wieder mit der Erde und lässt in dir ein Gefühl des Angekommen- und Aufgehobenseins entstehen. In der Bauchlage ist unser Rücken frei und dem Himmel zugewandt. Die Rücken-Marmas, die eigentlich dem Schutz und der Abschirmung nach außen dienen, sind nun offen und frei und können durch die tiefe Atmung mit Prana versorgt werden.

Diese Übung bildet den Abschluss der achtzehn Übungen und bringt Erdung in Körper und Geist. Nimm dir für diese letzte Haltung so viel Zeit, wie du magst, und leg dich danach auf den Rücken in die vielleicht wichtigste Yoga-Haltung überhaupt: Shavasana, den »toten Mann«. Nun gilt es, alles loszulassen, den Körper, den Atem, die Gedanken, Wünsche, alles Erfahrene und Unerfahrene. Als hätte jegliches Leben den Körper verlassen, übst du in dieser Haltung, völlig leer und still zu werden. Shavasana ist eine Kunst für sich, und es kann viel Zeit beanspruchen, bis man diese augenscheinlich sehr einfache, aber im Grunde sehr komplexe Haltung gemeistert hat.

Kurzprogramm zur Entwicklung von Hellfühligkeit

Diese kurze Übungsreihe für die Hellfühligkeit ist dazu gedacht, ergänzend zum vollen Programm praktiziert zu werden. Sie kann auch als Ersatz für das volle Programm geübt werden, wenn du mal in Zeitnot bist. Beachte jedoch, dass sich die volle Wirkung des Siddhi-Yoga dann entfaltet, wenn das komplette Programm der achtzehn Übungen regelmäßig praktiziert wird. Dabei ist es dir überlassen, ob du täglich oder nur zwei- oder dreimal pro Woche übst. Je mehr Willen du in dein Yoga investierst, desto schneller wirst du klare Ziele erreichen.

Ich möchte zugleich betonen, dass auch das Kurzprogramm nicht garantiert, dass sich die Hellfühligkeit mit einem Mal einstellt. Auf dem Weg des Yoga, vor allem des Siddhi-Yoga, braucht es selbstlose und regelmäßige Übung. Lass die Übungen durch dich geschehen, lass die Wirkungen des Yoga Körper, Geist und Seele durchtränken und lass geschehen, was geschehen soll.

Übung 1: Belebe deine Marmas

Komm in einen hüftbreit geöffneten Stand und leg beide Handflächen ungefähr drei Finger breit oberhalb des Bauchnabels am Körper ab, auf deinen Solarplexus. Nun beginne, in kreisenden Bewegungen im Uhrzeigersinn diese Stelle zu massieren. Achte dabei darauf, dass keinerlei Spannung in den Schultern entsteht und deine Füße fest mit der Erde verbunden bleiben. Wiederhole diese Kreise achtmal und wähle ganz individuell die Stärke des Drucks, mit der du diese Körperstelle aktivierst. Nach den Kreisbewegungen lässt du deine Hände kurz an dieser Stelle ruhen. Spüre deinen Atem und löse mit der Ausatmung die Hände vom Körper, indem du sie nach vorn hin vom Körper wegziehst.

Nun leg deine Hände ungefähr drei Finger breit unterhalb des Bauchnabels ab und massiere auch diese Stelle mit kreisenden Bewegungen etwa achtmal. Beende die Massage, indem du die Hände nach vorn löst und die Arme neben dem Körper Richtung Erde sinken lässt. Schließe, wenn du möchtest, deine Augen und spüre, wie sich deine Umgebung und du selbst jetzt anfühlen.

Wirkung: Einer der wichtigsten Aspekte, wenn es um die Hellfühligkeit geht, ist die Entwicklung des Gefühls zu sich selbst. Dieses kann durch bewussten Kontakt zum eigenen Körper gestärkt werden. Indem wir in dieser Übung uns selbst auf eine bewusste und einfühlsame Art und Weise berühren, nähern wir uns uns selbst und können schon allein dadurch innere Blockaden in Bezug auf das sensitive Einfühlen in das eigene Selbst und in andere heilen und aufheben. Jeder von uns hat im Laufe seines Lebens emotionalen Stress und Trauer empfunden, und diese Dinge können uns im Hellfühlen energetisch hemmen. Dadurch verlernen wir es, uns selbst und auch unsere Umwelt zu spüren. Durch die kreisende Massage werden der Solarplexus, das wichtigste Sensitivitäts-Chakra, und das Nabhi-Marma aktiviert, das mit der Intuition verbunden ist.

Übung 2: Erwecke die Sonne

Bleib weiterhin in einem aufrechten Stand und führe die Fingerspitzen beider Hände vor dem Solarplexus zusammen, ohne dass sich die Handflächen dabei berühren. Spüre in deinen Atem hinein und stell dir vor, wie während deiner Einatmung das frische Prana über die Nase durch den Kopf in die Arme und Hände fließt und sich die Hände seitlich voneinander wegbewegen. Lass im Ausatmen das Prana über deine Füße in die Erde abfließen, während sich die Hände wieder zueinander bewegen. Nimm die Atembewegung und die Bewegung des Prana in dir wahr. Übe so für acht bis sechzehn Atemzüge, das Prana durch dich hindurchfließen zu lassen.

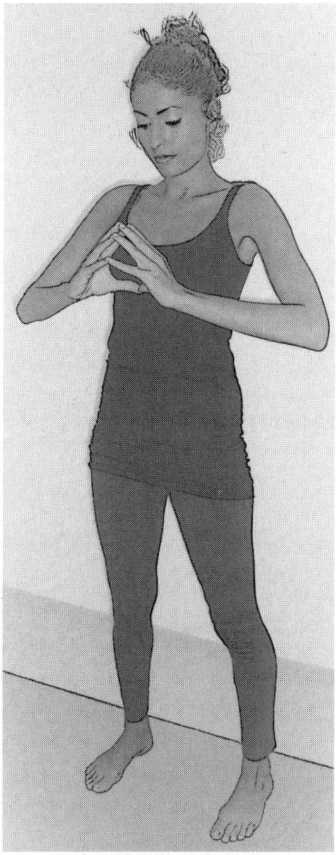

Wirkung: Diese Übung schafft nicht nur ein tieferes Atembewusstsein, sondern lässt auch eine Erfahrung des Prana im Körper entstehen. Das Samana-Vayu, die Art von Prana, die mit der Mitte verbunden ist, wird aktiviert. Dies fördert gleichzeitig die Hellfühligkeit. Auch erhält man durch die Ausatmung über die Füße Erdung, die unbedingt nötig ist, um die eigenen übersinnlichen Fähigkeiten zu stärken.

Übung 3: Hingabe und Demut

Stell nun die Füße hüftbreit auf und richte dich von den Füßen bis zum Scheitel vollkommen in deiner Mitte aus. Achte darauf, dass Fersen und Fußballen geerdet sind. Nun setz beide Hände an den Hüften ab und sinke mit der Ausatmung und leicht gebeugten Knien mit dem Oberkörper nach vorn Richtung Erde. Lass das Becken nach vorn kippen und zieh gleichzeitig die Sitzbeinknochen nach oben und auseinander. Versuche, die Bauchdecke ganz nahe an die Oberschenkel zu bringen. Löse am Ende der Ausatmung die Hände von den Hüften und stell die Fingerspitzen neben den Außenseiten deiner Füße auf dem Boden auf. Achte dabei darauf, dass die Schultern so weit wie möglich von den Ohren weg sind und die Schulterblätter tendenziell etwas zueinander ziehen. So wird es dir möglich, den Brustbereich frei und offen und den Nacken entspannt zu halten. Lass den Kopf komplett los und spüre, wie der Atem in den Rücken und die Rückseite der Beine zu fließen beginnt. Bleib für etwa vier Atemzüge in dieser Haltung.

Wirkung: Uttanasana, wie dieses Asana auch heißt, ist eine der effektivsten Übungen, um den Kopf freizubekommen. Oft kann auch die Vorstellung helfen, dass alle unnötigen Gedanken vom Kopf in die Erde abfließen und der Kopf leer wird. In dieser Haltung ist der Kopf unter dem Herzen. Dies ist eine versteckte Geste dafür, dass wir dem Herzen die Kontrolle übergeben, die normalerweise der Kopf übernimmt. Dies kann sehr befreiend und kühlend auf den Menschen wirken. Den Verstand beiseiteschieben und die Gedanken zur Ruhe kommen lassen, ist unbedingt notwendig, um sich auf andere Wesen und die Geistige Welt einzulassen. Gleichzeitig nehmen wir über diese Haltung eine Beziehung zur Erde auf und verbinden uns mit allen erdgebundenen Lebewesen.

Die Vorwärtsbeuge beruhigt zudem den Atem und dehnt die gesamte Rückseite des Körpers. Die Wirbelsäule, der wichtigste Kanal für die Weiterleitung des Prana, streckt sich. Der Prana-Fluss dort wird aktiviert, denn die Energiebahnen liegen entlang der Wirbelsäule: Sushumna in ihrem Zentrum, Ida links von der Wirbelsäule und Pingala rechts davon. Diese Bahnen sind dafür verantwortlich, dass die Chakras und Marmas mit Energie versorgt werden.

Übung 4: In die Kraft gehen

Beuge deine Knie nun etwas tiefer, sodass du beide Handflächen neben den Außenseiten deiner Füße flach auf der Erde ablegen kannst. Lass dabei die Handteller weit geöffnet und die Finger weit auseinandergespreizt. Steig nacheinander mit den Füßen nach hinten in die Bretthaltung. Dies bedeutet, dass du die Fußspitzen so weit wie möglich hinter dir auf dem Boden aufstellst. Achte dabei darauf, dass der Körper eine Linie bildet und sich die Schultern über den Handgelenken befinden. Das Gesäß bleibt tief, und du versuchst, deine gesamte innere Kraft in deiner Mitte, im Bauchraum, zu sammeln. Anfangs kann es sein, dass deine Arme und Beine ermüden, dann kannst du ganz bequem die Knie auf der Erde absetzen. Gib dein Bestes und bleib für vier Atemzüge in der Haltung, bevor du die Knie ablegst und in die Bauchlage kommst. Verweile für ein paar Momente dort und spüre den Atem, der deinen Körper durchflutet.

Sprenge die innere Vorstellung darüber, dass der Atem auf den Bauch- und Brustraum beschränkt ist, und lass ihn in jede deiner Zellen fließen.

Wirkung: Diese Haltung stärkt den Solarplexus und das Sakral-Chakra. Beides sind die Energiezentren für die Sensitivität. Sie verleihen ein Gefühl für das eigene Selbst und ebenso für die Umwelt. Nebenbei werden Beine und Arme gestärkt, unsere Verbindungsstellen zur Außenwelt. Mit dieser Übung kann man ganz in die eigene Kraft gehen und sich mit Qualitäten wie Ausdauer und Mut verbinden. Denn genau diese beiden Eigenschaften braucht es, wenn man sich auf den Weg der Sensitivität oder Medialität macht.

Übung 5: Licht und sich selbst einfangen

Nun komm über die Seite auf den Rücken und bring deine Arme neben den Körper. Atme tief durch die Nase ein, halte den Atem für einen Moment an und löse währenddessen Kopf, Schultern, Arme, Beine und Füße vom Boden, sodass in deiner Mitte Spannung entsteht. Überkreuze dabei die Arme vor der Brust und leg deine Hände an der jeweils anderen Schulter ab. Spüre die Kraft im ganzen Körper und sammle deinen Fokus in deiner Körpermitte. Der Atem wird dabei weiterhin gehalten und das Kinn Richtung Brustbein angezogen. Zieh zudem die Schultern etwas nach vorn, sodass der Brustbereich enger wird.

Nun lass mit dem Ausatmen völlig los, sodass alle Körperteile, die den Boden verlassen hatten, wieder Richtung Erde sinken. Wenn es sich für dich stimmig und gut anfühlt, kannst du auch über den Mund ausatmen. Versuche mit dem nächsten Ausatem den ganzen Körper loszulassen und bemerke dabei, wie du, je mehr du loslässt, desto tiefer atmen und dich mit frischem Prana anfüllen kannst. Wiederhole diese Übungsabfolge vier- bis achtmal oder vielleicht öfters, wenn es sich für dich gut anfühlt. Nach den Wiederholungen solltest du dir unbedingt Zeit geben, um nachzuspüren, vor allem in die Bereiche deines Halses und des Bauchs.

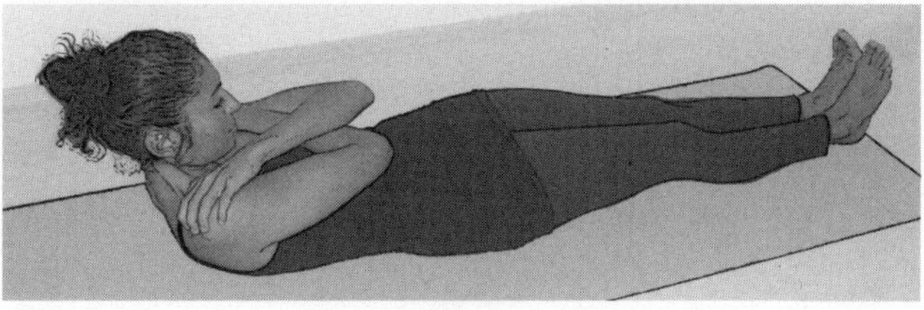

Wirkung: Samana-Vayu ist, wie bereits beschrieben, mit dem Solarplexus verbunden, dem Energiezentrum, über das wir unsere Sensitivität aktivieren und stärken können. Diese Übung bringt genau in dieses Zentrum die Kraft hinein und lässt das Prana dort stärker fließen. Gleichzeitig lernen wir hier auch das Loslassen. Der Mensch des Westens beherrscht das Anspannen und Aktivieren viel besser als das Loslassen. Dabei liegt in der Fähigkeit, Dinge loslassen zu können, der Weg zum inneren Potenzial verborgen. Loslassen setzt auch inneres Vertrauen in das Göttliche in einem selbst voraus. Überprüfe also vor allem bei dieser Übung, ob du wirklich loslässt und deinen Körper in den Boden sinken lässt oder ob es Stellen in deinem Körper gibt, wo du festzuhalten versuchst.

Neben dem Solarplexus wird hier auch das Hals-Chakra aktiviert, denn wir erzeugen eine gewisse Enge im Halsbereich, indem wir das Kinn nach unten zum Brustbein ziehen. Dadurch kann frisches Prana an diese Stelle fließen, sobald wir die Enge mit dem Ausatem wieder auflösen.

Übung 6: Öffnung für Herz und Seele

Nun komm über die Seite nach oben in den Kniestand und leg entweder hinter dir die Fußspitzen auf oder bringe die Fußrücken flach auf den Boden. Achte darauf, dass die Knie hüftbreit geöffnet sind. Nun stell dir vor, dass dein Steißbein Richtung Erde sinkt, während sich dein Unterbauch nach innen und oben zieht. Du kannst spüren, wie dadurch der untere Rücken lang wird. Leg nun deine Handflächen am unteren Rücken ab, und zwar so, dass die Fingerspitzen nach oben zeigen. Beweg dabei die Schulterblätter zueinander und fühle dich in die Öffnung in der Brust hinein. Solltest du verspannte Schultern oder Handgelenke haben, empfehle ich dir, die Fingerspitzen nach unten zu richten.

Zieh nun dein Kinn etwas nach innen und lehn den Kopf mit dem Ausatmen etwas zurück in den Nacken, versuche aber dabei eine gewisse Anspannung im Halsbereich aufrechtzuerhalten. Der Nacken sollte nicht verengt werden. Nun atme dich in die Öffnung im Brust- und Bauchbereich hinein und versuche mit jeder Ausatmung, das Brustbein weiter nach oben zu ziehen und den Oberkörper weiter zurückzuwölben. Verweile in der Position für etwa vier bis acht Atemzüge und komm dann vorsichtig aus der Haltung heraus in den Kniestand und von dort aus in den Vierfüßlerstand.

Wirkung: Wie bereits beschrieben sind der Solarplexus und das Sakral-Chakra die wichtigsten Energiezentren, wenn es um die Sensitivität geht. Mit dieser Übung werden genau diese Chakras angesprochen. Durch die Öffnung an diesen energetischen Stellen kann vermehrt Prana dort hineinfließen. Außerdem werden das Herz- und das Hals-Chakra aktiviert; beide sind ausschlaggebend dafür, wie sensitive Eindrücke nach außen transportiert werden. Viele Menschen können ihre Sensitivität nämlich nicht in ihr Leben integrieren, weil sie nicht wissen, wie sie diesen Empfindungen Ausdruck verleihen könnten. Die Ausdruckskraft ist energetisch vor allem mit dem Hals-Chakra verbunden, das bei dieser Übung geöffnet wird.

Übung 7: Ruhen

Öffne für die Kindshaltung, Balasana, die Knie ungefähr mattenweit und leg die Fußrücken auf den Boden. Die großen Zehen berühren sich. Die Arme sind gestreckt und die Handflächen liegen schulterbreit geöffnet flach auf der Erde. Lass die Unterarme nun auch auf den Boden sinken, sodass der gesamte obere Rücken und die Schultern sich entspannen. Wahlweise kannst du auch die Arme neben den Körper bringen und in den Boden sinken lassen. Dabei sind die Handflächen entspannt nach oben geöffnet. Versuche das Becken völlig loszulassen und das Gewicht auf die Fersen sinken zu lassen. Der Atem beginnt nun von ganz allein, in den Rücken zu fließen. Bleib für einige Atemzüge so. Wenn du Mühe haben solltest, das Gesäß auf den Fersen und die Stirn am Boden zu halten, kannst du dir unterhalb der Stirn einen Block hinlegen. So wird es dir leichter fallen, Kopf und Becken der Erde zu übergeben.

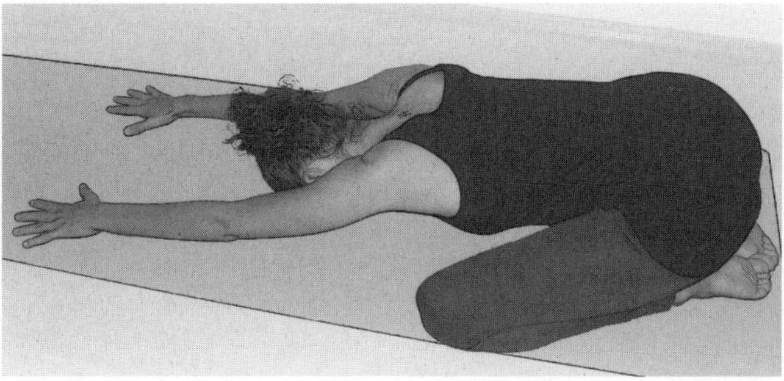

Wirkung: Bevor das Kurzprogramm mit einer Meditation beendet wird, kannst du dir in dieser Haltung innere Ruhe gönnen. Die Kindshaltung kann sich auch wie ein kleiner Rückzug in eine Höhle des Herzens anfühlen. Dies aber nur, wenn man sich ganz auf diese Haltung einlässt.

Übung 8: Fühle die Welt

Nachdem du für einige Momente in der Kindshaltung verweilt hast, kannst du dich nun in eine für dich bequeme Sitzhaltung begeben. Achte darauf, dass du aufrecht sitzt und der Körper mühelos für eine Dauer von zehn bis zwanzig Minuten still verharren kann. Spüre, wie du atmest. Nimm die Bewegungen deines Atems in deinem Körper wahr, ohne auf den Atem einzuwirken. Es wird nicht zu verhindern sein, dass sich dein Atem dennoch verändern wird. Versuche aber, eine innere Haltung des Beobachtens einzunehmen.

Beginne nach einigen Momenten, den Atem bewusst in den Bereich des Solarplexus, etwa drei Finger breit über dem Bauchnabel, zu lenken. Stell dir dort eine kleine Sonne vor, die mit jedem Einatem an Leuchtkraft und Größe gewinnt. Deine Sonne breitet sich immer mehr aus, bis du mit deinem ganzen Körper inmitten deiner Sonne sitzt. Vielleicht spürst du die Wärme, die dich umgibt.

Nun lade in Gedanken einen Menschen aus deinem Leben in deine Sonne ein, setz ihn im Geiste neben dich und versuche zu spüren, wo er sich im Moment befindet, was er fühlt und wie es ihm geht. Lass dich sensitiv ganz auf diese Person ein. Es mag sein, dass du gar nichts spüren kannst oder Gedanken aufkreuzen, die nicht deiner Intuition entspringen. Dies ist anfangs völlig normal. Mit regelmäßiger Übung wirst du immer deutlicher Gefühle und Bilder erhalten, die aus deinem Solarplexus stammen. Nach einiger Zeit, wenn du das Gefühl hast, die Person umfassend gespürt zu haben, verabschiedest du dich von ihr und lädst vielleicht eine zweite Person in deine Sonne ein. Oder du verlagerst dich mitsamt deiner Sonne an einen anderen Ort. Dort im Geiste angekommen versuche den Ort, die Atmosphäre und alle Dinge, die es dort zu spüren gibt, sensitiv wahrzunehmen.

Eine alternative Übung wäre, sich in zeitlich verschobene Situationen zu begeben, also entweder in die Vergangenheit oder in die Zukunft zu gehen. Zeit ist eine Illusion und für die eigene Sensitivität kann es keinerlei zeitliche Grenzen geben. Vielleicht möchtest du eine Situation, in die du in der Vergangenheit involviert warst, für dich umerleben, oder du wanderst in Gedanken in die Zukunft. In dieser zukünftigen Situation kannst du wiederum deine Sensitivität einsetzen, aber auch im Geiste dort die von dir erwünschten Dinge und Umstände manifestieren. Achte jedoch genau darauf, was du manifestierst, denn gedankliche Energie sollte nie unterschätzt werden. Alles, was du denkst und spürst, könnte zur Realität werden.

Nach einigen Momenten wirst du merken, dass es wieder an der Zeit ist, zurück an deinen Meditationsort zu kommen und innerlich wieder deine Sonne zu erblicken. Fokussiere dich nun auf deinen Atem und lass deine innere Sonne sich wieder am Solarplexus zusammenziehen, bis nur noch ein kleiner Funken Licht dort bleibt, der letztendlich auch erlischt.

Wirkung: Diese Meditationsform trainiert unsere Fähigkeit, mit der Energie des Solarplexus zu arbeiten und die Sensitivität zu stärken. Gleichzeitig gibt sie uns auch die Möglichkeit, unsere sensitiven Empfindungen zu überprüfen, indem wir beispielsweise Kontakt zu den Menschen aufnehmen, mit denen wir uns verbunden hatten, und in Erfahrung bringen, ob sie sich zum Zeitpunkt der Meditation so gefühlt hatten, wie es unser sensitiver Eindruck war.

Mit den Siddhis leben

Jeder Mensch hat Begleiter und Freunde in der Geistigen Welt und oft können diese auch unsere verstorbenen Verwandten und Freunde sein. Meine Oma beispielsweise, die mich aufzog und durch die ich meine erste Berührung mit dem Übersinnlichen hatte, ist stets bei mir und hilft mir bei den unterschiedlichsten Lebensthemen. Um unsere Begleiter und Freunde aus der Geistigen Welt zu spüren, braucht es einfach ein wenig inneres Gewahrsein und eine gewisse Sensibilität gegenüber dem Spirituellen. Beides kann durch das Yoga trainiert werden. In diesem abschließenden Kapitel wollen wir noch ein wenig über die Möglichkeiten, mit Yoga, den Siddhis und der Geistigen Welt zu arbeiten, sprechen.

Die Geistige Welt und ihre Bewohner

Von Pascal Voggenhuber

Wenn wir unsere Siddhis, unsere außersinnlichen Fähigkeiten, entwickeln, werden wir automatisch die Geistige Welt und ihre Bewohner immer klarer und intensiver wahrnehmen. Es kann sogar vorkommen, dass wir direkt von Geistwesen oder verstorbenen Yoga-Meistern unterrichtet werden. Doch wer sind eigentlich die Bewohner der Geistigen Welt? Und wie ist die Geistige Welt aufgebaut? Diese Fragen werden mir oft gestellt, und immer wieder fällt mir auf, dass sie enorm schwer zu beantworten sind. Die Bewohner der Geistigen Welt sind so unterschiedlich, dass es mir gar nicht gelingen würde, hier wirklich tief in diese Materie einzutauchen. Deswegen werde ich nur auf die wichtigsten Geistwesen aus meiner persönlichen Sicht eingehen.

Zum besseren Verständnis möchte ich die einzelnen Wesen in Kategorien einordnen, die jedoch in der unsichtbaren Welt in Wirklichkeit nicht existieren. Doch brauchen wir eine Einordnung, damit wir es besser verstehen können. Für unser Gehirn ist die Geistige Welt absolut unbegreiflich, und solange wir denken und nicht wahrnehmen, werden wir immer versuchen, alles zu ordnen und einzuordnen. Ich möchte betonen: Auch wenn ich Unterteilungen mache, soll dies keine qualitative Bewertung sein; die Unterscheidungen sollen uns nur helfen, das Ganze besser zu verstehen. Es gilt also (unter anderem) zu besprechen:

- Verstorbene
- Geisthelfer
- Geistführer, Aufgestiegene Meister und Yoga-Meister
- Engel
- Erzengel
- Schutzengel
- Gott
- Dämonen und Luzifer

Die ersten Bewohner der Geistigen Welt, die wir mit den Siddhis wahrnehmen können, sind die *Verstorbenen.* Es könnten sowohl unsere Angehörigen sein, die vor uns in die Geistige Welt gegangen sind, oder auch Fremde. Wichtig ist zu wissen, dass Verstorbene keine höher entwickelten Wesenheiten sind, dass sie ihre Persönlichkeit in der Geistigen Welt behalten und durch den Tod nun nicht plötzlich erleuchtet oder allwissend wurden. Verstorbene haben das Bewusstsein, wie sie es auch auf der Erde hatten, weiterhin in der Geistigen Welt. Natürlich entwickeln sich auch die Verstorbenen im Laufe der Jahre weiter, denn auch in der Geistigen Welt ist unsere Entwicklung noch längst nicht abgeschlossen.

Geisthelfer sind auch Verstorbene; sie sind von der Entwicklung her auch nicht weiter oder anders als die übrigen Verstorbenen. Der einzige Unterschied ist, dass sie sehr oft bei einem lebenden Menschen sind und ihn von der Geistigen Welt aus unterstützen. Deswegen mache ich einen Unterschied zwischen Verstorbenen und Geisthelfern. Wenn zum Beispiel eine Mutter stirbt und dann nur ab und an mal bei ihren noch lebenden Kindern vorbeischaut, bezeichne ich sie als Verstorbene. Ist aber die Mutter aus der Geistigen Welt fast täglich bei ihren Kindern und versucht intensiv, sie zu unterstützen oder ihnen Zeichen oder Inspirationen zu schicken, nenne ich sie eine Geisthelferin. Wir alle haben ständig ein Team von Geistwesen, das uns unterstützt, bei uns. Von diesen Wesen werden wir geführt. Dazu können auch Verstorbene gehören, die ich dann einfach Geisthelfer nenne. Dies sind aber immer Verstorbene, die wir persönlich gekannt haben und die auch meistens mit uns verwandt sind.

Geistführer bilden die nächste Gruppe von Geistwesen, auf die ich eingehen möchte. Wir alle haben einen Geistführer oder sogar mehrere. Immer haben wir einen Hauptführer, der uns schon von unserer Geburt an begleitet. Oft ist unser Geistführer nicht erst seit dem Beginn dieses Lebens, sondern schon seit einigen vergangenen Leben bei uns. Der Geistführer ist keine Person, die wir im Leben gekannt haben, denn Geistführer sind Wesen, die zwar irgendwann einmal auf der Erde inkarniert waren (im Gegensatz zu Engeln), aber spirituell schon so weit fortgeschritten sind, dass sie das Rad der Wiedergeburt hinter sich gelassen haben. Das heißt, sie müssen nicht mehr auf der Erde inkarnieren, sondern entwickeln sich ausschließlich in der Geistigen Welt weiter. Der Geistführer wird oft verwechselt mit dem Schutzengel, doch die Aufgaben von beiden Wesenheiten sind unterschiedlich. Man könnte die Geistführer auch als Lehrer bezeichnen, sie helfen uns, dass wir Situationen in unserem Leben vorfinden, die uns wachsen lassen und an denen wir reifen können.

Wenn wir unsere Yoga-Siddhis entwickelt haben, können wir auch direkt von den Lehrern aus der Geistigen Welt unterrichtet werden. Oft werde ich gefragt, wo der Unterschied zwischen Geistführer, Aufgestiegenen Meistern und Yoga-Meistern liegt. Hier lässt sich klar sagen, dass es letztlich keinen Unterschied gibt. Es kann sein, dass ein Yoga-Meister, der die Erleuchtung auf der Erde erreicht hat, nach Beendigung seines körperlichen Daseins ein Geistführer wird. Das Einzige, worauf wir ein bisschen aufpassen müssen, ist, dass auf der Erde ein Meister schneller als erleuchtet angesehen wird, als er es wirklich ist. Nur weil wir hier auf der Erde jemanden als Meister oder Heiligen betrachten, heißt dies noch lange nicht, dass er es wirklich ist und dass er nach seinem Tod ein Geistführer wird. Doch es könnte sein. Es gibt viele Geistführer, die früher sehr bekannte Yoga-Meister waren und heute

Menschen begleiten und ihnen helfen, auf dem Weg des Yoga aus dem Rad der Wiedergeburt auszubrechen. Doch es gibt auch viele Geistführer, die nie etwas mit Yoga zu tun hatten und dennoch die Erleuchtung erlangt haben. Wichtig zu wissen ist, dass Geistführer uns helfen, dass wir auf unserem persönlichen Weg voranschreiten, und dass sie uns dabei am besten unterstützen können, weil sie genau wissen, wie es ist, hier auf der Erde zu leben. Sie haben die Vor- und Nachteile des Lebens auf der Erde schließlich selbst genau kennengelernt.

Geistführer können unterschiedliche Formen annehmen, wenn wir sie mit unseren Hellsinnen wahrnehmen. Es kann sein, dass sie sich uns so zeigen, wie sie ausgesehen haben, als sie noch auf der Erde gelebt haben. Sie können sich aber auch nur als Energieform zeigen oder eine symbolische Gestalt annehmen. Auch Krafttiere, wie wir sie vom Schamanismus her kennen, sind letztlich Geistführer. Doch meistens nehmen Geistführer eine symbolische Gestalt an, denn sie wollen nicht, dass wir ins Ego-Denken verfallen und sagen: »Mein Geistführer ist der und der!« Wenn sich ein Geistführer klar als eine bekannte Persönlichkeit zu erkennen gibt, dann nur bei solchen Menschen, die das Ego schon hinter sich gelassen haben. Für sie ist es nicht mehr wichtig, wer ihr Geistführer ist, und sie würden auch nicht herumposaunen, von wem sie aus der Geistigen Welt unterstützt werden. Wenn sich jemand mit bekannten Persönlichkeiten in seinem geistigen Team »schmückt«, wäre ich sehr vorsichtig.

Die Nächsten, die uns begegnen können, sind *Engel* oder *Lichtwesen.* Engel sind sehr ähnlich wie Geistführer. Der Hauptunterschied liegt darin, dass sie nie einen Körper hatten und nie auf der Erde inkarniert waren. Engel sind bedingungslose Liebe, kennen aber weniger gut die Vor- und Nachteile des Körpers, im Unterschied zu den Geistführern, welche die Einschränkungen des menschlichen Seins kennen. Auch Engel unterstützen uns aus der Geistigen Welt und helfen uns dabei, mit den Prüfungen des Lebens besser zurechtzukommen. In der christlichen und jüdischen Mythologie werden die Engel in drei Triaden unterteilt. Es würde den Rahmen dieses Buches über die Yoga-Siddhis aber sprengen, darauf näher einzugehen.

Der *Schutzengel* wird wie schon geschrieben oft mit dem Geistführer verwechselt. Denn auf den ersten Blick sieht es so aus, als hätten sie dieselbe Aufgabe – doch ist das nicht ganz richtig. Obschon auch der Schutzengel immer bei uns ist, und zwar von der ersten Sekunde unserer Existenz an, ist es seine Aufgabe, unseren Lebensplan mit uns zu gestalten und dann auf der Erde darauf zu achten, dass wir ihn einhalten. Ich gehe davon aus, dass wir alle einen Plan haben, den wir hier auf der Erde erfüllen müssen. Diesen Plan entwerfen wir vor unserer Geburt in der Geistigen Welt mit unserem Schutzengel; natürlich sind bei dieser Planung auch noch andere Geistwesen anwesend und beteiligt. Wenn wir dann geboren werden, können wir uns nicht mehr daran erinnern, was wir mit unserem Schutzengel vereinbart haben. Außerdem haben wir den freien

Willen. Obwohl wir einen Lebensplan haben, heißt das also nicht, dass unser Schicksal vorherbestimmt ist und wir das machen müssen, was wir geplant haben. Meistens halten wir uns nämlich nicht an den Plan. Schließlich wissen wir ja auch nicht mehr, welche Prüfungen wir uns vor der Geburt auferlegt haben. Uns daran zu erinnern, ist genau die Aufgabe unseres Schutzengels. Seine Mission ist daher nicht wirklich, uns zu schützen, sondern uns so zu führen, dass wir die Situationen antreffen, durch die wir genau die Lernprozesse machen können, die wir für unsere Entwicklung auf der Erde brauchen. Der Schutzengel ist im Grunde der Hüter unseres Lebensplanes.

Er arbeitet dabei sehr eng mit unseren Geistführern zusammen, er verteilt die Aufgaben für unsere Geistführer und Begleiter der Geistigen Welt; selbst bleibt er aber meist im Hintergrund und ist mehr der Planer als der Ausführende. Ein Schutzengel ist ein sehr weit entwickeltes Wesen und war nie auf der Erde inkarniert. Er ist bedingungslose Liebe und sorgt immer für unser Wohl. Auch wenn es uns vielleicht manchmal so vorkommt, als hätte er uns verlassen, können wir sicher sein, dass er immer da ist, genauso wie die Geistführer. Manchmal wollen wir Situationen oder Probleme vielleicht nicht und wünschen uns, der Schutzengel oder Gott würde uns die Prüfungen abnehmen. Doch zum Glück tun sie das nicht, denn sonst könnten wir nicht wachsen und uns weiterentwickeln. Oft, wenn wir in einer schwierigen Situation sind, finden wir das grausam, doch nach einer gewissen Zeit sehen wir, was wir gelernt haben, und kommen gestärkt aus der Krise hervor. Auch unseren Schutzengeln und unserem geistigen Team macht es keinen Spaß, uns leiden zu sehen, doch sie wissen, dass wir die darin verborgenen Erkenntnisse brauchen. Denn leider lernt der Mensch meist nur durch Leid.

Gott, *Göttin* oder das *Göttliche* oder wie man es auch nennen möchte, ist natürlich auch »ein Bewohner der Geistigen Welt«, doch nicht nur dort, denn Gott ist alles! Ich möchte das hier nur kurz erwähnen, doch ich hüte mich davor, Gott zu beschreiben, denn etwas so Unglaubliches und Großes wie Gott kann man nicht mit Worten fassen. Es gibt keine passenden Ausdrücke dafür, man kann Gott aus meiner Sicht gar nicht mit dem Verstand begreifen. Man kann ihn nur erfahren, und wer ihn erfahren hat, der weiß, dass man nicht darüber sprechen kann, weil es nichts gibt, was annähernd seine Herrlichkeit beschreiben kann. Ich hoffe für uns alle, dass wir Gott erfahren, in allem und in jedem Moment.

Dämonen und *Luzifer* sind die nächsten Wesen, die ich kurz noch erwähnen möchte. Ich weiß, dass jetzt einige über meine Ansichten die Nasen rümpfen werden. Doch lass uns dieses Thema ganz neutral betrachten. Wie ich schon erwähnt habe, lernt der Mensch meistens durch das Leid. Sind wir doch mal ehrlich: Wenn es uns gut geht, dann verändern wir uns nur ganz wenig oder gar nicht. Doch wenn wir am Boden sind oder alles bergab geht, verändern wir unser Leben zum Positiven. Die Schicksalsschläge lassen uns wachsen und stark werden, ist es nicht so? Ich denke, wenn du ehrlich bist, gibst du mir Recht, oder? Könnte es dann nicht sein, dass Luzifer und seine Dämonen Freunde von Gott sind? Dass sie sich nie von ihm abgewandt haben, sondern sogar aus Liebe zu Gott die Aufgabe des »Bösen« übernommen haben? Das könnte doch sein, oder? Ich bin sogar davon überzeugt, denn wenn Gott allmächtig ist (wovon ich persönlich ausgehe), dann würde er Luzifer und die Dämonen nicht zulassen, wenn sie nicht seine Herrlichkeit bestätigen würden. Wir können das Licht nur erkennen, wenn es Dunkelheit gibt. Die Sterne können wir nur am dunklen Himmel sehen und uns darüber freuen. Ist die Dunkelheit jetzt gut oder schlecht? Ein weiteres Indiz für diese Ansicht ist der Name Luzifer. Luzifer bedeutet: »Lichtbringer« bzw. »Lichtträger«! Das ist kein Zufall, sondern eine geistige Wahrheit.

Ich persönlich habe noch nie einen Dämon oder einen bösen Geist wahrgenommen. Ich habe zwar unangenehme Wesen gesehen oder gespürt, doch noch nie ein Wesen, das einfach nur schaden wollte. Ich bin davon überzeugt, dass es Luzifer und Dämonen, so wie wir sie oft verstehen, nicht gibt, sondern dass sie ein Teil von Gottes Plan sind, und wenn man es mit Abstand betrachtet, sogar ein positiver Teil.

Das war mein kurzer Überblick zu einer möglichen Einordnung von Erfahrungen aus der Geistigen Welt. Wenn du eine andere Sicht hast, ist das ganz okay. Die meisten Bewohner der Geistigen Welt wirst du mit der Erweckung der Yoga-Siddhis bald selbst kennenlernen und noch viel mehr über sie erfahren als das, was ich hier geschrieben habe. So soll es auch sein, denn nur durch eigene Erfahrung und nicht durch Lesen allein kann man seine Siddhis erwecken und nutzen.

Meister des Yoga

In diesem Kapitel möchte ich (Bahar Yilmaz) dich mit einigen großen Meistern des Yoga (im weiteren Sinne) bekannt machen. Diese Menschen strahlten zu Lebzeiten und auch darüber hinaus so viel spirituelle und göttliche Kraft aus, dass viele Menschen von ihnen in ihren Bann gezogen wurden. Es waren nicht nur ihre übersinnlichen Fähigkeiten, die ihre Faszination ausmachte, sondern ihre reine Absicht, der Menschheit und Gott zu dienen.

Für die Verbreitung des Yoga im Westen war Swami Vivekananda (1863–1902) wesentlich. Er war ein gebildeter Inder und einer der bekanntesten Schüler des berühmten Heiligen Ramakrishna (1834 oder 1836 bis 1886). Beider Biografien wurden vom französischen Literatur-Nobelpreisträger Romain Rolland verfasst, was anzeigt, welche Bedeutung ihnen Anfang des 20. Jahrhunderts auch im aufgeklärten Frankreich zugemessen wurde. Vivekananda vertrat beim ersten Weltparlament der Religionen 1893 in Chicago einen aufgeklärten Hinduismus. Er interpretierte die traditionellen Yoga-Wege neu und »moderner«; seine Bücher über Raja-Yoga, Jnana-Yoga, Karma-Yoga und Bhakti-Yoga haben weltweit Verbreitung erfahren.

Weitere wesentliche Impulse wurden um die Mitte des 20. Jahrhunderts von Paramhansa Yogananda, Sri Aurobindo, Swami Shivananda, Hazur Baba Sawan Singh und Ramana Maharshi vermittelt.

Yogananda (1893–1952) brachte das Kriya-Yoga seiner Lehrer und Meister Sri Yukteswar, Lahiri Mahasaya und des Aufgestiegenen Meisters Babaji in den Westen. Sein Buch »Autobiographie eines Yogi« ist zu einem spirituellen Klassiker geworden.

Sri Aurobindo (1872–1950) begründete das »Integrale Yoga«. In Pondicherry und vor allem in Auroville in Südostindien bemühte er sich mit Unterstützung der Vereinten Nationen um eine alternative ideale Form des Gemeinschaftslebens. Seine Lebensgefährtin und Nachfolgerin, die französischstämmige Mère, »die Mutter«, führte sein Werk weiter.

Swami Shivanada (1887–1963) lehrte in Rishikesh in Nordindien klassische Yoga-Formen und inspirierte die Entstehung eines weltumspannenden Netzes von Yoga-Schulen.

Sawan Singh (1858–1948) war ein Schüler des Surat-Shabd-Yoga, eines Weges, der auch Sant Mat genannt wird. Er lebte im Punjab in Nordindien und leitete eine Renaissance eines mystischen Sikhismus ein, der sich nur noch äußerlich den Traditionen des Sikhismus verpflichtet fühlte, aber in seinen Lehren eine erleuchtende und erlösende Kraft des inneren geistigen Lichts und des inneren geistigen Klangstroms verkündete.

Ramana Maharshi (1879–1950) schließlich lebte nach seiner Erweckung im sechzehnten Lebensjahr am Fuße des Berges Arunachala südlich von Madras (Chennai). Von ihm stammen die weisen Worte:

> »Gott, Guru und das wahre Selbst sind identisch. Solange wir an der Vorstellung des Getrenntseins festhalten, so lange werden wir den Guru außerhalb von uns suchen. Ein wahrer Guru lehrt jedoch die Einsicht, dass der wahre Guru das wahre Selbst ist. Das Selbst bedeutet nur Sein – nicht, dies oder jenes zu sein. Die Suche des Menschen nach Glück ist eine unbewusste Suche nach seinem wahren Selbst. Das wahre Selbst ist unvergänglich; wenn ein Mensch es also findet, findet er gleichzeitig ein Glück, das ohne Ende ist. Ihr seid das wahre Selbst jetzt und könnt niemals etwas anderes sein. Werft eure Sorgen in den Wind, wendet euch nach innen und findet Frieden.«*

Es gibt selbstverständlich eine ganze Reihe von weiteren bedeutenden Meistern und Meisterinnen, natürlich auch von zeitgenössischen. Ich habe mich jedoch bewusst auf einige wenige beschränken wollen, die so etwas wie die Grundsteine für das gelegt haben, was heute als Yoga im Westen bekannt ist und geübt wird.

* Zitiert mit freundlicher Genehmigung aus *Yoga. Weg zur Harmonie*, von Anneliese Harf mit Wulfing von Rohr, Falken Verlag, Niedernhausen 1989, S. 12 f.

Die Meisterin, über die ich jetzt etwas ausführlicher schreiben möchte, ist nur eine von vielen, denen diese Erde begegnen durfte. Noch heute kommen solche wundervollen Geschöpfe hierher, um uns Menschen Heilung zu bringen und in uns die Erinnerung an etwas wachzurufen, von dem wir denken, dass es nicht existent, nicht real ist: die Welt der Liebe, des Friedens und des Übersinnlich-Geistigen.

Shri Ananda Moyi Ma

Shri Ananda Moyi Ma war eine Heilige, die einen sehr hohen Grad der Gottesverwirklichung erlangt hatte. Sie wurde am 30. April 1896 in einem Dorf im indischen Bengalen geboren. Ihr spiritueller Weg zeichnete sich schon in sehr jungen Jahren in ihrem Wesen ab. Sie strahlte eine immense Kraft aus und die Menschen fühlten sich von ihrer freudvollen und warmen Art stets angezogen. Man erzählt sich, dass sie mit Bäumen, Tieren und geistigen Wesen sprach und oftmals völlig spontan in entrückte Bewusstseinszustände versank. Mantras, heilige Gesänge und das Sprechen in Sanskrit waren Dinge, die sie völlig unerwartet überkamen. Oft verfiel sie in eine Art Trance, in der sie Yoga-Haltungen und Mudras einnahm, die sie nicht gelernt hatte. All diese Dinge ergaben sich völlig spontan, ohne dass sie irgendeine spirituelle Praxis unternommen hätte.

Gemäß der indischen Tradition wurde sie mit zwölf Jahren verheiratet und lebte ab ihrem achtzehnten

Lebensjahr mit ihrem Ehemann Bholanath zusammen. Bholanath blieb ihr höchst spirituelles Wesen nicht verborgen, und er wurde immer mehr zu einem Schüler von ihr. Zu ihrer Lebzeit hatte sie eine Begegnung mit Paramhansa Yogananda, der in seiner »Autobiographie eines Yogi« mit Begeisterung von ihr schreibt. Sie selbst hatte nie einen Guru, und alles Wissen, dass nur so aus ihr heraussprudelte, hatte sie in ihren der Welt entrückten Zuständen aus dem Göttlichen empfangen. Sie sah ihre eigenen Augen in jedem fremden Augenpaar und betrachtete ihre Hände als die Hände jedes anderen Menschen. Sie war nicht nur eine spirituelle Lehrerin des Yoga, sondern auch eine Heilerin, die allein durch ihre Berührung oder auch nur einen Blick Menschen helfen konnte.

Ihre Lehren über das Eins-Sein mit Gott und allen Lebewesen haben ihre Leuchtkraft und Bedeutung bis zum heutigen Tag nicht verloren, und noch immer inspiriert sie die Menschen weltweit. Auch ich bin ihr auf der Suche nach meiner spirituellen Selbst-Verwirklichung begegnet und seit dem Tag unseres Zusammenkommens bin ich nicht mehr die gleiche Bahar, die ich einmal war. Ananda ist meine größte Inspiration und in Momenten der Trauer oder Not ist sie es, die zu mir spricht und mich daran erinnert, dass ich, wie jeder andere Mensch auch, Liebe bin und meinen Weg dort gehen soll, wo ich Liebe leben kann.

Shri Ananda Moyi Ma, ich verneige mich vor deiner göttlichen Heiligkeit!

Ananda-Meditation

Finde deine Sitzhaltung für die Meditation und schließe die Augen. Atme ein paar Mal kräftig ein und aus und lass dann deinen Atem frei und unbekümmert fließen. Sieh dich vor deinem geistigen Auge unter einem großen Baum mitten im indischen Urwald sitzen. Es ist die Zeit der Abenddämmerung, und um dich herum beginnt es, dunkler und kühler werden. Du hörst mit deinem inneren Gehör, wie sich dir Schritte nähern. Ohne dass du deine Augen zu öffnen und dich umzuschauen brauchst, weißt du, dass Ananda, die göttliche Mutter, sich dir nähert. Sie hält eine warme Wolldecke in ihren Händen und legt sie dir um deine Schultern. Nun fühlt sich dein Körper angenehm warm an und dein Herz ist von bedingungsloser Liebe durchflutet. Vielleicht hat Ananda auch eine Botschaft für dich. Höre hin und lass geschehen, was auch immer geschehen mag.

Bleib so lange, wie du möchtest, im Geiste dort sitzen, bis du dich innerlich von diesem Bild löst und dich in Gedanken bei Ananda bedankst. Komm zum Atem zurück und öffne, wenn es für dich stimmt, deine Augen. Sei völlig im Hier und Jetzt und nimm das Gefühl der bedingungslosen Liebe mit dir mit. Trage es in die Welt hinaus.

Begleiter und Freunde in der Geistigen Welt

An dieser Stelle möchte auch ich noch einmal auf den Begriff Geistführer zurückkommen. Oft wird in unserem Sprachraum von einem »Geistführer« gesprochen, wenn nach dem englischen Spiritualismus die Rede vom »Guide« ist. Mir scheint der Begriff »Geistführer« im Hinblick auf eine Beziehung zwischen ihm und einer lebenden Person eine Wertung, einen Rang zu beinhalten, wobei die Bewohner der Geistigen Welt doch unsere Begleiter und Freunde sind. Sie arbeiten mit uns und begleiten uns auf unserem Weg. Beginnen wir uns hier auf der Erde auf ein gewisses Gebiet zu spezialisieren, wird uns ein genau in diesem Gebiet erfahrener Geistführer zur Seite gestellt. So können wir uns weiterentwickeln, der Geistführer kann sich auf seine spezielle Weise einbringen. Dies ist auch der Grund, wieso ich vielen Gurus, Sadhus und Meistern des Yoga an der Seite von Yoga unterrichtenden Menschen begegne. Beispielsweise wurde ich eines großen spirituellen Lehrers, der den berühmten Yoga-Lehrer Young Ho Kim aus Frankfurt begleitet, gewahr. Im Gespräch mit Young stellte sich dann heraus, dass er schon immer eine Verbindung zu diesem Meister gespürt habe. Dies muss nicht zwangsläufig bedeuten, dass ein Lehrer direkt vom Meister begleitet wird, oftmals sind es Schüler dieses Lehrers aus der Geistigen Welt, die uns an die Seite gestellt werden, um unsere Arbeit zu inspirieren.

Auch mir gingen viele Lichtlein auf, als ich von verschiedenen spirituellen Lehrern die Bestätigung erhielt, dass ich mit Ananda Moyi Ma aus der Geistigen Welt verbunden bin. Ich möchte nochmals ausdrücklich darauf hinweisen, dass dies nicht heißt, dass Ananda immer direkt mit mir arbeitet, sondern dass ihre geistige Gemeinschaft im Jenseits mit mir verbunden ist.

Ananda Moyi Ma, ihr Leben und ihr Wirken hatten schon früh mein Interesse geweckt, und als die Signale für unsere Verbundenheit immer deutlicher wurden, wurde mir auch vieles klar.

Geistige Wesen sind darauf angewiesen, dass sie einen ihnen entsprechenden Vermittler, einen passenden Kanal finden. Beispielsweise benötigt ein intellektuell und rhetorisch begabter Geistführer auch ein entsprechendes lebendes menschliches Wesen, um sich durch seinen Geist ausdrücken zu können. Denn stets wird der menschliche Geist eingesetzt, um Informationen und Botschaften an die Welt weiterzugeben. So ist es auch mit verstorbenen Meistern des Yoga. Sie benötigen einen menschlichen Kanal, der mit dem Yoga schon vertraut ist. Somit stellt sich als eine der wichtigsten Voraussetzungen für eine Kooperation mit der Geistigen Welt die geistige Flexibilität heraus. Denn ein flexibler Geist kann auf unterschiedlichste Art und Weise von der Geistigen Welt genutzt werden. Im Spiritualismus ist man sich nicht ganz einig darüber, ob verstorbene Geistwesen über eine nächste Inkarnation entscheiden können oder nicht. Sicher ist jedoch eines: Wenn ein Geistwesen einen gewissen Grad der Selbst- und Gottesverwirklichung erreicht hat, kann es nicht mehr auf die Erde zurückkommen. Seine einzige Verbindung an die Welt ist dann die Kontaktaufnahme mit einem Medium, einem Vermittler. Mit dessen Hilfe kann es der Menschheit weiterhin seine Weisheit und seine Erfahrungen mitteilen.

In der Zusammenarbeit mit der Geistigen Welt ist

daher zu beachten, dass man die Besonderheiten der Geistführer anerkennt und in Achtung und Liebe mit ihnen zusammenwirkt. Sicherlich wird es einer gewissen Zeit und Übung bedürfen, um die Verbindung zur Geistigen Welt zu stabilisieren. Auf beiden Seiten braucht es nämlich Vorarbeit, bis eine klare Kooperation zustande kommt. Wir Lebenden müssen unseren Geist in einen so offenen und flexiblen Zustand versetzen, dass die geistigen Wesen sich über ihn ausdrücken können und nicht zuerst unsere eigenen Gedanken beseitigen müssen. Auf der anderen Seite müssen auch die Geistführer den für sie und für uns bestmöglichen Weg finden, um mit uns zu kommunizieren. Letztendlich sind jedoch Liebe, Vertrauen, Rücksicht, Wohlwollen, Güte und Hingabe die wichtigsten Qualitäten in der Begegnung mit der Geistigen Welt.

Danksagung

Diese letzten Zeilen des Buches möchte ich (Bahar Yilmaz) dazu nutzen, den Menschen des Diesseits und des Jenseits zu danken, die mich auf meinem Weg begleitet haben.

Zuallererst möchte ich all meinen Schülerinnen und Schülern in Deutschland und der Schweiz danken, die ich ein Stück auf ihrem medialen und ihrem Yoga-Weg begleiten konnte. Ich durfte so viel von euch lernen und ihr habt mir so viele Momente der Freude und des Lachens geschenkt. Vielen Dank! Und hier noch eine kleine Botschaft an euch: Vergesst nie zu lachen, auch wenn Yoga manchmal sehr ernst zu sein scheint. Vergesst nie, der Geistigen Welt in Liebe zu begegnen, denn nur so könnt ihr sie finden.

Lieber Wulfing, du bist ein Geschenk des Himmels und eine unendlich gute Seele. Ich fühle mich geehrt, dir in dieser Inkarnation (erneut) begegnen zu dürfen.

Nun zu den Menschen in meinem Leben, die vielleicht nie gedacht hätten, dass sie eine große Inspiration für mich waren bzw. noch immer sind.

Lieber Moritz, du kamst aus dem Nichts heraus und

hast mich in Liebe und Frieden aufgefangen, als ich dachte, dass alles für mich endet. Du bist solch eine besondere und erfüllte Seele, und ich bin unendlich glücklich darüber, dich nun endlich gefunden zu haben.

Lieber Nöbi, auch du warst dir vielleicht gar nicht bewusst, wie sehr du mir durch dein Yoga und mit allem, was du bist, ein Vorbild und eine Stütze warst. Sei gesegnet! Es ist einfach schön, dass es dich gibt.

Lieber Reinhard, deine Faszination für die Welt und auch fürs Yoga haben mich immer sehr berührt. Ich übergebe dir das Schönste aus meinem Leben! Pass gut darauf auf. Ich hab dich so lieb!

Xander, I am so happy that I finally found you. You caught me in your arms full of love and light when I was thinking that I had lost everything. I found and rediscovered so much love in you and in myself. Thank you.

Ich möchte meinen geliebten Lehrern des Arthur Findlay College in Stansted danken, besonders Steven Upton für seine unermüdlichen Mühen und seine unendliche Liebe und Großzügigkeit gegenüber den Menschen und der Geistigen Welt. Du bist meine größte Inspiration, thank you for all! Vielen Dank auch an Bill Coller, Simone Key und Judith Seaman. Eure liebevolle Arbeit mit der Geistigen Welt und uns Schülern hat mich zutiefst berührt. Ich durfte unendlich viel von euch lernen.

Ich möchte meiner lieben Familie danken, ohne die ich es wahrscheinlich nie fertiggebracht hätte, zu mir und meinem Weg zu stehen. Meine geliebte Mutter, du hast mir gezeigt, was es heißt, bedingungslos und wahrhaft zu lieben. Du bist das wertvollste Geschöpf auf Erden für mich! Seni seviyorum. Mein Vater, du lebst mir vor, was es heißt, für Menschen bedingungslos da zu sein und Gottes Liebe nie aus den Augen zu verlieren. Von klein auf hast du mich inspiriert und gestützt. Sei gesegnet, ich liebe dich!

Liebste Özlem, du bist in meinem Leben die rebellische und auf wundervolle Art die liebenswerteste Seite. Ich habe so viel von dir lernen dürfen und sehen dürfen, was es heißt, wirklich auf Gott und den kosmischen Plan zu vertrauen. Du bist wundervoll und unersetzlich für mich!

Ganz zum Schluss möchte ich einem besonderen Menschen aus meinem Leben danken. Öznur, meine Verbundenheit zu dir kann man nicht mit Worten beschreiben, und das, was du für mich bist, übersteigt alle Heiligkeit der Welt. Wir haben schon weitaus mehr als nur ein Leben miteinander verbracht und all das, was ich heute bin, wäre ich nicht, wenn es dich nicht geben würde. Gott machte mir das größte Geschenk und verlieh mir den heiligsten Segen mit dir! Sei auch du gesegnet! Wir bleiben zusammen, auch wenn diese Inkarnation zu Ende ist, werden wir uns in den Weiten des Meeres wiederbegegnen.

Pramesh, Ananda Moyi Ma, meine geliebte Oma und noch viele geistige Wesen, deren Namen hier unbenannt bleiben sollen: Ihr wart meine göttliche Inspiration. Ich verneige mich vor eurer Herzensgüte und eurer bedingungslosen Göttlichkeit. Om.

LITERATUR

Anandamayi Ma: Leben und Weisheit der Glückseligen Mutter Anandamayi Ma. Übersetzt von Chandravali D. Schang, Edition Maitri, Lohmar 1995.

Bäumer, Bettina (Hrsg.): Vijnana Bhairava. Das göttliche Bewusstsein, 112 Weisen der Mystischen Erfahrung im Sivaismus von Kashmir. Verlag der Weltreligionen im Insel Verlag, Frankfurt am Main und Leipzig 2008.

Feuerstein, Georg: Die Yoga-Tradition. Geschichte, Philosophie & Praxis, Yoga Verlag, Wiggensbach 2008.

Schrott, Dr. med. Ernst; Raju, Dr. J. Ramanjuna; Schrott, Stefan: Marmatherapie. Die heilende Kraft der Vitalpunktmassage aus dem Ayurveda, Mosaik bei Goldmann, München 2009.

Siddha Guru Gorakhnath: Yoga-Bija. Übersetzt von M. M. Dr. Brahmamitra Awasthi; Swami Keshwananda Yoga Institute, Delhi, o. J.

Swami Vivekananda: Raja-Yoga. Hermann Bauer, Freiburg im Breisgau 1990.

Upanischaden. Geheimlehre des Veda. Herausgegeben und eingeleitet von Peter Michel, Marix Verlag, Wiesbaden 2007.

Kleine lexikalische Übersicht wichtiger Sanskrit-Begriffe

advaita	Nicht-Zweiheit
ajna-chakra	Stirn-Chakra, ein Energiezentrum
akalpita	spontan, nicht künstlich erzeugt
akasha	Raum
anahata-chakra	Herz-Chakra, ein Energiezentrum
anahata-shabda	klangloser Klang
anahata	unangeschlagen
anandamaya-kosha	Glückseligkeitshülle
anantam	unendlich
animan	eines der klassischen Siddhis nach dem Yoga-Bhashya, Verkleinerung
anjali-mudra	Handgeste der göttlichen Gabe
annamaya-kosha	die aus Nahrung erzeugte Hülle
antaryamin	innerer Lenker
apana	absteigende Energie, eines der verschiedenen Prana-Vayus
artha	materieller Wohlstand

asana	stabiler Sitz, auch Körperhaltung im Yoga und eine der acht Stufen des Raja-Yoga nach Patanjali
atman	das wahre Selbst
avidya	Unbewusstheit, Unwissen
bala	innere Kraft
balasana	Kindshaltung
basti	Marma im unteren Bauchraum
bhakti-yoga	Yoga der Hingabe und Liebe
bhujangasana	Kobrahaltung
brahman	das Göttliche, Absolute
brahmadvara	Tor zum Göttlichen
chakra	Rad, Wirbel, Energiezentrum
citta	Bewusstsein
dakshina-marga	Weg der rechten Hand, eine Schule des Tantra
darshanas	die vom Hinduismus anerkannten philosophischen Schulen
dharana	Ein-Punkt-Konzentration, eine der acht Stufen des Raja-Yoga nach Patanjali
dharma	göttlicher Plan, kosmische Ordnung
dhyana	Vorstufe der Meditation, eine der acht Stufen des Raja-Yoga nach Patanjali
ekagrata	innere Sammlung, in Anlehnung an Patanjali

guru	der, der Licht bringt; Meister des Yoga
Hanuman	indischer Affengott
hatha	Kraft, auch die Gegensätze von Mond und Sonne
hridaya	Marma im Brustraum
ida nadi	Energiekanal
indriyani	Sinnesorgane
ishitritva	eines der klassischen Siddhis nach dem Yoga-Bhashya, vollkommene Meisterschaft
jnanam	ungespaltene Erkenntnis
jnana-marga	Erkenntnispfad
kalpita	künstlich, erzeugt
kamavasayitva	eines der klassischen Siddhis nach dem Yoga-Bhashya, Erfüllung aller Wünsche
kantha-kupa	Kehlgrube
karana-sharira	Kausalkörper
karma	aufgrund des Gesetzes von Ursache und Wirkung entstandene geistige und seelische Bindungen und Muster
kosha	Hülle
kriyas	Reinigungstechniken
kshana	Jetzt, der Augenblick
kundalini	göttliche Urkraft im Menschen, in unerweckter Form als eine Schlange am Beckenboden dargestellt

laghiman	eines der klassischen Siddhis nach dem Yoga-Bhashya, Levitation
lila	Spiel der Göttin Maya
linga-sharira	Astralkörper
lotos-mudra	Handgeste
mahabutas	die Naturelemente
mahiman	eines der klassischen Siddhis nach dem Yoga-Bhashya, Vergrößerung
manas	Gedanken, Gefühle, Emotionen
manipura-chakra	Solarplexus, ein Energiezentrum
manomaya-kosha	die Gedanken- oder Emotionshülle
mantra	heilige Silben und Worte
marana	Töten
marmas	Vitalpunkte
maya	Illusion, auch die Göttin der Illusion
moksha	Befreiung
mudra	Handgeste
muladhara-chakra	Wurzel-Chakra, ein Energiezentrum
nabhi	Marma auf Höhe des Bauchnabels
nabhi-chakra	Solarplexus, auch Manipura-Chakra, ein Energiezentrum
nadi	Energiekanal

niyama	eine der acht Stufen im Raja-Yoga nach Patanjali, Verhaltensregel
om	das, aus welchem alles entstand; Urklang, eigentlich a-u-m
pingala-nadi	Energiekanal
prajna	Licht wahrer Erkenntnis, in Anlehnung an Patanjali
prakamya	eines der klassischen Siddhis nach dem Yoga-Bhashya, unwiderstehlicher Wille
prakriti	die Natur
prana	kosmische (Vital-, Lebens-)Energie
pranamaya-kosha	die aus Prana erschaffene Hülle
pranayama	eine der acht Stufen des Raja-Yoga nach Patanjali, Atembeherrschung bzw. -ausdehnung
prapti	eines der klassischen Siddhis nach dem Yoga-Bhashya, Ausdehnung
rajas	aktiv, hitzig
Rama	eine Inkarnation des indischen Gottes Krishna
rishi	Seher
sadhaka	einer, der *sadhana* praktiziert
sadhana	spirituelle innere Praxis
sadhu	heiliger Einsiedler
sahasrara-chakra	Scheitel-Chakra, ein Energiezentrum

samadhi	vollkommene Meditation und Versenkung, eine der acht Stufen des Raja-Yoga nach Patanjali,
samana	sammelnde Energie, eines der Prana-Vayus
samskara	geistig verankerte Eindrücke, Erfahrungen
samyana	drei geistige Praktiken der inneren Sammlung nach Patanjali; darunter fallen *dharana*, *dhyana* und *samadhi*
sattva	rein, ausgeglichen
satyam	wirkliche Realität
Shakti	indische Göttin, Form der energetischen Niederkunft Gottes auf die Erde, das weibliche Prinzip
shank-mudra	Handgeste zur Reinigung des Hals-Chakras
shanti	Frieden
shat-karmas	die geheimen Handlungen
Shiva	indischer Gott, transzendentes Gottes-Bewusstsein, männliches Prinzip
siddhas	vollkommene Meister
siddhis	übernatürliche Kräfte
Sita	indische Göttin
srava-arthata	das Hin und Her gedanklicher Energie, in Anlehnung an Patanjali

stambhana	Anhalten, eines der Shat-Karmas
sthapani	Marma im Zentrum des Kopfes
sthula-sharira	der grobstoffliche Körper
sukhasana	angenehmer Sitz
sushumna	zentraler Energiekanal im Menschen
svadhisthana-chakra	Sakral-Chakra, ein Energiezentrum
svatantrya	aus dem Selbst heraus erzeugt
tamas	träge
tantra	»verwoben«, eine philosophische Schule
tat tvam asi	Das bist du; wesentlicher Satz aus dem Advaita Vedanta, der Lehre der Nicht-Zweiheit
turiya	»das Vierte«, für die vierte Bewusstseinsebene
uccatana	Auslöschung
udana	aufsteigender Atem, eines der verschiedenen Prana-Vayus
ujjayi	siegreicher Atem
upanischad	wörtlich: »sich nahe bei jemandem niedersetzen«
utkatasana	auch als »Blitz« bezeichnete Yoga-Haltung
uttanasana	die Vorwärtsbeuge
vama-marga	Weg der linken Hand, eine Schule des Tantra
vashikarana	Unterwerfung
vashitva	Meisterschaft

vayu	Wind
veda	heiliges Wissen der Brahmanen
vedanta	Ende oder Ziel des Veda
Vibhuti-Pada	drittes Kapitel der Yoga-Sutras von Patanjali, behandelt die übersinnlichen Kräfte
vibhuti	übersinnliche Kräfte
vidveshana	Verursachung von Zwietracht
vijnana	höheres Wissen
vijnanamaya-kosha	Hülle der Erkenntnis
virasana	Diamantsitz
vishuddha-chakra	Hals-Chakra, ein Energiezentrum
vishuddhi	gereinigt, geläutert
vrittis	gedankliche Wellen
vyana	ausdehnende Energie, eines der verschiedenen Prana-Vayus
yama	eine der acht Stufen des Raja-Yoga nach Patanjali, Selbstkontrolle
yantras	geometrische, heilige Formen
Yoga-Bhashya	eine Art Kommentar zu den Yoga-Sutras des Patanjali
yogi	einer, der Yoga praktiziert
yogini	eine, die Yoga praktiziert

Kontakt

Bahar Yilmaz

Teja – Light up your life
Praxis für Medialität & Yoga
Herkommerstraße 40
D-85057 Ingolstadt

info@baharyilmaz.com
www.baharyilmaz.de

Pascal Voggenhuber

SoHam Center GmbH
Bahnhofstraße 23
CH-4450 Sissach
Schweiz

www.soham-center.ch
office@soham-center.ch

www.pascal-voggenhuber.com

Weitere Bücher der Autoren

Bahar Yilmaz

978-3-7787-7476-2

Pascal Voggenhuber

978-3-453-70214-1